职业教育教学改革丛书　改革·创新·发展

丛书主编：刘子林　甘金明

工程机械产业与职业教育国际化融合发展研究（东盟篇）

Research on the Integrated Development
of Construction Engineering Industry and
Internationalization of Vocational Education
(ASEAN Edition)

刘子林　冯用军　韦林华
吴　星　邓益民　赵　雪　编著

北京理工大学出版社
BEIJING INSTITUTE OF TECHNOLOGY PRESS

内 容 简 介

本书聚焦新时代中国—东盟工程机械产业与职业教育产教融合发展的系列重大问题，重点分析全球和中国工程机械行业、产业、企业在东盟十国的发展情况，东盟十国职业教育的发展情况，东盟十国职业技术教育产教融合法规战略和东盟十国职业技术教育产教融合育人的国际化实践探索等。

版权专有　侵权必究

图书在版编目（CIP）数据

工程机械产业与职业教育国际化融合发展研究. 东盟篇 / 刘子林等编著. -- 北京：北京理工大学出版社，2022.10
　ISBN 978-7-5763-1797-8

Ⅰ.①工… Ⅱ.①刘… Ⅲ.①工程机械-机械工业-关系-职业教育-国际化-产业融合-研究-中国、东南亚国家联盟 Ⅳ.①F426.4②G719.2③F433.064④G719.33

中国版本图书馆 CIP 数据核字（2022）第 198216 号

出版发行 /	北京理工大学出版社有限责任公司
社　　址 /	北京市海淀区中关村南大街5号
邮　　编 /	100081
电　　话 /	（010）68914775（总编室）
	（010）82562903（教材售后服务热线）
	（010）68944723（其他图书服务热线）
网　　址 /	http：//www.bitpress.com.cn
经　　销 /	全国各地新华书店
印　　刷 /	三河市华骏印务包装有限公司
开　　本 /	710毫米×1000毫米　1/16
印　　张 /	25.75
字　　数 /	380千字
版　　次 /	2022年10月第1版　2022年10月第1次印刷
定　　价 /	99.00元
责任编辑 /	吴　博
文案编辑 /	杜　枝
责任校对 /	刘亚男
责任印制 /	李志强

图书出现印装质量问题，请拨打售后服务热线，本社负责调换

《工程机械产业与职业教育国际化融合发展研究（东盟篇）》系列丛书编委会

学术顾问 姜大源

主　　任 刘子林

副 主 任 冯用军　韦　林　韦林华

编　　委 刘子林　冯用军　韦　林　韦林华　吴　星
　　　　　　邓益民　陈立创　赵　雪　吴兆辉　冯美英
　　　　　　李　贝　李光辉　冯春林　王新志　陈　栋
　　　　　　葛重增　张金烨子

序

金秋十月，正是丰收的季节。就在 2022 年 10 月 22 日，中国共产党第二十次全国代表大会在北京人民大会堂胜利闭幕，标志着在以习近平同志为核心的中国共产党领导下，中国各族人民开启了全面建设社会主义现代化国家、向"第二个百年"奋斗目标前进的新征程。

红旗招展，号角嘹亮，前路已明，未来可期！

在中国已稳居世界第二大经济体的新时代，回眸我国成为世界上唯一一个工业门类最为齐全国家的历史沿革，展望未来，人们也期待着，已是制造大国的中国，何日能成为制造强国？答案是：美好的前景需要我们更加踔厉奋进，胜利终将属于我们。

改革开放以来，特别是党的十八大以来的十年成就和经验告诉我们，在前行的伟大征途中，我们至少有三点启示：一是要把实体经济放在经济发展的首要位置，特别是要保持制造业比重基本稳定；二是要把职业教育放在人才培养的突出位置，特别是要全面实施"技能中国行动"；三是要把对外开放放在"一带一路"的重点位置，特别是要加快高水平的制度型开放。而手头的这本《工程机械产业与职业教育国际化融合发展研究（东盟篇）》，恰恰就是对这三点启示的精辟注解。

首先，本书指出工程机械是装备制造工业的核心组成部分，工程机械产业是制造强国的支柱产业和"工业4.0"的支撑产业，工程机械产品是"国之重器"。本书对工程机械核心概念给予了清晰的界定，对全球知名工程机械企业给予了翔实的推介。中国业已成为全球工程机械领域门类最齐全、品种最丰富、产业链最完整的国家。

其次，本书强调职业教育是支撑"中国制造""中国智造""中国创造"的神兵利器，通过产教融合的国际化职业教育模式培育工程机械人才，是推动工程机械领域可持续发展的根本保障。本书以工程机械行业与职业院校双向深度合作为例，把工程机械领域里的职业院校办成了集人才培养、科技研发、应用服务等"产学研用"于一体化的运行实体。

最后，本书聚焦新时代中国—东盟工程机械产业与职业教育产教融合发展的系列重大问题，重点分析了全球和中国工程机械行业、企业以及职业教育在东盟十国的发展情况，既可为中国工程机械企业和职业院校面向东盟"走出去""引进来"提供权威参考和科学借鉴，又可为全球深化工程机械产业与职业教育的国际化提供中国方案和中国智慧。

回到当下，党的二十大报告提出"实施科教兴国战略，强化现代化建设人才支撑"，而实现中国式现代化，实现中华民族的伟大复兴，都离不开实体经济，离不开制造业，离不开职业教育，也离不开改革开放。相信工程机械领域已经也必将为此做出自己不可替代的新贡献。

伴随着新一轮科技革命和产业变革深入发展，在构建以国内大循环为主体、国内国际双循环相互促进的新发展格局下，全面领会把握和贯彻落实党的二十大报告精神，以及《中华人民共和国职业教育法》《中国制造2025》《工程机械行业"十四五"发展规划》等法规规划，进一步推动新时代工程机械产业、行业、企业通过产教融合、校企合作、科教融汇进程，促进"服务发展、稳定就业"的中国式职业教育现代化体系建设，加快产教融合的国际化、数字化、智能化步伐，服务制造强国、教育强国、人才强国战略，是工程机械工作者和职业教育工作者的重大历史使命。

不忘初心，方得始终。面对21世纪世界百年未有之大变局，尽管前进道路上还会遇到风高浪急甚至惊涛骇浪，但坚信我们一定能够经受住各种重大考验。时代呼唤着我们，人民期待着我们，中国职教人唯有矢志不渝、笃行不怠、勇毅前行，方能不负历史、不负时代、不负人民。

百舸争流敢弄潮，金风帆满竞妖娆。

值此佳作出版之际，略赘数言，是以为序。

姜大源[①]

2022 年 10 月 25 日

[①] 姜大源，男，1949 年生，湖北武汉人，清华大学自动控制系毕业，德国亚琛工业大学访问学者，现为教育部职业技术教育中心研究所研究员，《中国职业技术教育》杂志原主编，教育部职业技术教育中心研究所学术委员会秘书长，兼任中国职业技术教育学会理事、学术委员会委员、教学工作委员会副主任暨课程理论与开发研究会主任。出版过《职业教育学研究新论》《当代德国职业教育主流教学思想研究：理论、实践与创新》《职业教育要义》等著作 10 余部，在《人民日报》《教育研究》《中国职业技术教育》等上发表文章 300 多篇。

目 录

第一章　工程机械相关环境　　1
　第一节　工程机械核心概念界定　　1
　　一、工程机械的概念界定　　2
　　二、工程机械的主要分类　　2
　　三、主要企业　　3
　　四、工程机械行业协会　　7
　第二节　中国—东盟概述　　9
　　一、东盟概述　　9
　　二、东盟发展历史　　9
　　三、东盟目标和宗旨　　10
　　四、组织机构和成员　　12
　　五、东盟象征和标识　　13
　　六、主要活动　　14
　　七、对外关系　　15
　　八、中国—东盟关系　　16
　第三节　中国—东盟自由贸易区概述　　20
　　一、发展历程　　21
　　二、产生动因　　22
　　三、发展阶段　　23

四、发展目标与成果　　　　　　　　　　　　　　　　23
　　　五、组织机构　　　　　　　　　　　　　　　　　　　24
　　　六、中国—东盟自由贸易区3.0版的建设　　　　　　　24
　第四节　区域全面经济伙伴关系协定　　　　　　　　　　　25
　　　一、RCEP的总体情况　　　　　　　　　　　　　　　26
　　　二、RCEP背景与意义　　　　　　　　　　　　　　　26
　　　三、RCEP的主要内容　　　　　　　　　　　　　　　28
　　　四、RCEP的深远影响　　　　　　　　　　　　　　　29
　　　五、RCEP的基本评价　　　　　　　　　　　　　　　31

第二章　工程机械企业概述　　　　　　　　　　　　　　　　32
　第一节　全球知名工程机械企业　　　　　　　　　　　　　32
　　　一、卡特彼勒公司　　　　　　　　　　　　　　　　　32
　　　二、小松集团　　　　　　　　　　　　　　　　　　　36
　　　三、约翰·迪尔公司　　　　　　　　　　　　　　　　38
　　　四、沃尔沃建筑设备有限公司　　　　　　　　　　　　41
　　　五、日立建机公司　　　　　　　　　　　　　　　　　44
　　　六、利勃海尔公司　　　　　　　　　　　　　　　　　45
　　　七、斗山工程机械公司　　　　　　　　　　　　　　　47
　　　八、山特维克集团　　　　　　　　　　　　　　　　　50
　　　九、美卓奥图泰公司　　　　　　　　　　　　　　　　53
　　　十、杰西博公司　　　　　　　　　　　　　　　　　　56
　第二节　中国知名工程机械企业及其东盟发展概况　　　　　59
　　　一、徐工集团　　　　　　　　　　　　　　　　　　　59
　　　二、三一重工集团　　　　　　　　　　　　　　　　　65
　　　三、中联重科公司　　　　　　　　　　　　　　　　　71
　　　四、柳工集团　　　　　　　　　　　　　　　　　　　80
　　　五、中国龙工控股有限公司　　　　　　　　　　　　　83

六、山河智能公司 90
七、山推工程机械股份有限公司 96
八、潍柴雷沃重工公司 105
九、浙江鼎力机械股份有限公司 111
十、厦门厦工机械股份有限公司 117

第三章 印度尼西亚 127

第一节 印度尼西亚概况 127
一、印度尼西亚的人口和民族 127
二、印度尼西亚的教育体系 128
三、中国和印度尼西亚的关系 134

第二节 全球主要工程机械企业在印度尼西亚的发展情况 136
一、国际主要工程机械企业在印度尼西亚的发展情况 136
二、中国主要工程机械企业在印度尼西亚的发展情况 148

第三节 印度尼西亚职业技术教育与培训国际化产教融合发展的策略和法规 155
一、印度尼西亚职业技术教育与培训国际化产教融合发展的策略 155
二、印度尼西亚职业技术教育与培训国际化产教融合发展的法规 156

第四节 印度尼西亚职业技术教育与培训国际化产教融合发展的进展 156
一、印度尼西亚产业—就业结构与职业技术技能技职人才培育的现况 157
二、印度尼西亚职业技术教育与培训国际化产教融合发展的创新路径 159

第五节 中国与印度尼西亚职业技术教育和培训国际化合作的实践探索 161
一、柳州职业技术学院与印度尼西亚国际化产教融合发展分析 162
二、福建技术师范学院与印度尼西亚国际化产教融合发展分析 164
三、中国 印度尼西亚国际化产教融合发展模式的其他实践探索 165

第四章 马来西亚 166

第一节 马来西亚概况 166
一、马来西亚的人口、民族和语言 166

二、马来西亚的经济发展　　167
　　三、马来西亚的教育体系　　169
　　四、中国和马来西亚的关系　　180
第二节　马来西亚职业技术教育与培训国际化产教融合发展的
　　　　挑战与应对　　181
　　一、马来西亚职业技术教育发展　　181
　　二、马来西亚职业技术教育发展挑战　　183
第三节　马来西亚职业技术教育与培训发展的战略和法规　　184
　　一、马来西亚职业技术教育与培训发展的战略　　184
　　二、马来西亚职业技术教育相关法规　　185
第四节　马来西亚职业技术教育与培训的质量保障和发展趋势　　187
　　一、马来西亚职业技术教育与培训的质量保障　　187
　　二、马来西亚职业技术教育与培训的发展趋势　　189
第五节　中国与马来西亚职业技术教育和培训国际化合作的实践探索　　190
　　一、政府促进中马职业教育合作　　190
　　二、中马职业院校合作开展工程机械专业人才培养　　191

第五章　菲律宾　　192
第一节　菲律宾概况　　192
　　一、菲律宾的人口、民族和语言　　192
　　二、菲律宾的经济发展　　192
　　三、菲律宾的教育体系　　195
　　四、中国和菲律宾的关系　　197
第二节　菲律宾职业技术教育与培训及国际化发展情况　　197
　　一、菲律宾职业技术教育与培训的发展概况　　198
　　二、菲律宾职业技术教育与培训的治理框架　　200
　　三、菲律宾培养职业技术技能人才的途径　　204
　　四、菲律宾职业技术教育与培训的国际化　　205

五、菲律宾华文职业教育发展情况与贡献　　206
　第三节　菲律宾职业技术教育与培训发展的策略和法规　　207
　　　一、菲律宾职业技术教育与培训发展的策略　　207
　　　二、菲律宾职业技术教育与培训法规　　207
　第四节　菲律宾职业技术教育与培训的质量保障和发展趋势　　209
　　　一、菲律宾职业技术教育与培训的质量保障　　209
　　　二、菲律宾职业技术教育与培训的发展趋势　　210
　第五节　中国与菲律宾职业技术教育和培训国际化合作的实践探索　　211

第六章　泰国　　213
　第一节　泰国概况　　213
　　　一、泰国的人口、民族和语言　　213
　　　二、泰国的经济发展　　214
　　　三、泰国的教育系统　　216
　　　四、中国和泰国的关系　　219
　第二节　泰国职业技术教育与培训战略和法规　　221
　　　一、泰国职业技术教育与培训的发展策略　　221
　　　二、泰国职业技术教育与培训法规　　223
　第三节　泰国职业技术教育与培训的质量保障和发展趋势　　224
　　　一、泰国职业技术教育与培训的质量保障　　224
　　　二、泰国职业技术教育与培训的发展趋势　　225
　第四节　中国与泰国职业技术教育与培训国际化合作的实践探索　　226
　　　一、中泰合作建设鲁班工坊探索职业技术教育与培训国际化产教融合发展情况　　226
　　　二、中泰校企合作推进工程机械职业技术教育与培训　　227

第七章　新加坡　　229
　第一节　新加坡概况　　229

　　　　一、新加坡的人口、民族和语言 230
　　　　二、新加坡的经济发展 232
　　　　三、新加坡的教育体系 235
　　　　四、中国和新加坡的关系 239
　　第二节　新加坡职业技术教育与培训的战略和法规 240
　　　　一、新加坡职业技术教育与培训的发展战略 240
　　　　二、新加坡职业技术教育与培训的法规 241
　　第三节　新加坡职业技术教育与培训的质量保障和改革计划 244
　　　　一、新加坡职业技术教育与培训的质量保障 244
　　　　二、新加坡职业技术教育与培训的改革计划 245
　　第四节　中国与新加坡职业技术和培训国际化合作的实践探索 246

第八章　文莱 248

　　第一节　文莱概况 248
　　　　一、文莱的人口、民族和语言 248
　　　　二、文莱的经济发展 249
　　　　三、文莱的教育体系 251
　　　　四、中国和文莱的关系 255
　　第二节　"2035愿景"与文莱职业技术教育和培训国际化
　　　　　　产教融合发展战略
　　　　一、文莱职业教育国际化产教融合发展的"2035愿景"
　　　　　　的背景分析 256
　　　　二、文莱职业教育国际化产教融合发展的"2035愿景"
　　　　　　的基本情况 257
　　　　三、文莱职业教育国际化产教融合发展的"2035愿景"
　　　　　　实施的主要障碍 260
　　　　四、文莱职业教育国际化产教融合发展的"2035愿景"
　　　　　　实施的完善措施 262

  第三节 文莱职业技术教育与培训的现状分析 264
    一、文莱职业技术教育与培训概论 265
    二、文莱公立职业技术教育机构发展情况 266
    三、文莱私立职业技术教育机构发展情况 278
    四、文莱国家职业教育资格框架基本情况 280
  第四节 文莱职业技术教育与培训和中国的国际合作的探索与实践 283
    一、中国官方机构和文莱职业技术教育的国际交流与合作 283
    二、中国高校和文莱职业技术教育的国际交流与合作 284
  第五节 文莱职业技术教育与培训的发展趋势 286

第九章 越南 288

  第一节 越南概况 288
    一、越南的人口、民族和语言 288
    二、越南的经济发展 288
    三、越南的教育体系 291
    四、越南的对外关系 293
    五、中国和越南的关系 293
  第二节 越南职业技术教育与培训的战略和法规 294
    一、越南职业技术教育与培训的战略 294
    二、越南职业技术教育与培训的法规 295
  第三节 越南职业技术教育与培训的质量保障和发展趋势 295
    一、越南职业技术教育与培训的质量保障 295
    二、越南职业技术教育与培训的发展趋势 296
  第四节 中国和越南职业技术教育与培训国际合作的实践探索 298
    一、广西体育专科学校与越南院校合作探索 299
    二、柳州职业技术学院探索与越南合作实施中国现代学徒制人才培养 299

第十章　老挝　301

第一节　老挝概况　301
一、老挝的人口、民族和语言　302
二、老挝的经济发展　302
三、老挝的教育体系　304
四、中国和老挝的关系　308

第二节　老挝职业技术教育与培训的战略与法规　309
一、老挝职业技术教育与培训的战略　309
二、老挝职业技术教育与培训的法规　311

第三节　老挝职业技术教育与培训的质量保障和发展趋势　312
一、老挝职业技术教育与培训的质量保障　312
二、老挝职业技术教育与培训的发展趋势　313

第四节　中国与老挝职业技术教育与培训国际合作的实践探索　315
一、老挝苏州大学的应用型国际化产教融合发展的实践探索　315
二、中国院校、企业与老挝合作办学搭建鲁班工坊建设平台　316
三、中国院校与老挝合作开展农业培训　316

第十一章　缅甸　318

第一节　缅甸概况　318
一、缅甸的人口、民族和语言　318
二、缅甸的经济发展　318
三、缅甸的教育体系　320
四、中国和缅甸的关系　322

第二节　缅甸职业技术教育与培训发展概述　323
一、缅甸职业技术教育与培训发展的阶段　324
二、缅甸职业技术教育与培训发展现状　325
三、缅甸职业技术教育与培训发展的问题　331
四、缅甸职业技术教育与培训发展的对策　332

第三节　缅甸职业技术教育与培训的战略和法规　333
　　一、缅甸职业技术教育与培训的战略　333
　　二、缅甸职业技术教育与培训的法规　335
第四节　缅甸职业技术教育与培训的质量保障和发展趋势　336
　　一、缅甸职业技术教育与培训的质量保障　336
　　二、缅甸职业技术教育与培训的发展趋势　337
第五节　中国与缅甸职业技术教育与培训国际合作的实践探索　341
　　一、缅甸工程机械产业的发展情况　341
　　二、中国主要工程机械企业对缅甸的贡献　343
　　三、缅甸职业技术教育与培训国际化产教融合发展情况　347
　　四、中缅聚焦标志性工程加快职业技术教育与培训产教融合发展　349
　　五、中国职教力量助力缅甸职业技术教育与培训的产教融合发展　353

第十二章　柬埔寨　356

第一节　柬埔寨概况　356
　　一、柬埔寨的人口、民族和语言　356
　　二、柬埔寨的经济发展　356
　　三、柬埔寨的教育体系　360
　　四、中国和柬埔寨的关系　363
第二节　柬埔寨职业技术教育与培训发展概述　364
　　一、柬埔寨职业技术教育与培训的基础体系　365
　　二、柬埔寨职业技术教育与培训的主要特征　368
　　三、柬埔寨职业技术教育与培训的治理架构　370
　　四、柬埔寨职业技术教育与培训的师资情况　373
　　五、柬埔寨职业技术教育与培训的产业诉求　374
　　六、柬埔寨职业技术教育与培训的挑战和应对措施　377
第三节　柬埔寨职业技术教育与培训的战略和法规　380
　　一、柬埔寨职业技术教育与培训的发展战略　381

二、柬埔寨职业技术教育与培训的法规　　　382
第四节　柬埔寨职业技术教育与培训的质量保障和发展趋势　　　384
　　　一、柬埔寨职业技术教育与培训的质量保障　　　384
　　　二、柬埔寨职业技术教育与培训的发展趋势　　　385
第五节　柬埔寨职业技术教育与培训国际化产教融合发展的实践探索　　　387
　　　一、柬埔寨职业技术教育与培训国际化产教融合发展的本土探索　　　387
　　　二、柬埔寨与东盟各国院校职业技术教育国际化融合发展的进展　　　388
　　　三、中国院校与柬埔寨职业技术教育国际化产教融合发展的情况　　　389

后　记　　　392

第一章
工程机械相关环境

21世纪是中国和平崛起和中华民族伟大复兴的世纪，也是亚洲和平与发展的世纪、世界和平与发展的世纪。中国要和平崛起、中华民族要伟大复兴，根本靠人才，基础在教育。国将兴必尊师而重傅，百年大计，教育为本，教育大计，教师为本，立德树人是教育的根本任务，科教强国是中国的战略选择。职业技术教育是国民教育体系和人力资源开发的重要组成部分。发展职业技术教育，已经成为世界各国应对经济、社会、人口、环境、就业等方面挑战，实现可持续发展的重要战略。[①] 选择在"第一个百年"接续奋斗中，中国工程机械产业和职业教育进行了历史性变革、取得了历史性成就，工程机械产业由无到有、由小变大、由弱变强、由优变特、由零星分散到成规模成建制、由国内走向国际，职业教育从小到大、从不完整到比较完善、从零散到成体系，初步建成了中职—高职专科—高职本科贯通的职业教育体系。强国必先强教，实业强国必先教育强国、人才强国，实现"第二个百年"的奋斗目标对人才提出了更多样化的需求，特别是对应用型、技术型、技能型、技职型等人才。

第一节 工程机械核心概念界定

概念是研究的基础，其在人类所认知的思维体系中是最基本的抽象表达单

---

① 中华人民共和国教育部. 中国职业教育发展报告（2012—2022年）[R]. 北京，2022：序言.

位，而对核心概念的本质特征或内涵和外延的确切而简要的说明则标志着研究的开始。在本书中，21世纪是重要的时代背景，工程机械和职业教育是重要的研究对象，必须进行适切的概念界定。

一、工程机械的概念界定

工程机械（Construction Engineering）是装备制造工业的核心组成部分，工程机械产业、行业、企业是"制造强国"的支柱产业、行业、企业和"工业4.0"的支撑产业、行业、企业之一。概括地说，凡土石方施工工程、路面建设与养护、流动式起重装卸作业，以及各种建筑工程所需的综合性机械化施工工程所必需的机械装备，统称为工程机械，它主要用于国防建设工程、交通运输建设，能源工业建设和生产、矿山等原材料工业建设和生产、农林水利建设、工业与民用建筑、城市建设、环境保护等基础领域。根据国务院最初组建机械系统的行业批文规定，工程机械产业、行业、企业广义上统称为工程机械产业，一直延续至今。世界各国对工程机械产业的称谓基本相似，其中美国和英国将其称为建筑机械与设备，德国将其称为建筑机械与装置，而俄罗斯将其称为建筑与筑路机械，日本将其称为建设机械，中国将部分工业机械产品称为建设机械，等等。调查发现，世界各国对工业机械行业划定的产品范围大致相似，中国工程机械与其他各国相比，还增加了铁路线路工程机械、叉车与工业搬运车辆、装修机械、电梯、风动工具等特殊行业产品。

二、工程机械的主要分类

中国工程机械产业、行业、企业产品范围主要从通用设备制造专业和专用设备制造业大类中分列出来。1979年，由中华人民共和国国家计划委员会和中华人民共和国第一机械工业部对中国工程机械行业发展编制了"七五"发展规划，产品范围涵盖了工程机械大行业18大类产品，并在"七五"发展规划后的历次国家机械工业行业规划都确认了工程机械这18大类产品，其产品范围一直延续至今。① 经过50多年的接续发展，工程机械产业、行业、企业18大类中的产品包括挖掘机械类、铲土运输机械类、工程起重机械类、工业车辆类、压实机械类、桩工机械类、混凝土机械类、钢筋及预应力机械类、装修机械类、凿岩机械类、气动工具类、铁路路线机械类、军用工程机械类、电梯与扶梯类和工程机械专用零部件类等。

三、主要企业

工程机械制造企业是工程机械产业和工程机械行业的主体，特别是"头部企业"和"独角兽企业"对产业和行业的影响更为关键。2021年5月11日，世界领先的工程信息提供商——英国KHL集团发布了全球工程机械制造商50强《2021 Yellow Table》（《2021年黄页》）。

（一）全球情况

《2021年黄页》的表单显示，上榜的全球50家工程机械主机制造商2020年的销售总额达1 915.87亿美元。年销售额增速呈现出明显的放缓趋势。2017年的总销售额同比增速为25.5%，2018年放缓至13.5%，2019年则进一步放缓至10.2%，2020年下降为5.5%。

2021年全球工程机械制造商50强排名（图1-1）中前10的企业分别是：卡特彼勒（CAT）、小松（Komatsu）、徐工（XCMG）、三一重工（SANY）、中联重科（ZOOMLION）、约翰·迪尔（John Deere）、沃尔沃建筑设备（Volvoce）、日立建机（Hitachicm）、利勃海尔（Liebherr）、斗山工程机械（Doosanequipment）。这10家企业占据全球市场份额达到65.3%，比2020年提高了1.6个百分点。

（二）市场份额

从全球各地区来看，2021年北美、欧洲和其他地区市场份额占比均产生了不同程度下降（图1-2）。其中，北美市场份额下降最明显，从2020年的27.8%下降至22.3%，下降了5.5个百分点。而亚洲市场份额提升明显，从2020年的45.4%提升至52.4%，提升了7个百分点。

---

① 工程机械分类情况[J].中国工程机械学报，2003（1）：25.

排名	变化	公司	总部所在地	销售收入	市场份额
1	-	卡特彼勒	美国	248.24	13.0%
2	-	小松	日本	199.95	10.4%
3	↑1	**徐工**	**中国**	**151.59**	**7.9%**
4	↑1	**三一重工**	**中国**	**144.18**	**7.5%**
5	↑5	**中联重科**	**中国**	**94.49**	**4.9%**
6	↓3	约翰迪尔	美国	89.47	4.7%
7	↑1	沃尔沃建筑设备	瑞典	88.46	4.6%
8	↑1	日立建机	日本	85.49	4.5%
9	↑1	利勃海尔	德国	78.08	4.1%
10	↑1	斗山工程机械	韩国	71.09	3.7%
11	-	山特维克	瑞典	58.23	3.0%
12	↓4	美卓奥图泰	芬兰	44.43	2.3%
13	↑1	杰西博	英国	40.00	2.1%
14	-	安百拓	瑞典	39.23	2.0%
15	↑4	**柳工**	**中国**	**33.38**	**1.7%**
16	↑1	神钢建机	日本	31.52	1.6%
17	↓4	特雷克斯	美国	30.76	1.6%
18	-	久保田	日本	27.67	1.4%
19	↑2	住友重机	日本	25.18	1.3%
20	↓5	捷尔杰	美国	25.15	1.3%
21	↑1	现代重工	韩国	23.45	1.2%
22	↓2	凯斯纽荷兰工业	意大利	21.70	1.1%
23	↑5	**中国龙工**	**中国**	**18.69**	**1.0%**
24	-	维克诺森	德国	18.41	1.0%
25	↓2	曼尼通	法国	18.07	0.9%
26	↑1	帕尔菲格	奥地利	17.48	0.9%
27	↓1	多田野	日本	17.04	0.9%
28	↑1	法亚集团	法国	15.96	0.8%
29	↓2	马尼托瓦克	美国	14.90	0.8%
30	-	希尔博	芬兰	13.11	0.7%
31	↑4	**山河智能**	**中国**	**11.95**	**0.6%**
32	↓2	**山推股份**	**中国**	**11.47**	**0.6%**
33	↓2	阿斯太克	美国	10.24	0.5%
34	↓1	竹内制作所	日本	9.88	0.5%
35	↓3	安迈	日本	9.66	0.5%
36	-	斯凯杰科	加拿大	7.51	0.4%
37	↑1	加藤制作所	日本	7.12	0.4%
38	↓4	**福田雷沃**	**中国**	**6.82**	**0.4%**
39	-	古河机械	日本	6.79	0.4%
40	↓3	德国宝峨	德国	6.49	0.3%
41	↓3	爱知	日本	5.38	0.3%
42	↓2	欧历胜	法国	5.02	0.3%
43	↑1	森尼伯根	德国	5.00	0.3%
44	↑1	贝尔设备	南非	4.71	0.2%
45	-	洋马	日本	4.69	0.2%
46	NEW	**浙江鼎力**	**中国**	**4.29**	**0.2%**
47	-	印度贝姆勒	印度	4.01	0.2%
48	↓2	德国默罗	德国	3.75	0.2%
49	↑1	海德宝莱	土耳其	2.91	0.2%
50	↓2	**厦工股份**	**中国**	**2.78**	**0.1%**

图 1-1　2021 年全球工程机械制造商 50 强

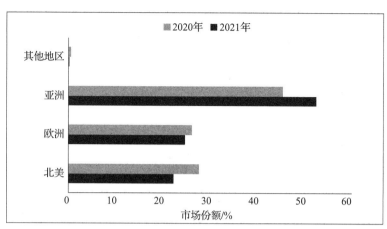

图1-2 2020—2021年全球工程机械产业市场份额占比情况

分国别来看（图1-3），2021年全球各国市场份额排名前三的国家分别是中国、日本、美国，2021年这三个国家市场份额分别为24.9%、22.4%、21.9%，它们在全球市场份额已经达到了69.2%，中国工程机械在全球市场份额占比已经接近25%，相比于2020年，是全球市场份额增幅最大的国家。

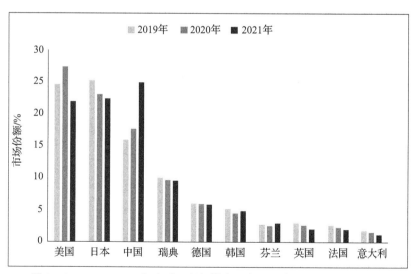

图1-3 2019—2021年全球工程机械产业主要国家市场份额变化情况

（三）中国企业

从企业排名来看（图1-4），美国卡特彼勒以248.24亿美元高居榜首，全球市场份额为13%；位列第二的是日本小松，销售收入为199.95亿美元，市场份额为 10.4%。自该黄页表单发布以来，卡特彼勒和小松就一直位列前二。排名提升最明显的两家企业是中联重科和中国龙工，它们在 2021 年的排名较 2020 年各自提高了 5 个名次。

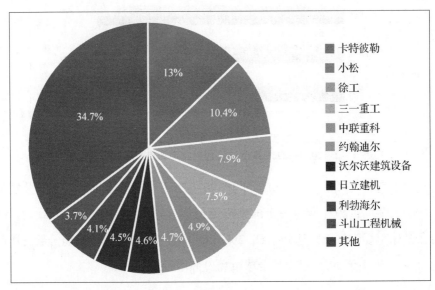

图 1-4　2021 年全球前 10 家工程机械企业市场份额占比情况

中国有 10 家企业跻身 50 强榜单，分别是徐工、三一重工、中联重科、柳工、中国龙工、山河智能、山推股份、福田雷沃、浙江鼎力、厦工。其中，徐工、三一重工、中联重科三家企业跻进前 5[①]。

2020 年，中国由于推进重大项目开工，促进了工程机械行业快速发展，因此在全球市场份额中的占比提升明显。

总体来看，2021 年榜单显示，在经历了 2019 年的快速发展后，2020 年全球工程机械周期性因素影响，前 50 名企业销售收入下滑明显，尤以北美企业下滑得最为明显。中国工程机械行业表现优异，销售额较上年提高了 14%，市场份额提升至 24.9%，中国跃升为全球工程机械市场份额最大的国家[②]。

---

① XCMG makes global top three on KHL's Yellow Table 2021 for the first time [EB/OL]. http://regional.chinadaily.com.cn/en/2021-05/13/c_621796.htm.（2021-05-13）.［2022-01-03］.

② KHL. Yellow Table 2021 [EB/OL]. https://www.khl.com/1144712.article.（2021-07-22）.［2022-01-03］.

四、工程机械行业协会

（一）中国机械工业联合会

中国机械工业联合会是在中国工业管理体制改革过程中，由机械工业全国性协会、地区性协会、具有重要影响的企事业单位、科研院所和大中专院校等自愿组成的一个综合性行业协会组织，现有直接单位会员311个，是在中华人民共和国民政部注册登记的全国性社会团体法人。中国机械工业联合会以贯彻执行党和国家方针政策，为政府、行业和企业提供服务为宗旨，以反映会员意见、愿望和要求，维护会员合法权益，振兴机械工业为己任，以服务行业、服务会员为宗旨，是联系政府与企业的桥梁和纽带以及协助政府开展行业工作的参谋和助手。

中国机械工业联合会的主要任务是调查研究机械行业经济运行、企业发展等方面的情况，向政府反映行业企业的意见和要求，为政府部门制定行业技术经济政策、贸易政策和行业结构调整等提供建议和咨询服务；分析和发布与行业相关的技术和经济信息，进行市场预测预报，组织制定行业规划，为政府、企业、会员和社会中介组织等提供行业发展指导及行业信息服务；组织制定、修订机械工业国家和行业标准、技术规范，并组织宣传贯彻；参与行业质量认证和监督管理工作，为企业的质量工作提供诊断、咨询服务；推进行业科技进步，开展行业科技交流，促进两化融合，组织行业科技成果评奖并推荐国家级科技进步奖；组织开展国内外技术经济协作与交流，与国际对口行业组织进行交往；组织开展行业培训、行业先进评选和行业考察活动；组织、协调、举办行业的大型国内与国际展览（销）会；根据国家的产业政策，推进产业结构调整和产品升级，提出机械行业节能产品、淘汰产品、鼓励发展产品的建议；制定行规行约，促进行业自律，推进行业诚信建设，维护行业整体利益和消费者的合法权益；出版发行刊物、资料，组织开展行业宣传交流；承担行业报刊的管理工作；受国资委委托，代管协（学）会和事业单位；承办政府和会员需要的其他服务。[①]

[①] 中国机械工业联合会. 简要介绍 [EB/OL]. http://cmif.mei.net.cn/introduce.asp. (2021 – 01 – 01). [2022 – 01 – 02].

(二) 中国工程机械工业协会

中国工程机械工业协会是经中华人民共和国民政部正式批准登记注册的全国性工程机械行业组织,是由工程机械行业的制造企业,科研设计检测单位,高校、维修、使用、流通单位及其他有关工程机械行业的企事业单位自愿联合组成的具有法人地位的社会团体。该协会的业务主管单位是国务院国有资产监督管理委员会。

中国工程机械工业协会是由原中国工程机械工业协会与原中国建设机械协会合并而成。现有会员单位2 300多个,行业覆盖率达85%以上。该协会的会员包括机械、城建、交通、铁路、冶金、煤炭、建材、石油天然气、水利、电力、林业、兵器、航空等10多个行业的有关单位,遍布全国除台湾省、西藏自治区以外的各省、市、自治区。中国工程机械工业协会按产品类型和工作性质成立了34个分会和工作委员会。协会会员企业的产品包括铲土运输机械、挖掘机械、起重机械、工业车辆、路面施工与养护机械、压实机械、凿岩机械、气动工具、混凝土机械、掘进机械、混凝土制品机械、桩工机械、市政与环卫机械、高空作业机械、装修机械、钢筋及预应力机械、军用工程机械、电梯与扶梯、专用工程机械、工程机械配套件、冰雪运动与应急救援装备21大类。

该协会的宗旨是为企业、政府及用户服务,促进中国工程机械行业的发展。协会的任务是维护会员合法权益,反映会员的愿望与要求,协调行业内部关系,贯彻执行国家法律法规和政策,制定行规和行约,提出有关促进行业发展的政策性建议,协助政府进行行业宏观管理,进行行业发展规划的前期工作,在政府和企业之间起桥梁和纽带作用。该协会与企业及用户联系密切,积极为企业及用户服务,在规划、信息、统计、展览、产品开发、市场、组织结构调整、用户服务、质量、咨询、价格等方面做了大量工作,与国外同行业协会和企业建立了广泛的联系,并为中国企业引进外资、引进先进技术、开展国际技术合作和交流、提高企业的经济效益和产品质量做出了应有的贡献。①

---

① 中国工程机械工业协会. 协会简介 [EB/OL]. http://www.cncma.org/col/xiehuijieshao. (2021 - 01 - 01). [2022 - 01 - 02].

第二节　中国—东盟概述

中国与东盟国家山水相连、地缘相接、文化相通、风俗相类，交往历史悠久而深度，特别是中国西藏自治区、云南省、广西壮族自治区与东盟的缅甸、老挝、越南接壤。自1991年建立对话关系以来，中国—东盟互为最大规模的贸易伙伴、最具活力的合作伙伴，为11国的20多亿人民带来了很大利益，为地区乃至世界的和平稳定和发展繁荣做出了重要贡献。

一、东盟概述

东南亚国家联盟（Association of Southeast Asian Nations，ASEAN）简称东盟，于1967年8月8日在泰国曼谷成立，工作语言是英文。东盟秘书处设在印度尼西亚首都雅加达（70A Jalan Sisingamangaraja，Jakarta 12110，Indonesia），现任秘书长林玉辉（Lim Jock Hoi，文莱前外交与贸易部常任秘书长，任期为2018年1月—2022年12月）。东盟官网地址为http://asean.org。[①] 2022年东盟的轮值主席国家是柬埔寨。东盟先后与中国、韩国、日本等6个国家建立了自由贸易区。中国、日本、韩国、印度、俄罗斯、澳大利亚、新西兰、美国等国先后与东盟签署《东南亚友好合作条约》，建立了围绕东盟的"10+1""10+3""10+8"机制。此外，东盟分别与联合国、欧盟、海湾阿拉伯国家合作委员会、南方共同市场等积极发展合作关系。东盟是亚洲第三大经济体和世界第六大经济体。截至2021年，东盟经济持续增长，经济总量超过3万亿美元。

二、东盟发展历史

1961年7月31日，马来亚、菲律宾和泰国在曼谷成立东南亚联盟（东盟前身）。1967年8月7—8日，印度尼西亚、泰国、新加坡、菲律宾四国外长和马

---

① Satomi Yamamoto. Association of Southeast Asian Nations［A］. The Wiley–Blackwell Encyclopedia of Globalization［C］. John Wiley & Sons, Ltd., 2012：010–033.

来西亚副总理在曼谷举行会议,发表了《曼谷宣言》,正式宣告东南亚国家联盟成立。1976 年,东盟首脑会议举行,[①] 给东盟带来了新生,《东南亚友好合作条约》在印度尼西亚巴厘岛签订,8 月 28—29 日,马来西亚、泰国、菲律宾三国在吉隆坡举行部长级会议,决定从此由东南亚国家联盟取代东南亚联盟。1977年,经过 10 年的发展,东盟政治、经济合作的基础更加坚实,并且取得了重大进展和成效。[②] 1984 年 1 月 7 日,文莱加入东南亚国家联盟。1995 年 7 月 28 日,越南加入东南亚国家联盟。1997 年 7 月 23 日,老挝、缅甸加入东南亚国家联盟。1999 年 4 月 30 日,柬埔寨加入东南亚国家联盟。2007 年 11 月 20 日,参加第 13届东盟首脑会议的东盟成员国领导人签署了《东南亚国家联盟宪章》(以下简称《东盟宪章》)。东盟各国领导人落笔签署这份具有历史意义的文件之后,时任东盟秘书长的王景荣走上台,从东盟轮值主席国新加坡总理李显龙手中接过签署完毕的《东盟宪章》原件。[③] 2008 年 12 月,《东盟宪章》正式生效。[④] 2011 年 8 月8 日上午,东盟成员国首次在南宁领事馆升起东南亚国家联盟盟旗。2015 年 12月 31 日,东盟共同体正式成立。2019 年 8 月 8 日,东盟秘书处新大楼落成。2020 年 8 月 7 日,柬埔寨在外交和国际合作部举起东南亚国家联盟盟旗,以庆祝东南亚国家联盟成立 53 周年。

三、东盟目标和宗旨

(一) 目标

《东盟宪章》提出,东盟要致力于维护并加强本地区和平、安全与稳定,以及经济一体化建设;继续坚持不干涉内政的基本原则;尊重各成员国的独立、主权、平等、领土完整和民族特性;坚持以和平手段解决纷争。在当天举行的签字仪式上,东盟 10 国领导人还签署了《东盟经济共同体蓝图宣言》《东盟环境可持续性宣言》以及《东盟关于气候变化宣言》等重要文件,为东盟加快一体化

---

① 郁贝红. 评东盟首次首脑会议 [J]. 南洋资料译丛,1977 (2):18 - 24.
② 施葆琴,蒋细定. 东盟十年 (1967—1977) [J]. 南洋资料译丛,1978 (2):1 - 16.
③ 何强,郭倩.《东盟宪章》:东盟一体化进程的里程碑 [J]. 东南亚纵横,2008 (7):39 - 42.
④ 李晓渝.《东盟宪章》正式生效 [N]. 人民日报,2008 - 12 - 16 (第 003 版).

建设，迎接未来挑战奠定了法理基础。①《东盟宪章》对各成员国均具有约束力，赋予东盟法人地位，其中规定：东盟首脑会议为东盟最高决策机构，每年举行两次会议，东盟成员国领导人在峰会上决定有关东盟一体化的关键问题，决定发生紧急事态时东盟应采取的措施，任命东盟秘书长，设立4个理事会，其中1个由外长组成，负责协调东盟重要事务，另外3个分别负责政治安全、经济一体化和社会文化事务，每个理事会各由一名副秘书长负责、成立一个人权机构，致力于改进本地区人权状况。

《东盟宪章》确定的目标主要包括：①维护和促进地区和平、安全和稳定，进一步强化以和平为导向的价值观；②通过加强政治、安全、经济和社会文化合作，提升地区活力；③维护东南亚的无核武器区地位，杜绝大规模杀伤性武器；④确保东盟人民和成员国与世界和平相处，生活于公正、民主与和谐的环境中；⑤建立稳定、繁荣、极具竞争力和一体化的共同市场和制造基地，实现货物、服务、投资、人员、资金自由流动；⑥通过相互帮助与合作减轻贫困，缩小东盟内部发展鸿沟；⑦在充分考虑东盟成员国权利与义务的同时，加强民主，促进良政与法治，促进和保护人权与基本自由；⑧根据全面安全的原则，对各种形式的威胁、跨国犯罪和跨境挑战做出有效反应；⑨促进可持续发展，保护本地区环境、自然资源和文化遗产，确保人民高质量的生活；⑩通过加强教育、终生学习以及科技合作，开发人力资源，提高人民素质，强化东盟共同体意识；⑪为人民提供发展机会、社会福利和公正待遇，提高人民福祉和生活水平；⑫加强合作，营造安全、无毒品的环境；⑬建设以人为本的东盟，鼓励社会各界参与东盟一体化和共同体建设进程，并从中获益；⑭增加对本地区文化和遗产的认识，加强东盟共同体意识；⑮在开放、透明和包容的地区架构内，维护东盟在同外部伙伴关系中的中心地位。

（二）宗旨

《东南亚国家联盟成立宣言》（以下简称《东盟宣言》）确定的宗旨和目标

---

① 伍光红．从《曼谷宣言》到《东盟宪章》——东盟发展过程中的里程碑文件述评［J］．广西社会科学，2013（6）：71-74．

是：①以平等与协作精神，共同努力促进本地区的经济增长、社会进步和文化发展；②遵循正义、国家关系准则和《联合国宪章》，促进本地区的和平与稳定；③促进经济、社会、文化、技术和科学等问题的合作与相互支援；④在教育、职业和技术及行政训练和研究设施方面互相支援；⑤在充分利用农业和工业、扩大贸易、改善交通运输、提高人民生活水平方面进行更有效的合作；⑥促进对东南亚问题的研究；⑦同具有相似宗旨和目标的国际和地区组织保持紧密和互利的合作，探寻与其更紧密合作的途径。

四、组织机构和成员

（一）组织机构

2008年12月，《东盟宪章》正式生效。根据该宪章的规定，东盟组织机构主要包括：①东盟峰会：就东盟发展的重大问题和发展方向做出决策，一般每年举行两次会议；②东盟协调理事会：由东盟各国外长组成，是综合协调机构，每年至少举行两次会议；③东盟共同体理事会：包括东盟政治安全共同体理事会、东盟经济共同体理事会和东盟社会文化共同体理事会，负责协调其下设各领域工作，由东盟轮值主席国相关部长担任主席，每年至少举行两次会议；④东盟领域部长会议：由各成员国相关领域主管部长出席，向所属共同体理事会汇报工作，致力于加强各相关领域合作，支持东盟一体化和共同体建设；⑤东盟秘书长和东盟秘书处：负责协助落实东盟的协议和决定，并进行监督；⑥东盟常驻代表委员会：由东盟成员国指派的大使级常驻东盟代表组成，代表各自国家协助东盟秘书处、东盟协调理事会等机构开展工作；⑦东盟国家秘书处：是东盟在各成员国的联络点和信息汇总中心，设在各成员国外交部；⑧东盟政府间人权委员会：负责促进和保护人权与基本自由的相关事务；⑨东盟附属机构：包括各种民间和半官方机构。

（二）组织成员

东盟由成员国、候选国、观察员国组成，截至2022年1月，其10个成员国包括文莱、柬埔寨、印度尼西亚、老挝、马来西亚、缅甸、菲律宾、新加坡、泰国、越南，总面积约449万平方千米，人口约6.6亿；1个候选国是东帝汶；1

个观察员国是巴布亚新几内亚,其外长一直以观察员身份出席东盟外长会议。

五、东盟象征和标识

(一) 旗帜

东盟盟旗(图1-5)采用于1997年,蓝色代表和平与稳定,红色代表勇气和活力,白色代表纯洁,黄色代表繁荣;会徽中央的黄色条纹(10根稻草)分别代表该组织的10个成员国;圆圈代表东盟各国大海、天空和陆地的统一。

(二) 会徽

东盟会徽(图1-6)是东盟的官方标志,代表含义是稳定、和平、团结和充满活力。会徽的颜色蓝色、红色、白色和黄色代表了所有东盟成员国国徽的主要颜色,其内涵与盟旗相同。会徽中央的稻草代表了东盟开国元勋们的梦想,即东盟国家将东南亚所有国家凝聚在一起,团结友好。圆圈代表东盟各国的团结。asean是东盟的英文缩写。

图1-5 东盟盟旗

图1-6 东盟会徽

(三) 盟歌

2008年11月20日,盟歌创作的最后一轮评选在曼谷举行,共有10首候选曲目入围。评委来自东盟10个成员国,以及对话国中国、澳大利亚、日本。最终从10首候选歌曲中选择了《东盟之路》,歌词是:"高高举起我们的旗帜,像天一样高;拥抱我们心中的自豪;东盟紧密团结如一体,内省自身,放眼全世界;以和平为起点,以繁荣为目标。我们敢于梦想,我们乐得分享。共同为东盟,我们敢于梦想;我们乐于分享,因为这就是东盟之路。"

(四)东盟日

1967年8月8日,印度尼西亚、泰国、新加坡、菲律宾、马来西亚5国在曼谷发表了《东盟宣言》,8月8日被定为"东盟日"。

六、主要活动

1976年以来,东盟共举行了37次峰会和4次非正式峰会。2016年9月,第28和29届东盟峰会在老挝万象举行,主题为"将愿景变为现实,迈向充满活力的东盟共同体",主要讨论推进东盟共同体建设、东盟与外部的关系和发展方向,并就共同关心的国际和地区问题交换意见。会议通过了《东盟愿景2025》《东盟互联互通总体规划2025》和第三份《东盟一体化倡议工作计划》。东盟各国领导人还签署了共同应对域内外灾害的宣言。2017年4月,第30届东盟峰会在菲律宾马尼拉举行,会议以"携手促进变革,共同拥抱世界"为主题,重点围绕东盟共同体建设及共同关心的国际地区问题进行了讨论。2017年11月,第31届东盟峰会在菲律宾马尼拉举行,会议就建设更加稳定和更具韧性的东盟共同体(即建设以人为本的东盟、维护地区和平与稳定、加强海上安全与合作、促进包容性与创新驱动型增长、加强东盟韧性、推动东盟成为区域主义样板和全球事务参与者)进行了讨论,签署了《东盟关于保护和提高移民劳工权利的共识》,通过了《东盟关于预防和打击网络犯罪的宣言》《东盟创新宣言》等多份重要文件,东盟及其对话或域外伙伴领导人共同出席东盟成立50周年纪念活动。2018年4月,第32届东盟峰会在新加坡举行,会议围绕"韧性与创新"主题,重点就东盟共同体建设和国际地区问题进行讨论,会后发表了《主席声明》《关于建设韧性和创新的东盟愿景文件》《关于网络安全合作的声明》《东盟智慧城市网络概念文件》。2018年11月,第33届东盟峰会在新加坡举行,会议回顾了东盟共同体建设进展,重申加强非传统安全、环境挑战、可持续发展等领域合作,通过了《东盟智慧城市网络框架》《关于增加绿色就业以促进东盟共同体平等与包容性增长的宣言》等文件。2019年6月,第34届东盟峰会在泰国曼谷举行,会议围绕"加强伙伴关系,促进可持续发展"主题,重点讨论了东盟共同体建设和国际地区问题，发表了《东盟印太展望》《东盟领导人关于可持续伙伴关系的愿景声明》《应对亚洲地区海洋垃圾的曼谷宣言》及其行动框架等文件。2019年11月，第35届东盟峰会在泰国曼谷举行，会议回顾了东盟共同体建设，就东盟未来发展方向、加强东南亚地区各领域可持续发展交换了意见。会议发表了《主席声明》《东盟关于向第四次工业革命转型的宣言》和《东盟关于气候变化的联合声明》等文件。2020年11月，第37届东盟峰会以视频会议的形式在越南首都河内召开，会议期间，东盟各国及其对话伙伴就应对疫情、疫情后恢复、区域全面经济伙伴关系协定（Regional Comprehensive Economic Partnership，RCEP）签署等议题进行讨论并达成重要成果，通过了旨在帮助企业和民众从疫情影响中恢复、促进社会经济稳定的《东盟全面恢复计划》及其实施方案。2021年11月22日上午，中国国家主席习近平在北京以视频方式出席并主持中国—东盟建立对话关系30周年纪念峰会，正式宣布建立中国—东盟全面战略伙伴关系。习近平总书记发表题为《命运与共 共建家园》的重要讲话。[①] 峰会通过《中国—东盟建立对话关系30周年纪念峰会联合声明》。

七、对外关系

东盟积极开展多方位外交。1994年7月，东盟倡导成立东盟地区论坛（ASEAN Regional Forum，ARF），主要就亚太地区政治和安全问题交换意见。1994年10月，东盟倡议召开亚欧会议（Asia–Europe Meeting，ASEM），促进东亚和欧盟的政治对话与经济合作。1997年，东盟与中、日、韩三国共同启动了东亚合作，东盟与中日韩（10+3）、东亚峰会（East Asia Summit，EAS）等机制相继诞生。1999年9月，在东盟的倡议下，东亚—拉美合作论坛（Forum for East Asia and Latin America Cooperation，FEALAC）成立。东盟每年与对话伙伴举行对话会议。迄今为止，东盟已发展了11个全面对话伙伴国，包括澳大利亚、加拿大、中国、欧盟、印度、日本、韩国、新西兰、俄罗斯、美国和英国。此外，东盟成员国已同意丹麦、希腊、荷兰、阿曼、卡塔尔和阿拉伯联合酋长国加入《东

---

① 习近平. 命运与共 共建家园［N］. 人民日报，2021-11-23（第002版）.

南亚友好合作条约》（The Treaty of Amity and Cooperation in Southeast Aisa, TAC），并期待在适当时候将其发展为全面对话伙伴国。2011年11月，东盟提出"区域全面经济伙伴关系"（RCEP）倡议，旨在构建以东盟为核心的地区自贸安排。① 2012年11月，在第七届东亚峰会上，东盟国家与中、日、韩、印、澳、新（西兰）6国领导人同意启动RCEP谈判，并开启了不同于跨太平洋伙伴关系协议（Trans–Pacific Partnership Agreement，TPP）的跨区域全方位合作模式。② 2017年11月，首次RCEP领导人会议在菲律宾马尼拉召开。2018年11月，第二次RCEP领导人会议在新加坡召开，各国领导人肯定当年RCEP谈判取得的实质进展，就争取于2019年结束谈判达成一致。2019年11月，第三次RCEP领导人会议在泰国曼谷举行，与会领导人在会后发表联合声明，宣布RCEP的15个成员国结束全部20个章节的文本谈判及实质上所有市场准入问题的谈判，并致力于2020年签署协定。2020年11月15日，第四次RCEP领导人会议以视频方式举行。会议上，区域全面经济关系协定（RCEP）正式签署，包括东盟10国与中国③、日本、韩国、澳大利亚、新西兰等共15个成员国，是全球最大的自由贸易协定，涵盖约35亿人口、国内生产总值（GDP）总和达23万亿美元，约占全球总量的1/3④、贸易总额约占全球总量的30%。

八、中国—东盟关系

1991年，中国与东盟开启对话进程。1996年，中国成为东盟全面对话伙伴。1997年，首次中国—东盟领导人非正式会议在马来西亚的吉隆坡举行，双方领导人宣布建立中国—东盟面向21世纪的睦邻互信伙伴关系。2003年，中国作为东盟的对话伙伴，率先加入《东南亚友好合作条约》，与东盟建立了面向和平与

---

① 许宁宁. RCEP：东盟主导的区域全面经济伙伴关系［J］. 东南亚纵横，2012（10）：35-38.
② RCEP Makes A Difference［J］. Beijing Review，2012（48）：16-17.
③ 汤婧. 中国参与亚太区域整合的战略选择——RCEP对TPP的替代效应［J］. 中国经贸导刊，2013（16）：39-41.
④ 朱雯骞，石睿鹏. RCEP助力中国—东盟贸易稳中有进［N］. 广西日报，2022-01-25（第004版）.

繁荣的战略伙伴关系。2008年12月，中国首次任命驻东盟大使一职。[①] 2011年11月，中国—东盟中心正式成立，作为一站式信息和活动中心，着力促进中国与东盟贸易、投资、教育、文化、旅游、信息媒体等领域合作。2012年9月，中国驻东盟使团成立并派驻大使。2006年是中国—东盟建立对话关系15周年，双方在中国广西南宁成功举办了纪念峰会。2011年是中国—东盟建立对话关系20周年，双方领导人互致贺电，举行了纪念峰会、招待会等一系列活动。[②] 2013年是中国—东盟建立战略伙伴关系10周年，双方举行了中国—东盟特别外长会、互联互通交通部长特别会议、中国—东盟高层论坛等一系列庆祝活动。10月，中国国家主席习近平访问印度尼西亚和马来西亚，倡议携手建设更为紧密的中国—东盟命运共同体，共同建设21世纪海上丝绸之路。2014年是中国—东盟文化交流年，中国和东盟轮值主席国缅甸、中国—东盟关系协调国泰国领导人分别向文化交流年开幕式致贺信。2016年是中国—东盟建立对话关系25周年和中国—东盟教育交流年。2017年是东盟成立50周年和中国—东盟旅游合作年。2018年是中国—东盟建立战略伙伴关系15周年和中国—东盟创新年。2019年是中国—东盟媒体交流年。2020年是中国—东盟数字经济合作年。在国际地区事务上，双方开展密切协调与配合。中国坚定支持东盟在区域合作中的中心地位，支持东盟在构建开放包容的地区架构中发挥更大作用。双方致力于共同推动东亚区域合作健康发展，共同应对地区现实和潜在挑战。双方在东盟与中日韩（10+3）合作、东亚峰会、东盟地区论坛、亚洲合作对话、亚太经合组织等合作机制下保持良好沟通与合作。2021年是中国—东盟建立对话关系30周年。[③]

中国—东盟人文交流合作蓬勃发展，亮点精彩纷呈。双方通过部长级会议、论坛研讨、人员培训、文明对话、艺术展演、主题年（如文化旅游年）等形式开展合作与交流，增进了对彼此文化的了解，加深了双方友谊。中国与东盟十国

---

① 赵慧，范祚军.《东盟宪章》生效之后中国—东盟关系的变局与突破 [J]. 广西大学学报（哲学社会科学版），2017（2）：88-92.
② 马嫚. 东盟中国"10+1"关系的全方位发展——纪念中国—东盟建立对话伙伴关系20周年 [J]. 东南亚纵横，2011（2）：37-42.
③ 中国—东盟建立对话关系30周年纪念峰会联合声明 [N]. 人民日报，2021-11-23（第002版）.

签署了教育交流合作协议，与印度尼西亚、马来西亚、菲律宾、泰国、越南等国签署了互认学历学位协议。双方互派留学生人数超过 20 万，中国高校开设了东盟 10 国官方语言专业，东盟国家建有 38 所孔子学院（截至 2019 年 11 月）。① 自 2008 年以来，中国—东盟教育交流周已经连续举办 12 届，逐渐发展成为中国与东盟国家教育合作和人文交流的重要平台。② 中国与东盟 10 国均签有文化合作文件，2005 年还签署了中国—东盟文化合作谅解备忘录。2006 年以来，中国—东盟文化论坛已成功举办 14 届，在文化产业、艺术创作、文化遗产、公共服务、节庆活动、艺术教育等领域拓展了对话与合作空间。中国在东盟国家已设立 7 个文化中心，中国—东盟博览会、欢乐春节、美丽中国等品牌深受欢迎，汉语热在东盟持续升温。中国与东盟互为重要旅游客源国和目的地。2007 年 10 月 27 日上午，中华全国妇女联合会（All-China Women's Federation）（简称"全国妇联"）在广西壮族自治区成立"中国—东盟妇女培训中心"，这是中国—东盟妇女交流合作的一大盛事，是全国妇联积极落实《中国—东盟妇女论坛友好宣言》后续行动的一大成果，也是中国与东盟各国妇女相互尊重、密切合作、平等交流的重要成果。③ 2019 年，双方人员往来突破 6 000 万人次大关，平均每周约 4 500 个航班往返于中国和东盟国家之间。中方着手打造"中国—东盟菁英奖学金"人文交流旗舰项目，开展"未来之桥"中国—东盟青年领导人千人研修计划，实施"中国—东盟健康丝绸之路人才培养项目（2020—2022）"，计划为东盟培养 1 000 名卫生行政人员和专业技术人员。

中国与东盟建立了较为完善的对话合作机制，主要包括领导人会议、外长会、部长级会议、高官会等。

（1）中国—东盟领导人会议。主要就中国—东盟关系发展做出战略规划和指导，自 1997 年以来已举行 22 次。此外，还召开过数次中国—东盟领导人特别

---

① 唐滢，冯用军，丁红卫，云建辉，等. 中国云南与东南亚、南亚高等教育国际化研究 [M]. 北京：社会科学文献出版社，2017.

② 方晓湘，柯森. "一带一路"背景下中国—东盟教师教育交流与合作：回顾与展望 [J]. 中国—东盟研究，2020（1）：87-102.

③ 邹才仁，邹凌，阮萃. "中国—东盟妇女培训中心"成立 [N]. 中国妇女报，2007-10-29（第 A01 版）.

会议，包括中国—东盟领导人关于非典型性肺炎问题特别会议（2003年）和中国—东盟建立对话关系15周年纪念峰会（2006年）等。2018年11月，第21次中国—东盟领导人会议暨庆祝中国—东盟建立战略伙伴关系15周年纪念峰会在新加坡举行，会议发表了《中国—东盟战略伙伴关系2030年愿景》和《中国—东盟科技创新合作联合声明》等文件。2019年4月，第20次中国—东盟联合合作委员会会议在雅加达东盟秘书处举行。2019年11月，第22次中国—东盟领导人会议在泰国曼谷举行，会议宣布制定《落实中国—东盟面向和平与繁荣的战略伙伴关系联合宣言的行动计划（2021—2025）》，就"一带一路"倡议同《东盟互联互通总体规划2025》对接、智慧城市合作、媒体交流等发表联合声明。

（2）中国—东盟外长会议。负责协调落实领导人会议成果，为下次领导人会议做准备。

（3）部长级会议。中国和东盟已建立外交、防务、商务、文化、教育、交通、海关署长、总检察长、卫生、电信、新闻、质检、执法安全等10多个部长级会议机制。

（4）高官会。通常在部长级会议前召开，主要回顾和展望中国—东盟关系，为部长会和外长会做准备。高官会由中国和东盟相关机构的高官出席。

（5）中国—东盟联合合作委员会。每年在印度尼西亚雅加达举行会议，东盟常驻代表委员会和中国驻东盟大使出席，旨在推动中国和东盟各领域务实合作。[①]

为了全面协调中国—东盟关系，中国发起、东盟支持成立了中国—东盟中心。中国—东盟中心是中国和东盟10国共同成立的政府间国际组织。2011年11月18日中国—东盟建立对话关系20周年纪念峰会上，中国与东盟10国领导人及东盟秘书长共同为中心揭牌，宣告其正式成立。中心组织架构为联合理事会（决策机构）、联合执行委员会（咨询机构）和秘书处（执行机构），秘书处设在北京，现任秘书长为陈德海先生。中国—东盟中心的建立，体现了中国—东盟关

---

① 中国—东盟中心.中国—东盟关系（2020年版）［EB/OL］.http://www.asean-china-center.org/asean/dmzx/2020-03/4612.html.（2021-01-05）.［2020-03-13］.

系的不断发展以及双方领导人的高瞻远瞩。作为一站式信息活动中心和促进中国—东盟各领域务实合作的机构，中国—东盟中心致力于促进中国—东盟在贸易、投资、教育、文化、旅游和信息媒体等领域的友好交流和务实合作，已成为促进双方友好交流的独特纽带和推动务实合作的重要平台。[①] 当前，中国—东盟关系正站在新的起点上，双方合作面临着新的机遇和广阔前景。中国—东盟中心愿与各界携手努力，为促进中国—东盟战略伙伴关系全面深入发展做出更大的贡献。中国—东盟中心秘书处下设四个部门，分别是综合协调部、贸易投资部、教育文化旅游部和新闻公关部。开展活动是中国—东盟中心的主体工作，是中心立身之本、发展之基、形象之源。《中华人民共和国和东南亚国家联盟成员国政府关于建立中国—东盟中心的谅解备忘录》明确中国—东盟中心是"一站式的信息和活动中心"，并对中心开展中国—东盟贸易、投资、教育、文化、旅游和信息媒体领域活动做出具体规定。自 2011 年 11 月成立以来，该中心平均每年实施 20 多个旗舰项目，主办 40 余场大型活动，协办或参加近 200 项各类活动，在中国和东盟国家取得良好的政治、经济、社会效果，增进了双方友好交流与务实合作，为中国—东盟战略伙伴关系发展做出应有贡献。如 2019 年 11 月 28 日至 29 日，参加在柬埔寨暹粒举行的第 44 届大湄公河次区域（GMS）旅游工作组会议、湄公河旅游协调办公室（MTCO）董事会会议等相关会议。[②] 该中心经过长期举办、参加大量活动，逐步形成了一些符合自身实际的经验、做法、理念和风格：一是重视顶层规划设计，二是坚守政府间国际组织定位，三是践行包容性多边主义，四是牢固树立创新思维，五是高举友好合作旗帜，六是发扬务实高效作风。[③]

第三节 中国—东盟自由贸易区概述

中国—东盟自由贸易区（China and ASEAN Free Trade Area，CAFTA）是中

---

① 中国—东盟中心举行第九届联合理事会会议 [J]．中国报道，2020（1）：70．
② 中国—东盟中心代表出席第 44 届大湄公河次区域旅游工作组会议 [J]．中国报道，2020（1）：71．
③ 中国—东盟中心．作为"一站式活动中心"的中国—东盟中心 [EB/OL]．http://www.asean - china - center.org/media/xx/2021 - 01/6004.html.（2021 - 01 - 05）．[2022 - 02 - 06]．

国与东盟10国组建的自由贸易区。中国和东盟对话始于1991年，中国1996年成为东盟的全面对话伙伴国，2010年1月1日中国—东盟自由贸易区正式全面启动。中国—东盟自贸区全面建成后，东盟和中国的贸易占到世界贸易的13%，成为一个涵盖11个国家、19亿人口、国内生产总值达6万亿美元的巨大经济体，是发展中国家之间最大的自由贸易区。

一、发展历程

欧盟（European Union，EU）、北美自由贸易区（North American Free Trade Area，NAFTA）以及于2002年11月签署协议成立的中国—东盟自由贸易区是世界上三大区域经济合作区，而中国—东盟自由贸易区是世界上人口最多的自由贸易区、由发展中国家组成的最大自由贸易区。2001年3月，中国—东盟经济合作专家组在中国—东盟经济贸易合作联合委员会框架下正式成立，专家组围绕中国加入世界贸易组织的影响及中国与东盟建立自由贸易关系两个议题进行了充分研究，认为中国—东盟建立自由贸易区对东盟和中国是双赢的决定，建议中国和东盟用10年时间建立自由贸易区，这一建议经过中国—东盟高官会和经济部长会的认可后，于2001年11月在文莱举行的第五次中国—东盟领导人会议上正式宣布。2001年12月11日，中国正式加入世界贸易组织。[①] 2002年11月，第六次中国—东盟领导人会议在柬埔寨首都金边举行，签署了《中国与东盟全面经济合作框架协议》，决定到2010年建成中国—东盟自由贸易区，这标志着中国—东盟建立自由贸易区的进程正式启动。《中国与东盟全面经济合作框架协议》提出了中国与东盟加强和增进各缔约方之间的经济、贸易和投资合作；促进货物和服务贸易，逐步实现货物和服务贸易自由化，并创造透明、自由和便利的投资机制；为各缔约方之间更紧密的经济合作开辟新领域等全面经济合作的目标。2004年11月，中国—东盟签署的《货物贸易协议》[②]规定，自2005年7月起，除2004年已实施降税的早期收获产品和少量敏感产品外，双方将对其他约7 000个税目

---

① 杨国华. 中国加入WTO的谈判历程［J］. 中国物资流通，2001（23）：30-34.
② 石柱. 中国与东盟就货物贸易协议达成一致［N］. 国际商报，2004-10-26（第001版）.

的产品实施降税。2007年1月，双方又签署了自由贸易区《服务贸易协议》，已于2007年7月顺利实施。① 2009年，双方完成《投资协议》的谈判和签署，为确保在2010年全面建成中国—东盟自贸区奠定最后基础。② 中国—东盟自贸区的建设使双方业已密切的经贸合作关系得到了进一步加强，也对亚洲及世界的经济发展做出了积极的贡献。

二、产生动因

（一）金融危机的诱发

1997年，东南亚遭受金融危机后，中国对受危机打击的东盟各国给予了极大的支持，中国政府顶住巨大的压力，坚持人民币不贬值，确保人民币汇率的稳定，帮助东盟国家最终克服了金融危机。中国在危机中表现出的负责任邻国的风范赢得东盟各国的普遍好评，东盟各国与中国的关系得到了迅速改善和发展。③ 经历金融危机后，东盟更加明确了地区需要加快经济一体化，以建立有效的合作机制来防止危机的再次发生和冲击，中国是一个可以信赖的合作伙伴，因此选择和中国建立区域经济合作机制，即中国—东盟自由贸易区成为必然而积极的选择。

（二）多方发展需要

当今世界的经济有两大显著特点：一是经济全球化，④ 二是区域经济一体化。⑤ 区域经济一体化风起云涌，发展很快。世界贸易组织的成员国基本上都与其他有关国家建立了自由贸易关系。中国和东盟成员都是发展中国家，经济实力有限，经济增长对外部市场的依赖度高，全球经济的变动会对其经济产生重大影响。中国—东盟自由贸易区正是为应对经济全球化中的负面影响和应对区域经济

---

① 田祖海，高明，苏曼. 中国与东盟服务贸易协议：一种博弈框架分析 [J]. 武汉理工大学学报（社会科学版），2006（4）：496 – 500.
② 孙天仁，新华社. 中国—东盟签署自贸区《投资协议》[N]. 人民日报，2009 – 08 – 16（第003版）.
③ 梁平，张忠达. 亚洲金融危机与中国 [J]. 中国外资，1998（1）：18 – 21.
④ 庞中英. 全球化：21世纪经济发展的趋势 [J]. 经济学动态，1994（1）：60 – 63，42.
⑤ 彭福永. 区域经济一体化的发展对世界经济的影响 [J]. 世界经济研究，1990（6）：4 – 8.

一体化的快速发展应运而生。中国与东盟的发展需要中国与东盟国家有着建立自由贸易区的良好基础：一是山水相连、文化相通、命运相关，相互间有着悠久的传统友谊和相似的历史遭遇；二是资源禀赋各具优势，产业结构各有特点、互补性强、合作潜力大；三是在国际社会事务方面有着广泛的共同语言和共同利益，对经济发展有稳定和增长的共同愿望；四是中国自改革开放以来，积极改善和发展与东盟及其成员国的友好关系，相互间政治关系、经济关系不断有新的发展，尤其是自1991年中国与东盟建立对话伙伴关系以来，相互间合作关系进入了一个新的发展阶段。[1] 为此，面对世界经济全球化、区域一体化的快速发展，中国与东盟国家及时做出了正确的战略决策：积极发展和密切相互间的经贸合作，建立中国—东盟自由贸易区。

三、发展阶段

中国—东盟自由贸易区的建设大致分为三个发展阶段：第一阶段（2002—2010年），启动并大幅下调关税阶段。[2] 自2002年11月双方签署以中国—东盟自贸区为主要内容的《中国—东盟全面经济合作框架协议》始，至2010年1月1日中国对东盟93%的产品贸易关税降为零；第二阶段（2011—2015年），全面建成自贸区阶段，即东盟的越、老、柬、缅四国与中国贸易的绝大多数产品亦实现了零关税。与此同时，双方实现更广泛深入的开放服务贸易市场和投资市场。第三阶段（2016年后），中国—东盟自贸区巩固完善阶段。

四、发展目标与成果

中国—东盟自贸区的发展目标是促进中国、东盟之间的企业对话与合作；促进中国与东盟之间的贸易与投资联系；促进各自国家的经济发展和中国—东盟自由贸易区建设。中国—东盟自贸区取得了显著成果，[3] 相关数据显示，30多年以

---

[1] 陆建人. 中国—东盟建立对话伙伴关系15年回顾与展望 [J]. 广西大学学报（哲学社会科学版），2007（2）：1-6.
[2] 李满. 中国—东盟自贸区进入实质性发展阶段 [N]. 经济日报，2005-12-13（第007版）.
[3] 丁文健. 中国与东盟自贸区建设成果显著 [N]. 国际商报，2007-10-30（第007版）.

来，中国—东盟贸易规模从1991年的不足80亿美元增长到2020年的6 846亿美元，扩大了80多倍。自2009年起，中国连续12年保持东盟第一大贸易伙伴地位。到2010年，中国—东盟自由贸易区建成后，东盟对中国的出口增长48%，中国对东盟的出口增长55%，对东盟和中国国内生产总值的增长贡献分别达到0.9%（约合54亿美元）和0.3%（约合22亿美元），为中国和东盟商界创造无穷商机和广阔前景。2020年，东盟首次成为中国最大的贸易伙伴。2021年，中国—东盟贸易额超过8 000亿美元，同比增长起过30%，再创历史新高。中国—东盟双向投资合作蓬勃发展，双方互为重要外资来源地。截至目前，中国与东盟累计双向投资总额超过3 000亿美元。双方共同努力，推动一大批造福国计民生、加速互联互通、综合效益好、带动作用大的合作项目落地，为促进地区经济社会繁荣发展做出了积极贡献。

五、组织机构

中国—东盟自贸区的执行机构是中国—东盟商务理事会，中方主席由中国国际贸易促进委员会（China Council for the Promotion of International Trade，CCPIT）会长万季飞担任。中方理事单位由中国有代表性商会和知名企业组成。中国—东盟商务理事会的东盟合作方是东盟工商会，由东盟10国最具代表性的商会组成，具体包括文莱国家工商会、柬埔寨总商会、印度尼西亚工商会、老挝全国工商会、马来西亚国家工商会、缅甸工商联合会、菲律宾工商会、新加坡工商联合会、泰国工业联合会、越南工商会。

六、中国—东盟自由贸易区3.0版的建设

中国在东盟的贸易和综合影响力已超过美国，成为最主要的经济力量，在东盟10国中，除老挝、文莱外，中国都是第一大贸易伙伴。2021年，中国与东盟的贸易总额增至8 780亿美元，美国与东盟的贸易额是3 800亿美元，中国与东盟的贸易额是美国的2倍多。中国已经连续12年保持东盟最大贸易伙伴的地位。在投资方面，2020年美国的直接投资350亿美元，中国内地和香港的投资额280亿美元。美国投资集中在安全领域，而中国的投资侧重解决贸易和经济民生问

题，在基础设施建设领域更把美国甩出了几条街。所以美国很担心在东南亚输给中国，想用"印太经济框架"和"全球基建计划"来加大对东盟的经济影响力。

2021年11月22日，中国—东盟建立对话关系30周年纪念峰会在北京举行，会议决定要全面发挥《区域全面经济伙伴关系协定》的作用，启动中国东盟自由贸易区3.0版建设，中国愿在未来5年力争从东盟进口1 500亿美元农产品。"要高质量共建'一带一路'，同东盟提出的印太展望开展合作。中方欢迎东盟国家参与共建国际陆海贸易新通道，倡议开展数字治理对话，将向东盟提供1 000项先进适用技术，未来5年支持300名东盟青年科学家来华交流。"随后，在中国商务部举行的例行新闻发布会上，新闻发言人束珏婷说，中国—东盟建立对话关系30年来，双方经贸合作不断深化，经济融合日益加深，释放出蓬勃生机。中国将同东盟方一道，全面落实好双方领导人在经贸领域达成的重要共识，启动中国—东盟自由贸易区3.0版建设，携手共建包容、现代、全面、互利的中国—东盟经贸关系，为构建更为紧密的中国—东盟命运共同体贡献力量。①

第四节 区域全面经济伙伴关系协定

2012年2月26日，东盟提出组建"区域全面经济伙伴关系"，其目标是消除内部贸易壁垒、创造和完善自由的投资环境、扩大服务贸易。对中国而言，这是扩大在亚洲地区乃至世界影响的新机遇和新挑战。《区域全面经济伙伴关系协定》（Regional Comprehensive Economic Partnership，RCEP）是以发展中经济体为中心的区域自由贸易协定，也是全球规模最大的自由贸易协定，2019年，RCEP的15个成员国总人口达22.7亿，GDP达26亿美元，出口总额达5.2万亿美元，均占全球总量约30%。RCEP由东盟于2012年发起，历经8年、31轮正式谈判，全面完成市场准入谈判，并完成了1.4万多页文本法律审核工作，最终在2020年11月15日的领导人会议期间如期正式签署协定，协定成员包括东盟10国和

---

① 中国商务部新闻网. 中国东盟自贸区3.0版建设正当时 [EB/OL]. http://fta.mofcom.gov.cn/article/fzdongtai/202111/46305_1.html. (2021-11-25). [2022-02-15].

中国、日本、韩国、澳大利亚、新西兰,是东盟主导的区域全面经济伙伴关系,[①] 也是东亚经济一体化建设 20 年来最重要的成果。RCEP 的签署是地区国家以实际行动维护多边贸易体制、建设开放型世界经济的重要一步,对深化区域经济一体化、稳定全球经济具有标志性意义。2022 年 1 月 1 日,《区域全面经济伙伴关系协定》生效实施,全球最大自由贸易区正式启航。RCEP 自贸区的建成意味着全球约 1/3 的经济体量将形成一体化大市场。RCEP 囊括了东亚地区主要国家,将为区域和全球经济增长注入强劲的动力。

一、RCEP 的总体情况

RCEP 是区域内经贸规则的"整合器"。RCEP 整合了东盟与中国、日本、韩国、澳大利亚、新西兰多个"10 + 1"自贸协定以及中、日、韩、澳、新西兰 5 国之间已有的多对自贸伙伴关系,还在中日和日韩间建立了新的自贸伙伴关系。RCEP 通过采用区域累积的原产地规则,深化了域内供应链、产业链、价值链、创新链;利用新技术推动海关便利化,促进了新型跨境物流发展;采用负面清单推进投资自由化,提升了投资政策透明度,都将促进区域内经贸规则的优化和整合。

RCEP 实现了高质量和包容性的统一。货物贸易最终零关税产品数整体上将超过 90%,服务贸易和投资总体开放水平显著高于原有"10 + 1"自贸协定,还纳入了高水平的知识产权、电子商务、竞争政策、政府采购等现代化议题。同时,RCEP 还照顾到不同国家国情,给予最不发达国家特殊与差别待遇,通过规定加强经济技术合作,满足了发展中国家和最不发达国家的实际需求。可以说,RCEP 最大程度上兼顾了成员国各方的合理诉求和最大公约数,将促进区域内的包容均衡发展,使各方都能充分共享 RCEP 各成员国的合作和发展成果。

二、RCEP 背景与意义

(一) 背景

RCEP 的渊源可以追溯到 21 世纪初。2001 年,刚刚遭受亚洲金融危机的东

---

① 许宁宁. RCEP:东盟主导的区域全面经济伙伴关系 [J]. 东南亚纵横,2012 (10):35 – 38.

亚各国,开始寻求通过加强对外经济合作推动经济复苏,谋划以东盟10国及中、日、韩三国为基础建立东盟"10+3"模式,这是RCEP的最早构想。随后,经过近10年的推进,2011年,RCEP进入实质性构建阶段。再次经过近10年的谈判,2020年11月RCEP正式签署。经过近20年的漫长发展历程,RCEP不仅凝聚了协定各方对自贸协定的共识,也进一步激发了东南亚国家深化与中、日、韩等国家经贸合作的行动自觉。随着2022年RCEP的正式生效,其带来的多米诺骨牌似的连锁反应正在发生。

（二）意义

RCEP是一个协定成员国间全面、现代、高质量、互利互惠的自贸协定。在当前经济全球化遭遇逆流、贸易保护主义抬头等百年未有之大变局的严峻环境下,高举贸易投资自由化便利化大旗的RCEP达成和生效显得弥足珍贵。中国作为RCEP的关键成员,为谈判的顺利完成做出了重要贡献,有力推动了亚太区域经济一体化。RCEP涵盖人口超过35亿,占全球的47.4%,国内生产总值占全球的32.2%,外贸总额占全球的29.1%,是全球涵盖人口最多、最具潜力的自由贸易区谈判。该协议生效后,将进一步促进本地区产业和价值链的融合,为区域经济一体化注入强劲动力。

RCEP协定签署对中国有重要意义。[1] RECP自贸区的建成是中国实施自由贸易区战略取得的重大进展,将为中国在新时代构建改革开放型经济新体制,形成以国内大循环为主体、国内国际双循环相互促进新发展格局等提供巨大助力。RCEP将成为新时代中国扩大新一轮对外开放的重要平台。中国与RCEP成员国之间的贸易总额约占中国对外贸易总额的1/3,来自RCEP成员国实际投资占中国实际吸引外资总额比例超过10%。RCEP一体化区域大市场的形成将释放巨大的市场潜力,进一步促进区域内贸易和投资往来,这将有助于中国通过更全面、更深入、更多元的对外开放,进一步优化对外贸易和投融资布局,不断与国际高标准贸易投资规则接轨,构建更高水平、更高质量、更高效率的开放型经济新体制。

---

[1] 漆莉. RCEP：中国推进东亚经济合作的机遇与对策 [J]. 亚太经济, 2013（1）：13-16.

RCEP将助力中国形成国内国际双循环新发展格局,也将促进中国包括工程机械产业在内的各产业更充分地参与市场竞争,提升在国际国内两个市场配置资源的能力。这将有利于中国以扩大开放带动国内创新创业、推动改革开放、促进高质量发展,不断实现包括工程机械产业在内的产业转型升级,巩固中国在区域供应链、产业链、价值链、创新链中的地位,为国民经济良性循环等提供有效支撑,加快形成国际经济核心竞争合作新优势,推动中国经济社会高质量发展。RCEP将显著提升中国全球自由贸易区网络"含金量"。加快实施自由贸易区战略是中国新一轮对外开放的重要内容。RCEP签署后,中国对外签署的自由贸易协定达到19个,自由贸易伙伴达到26个。通过RCEP,中国与日本建立了自由贸易关系,这是中国首次与排名世界前10的经济体签署自由贸易协定,是中国实施自由贸易区战略取得的重大突破,使中国与自由贸易伙伴贸易覆盖率增加至约35%,大大提升了中国自由贸易区网络的质量和成色。

三、RCEP的主要内容

RCEP协定由序言、章节(包括初始条款和一般定义、货物贸易、原产地规则、海关程序和贸易便利化、卫生和植物卫生措施、标准、技术法规和合格评定程序、贸易救济、服务贸易、自然人临时流动、投资、知识产权、电子商务、竞争、中小企业、经济技术合作、政府采购、一般条款和例外、机构条款、争端解决、最终条款章节)、4个市场准入承诺表附件(包括关税承诺表、服务具体承诺表、投资保留及不符措施承诺表、自然人临时流动具体承诺表)组成。RCEP共涉及701条约束性义务和170条鼓励性义务,其中约束性义务是指须确保执行到位以符合协定规定的义务,而鼓励性义务是要求各方努力做到的义务。约束性义务主要体现在降低或取消贸易壁垒与进一步开放市场两方面,涵盖除协定第一章(初始条款和一般定义)、第十九章(争端解决)和第二十章(最终条款)外的所有章节和附件。

在货物贸易方面,降低或取消区域内关税和非关税壁垒,在关税方面90%以上货物贸易将最终实现零关税,且主要是立刻降税到零和在10年内降税到零,中国承诺对86%~90%的产品实现零关税;在非关税措施方面,促进原产地规则、海关程序、检验检疫、技术标准等统一规则的实施，提高区域内货物贸易自由化和便利化水平。RCEP 规定了区域内原产地累积规则，这意味着只要该区域内任何成员国在生产中进行增值，最后只要总体达到一定的比例，则都可判定为该区域内产品，从而享受相应的关税优惠。此外，在具体程序中对于卫生与植物卫生措施的执行方面和透明度方面有更高的要求，同时促进海关程序的有效管理和货物快速通关，简化海关程序，便利贸易。

在服务贸易方面，开放水平显著高于各自"10+1"协定，要求给予服务和服务提供者以国民待遇和最惠国待遇，负面清单承诺成员禁止本地存在条款，正面清单成员确定进一步自由化部门。日本、韩国、澳大利亚、新加坡、文莱、马来西亚、印度尼西亚 7 个成员国采用负面清单方式承诺，中国等其余 8 个成员国采用正面清单承诺，并将于协定生效后 6 年内转化为负面清单。

在投资方面，15 个成员国均采用负面清单方式对制造业、农业、林业、渔业、采矿业 5 个非服务业领域投资做出较高水平开放承诺，大大提高了各方政策透明度。其中，中方投资负面清单反映了中国改革最新进展，这也是中国首次在自贸协定项下以负面清单形式对投资领域进行承诺，特点是做出"棘轮"承诺，表明中国开放的车轮只能向前，改革不会倒退，开放水平只会上升不会下降。

RCEP 同时在知识产权、电子商务、贸易救济、竞争政策与政府采购等规则议题上也做出了较为完善的规定，为其生效后的有效运行等提供了充分的制度和机制保障。

四、RCEP 的深远影响

RCEP 中所含议题十分广泛，不仅涵盖货物贸易、争端解决、服务贸易、投资等传统议题，也涉及知识产权、数字贸易、金融、电信等新兴议题，这意味着 RCEP 对中国的影响是多方面、多层次、多方位、多角度、多领域的。

（1）RCEP 将促进区域贸易和投资增长。无论是从其降低贸易的关税与非关税壁垒还是增加合作对象的角度而言，RCEP 均能显著降低贸易和投资成本，从而促进贸易和投资增长。同时，结合 RCEP 各成员国内部包括工程机械产业在内的产业结构分析，RCEP 成员国在多个部门的产业链上的互补性较强，如农业上澳大利亚、新西兰是重要的农产品出口国,日本、韩国在高端、特色农产品加工制造上处于优势地位,而中国、东盟人口众多,农业体量大,既是农产品进口大国也是初级农产品出口大国。这是中日首次达成了包括农产品在内的双边关税减让安排,势必会为中国农产品生产优势地区创造贸易新空间。

(2) RCEP 将促进区域产业链、供应链、价值链和创新链的融合发展。RCEP 纳入区域内原产地累积规则,极大地扩大了原产货物的范围,一方面,使得进口能够获得原产地证明从而享受优惠关税的可能性大幅提升,进而在从国内购买和进口之间调整策略;另一方面,原产地证明更容易获得,也会使得部分企业在贸易和投资、贸易对象之间进行相互替代和转换,不仅为各缔约方企业布局跨境产业链提供灵活性,也会更大限度地加强 RCEP 缔约方整体的跨境产业链融合。值得注意的是,RCEP 的生效与实施意味着中日首次达成自由贸易安排,由于日本是全球高精尖制造业中心,RCEP 的生效不仅为中日经贸合作提供了历史性机遇,也将进一步增强中国与日韩等发达国家技术合作与制造业产业链优势互补,共同打造开放的供应链合作网络,为第三方市场合作提供更广阔的空间。如在工程机械产业,RCEP 带来的工程机械零部件关税降低将极大整合东亚地区工程机械供应链、产业链、价值链和创新链,有效帮助工程机械整套设备生产企业等降低生产成本,进一步释放中国工程机械企业等在供应链、产业链、服务链、价值链和创新链等层面的优势。

(3) RCEP 将推进中国和各成员国服务贸易与电子商务的发展。

在服务贸易方面,相对于单个 RCEP 成员和中国签署的自由贸易协定(FTA),各缔约方在 RCEP 中对于服务贸易的开放水平大幅提升,区域内服务贸易自由化水平显著上升,这将会是中国扩大相应服务贸易的机会。同时,服务贸易规则的内容也将使区域服务贸易获得更多的制度性保障,从而促进中国服务贸易跨境发展。

在电子商务方面,RCEP 是中国首次在自贸协定中对数据跨境流动做出承诺,也是区域内达成的范围全面、水平较高的诸边电子商务规则,通过对电子信息的认证、保护、存储与传输等进行规范,再结合贸易便利化条款提升通关和物流效率,有利于增强成员间电子商务政策的协调与规制合作,为区域内数据自由流动提供制度保障,便利各国包括工程机械企业在内的电子商务企业在区域内开展业务。同时,RCEP通过推动区域电商政策的一致性,降低了跨境电商的经营风险,并减少了不确定性。

五、RCEP 的基本评价

从政治角度看,RCEP加强了各成员国之间的联系,能够为国际关系和地区稳定做出积极贡献。从中国来看,中国与东盟关系更加紧密,与日本签订了第一个双边自由贸易区协议,向中、日、韩三国自贸区协议迈出了坚实的一步,与澳大利亚、新西兰的关系也进了一步。RCEP的签署对加入CPTPP也有积极影响。从经济角度看,降低关税、开放市场,有利于国际贸易和经济发展。仔细研究关税和服务贸易减让表并进行测算,可以发现RCEP带来的利益,不仅是在短期内贸易量,还可以从未来区域产业链融合的角度促进各方经济社会发展。从法律角度,RCEP与WTO的规则相比,创新之处不多,特别是与TPP(跨太平洋伙伴关系协定,Trans–Pacific Partnership Agreement,重要的国际多边经济谈判组织,前身是跨太平洋战略经济伙伴关系协定,即 Trans–Pacific Strategic Economic Partnership Agreement,简称P4)文本相比,[①] 缺乏国企、补贴和环保劳工等领域的重要内容(中欧投资协定中就有相关内容)。RCEP对规则的重申和实施有利于维护多边贸易体制,可以加快中国加入CPTPP的历史进程。

---

① 王雪峰. 中国视角:TPP or RCEP [J]. 中国商贸, 2014 (10): 34–36.

第二章
工程机械企业概述

工程机械企业是从事工程机械产品生产、流通、服务等经济活动，以生产或服务满足社会需要，实行自主经营的组织。工程机械产业是社会分工和工程机械行业生产力不断发展的产物。工程机械企业行业是在商品经济范畴内作为商业组织单元的多种模式之一，按照一定的组织规律，有机构成的工程机械经济实体，一般以营利为目的，以实现投资人、客户、员工、社会大众的利益最大化为使命，通过提供工程机械产品或服务换取收入。工程机械企业是形成工程机械产业的基础和核心（特别是位居头部的工程机械企业），是引领工程机械产业前沿的领头羊和主力军。

第一节　全球知名工程机械企业

一、卡特彼勒公司

（一）公司简介

卡特彼勒公司（Caterpillar，CAT）成立于1925年，总部位于美国伊利诺伊州（Illinois of The United States of America），是世界上最大的工程机械和矿山设备生产厂家、燃气发动机和工业用燃气轮机生产厂家之一，也是世界上最大的柴油机厂家之一。

近100年来，公司一直帮助客户建设一个更美好、更可持续的世界，并致力于为低碳未来做出贡献。公司的创新产品和服务由公司的全球代理商网络提供有力支持,并能够提供非凡的价值来帮助客户取得成功。其业务集中在全球各大洲的三个主要细分市场中,即建筑行业、资源产业以及能源和运输行业,还通过融资产品部门为客户提供融资和相关服务。

(二)主要产品

该公司的主要产品有挖掘机、装载机、推土机、铲运机、平地机、摊铺机、铣刨机、稳定土拌合机、非公路和采矿自卸卡车、压实机。

(三)在中国市场发展情况

卡特彼勒公司是世界上最大的土方工程机械和建筑机械的生产商,也是全世界柴油机、天然气发动机和工业用燃气涡轮机的主要供应商,在中国发展、与中国共同成长、和中国一起向未来。①

1. 中国建厂

山东山工机械有限公司成立于1958年,2003年重组改革为股份制企业,2008年成为卡特彼勒全资子公司,改名卡特彼勒(青州)有限公司,山工机械品牌成为卡特彼勒旗下的重要品牌之一,支持在中国及海外新兴市场快速增长的客户群体。并购山工只是卡特彼勒整合计划的第一个成果,今后,在中国市场上,这样的并购与新建战略还将继续延伸。② 2010年10月18日,卡特彼勒(中国)投资有限公司和中航力源液压股份有限公司签署《合资经营协议》,设立了合资公司,主要从事建筑行业用中载泵、重载泵以及马达的设计和生产。合资公司同时为卡特彼勒及第三方机械设备商提供配套部件。这一战略联盟巩固了卡特彼勒的供应体系,有利于拓展在中国的零部件业务,提高核心零部件产能,为卡特彼勒扩大在中国的机械产能做铺垫。据了解,该公司成为卡特彼勒公司在中国设立的首家关键零部件合资公司,项目落户无锡市,合作双方带给合资公司专业技术、经验和庞大的销售渠道,使其可以通过提供优质的技术和产品支持中国政府实现装备机械行业复兴的目标。

---

① 侯隽. 专访卡特彼勒(中国)董事长陈其华:卡特彼勒,43年与中国经济共同成长 [J]. 中国经济周刊, 2019 (3): 89 - 91.
② 袁颖. 卡特彼勒的中国式突进 [J]. 中国外资, 2008 (3): 36 - 38.

2010年9月29日，卡特彼勒公司宣布扩大在中国的生产线计划，以便进一步满足不断增加的市场需求。其在江苏省苏州市吴江区新设的工厂（以下简称"吴江厂"）主要生产8吨以下的小型液压挖掘机，该工厂隶属于卡特彼勒建筑工程产品事业部，该事业部在美国、日本、巴西、英国等国均投入了生产运营。吴江厂的建设根据江苏省政府的批准进行，于2010年年底动工，2012年落成并投入生产运营。卡特彼勒公司为中国用户提供的小型挖掘机主要由徐州厂和日本相模厂生产。吴江厂投产后，徐州厂和相模厂会有更多的产能提供给卡特彼勒其他产品。吴江厂是卡特彼勒提升在华产能长远投资计划的组成部分。投产后，其巩固了卡特彼勒公司在中国建筑设备生产厂商中的行业产能领先地位。

不久，卡特彼勒公司又宣布推出新产品336E型履带式挖掘机来取代上一代的336D，该机型是卡特彼勒公司生产的首款满足美国环保局 EPATier-4 排放要求的设备。新款336E履带式挖掘机配置卡特彼勒C9系列发动机，配有先进的电子控制、精确的燃油供给，以及优化的进气管理系统，功率较上一代产品提升18%。336E对动臂、斗杆以及回转装置做了进一步加强、大幅提升了整机作业能力。驾驶室配置了新的大屏幕显示控制器、可调节操纵杆控制、新款空调，以及带MP3播放功能的收音机。卡特彼勒336E型履带式挖掘机于2010年率先在北美市场投放。

2010年7月，卡特彼勒公司、纳维斯塔国际集团与中国江淮汽车已经以接近40亿元（5.86亿美元）的总价值达成合资计划，包括建造卡车和发动机在内的两个合作项目。其中柴油发动机项目，由江淮汽车和纳维斯塔国际集团各出资50%，合资重型卡车公司在江淮汽车位于安徽省合肥市的制造基地成立，产能规划为4万辆。卡特彼勒和纳维斯塔国际集团据此跻身中国1 500亿元的重卡市场，与戴姆勒公司和其他欧洲企业展开竞争。如今，卡特彼勒公司已是工程机械行业世界级巨头，当下如此大手笔的多线作战，足以证明其对工程机械行业的信心，并且想借机扩大企业的市场份额，壮大企业实力，争取到更多更好资源。在中国的这一系列战略举措很明显地说明了卡特彼勒在中国建立的是一个具有可持续性的长远发展目标。

2010年11月19日，卡特彼勒公司宣布在天津市空港经济区建造最先进的工厂，扩大其全球大型发动机生产能力，项目投资额达 3 亿美元，是其迄今为止在中国投资最大的新型发动机厂。2013 年投产后，该项目成为卡特彼勒全球第三个 3500 系列发动机生产基地，为中国和亚太地区的客户提供行业领先的发动机产品。30 多年来，卡特彼勒 3500 系列发动机为卡特彼勒机械提供可靠的动力，保障其在高要求应用中稳定运行。此外，3500 系列发动机在石油和天然气、船用及电力等行业中得到广泛应用，不断满足全球客户的高规格要求。卡特彼勒的中国客户一直使用装配 3500 系列发动机的机械设备和发电机组，帮助推动经济的可持续进步和发展。随着天津发动机厂的投产，卡特彼勒公司将能更好地参与市场竞争，服务在中国甚至全亚洲不断增长的客户群。卡特彼勒公司在印第安纳州的拉法叶人型发动机中心继续生产 3500 系列发动机以及在产的其他大型发动机。拉法叶厂将着重服务亚太区以外的客户。因此，天津新厂不会对拉法叶厂造成就业影响。增加 3500 系列发动机的产能是卡特彼勒公司做出的一项长期战略决策，能够让其更好地满足全球客户的需求。

2. 中国服务

在中国，卡特彼勒为持续的经济增长和发展提供了产品和技术。迈入 21 世纪后，该公司的参与和承诺更坚定不移。1996 年，为了加大投资力度和发展业务，卡特彼勒（中国）投资有限公司在北京成立。今天，卡特彼勒在中国投资建立了 23 家生产企业，制造液压挖掘机、压实机、柴油发动机、履带行走装置、铸件、动力平地机、履带式推土机、轮式装载机、再制造的工程机械零部件以及电力发电机组。

卡特彼勒（中国）投资有限公司已在中国建立了办事处，以及培训和产品服务中心，可以为日益增长的设备用户提供及时、周到的服务。另外由 5 个代理商组成的经销服务网络为各行各业提供适用的机器和设备，并给予综合性售后服务，使用户在作业中可以获得更高的经济效益。卡特彼勒承诺，以领先的优势，为世界各地致力参与基础建设、资源的开发和运输的设备用户，提供物有所值的产品和优质的售后服务。

卡特彼勒及其各独立代理商对中国市场进行了可观的投入，进一步丰富了在中国的产品和部件种类、优化售后服务、拓展各省的代理商体系。卡特彼勒在中国的雇员已超过 7 400 人。

卡特彼勒全球副总裁陈其华日前在接受中国经济时报记者专访时表示，中国是卡特彼勒全球业务的组成部分，卡特彼勒将继续执行既定的企业战略，[①] 与合作伙伴及用户一起，在中国建设未来。

3. 中国未来

2020 年以来，全球最大挖土设备制造商卡特彼勒将中国工厂复杂部件的采购尽可能多地从日本转移到中国。随着中国制造复杂部件的能力不断提高，卡特彼勒将减少日本的产能，增加中国的产能。卡特彼勒在中国的挖掘机工厂约有 41% 的部件是从日本进口的，但已经计划在 5 年内将这个比例至少缩减 25%。卡特彼勒的计划被认为是对日本工业基地的一个打击。同时，这也标志着中国制造领域日益成熟。[②]

二、小松集团

（一）公司简介

小松集团（株式会社小松制作所）是一家有着百年历史的全球著名工程机械制造公司，也是全球最大的大型工程机械、矿山机械和产业机械等的制造企业之一，集团销售额在 2019 年达约 2.4 万亿日元。1921 年成立于日本石川县小松市，迄今已有 101 年历史。小松集团总部位于日本东京都，作为一家全球化企业，业务遍及世界各地区，在中国、北美及欧洲设有 3 个地区总部，集团子公司 261 家，员工 6.2 万多人，其中 70% 以上为非日本籍员工。

小松非常重视人才培养和员工培训，并联手高校引入培训新理念。[③] 2011 年，小松在江苏省重要工业城市常州市建立的小松（中国）产品技术发展中心是小松中国事业发展的又一里程碑，该中心集产品技术演示、综合教育培训以及循环事业三大功能于一体，是小松进一步提升服务水平、强化人才培养的又一战

[①] 范思立. 卡特彼勒：后疫情时代不会改变在华市场战略——访卡特彼勒全球副总裁陈其华 [N]. 中国经济时报，2020-12-04（第 002 版）.

[②] 卡特彼勒 [EB/OL]. https://www.caterpillar.com/zh.html（2022-01-01）[2022-01-05］.

[③] 李雪平. 小松联手高校引入培训新理念——记"第一期小松（中国）新服务人员培训班"开学典礼 [J]. 建设机械技术与管理，2004（3）：47.

略性举措。小松（中国）产品技术发展中心毗邻小松（常州）工程机械有限公司新工厂，占地面积 22 万平方米，设立目的是宣传及普及小松产品、先进的技术及进行技术支持，设有小松产品演示中心（产品技术演示、集团产品展示）、综合研修中心（集团公司及代理店员工培训、技术服务培训）、循环事业中心（二手车事业、更新制造及再制造）三大中心，是中国国内工程机械行业中一个集各种复合功能于一身的现代化设施。另外，小松还借助与东盟有关国家政府、企业和行业协会等的力量或关系，与东盟相关职业技术院校联合培养或培训工程机械产品和服务人才。

（二）主要产品及其相关情况

在全球工程机械行业，小松以产品类型齐全和服务周到著称，有实力给不同地区提供最适合的技术产品和售后服务。其生产的主要产品包括挖掘机、装载机、推土机、内燃叉车、电动叉车、自卸卡车等。

（三）在中国市场发展情况

小松与中国人民的友好往来源远流长。1956 年，小松参展北京、上海两地举行的第一届日本工业品博览会，由此拉开小松中国事业的序幕。截至 1978 年，小松累计向中国出口各种重型工程机械 3 000 余台，为中华人民共和国成立初期中国人民打破西方经济封锁，开展国民经济基础建设做出贡献。同时，时任小松会长的河合良成先生，积极倡导中日民间友好交流，成为中日友好交往史上著名的民间友好人士。1979 年至 1994 年，小松积极响应中国政府号召，全力协助中国国有企业开展技术革新，向中国企业传授全面质量管理的理念和方法，并开展与中国工程机械行业的技术合作，先后向中国提供近 20 个机型的工程机械及产业机械的全套生产制造技术，为日后中国工程机械行业的发展打下坚实基础。从 1995 年起，小松集团开始在中国直接投资建厂，先后建立起 20 多家独资、合资企业，小松中国事业由此进入一个新的发展阶段。小松（中国）投资有限公司是小松集团的中国地区总部，成立于 2001 年 2 月，注册资本 13 500 万美元，公司位于上海市浦东新区陆家嘴金融区。进入 21 世纪后，小松集团在中国设立地区总部，中国事业成为小松集团全球战略的重要组成部分，开启了小松中国事业发展的新纪元。

小松（中国）投资有限公司秉承小松集团面向全球的发展战略思想，公司成立后，在致力于中国地区生产体制建设的同时，努力建立、完善中国地区的销售和服务网络，现已在全国范围内设立了6个地区办事处、4个零件供给中心、32家代理店，实现了销售服务的全区域覆盖。在新形势下，小松作为一家有着百年历史的企业，特别是在中国的事业，为实现可持续发展，继续为中国的高质量发展做出贡献，决定通过创新实现价值创造。[①] 重塑矿业品牌，好工程用小松。

三、约翰·迪尔公司

（一）公司简介

约翰·迪尔公司（John Deere）成立于1837年，以生产高质量产品著称，是财富杂志（*Fortune Magazine*）世界500强企业之一，也是世界领先的农业和林业领域先进产品和服务供应商，还是主要的建筑、草坪和场地养护，景观工程和灌溉领域先进产品和服务供应商。约翰·迪尔也为全球提供金融服务，并制造、销售重型设备发动机，已经成长为驰名世界的工业机械品牌。

1837年，约翰·迪尔公司的创始人约翰·迪尔研制出一种不粘泥土的钢犁，并由此起家创立了约翰·迪尔公司。[②] 180多年来，约翰·迪尔公司通过与世界各地农民携手合作，不断成长壮大。凭借超过180年的行业经验和TB级的精确数据，约翰·迪尔比任何人都更了解自己和自己的业务和产品。易于使用的技术、产品和服务有助于提升客户的效率，不仅是在现场、工作场所和资产负债表等上看到的预期结果。无论是返修还是折旧换新，在设备的整个生命周期内，公司随时提供世界级服务支持，并始终牢记生产力和可持续发展，确保客户能无缝访问零件、服务和性能升级业务。公司将永远牢记，自己的使命是推动生命向前发展。约翰·迪尔公司全球员工数47 000人，总部位于美国伊利诺伊州莫林市。2020年7月28日，约翰·迪尔名列福布斯2020全球品牌价值100强第94位。

---

① 李莉. 小松——通过创新实现价值创造——访株式会社小松制作所中国总代表、小松（中国）投资有限公司董事长稻垣泰弘先生 [J]. 经济，2019（12）：64 - 65.
② Our Company [EB/OL]. https://www.deere.com/en/our - company/（2022 - 01 - 01）[2022 - 01 - 06].

约翰·迪尔公司创办了《耕耘》(The Furrow) 杂志,是约翰·迪尔在中国出版的一份中文杂志,其使命是介绍全球先进的农业技术,讲述农村居民的成功故事,电子版可在约翰·迪尔中国官网免费阅读,截至2021年6月已上线26期。①

约翰·迪尔有自己的市场观、行业观和企业观,② 努力让各种产品具有一种厚重的历史积淀感和深切的人文情怀感。约翰·迪尔公司在创新上投入了大笔资金:它对研发的投资约占全年总收入的4%,而另外两家最直接的竞争对手的研发投资约为3%。高额的研发投资帮助公司迅速打开了成长型市场,例如巴西和俄罗斯。创新和可靠的信誉使约翰·迪尔公司得以在海外市场把其他竞争对手远远甩在身后。

约翰·迪尔公司代表客户进行技术创新,因为在公司学到的知识不是公司工作中的副产品,而是公司不断进步的动力源。公司的解决方案助力客户实现愿望,通过先进技术更精确、更高效地完成工作,以及基于数据做出更好的决策。精密农业技术,精密农产品将坚固的机器转化为智能田间合作伙伴,从最小的种子到最大的植物,一一解锁价值,为客户提供简单易用、先进的技术,而不是其他。精密建筑技术,坚固耐用的约翰·迪尔公司建筑机器同样非常智能,无论是搬运泥土、建造基础设施,还是铺路,公司的精密技术产品都可优化客户的机器,增加正常运行时间——创造价值。精密林业技术,利用约翰·迪尔公司精密林业技术,提高工作速度和工作智能——释放价值。从机器监视到远程诊断再到技术专家指导,公司可以帮助客户提高生产力,延长正常运行时间,降低日常运营成本。培养创新意识,在约翰·迪尔公司,每次飞跃都是由一种创新精神所推动,这种精神激发着该公司对梦想、设计和提供突破性产品与解决方案的热情可以保持可持续性的发展。

(二) 主要产品及其相关情况

约翰·迪尔公司主要涉猎农业机械、高尔夫和运动场机械、车辆和多功能机

---

① 《耕耘》(The Furrow) 杂志 [EB/OL]. https://www.deere.com.cn/zh/%E5%85%AC%E5%8F%B8%E5%87%BA%E7%89%88%E7%89%A9%E3%80%8A%E8%80%95%E8%80%98%E3%80%8B/(2021-10-01)[2022-01-06].

② 严曼青. 约翰迪尔的"三观":市场观、行业观、企业观 [N]. 中国工业报,2017-11-21(第002版).

械、发动机和传动系统、工程机械等领域,主要产品有装载机、挖掘机等。

(三) 在中国市场发展情况

约翰·迪尔公司积极参与中国的现代化建设,其著名品牌"约翰·迪尔"在中国广为人知。进入中国(特别是中国改革开放)以来,其在中国的业务不断扩展和完善。约翰·迪尔公司在天津、哈尔滨、宁波、佳木斯等地均有分厂,并且与天津拖拉机制造有限公司、徐州挖掘机厂等合资建厂。1976 年,该公司董事长威廉·休伊特(William Hewitt)先生率美中贸易全国委员会首次访问中国,这标志着约翰·迪尔公司在华发展的起点。20 世纪 80 年代,持续进行技术转让及培训合作,约翰·迪尔公司成为向中国农机行业转让制造技术的外国农机制造商,并与黑龙江北大荒农垦集团有限公司合作开展了技术培训项目。1995 年,约翰·迪尔公司在北京成立办事处。1997 年,约翰·迪尔(佳木斯)农业机械有限公司在黑龙江省佳木斯市成立,这是约翰·迪尔在中国的第一家工厂。2000 年,约翰·迪尔(中国)投资有限公司成立,在新的世纪,约翰·迪尔在中国的发展又跨上了一个崭新的台阶。2005 年,约翰·迪尔(天津)产品研究开发有限公司和约翰·迪尔(天津)有限公司在天津市经济技术开发区成立。2008 年,徐州徐挖约翰·迪尔机械制造有限公司在江苏省徐州市成立,这家合资公司是约翰·迪尔在中国的第一家工程机械工厂。2009 年 5 月 19 日,在湖北荆州市美丽富饶的三湖农场,约翰·迪尔公司举行了用户俱乐部成立暨收割机作业队麦收开镰仪式。2010 年,约翰·迪尔公司融资租赁有限公司在天津成立,这是中国第一家专业从事农业设备客户融资的公司。同年,约翰·迪尔(天津)有限公司旗下新建了一家工程机械工厂,这是约翰·迪尔公司在中国的第一家独资工程机械工厂。2011 年,约翰·迪尔(天津)有限公司旗下新建柴油发动机工厂,这是约翰·迪尔在中国的第一家柴油发动机工厂。2013 年 4 月 2 日,在中国天津——全球最大的农业机械领军企业约翰·迪尔公司宣布在其天津泰达园区设立企业内部专业培训机构——约翰·迪尔中国大学。[①] 约翰·迪尔中国大学旨在提高中国员工的管理水平和业务相关专业技能,为中国业务的拓展和长期发展

---

① 约翰·迪尔在天津设立约翰·迪尔中国大学 [J]. 农村科技,2013 (6):72.

提供人才保障。约翰·迪尔中国大学是其企业全球培训中心"约翰·迪尔大学"在华的分支机构,凭借其全球商业教育资源,约翰·迪尔中国大学为中国员工量身定制本土化培训项目和综合素质提升计划。2020 年 11 月 20—21 日,主题为"迎变而上"的约翰·迪尔中国经销商大会在成都环球中心召开。约翰·迪尔中国区经销商,部分来自约翰·迪尔全球及中国区的高层、员工以及行业媒体近 400 人参加了产品及业务沟通会,分享了部分新产品技术升级信息,具备推出全线国四升级机型的能力,产品升级围绕中国用户追求的"工作效率高、整机故障少,减少购机和使用成本"重点开展,为用户提供更好的产品性能,更多的工作时间,更低的运营成本,以及更舒适的使用感受。[①]

四、沃尔沃建筑设备有限公司

(一) 公司简介

沃尔沃建筑设备有限公司(The Volvo Construction Equipment,Volvo CE)是国际领先的高端建筑设备制造商,拥有超过 14 000 名员工,是业内最大的公司之一。凭借在全球范围内生产的全系列产品以及相关的服务和支持,该公司可以针对各种不同的作业为客户提供最适合的工程机械和解决方案。

沃尔沃建筑设备有限公司作为沃尔沃集团成员之一,是全球知名的建筑设备制造商。其主要生产不同型号的挖掘机、轮式装载机、自行式平地机、铰接式卡车等产品。分别在瑞典、德国、波兰、美国、加拿大、巴西、韩国、中国和印度设有生产基地,业务遍及 150 多个国家。另外,其高效优质的客户服务和融资服务满足了全世界建筑设备客户不断增长的需求。自 1832 年成立以来,沃尔沃建筑设备有限公司已经从一个地方工厂成长为全球最大的建筑设备制造商之一。

沃尔沃建筑设备有限公司的故事始于 180 多年前的瑞典埃斯基尔斯蒂纳 (Eskilstuna,Sweden)。1832 年,当时只有 27 岁的 Johan Theofron Munktell 受该市委托建立了一个工程车间,目的是发展当地的机械工业,为公司奠定了基础。当

[①] 秦民. 坚守价值主张:约翰·迪尔"迎变而上"——2020 约翰·迪尔中国经销商大会在成都召开 [J]. 农机科技推广,2019(12):57.

Johan Theofron Munktell 离开斯德哥尔摩的皇家铸币厂（the Royal Mint in Stockholm）搬到埃斯基尔斯蒂纳时，他被另一位非常年轻且有天赋的工程师 Jean Bolinder 取代。就像几年前的 Munktell 一样，Jean Bolinder 和他的弟弟 Carl Gherard 一起前往英国学习更多关于工程技术的知识。当他们回来后，知识更丰富了，兄弟俩决定成立自己的公司。在 Johan Theofron 在埃斯基尔斯蒂纳成立整整 100 年后，Bolinder 搬到了埃斯基尔斯蒂纳，两家公司合并为 AB Bolinder – Munktell，随后于 1950 年被沃尔沃集团收购。在接下来的几年里——通过兼并、收购、发展和推动——沃尔沃建筑设备有限公司已成为国际领先的优质建筑设备制造商。① 《建筑大师》是一部关于沃尔沃建筑设备有限公司的历史影片，介绍了该公司的辉煌历史，获得了戛纳公司媒体和电视奖项银海豚奖杯。

（二）主要产品及其相关情况

沃尔沃建筑设备生产 100 多种型号的工程机械产品，被广泛应用于建筑、林业、港口、矿山、公路、桥梁及隧道工程，产品范围包括铰接式卡车、轮式装载机、液压挖掘机、小型设备、自行式平地机、压路机和摊铺机等。

（三）在中国市场发展情况

沃尔沃建筑设备有限公司于 2002 年 3 月正式进入中国市场，总部位于上海市浦东新区中国（上海）自由贸易试验区金京路 2045 号。在过去的 20 多年中，该公司在中国取得了长效和稳定的健康发展，并通过持续不断地深化中国市场，实现了业务的可持续发展。沃尔沃建筑设备重视客户关爱理念，始终将其融入客户服务之中，通过对技术创新的不懈追求，不断满足中国客户与日俱进的需求。同时，作为企业公民，该公司积极承担企业社会责任，对全球环境保护给予关爱，携手各界共同推动中国社会的可持续发展。

中国是沃尔沃建筑设备有限公司全球的四大重点销售市场之一。在中国，企业拥有超过 600 名高素质员工，在上海和临沂各建有 1 家生产基地，在济南设有 1 家技术研发中心，生产 40 余种不同型号的产品，涵盖几乎所有工程机械领

---

① Our History [EB/OL]. https：//www.volvoce.com/global/en/this – is – volvo – ce/our – history/（2022 – 01 – 01）[2022 – 01 – 06］.

域——通用设备、路面机械和小型设备等。凭借遍布中国各个省、市、自治区的37家经销商，沃尔沃建筑设备有限公司精准有效地把握着市场脉搏，为中国客户提供创新、可靠、高质量的产品和贯穿整个产品生命周期的最优化服务体验，是客户最值得信赖的合作伙伴。

沃尔沃建筑设备投资（中国）有限公司于2020年4月29日被上海市商务委员会批准认定为沃尔沃建筑设备集团的亚太区总部，管理以下公司：Volvo Construction Equipment（Pte）Ltd.；Volvo Group Korea Co.，Ltd.；Volvo Construction Equipment Malaysia Sdn. Bhd.；沃尔沃建筑设备投资（中国）有限公司蒙古国办事处；沃尔沃建机（中国）有限公司；沃尔沃建筑设备技术（中国）有限公司。未来，沃尔沃建筑设备投资（中国）有限公司将继续一如既往地致力于中国市场的发展、引领产业变革，助力工程机械行业和中国社会健康及可持续发展目标的实现。

沃尔沃建筑设备在中国的重要里程碑：2002年3月，沃尔沃建筑设备（中国）有限公司正式成立，在上海设立总部；2003年，位于上海浦东的金桥出口加工区于3月开始投产，主要生产履带式挖掘机。同年4月，第一台中型挖掘机沃尔沃EC210B成功下线；2004年，第一台小型挖掘机沃尔沃EC55B成功下线；2007年，沃尔沃建筑设备完成了对山东临工工程机械有限公司（山东临工）70%股权的投资。"沃尔沃"和"山东临工"的双品牌战略为沃尔沃建筑设备拓宽了客户基础，使得其挖掘机和装载机的市场份额在中国占据领先地位；2008年，曾位于无锡的路面设备生产基地迁至临沂；2012年，中国正式升级成为沃尔沃建筑设备全球四大重点销售市场之一，凸显出中国市场日益增长的重要性；2012年，沃尔沃建筑设备与上海市人民政府签署了建立中国地区总部备忘录，决定投资3.5亿美元，在上海建立包括销售、物流、研发、采购和金融服务等部门在内的地区总部；2013年，沃尔沃建筑设备投资（中国）有限公司正式成立，并被上海市人民政府认定为跨国公司地区总部。同年3月，公司宣布向中国地区总部增加1.5亿元人民币的注册资本；2013年，沃尔沃建筑设备有限公司举办了庆祝公司在中国首个且最大的挖掘机生产基地——上海工厂的10周年庆祝活动；2014年，沃尔沃建筑设备投资（中国）有限公司开始全面运行，公司注册资本金达到 3.7 亿元。同年，沃尔沃建筑设备济南技术中心正式投入运营。中心占地约 5 万平方米，主要用于产品设计与测试。同时，沃尔沃建机（中国）有限公司在临沂正式投入运营；2015 年，沃尔沃建筑设备二手设备业务部门成立，致力为中国市场提供更加多样、优质性价比的产品解决方案。2017 年，沃尔沃再制造中心正式通过了国家发改委第二批再制造试点验收，标志着沃尔沃建筑设备的再制造能力获得了国家政府部门的进一步专业认可。同年，沃尔沃建筑设备迎来在华 15 周年里程碑，并获评"浦东新区总部经济十大经典样本"。2018 年，沃尔沃建筑设备在中国区同步推出"沃+"整体解决方案，揭幕"沃+"体验中心。2019 年，沃尔沃走通国内离岸贸易第一单。在产品上，第一台高端循环再生机 EC380DL 在济南成功下线；2020 年，沃尔沃建筑设备亚洲区总部迁至上海。

五、日立建机公司

（一）公司简介

日立建机公司（Hitachi Construction Machinery Co., Ltd）即日立建机株式会社，成立于 1970 年 10 月 1 日，隶属于日本日立制作所，在与其合资子公司（日立建机集团）的努力下，凭借其丰富的经验和先进的技术开发并生产了众多一流的建筑机械，从而成为世界上最大的挖掘机跨国制造商之一。日本最大的 800 吨级超大型液压挖掘机（EX8000）就产自日立建机。

截至 2018 年 3 月 31 日，日立建机注册资金 815 亿 7 659 万日元（总发行股票数：215 115 038），总部地址位于日本东京都台东区东上野二丁目 16 番 1 号，社长是平野耕太郎，集团员工 23 925 人，直属员工 4 072 人，营业范围包括建筑机械、运输机械及其他机械设备的制造、销售、租赁服务。日本的业务基地包括技术研发中心、土浦工厂、霞浦工厂、常陆那珂工厂、常陆那珂临港工厂和筑波配件中心。日立建机拥有全球子公司和分支机构 84 家。

（二）主要产品及其相关情况

在 50 多年的历史过程中，日立建机不断地开发出具备高信赖度、安全性和耐久性的产品群。除了建设机械以外，基于实践和经验，日立建机还不断地挑战新的领域，提供并创造着新的价值。建设机械的活跃场所正在不断地扩大，除了土木、建筑之外，还被活用于煤炭等的资源开发、拆除业、林业、废弃物处理、灾后重建等各种领域，其活跃的场所正在向世界各地扩展。活跃于各个领域的日立建机的产品主要包括小型挖掘机、中型挖掘机、大型挖掘机、消防用破坏作业车、发生灾害时的灾害用车辆、贡献于林业的日立建机产品、火山探测移动站"MOVE"、桩机等。

（三）在中国市场发展情况

日立建机在中国的业务中心是负责生产制造的日立建机（中国）有限公司和负责销售的日立建机（上海）有限公司。此外，还有位于北京的日立建机中国办事处、专营融资租赁业务的日立建机融资租赁（中国）有限公司和覆盖全国的各代理店。日立建机在中国共有54个销售代理，其中，分支企业包括日立建机（上海）有限公司，主要业务是销售日立建机（中国）和日立建机生产的建筑机械产品；日立建机（中国）有限公司，主营挖掘机及其他建设机械的制造、销售、服务和配件供应；日立建机融资租赁（中国）有限公司，主要业务是提供日立建筑机械产品的融资租赁服务；青岛诚日建机有限公司，是日立建机（上海）有限公司与青岛锐诚工程机械有限公司共同成立的合资公司，公司主要业务是销售挖掘机、破碎锤、粉碎器、抓钢机及其他工程机械，提供完善的售后服务，经销高质量工程机械配件；四川中辰工程机械设备有限公司成立于2012年5月，是乌鲁木齐中辰伟业工程机械有限公司与日立建机（上海）有限公司共同出资在成都设立的一家中日合资企业，专业从事日立挖掘机、破碎锤等工程机械设备销售、维修、零部件供应以及工程机械设备租赁等业务。[①]

六、利勃海尔公司

（一）公司简介

利勃海尔（Liebherr）公司不仅是世界建筑机械的领先制造商之一，还是其他许多领域的技术创新用户导向产品与服务的客户认可供应商。利勃海尔家族企

---

① 关于日立建机 [EB/OL]. http://www.hitachicm.com.cn/company/china/index.html（2022 - 01 - 01）[2022 - 01 - 06].

业由汉斯利勃海尔在 1949 年建立。该公司的第一台移动式、易装配、价格适中的塔式起重机获得巨大的成功，成为公司蓬勃发展的基础。多年以来，家族企业已经发展成为公司集团，拥有约 26 000 名员工，在各大洲建立起 100 余家公司。利勃海尔集团拥有分散的组织结构，由 11 个产品部门组成，集团内的最高管理层是由利勃海尔家族成员专门组成的股东委员会。

（二）主要产品及其相关情况

利勃海尔的主要产品包括冷藏和冷冻、工程机械、矿山设备、移动式和履带式起重机、物料搬运设备、海事起重机、航空和轨道系统、齿轮技术与自动化系统、零部件和酒店 10 类。

（三）在中国市场发展情况

利勃海尔作为一家欧洲知名的冰箱制造商，中国著名的家电品牌青岛海尔最早就是选择引进利勃海尔先进的技术和青岛—利勃海尔的品牌，逐步发展起来的。1984 年，整个国家从上到下都把眼睛望着外边，所有的企业都想找到一个可以引进的项目，找到项目企业就有了活路。"利勃海尔"，一个赶大潮的"项目"就这样在那一年被引入青岛。利勃海尔是改革开放 40 多年来一个具有时代意义的典型企业，它搭乘改革开放的巨轮，过去只跑内海，现在起航远洋，成为中国最成功的一个"引进项目"之一。1987 年，中国青岛电冰箱总厂生产的琴岛—利勃海尔电冰箱，参加了世界卫生组织的招标，各种指标均优于日本、美国等国同类产品，结果一举中标。这一消息使许多人感到惊讶：中国从生产"二星级"电冰箱上升到"三星级"电冰箱，曾用了 20 多年的时间；而该厂这次引进德国的新技术，仅用 3 年时间，就生产出"四星级"电冰箱，从而跻身世界一流水平的行列。[①] 利勃海尔公司在中国的制造工厂还包括徐州利勃海尔混凝土机械有限公司、利勃海尔机械（大连）有限公司、利勃海尔机械服务（上海）有限公司。2019 年 11 月 8 日，在中国第二届进口博览会上，利勃海尔集团与山西建投集团于上海国家会展中心确定合作，成功签署《合作意向书》和《采购意向

---

① 金翅."利勃海尔"在中国 [J].今日中国（中文版），1988（1）：59-60.

书》。①

七、斗山工程机械公司

(一) 公司简介

斗山工程机械（Doosan Infracore）公司创立于1937年，隶属于韩国斗山集团。斗山工程机械生产基地遍布美洲、欧洲、亚洲，构建了一张覆盖全球资源体系、创新体系、市场体系的产业网络。同时，斗山工程机械公司建立形成具有斗山特色的CSR体系，"关注教育"和"助力环保"两大关键词成为其社会责任聚焦的主要方向。

斗山工程机械公司在挖掘机/装载机等施工设备、发动机、各种属具及小型多功能设备等领域表现优异，在韩国市场占有率第一。现在斗山工程机械公司的产品销往世界100多个国家和地区，在韩国/中国/美国/捷克/挪威等地区拥有生产基地和销售网络。在长期的发展过程中，斗山工程机械公司始终坚持和推动创新战略，已经在韩国总部与世界各地建立了全球化研究开发中心和工程技术网络，持续推动行业创新。

斗山工程机械公司以"品质经营、技术领先"为企业理念和经营方针，构筑先进的集团全球一体化的品质管理体系。严格遵守有关法律法规，实施产品品质持续改进，促进客户满意度，并与相关方共同发展，长期获益。构筑新产品开发的品质管理体系（QP和PPAP），进行早期品质预防管理，确保产品性能和可靠性；完善产品的品质管理体系，实施品质控制和检验，持续提高产品可靠性；构建品质分析信息共享系统，即实施数据分析，共享信息，对重要组成部分实施跟踪管理；实施符合标准化的程序，降低品质费用（Q - Cost）。2020年，韩国斗山集团已宣布出售其在韩国最大的工程机械制造商斗山Infracore的股份，以偿还韩国政府对其重工业和建筑（I&C）部门的援助。②

---

① 薛殿威. 利勃海尔集团与山西建投集团成功签署《合作意向书》[J]. 今日工程机械，2019（6）：72.

② 谭如嫣. 斗山出售工程机械业务板块[J]. 今日工程机械，2020（4）：54.

(二) 主要产品及其相关情况

斗山工程机械公司的产品包括大中型挖掘机到轮式装载机、铰接式自卸车和紧凑型建筑设备等,具体如下。

(1) 挖掘机,包括迷你/小型挖掘机、中型挖掘机、大型挖掘机、轮式挖掘机等。

(2) 装载机,包括斗山轮式装载机、滑移式装载机、中型滑移式装载机、大型滑移式装载机、铰接式自卸卡车等。

(3) 破碎器,包括斗山 DXB 破碎器、三角形破碎器、塔形破碎器等。

(4) 移动动力设备,包括移动空压机、柴油发电机组、移动照明设备和轻型压实设备,是全球领先的移动动力设备制造商。

(5) 宽体自卸车。

(6) 拆楼机,包括 DX600PD - 9C,采用专业技术打造的液压打桩机;DX300DM,三段式的前部装备。

(7) 汽车拆解机。

(三) 在中国市场发展情况

斗山工程机械(中国)有限公司是由全球工程机械制造商 50 强的斗山 INFRACORE 独资的韩国企业,成立于 1994 年 10 月 1 日,1996 年 6 月 28 日正式竣工投产,主要生产经营挖掘机、装载机(轮式装载机和滑移式装载机)的综合工程机械供应商。斗山工程机械(中国)有限公司的前身是大宇重工业烟台有限公司,该公司在"以技术为先导,使自然和环境清新和谐;以技术为先导,使人类的生活更加富足美好"的企业理念和"品质经营,技术领先"经营理念的指导下,公司在当今激烈的市场竞争中,凭借过硬的产品质量发展成为深受客户欢迎、广受客户信赖的优秀企业。斗山工程机械(中国)有限公司投资总额达到 7 300 万美元,占地 35 万平方米,建筑面积 10 万多平方米,公司现有中韩员工 2 000 多人。公司主要生产经营挖掘机、装载机、叉车、机床、发动机等重装备,年生产能力为 2 万台挖掘机,8 000 台叉车,1 000 台机床,现已在全国各地设立了 6 个支社、3 个合资公司及 62 个销售维修代理商。在凭借高品质、高技术拓展市场的同时,斗山工程机械(中国)有限公司以增值服务来提升品牌价值,心怀"客户的成功就是斗山的成功"的信念,向客户提供优质的服务,在中国市场上取得了丰硕的成果。

自 1994 年进入中国市场以来,斗山工程机械(中国)有限公司先后推出了 9C 系列经典产品及更新换代的电喷系列产品,荣获了多项国内大奖。1999—2001 年,产品连续三年通过国家质量监督抽查;2000 年以来,斗山挖掘机已 8 年在中国挖掘机市场占有率名列第一;[①] 2001 年 1 月,获得 ISO9002:1994 品质管理体系认证(英国 SIRA);2003 年 9 月,获得挖掘机欧洲噪声认证(德国 TUV);2004 年 1 月通过了 ISO9001:2000 品质管理体系认证(德国 DQS);2004 年 2 月获得"中国挖掘机市场产品质量用户满意品质信誉第一品牌"的荣誉;2004 年 12 月获得了国家特种设备制造许可证;2008 年 9 月,通过特设许可证换证复审;2009 年 7 月通过了 ISO9001:2008 质量管理体系认证(德国 DQS)。2003—2009 年,在由人民日报、市场信息报等十几家新闻媒体联合提名公众投票选举的《中国市场产品质量用户满意度调查》活动中,斗山挖掘机连续七年荣获了"中国挖掘机市场产品质量用户满意第一品牌"荣誉称号。斗山工程机械(中国)有限公司非常重视品质、环境、健康、安全系统的管理,ISO 9001 国际品质管理体系认证、ISO14001 环境管理体系认证、OHSAS 18001 职业安全健康管理体系认证的顺利通过和有效运营,保证了公司健康持续发展。2013 年,获"高技能人才培养先进单位"荣誉称号。2013 年 3 月 28 日,以"X 使命,重塑格局"为主题,斗山工程机械 2013 年新产品暨品牌战略发布会在北京水立方举行,斗山工程机械(中国)有限公司专为中国市场推出全新产品。[②] 2020 年 6 月,入选 2019 年山东省进口 100 强企业。在中国挖掘机市场十年累计销量第三,客户满意度累计 15 次获得第一。2018 年,在 bauma CHINA 2018(上海宝马展)上,斗山工程机械(中国)有限公司隆重推出世界首次用真实设备展示超长距离跨国远程控制施工机械的 5G 远程控制技术,全方位彰显了"为未来而准备的斗山"的创新突破和品牌实力。2019 年,斗山对服务形象、设备涂装进行全面

---

① 刘鸣. 斗山集团进入中国工程机械领域[J]. 工程机械,2005(8):85.
② 苏宇. 斗山工程机械中国:通过"X 使命"重塑格局[J]. 建设机械技术与管理,2013,26(4):60-62.

焕新,并不断推出智能化新品,凭借领先的技术和专业的团队,斗山工程机械(中国)有限公司正积极应对中国市场新变化,开启中国工程机械行业发展新纪元。经过近 30 年的持续发展,斗山工程机械(中国)有限公司在中国的挖掘机累计销量突破 20 万台。目前,其正全面致力于施工机械的 5G 远程控制技术的研发和应用,不断探索 5G 通信在不同工况下设备的深入应用,满足在多种场景下的作业需求。

八、山特维克集团

(一)公司简介

山特维克(Sandvik AB)集团创立于 1862 年,总部位于瑞典斯德哥尔摩市,是一家从事采矿和岩石开挖、岩石加工、金属切削和材料技术的全球高科技工程集团,提供基于数字化、创新和可持续工程的优化产品及解决方案,拥有约 4 000 名员工,销售遍布 150 个国家。通过企业在制造业、采矿业和基础设施行业的独特专业知识和解决方案,企业非常注重提高客户生产力、营利能力和可持续性。

企业的产品涵盖了核心的价值链,并基于对研发(R&D)的广泛投资、对客户的洞察以及对工业流程和数字解决方案的深入了解。企业在以下领域中处于世界领先地位:用于金属切削的刀具和工具系统,提供不断扩展的数字制造和软件解决方案,以及增材制造和集成测量等颠覆性技术;适用于采矿和基建行业的设备和工具、服务、数字化解决方案与驱动可持续发展的技术,例如自动化和电动采矿设备以及生态高效的岩石处理等;先进不锈钢,特种合金以及工业加热产品。山特维克集团有四大核心业务组织,各自负责其研发、生产及销售。截至 2021 年,山特维克集团收入约 990 亿瑞典克朗,员工人数约 4 000 人,董事会主席 Johan Molin,总裁兼首席执行官 Stefan Widing,研发领域的投资约 37 亿瑞典克朗,有效的专利数约 6 400 个。

山特维克集团有四大核心业务组织,各自负责其研发、生产及销售。一是山特维克制造和加工解决方案,是世界领先的金属切削刀具和工具系统制造商,产品还包括用于数字制造、增材制造和集成测量的解决方案;二是山特维克集团矿山和岩石技术，是全球领先的采矿和工程行业设备、钻具、备件、服务与技术解决方案的供应商，应用领域涵盖凿岩钻孔、岩石截割、装载和运输、隧道掘进和采石场；三是山特维克集团岩石处理技术，是全球领先的采矿和工程行业关于岩石和矿石处理设备、钻具、备件、服务和解决方案的供应商，应用领域涵盖破碎筛分、破碎和拆除；四是山特维克集团材料科技，是全球领先的材料供应商，为最严苛的行业提供先进不锈钢和特种合金产品，产品范围广泛，包括管材、棒和、带材，以及工业加热产品和系统。

（二）主要产品及其相关情况

山特维克集团不仅具备专业资质，也拥有丰富的实操经验，企业与客户密切合作，帮助解决他们面临的问题。集团的运营基于对研发（R&D）的广泛投资、对客户的洞察以及对工业流程和数字解决方案的深入了解。综合这一切使集团在增强客户生产力、营利能力和可持续性方面拥有得以印证的能力。集团通过与遍布全球的知名研发中心和大学的各种合作，进一步提升技术实力，为客户创造更多的价值。山特维克集团的主要工程机械产品集中在四个科技领域。一是材料科技。作为全球领先的不锈钢、特种合金以及硬质合金的材料供应商，集团的核心优势包括冶金和金相学、材料设计和特性、流程模拟、腐蚀（高温高湿环境下）、电阻加热、粉末技术、表面涂层技术（CVD和PVD）、高级不锈钢、特种合金及钛材、金属切削刀具及数字化加工解决方案、炉用产品和加热系统。二是金属切削技术。作为全球第一的金属切削刀具和工具系统供应商，企业始终致力于帮助客户优化加工工艺。其实力与专长体现在如下领域：应用于车削、铣削、钻削的切削刀具；切削技术；刀具夹持技术；数字化机加工。三是矿山和岩石技术。作为全球领先的采矿和建筑设备、工具、服务与技术解决方案的供应商，企业的专长包括如下领域：凿岩与切割、破碎筛分、地下装载与运输、自动化采矿与岩石开挖、电池动力技术。四是增材制造技术。作为全球材料科技、生产及后加工技术领域领先的集团，其在金属零件的增材制造价值链中也具备成熟的能力，是金属粉末的市场领先供应商。

山特维克集团的产品和服务帮助客户提升生产力，保证工人安全并降低对环境的影响。企业在以下行业的案例包括航空航天、汽车行业、工程建筑、通用工程、采矿、核能、石油天然气、加工工业、可再生能源。

山特维克集团主打产品和服务包括金属切削刀具及数字化加工解决方案、矿山和岩石开采设备及工具、高级不锈钢、特种合金及钛材、增材制造、钨粉和刀具回收、炉用产品和加热系统。①

（三）在中国市场发展情况

山特维克材料科技（中国）有限公司法定代表人为蔡渊博，注册资金141 284.9万元，地址是镇江金港大道128号，经营范围包括新型有色金属复合管材、钢带、弹簧、新型合金管材、钢丝、弹簧、电加热材料、电热元件及其他新型有色金属复合材料和新型合金材料的生产；新型有色金属复合管材、钢带、弹簧、新型合金管材、钢丝、弹簧、电加热材料、电热元件、焊接材料及其他新型有色金属复合材料和新型合金材料的批发、进出口（不涉及国营贸易管理商品，涉及配额、许可证管理、专项规定管理的商品，按国家有关规定办理申请）、佣金代理（拍卖除外）；与上述产品相关技术进出口（国家有专项规定的按国家有关规定办理）；提供上述产品相关技术咨询和服务。② 以下限上海分公司经营：生产各类金属加热元件、鼠笼式加热器、辐射管，从事上述及同类商品（贵金属、稀有金属除外）的批发、佣金代理（拍卖除外）及进出口业务（以上商品进出口不涉及国营贸易管理商品，涉及配额、许可证管理商品的，按国家有关规定办理），并提供售后服务、维修维护服务、技术咨询服务。（依法须经批准的项目，经相关部门批准后方可开展经营活动）许可项目：货物进出口（依法须经批准的项目，经相关部门批准后方可开展经营活动，具体经营项目以审批结果为准）一般项目：钢压延加工；金属材料制造；通用设备制造（不含特种设备制造）；金属材料销售；有色金属合金销售；新型金属功能材料销售；金属链条及其他金属制品销售；机械设备销售；技术服务、技术开发、技术咨询、技术交流、技术转让、技术推广（除依法须经批准的项目外，凭营业执照依法自主开展经营活动）。2018年6月28日，山特维克可乐满（山特维克下属刀具公司）在

---

① 产品和服务［EB/OL］. https://www.home.sandvik/cn/%E4%BA%A7%E5%93%81%E5%92%8C%E6%9C%8D%E5%8A%A1/（2022－01－01）［2022－01－06］.

② 山特维克·可乐满公司在中国［J］. 工具技术，1997（1）：16.

廊坊技术中心举办了开放日活动，来自全国各地的 100 多位客户参加了此次活动。在活动中，山特维克可乐满的技术专家向来宾们展示了 Prime Turning 全向车削和 Y 轴切断等"重塑车削"新概念，介绍了 Coro Plus 工业 4.0 数字化加工解决方案的最新进展，并带领客户参观了比邻技术中心的廊坊刀具制造工厂。①

作为全球领先的金属切削刀具供应商，山特维克可乐满不仅乐于分享其在刀具领域的专业知识和成功经验，而且长期致力于人才培养。鼓励更多优秀人才投身到机械加工领域的研究和实践工作中，携手为行业的进步贡献力量，这也正是山特维克可乐满奖学金设立的初衷。在 2017 年度的奖学金评选中，多位优秀学生获得了年度奖学金，为学生就业工作做出突出贡献的教师也获得了园丁奖。2018 年 5 月，两场奖学金颁奖活动分别在清华大学和上海交通大学举办。② 作为 2019 世界技能大赛的白银合作伙伴，山特维克可乐满积极参与到这项被誉为"技能界奥运会"的顶级赛事中，为"生产和工程技术"竞赛单元提供支持，并参与"制造团队挑战"竞赛单元。山特维克可乐满始终致力于填补全球金属切削行业的技能差距，提升人们对职业教育的关注。多年来，山特维克可乐满通过与世界技能大赛组织开展合作，一直在加深年轻人对金属切削行业的认知。③

九、美卓奥图泰公司

（一）公司简介

2020 年 7 月 1 日，美卓公司与奥图泰公司合并，创建了一家设备、服务和工艺技术领域内的领军企业，以美卓奥图泰为公司名称，服务于骨料、矿业、金属和回收行业。这是一个重塑行业的合并，两家具有高度互补性的独立公司融为一体，合奥图泰领先的技术能力与美卓卓越的服务能力携手创造"1 + 1 > 2"的效果，不忘初心，继续致力于让中国矿山更绿色、更高效、更智能。美卓奥图泰（Metso Outotec）是全球骨料、矿物加工、金属冶炼和回收行业可持续技术、系

---

① 夏希品. 山特维克可乐满技术开放日在廊坊技术中心举办 [J]. 今日制造与升级，2018（7）：36 – 37.

② 山特维克可乐满奖学金分别在清华大学与上海交通大学颁发 [J]. 金属加工（冷加工），2018（9）：14.

③ 山特维克可乐满赞助 2019 世界技能大赛 [J]. 今日制造与升级，2019（9）：18.

统解决方案和服务的先行者。企业凭借产品和工艺专业知识，为客户提高能源和水资源效率、提高生产率并降低环境风险，是实现积极变革的合作伙伴。美卓奥图泰总部位于芬兰赫尔辛基，[①] 在50多个国家拥有超过15 000名员工，2021年的销售额总合达到约42亿欧元，业务遍及50多个国家/地区，致力于1.5摄氏度全球温控目标。

美卓奥图泰的主要客户群来自骨料、矿物加工和特定的金属精炼行业。该公司提供的技术与服务，通过提高工艺效率、回收利用、尾矿和废弃物再加工，来减少能耗和水耗。该公司有覆盖整个工厂的全面的供应范围，从设备到广泛的服务，可帮助该公司的客户提高营利能力，降低运营成本和风险。该公司拥有强大的研发和创新能力，并持续寻找推出创新成果的新方法，使该公司的客户从中受益。该公司了解客户及其每天面临的挑战。该公司与客户携手合作，致力于实现积极的变革。

（二）主要产品及其相关情况

美卓奥图泰公司提供完整的解决方案，优质的设备和零部件，以及针对多个行业的专家服务。美卓奥图泰公司主要是提供产品—维修解决方案，主要大类包括破碎、筛分、给料、输送、磨矿、分级、选别、脱水、火法处理、湿法冶金、熔炼与吹炼、散料处理、渣浆泵送、Nordtrack™移动式筛分、Nordwheel®移动式破碎筛分、Lokotrack®移动式破碎筛分、自动化及其服务。[②]

主机设备方面，从新建工厂设备的设计及供应到现有生产线的设备增加，该公司随时为客户提供帮助。主要包括冷却机、取料机、工业污水处理、张紧装置、振动筛、搅拌磨、氧化铝加工、浓密与澄清、浮选机、浸出与沉淀、渣浆泵。

综合渣浆泵产品系列包括卧式渣浆泵和立式渣浆泵、渣浆管道、渣浆软管、湿法冶金、溶剂萃取、火法处理系统、焙烧、焙烧解决方案、熔炼与吹炼、电解

---

① 董云超. 大型化 智能化 更高效：芬兰美卓奥图泰天津工厂厂长刘辉谈疫情下国内矿业机械生产发展方向 [J]. 中国矿业, 2020, 29 (12): 222.

② 产品展示 [EB/OL]. http://metsochina.com/Home/Product/index (2022 - 01 - 01) [2022 - 01 - 06].

精炼、直接还原与熔融还原、石油焦煅烧系统、破碎机、硫酸生产。

给料机产品系列包括板式给料机、带式给料机、棒条给料机、盘式给料机和辊轴式给料机/预筛机，可提供标准型或定制型；装载机，可用于高速装载和堆存散装材料；输送机，产品系列由链板式输送机和移动式输送机组成，所有输送机产品融入美卓奥图泰广泛的测试成果和100多年的丰富工程经验，由优质材料制造而成；过滤机，在矿物加工回路中使用过滤机来分离固体和液体；链板输送机，产品系列由两种不同类型的设备组成：刮板式输送机和链板输送机，可同时实现降低投资成本和运营成本。①

（三）在中国市场发展情况

自1991年起，美卓奥图泰的前身公司陆续来到中国，开始为中国客户持续提供服务。30年的上下求索，30年的开拓奋进，30年的倾情贡献，美卓奥图泰成长的印迹，已融入行业与国家澎湃发展的脉络。美卓奥图泰中国区拥有30多年的本地服务经验引领行业、1 200多名本地专业员工、11个本地机构和遍布全国的销售服务网络、庞大的装机量与众多知名矿山企业的背书。美卓奥图泰在华机构包括美卓奥图泰服务销售中心（北京）；美卓奥图泰采购与设计中心（上海）；美卓奥图泰中国研发中心、中国性能中心（长沙）；美卓奥图泰天津工厂（天津）、美卓奥图泰苏州工厂（苏州）、美卓奥图泰衢州铸造厂（衢州）、美卓奥图泰中国维修中心（武汉）。美卓奥图泰在中国的其他机构还包括韶关市韶瑞重工有限公司、柳工美卓建筑设备（常州）有限公司。

美卓奥图泰新材料技术（上海）有限公司成立于2004年7月22日，注册地位于中国（上海）自由贸易试验区加太路29号1号楼第二层B1，法定代表人为文扬之。2020年12月30日下午，美卓奥图泰上海办公室正式成立。全新的美卓奥图泰上海办公室在美卓与奥图泰合并后完成后重新选址、设计、施工，是目前美卓奥图泰在中国最大的办公室。美卓奥图泰上海办公室现在位于上海杨浦区霍山路光大安石T2栋7层，占地面积1 400平方米，可容纳100名员工办公。美卓

---

① 主机设备［EB/OL］. https://www.mogroup.cn/products-and-services/plants-and-capital-equipment/？q=&page=2（2022-01-01）［2022-01-06］.

奥图泰重工（衢州）有限公司成立于2013年7月19日，注册地位于浙江省衢州市衢江区南山路49号，法定代表人为张晓军。该公司经营范围包括铸造机械、采矿及采石设备制造和销售、租赁及相关技术推广咨询服务；机械零部件生产、加工、销售及相关技术的咨询；钢铸件制造、销售；机械设备及零部件的批发、佣金代理（拍卖除外）及其进出口业务；从事相关的配套服务及咨询服务；上述商品进出口不涉及国营贸易、进出口配额许可证、出口配额招标、出口许可证等专项管理规定的商品。①

十、杰西博公司

（一）公司简介

杰西博（J C Bamford Excavators Ltd，JCB）公司是英国第一、欧洲第一、印度第一、俄罗斯第一、全球三大机械设备制造商之一，其生产制造挖掘机、挖掘装载机等工程机械设备。在英国、德国、美国、中国、巴西、印度等四大洲的国家共建设了22家工厂，研发、设计、生产和销售300多个型号的工程机械、农业机械、动力系统、园林设备、环卫设备以及国防设备等系列产品。全球员工有1万多人，营销服务网络遍布全球各地，在150多个国家有750余家经销商，2 000多个销售服务网点，22家分厂，是全球知名工程机械品牌之一。JCB自1945年成立至今，一直致力于对研发创新的投入，一直处于全球技术革新的前列，成为全球工程机械行业里最具创新精神的品牌，历史上划时代的创新有：1953年发明挖掘装载机设备，市场份额50%，全球第一品牌；1977年发明伸缩臂叉装车设备，市场份额30%，全球第一品牌；1990年发明全球第一台全悬挂高速大马力拖拉机；1993年发明世界上最安全的滑移装载机；2018年发明全球第1台量产上市的纯电动微型挖掘机。

（二）主要产品及其相关情况

自1953年JCB的挖掘装载机引领市场以来，一直致力于技术革新：不断向

---

① 易欣. 以匠心敬初心 美卓奥图泰致力于让中国矿山更绿色、更高效、更智能［J］. 矿业装备，2020（6）：10 – 12.

新的高度挑战，运用掌握的新技术不断开发更高效，更强大，更能创造效益的机器设备。JCB 拥有近百项发明专利。正是由于对研究和开发的不断投入，该公司才能保证 300 多种产品系列是具备先进科技含量的。同时，企业还赢得了 80 多个奖项，包括设计创新、国际贸易、产品设计以及营销，其中包括获得 23 次女王企业大奖。伸缩臂叉装车位列世界领先、重型产品的主要供应商、拥有广泛的小型产品系列、陆地上快柴油动力车纪录 350.092 英里[①]的保持者——JCB Dieselmax。

JCB 的主要产品包括滑移装载机、挖掘装载机、伸缩臂叉装车、液压挖掘机、小型挖掘机。

JCB 的售后服务遍布全球各个角落，在每个经销站都有通过 JCB 培训的服务技师。客户支持网络的核心运营地是投资 3 000 万英镑建设的全球配件中心。从这里，每周超过 100 万件的零部件和属具被直接发往各地经销商或是其他 JCB 配件分销中心。JCB 使用先进的物流和仓储管理系统，快速有效的递送流程让公司产品可以在 24 小时内到达主要市场。JCB 为全球客户提供"客户至上"的世界级服务，包括广泛的全球分销网络、全球 15 个部件分销仓库、JCB 部件——以性能可靠和质量而著称、所有服务技师都经 JCB 严格培训、快速有效递送到全球各处[②]。

(三) 在中国市场发展情况

杰西博工程机械（上海）有限公司（以下简称"JCB 中国"），是名列全球三大工程机械品牌之一——JCB 于 2004 年 8 月在中国投资 2 470 万美元设立的独资企业。JCB 中国是 JCB 集团旗下全资子公司，上海工厂占地 83 956 平方米，2006 年在上海浦东建成中国工厂，通过引进国际先进的技术为中国制造 JCB 著名产品，包括 JCB 挖掘机、JCB 挖掘机、JCB 挖掘装载机、JCB 挖掘装载机。JCB 位于上海的中国工厂，作为 JCB 全球 22 家工厂之一，设施先进，配有研发中心、生产车间、销售和服务中心、技术培训基地，大中国区配件中心和演示基地。这个本土生产基地确保企业针对中国市场需要制造专门的产品和提供完善的

---

① 1 英里≈1.61 千米。

② JCB 在全球 [EB/OL]. https://www.jcb.com.cn/about/global.html（2022-01-01）[2022-01-06].

服务。JCB 中国建立了完善的经销商网络,提供令客户满意的销售、服务和配件支持,现代化生产基地为中国客户提供 JCB 著名产品、研发中心专为满足中国客户需求而不断升级产品链、经过严格培训的售后服务工程师为客户的业务提供广泛的支持与后备、大中国配件中心存储纯正的 JCB 部件并能根据客户需求快速发送、技术培训基地为客户提供操作人员培训和设备现场演示、24 小时客户服务热线确保客户需求得到即时回应、覆盖全国的经销商网络为客户提供完善服务。[①] 现代化生产基地为中国客户提供 JCB 著名产品。研发中心专为满足中国客户设计相应产品。作为中国总部企业,JCB 对 JCB 中国发展寄予厚望,战略定位为:深耕国内,辐射全球。

目前,JCB 中国主营产品有 JS85、JS130、JS205、JC210、JS230、JS305、JS370 等履带式液压挖掘机系列,3CX、3DX、4CX 等挖掘装载机系列,531-70、530-70、541-70、535-95、540-170、540-200 等伸缩臂叉装车系列,155、300 等滑移装载机系列,403 紧凑轮式装载机等产品。随着全球对绿色环保设备需求的日益增长,JCB 中国还引进了全球领先的纯电动微型挖掘机,于 2020 年在国内上市。JCB 所有产品都是为满足艰苦施工环境和高可靠性作业要求而设计制造的。每个工厂都同步采用公司最先进的技术、零部件和生产工艺。精细化设计、严格的测试以及精湛的制造工艺,确保全球客户都能享受到世界级高性能、高质量和高可靠性的产品和服务。JCB 中国生产工厂现有两条生产线,依照集团统一、先进的精益生产理念实施运营管理。其中,液压挖掘机生产线制造能力可达年产 5 000 台,紧凑型设备生产线的制造能力可达年产 4 000 台,根据国内外市场需求调整匹配产能。JCB 中国工厂研发设计制造的设备已获得国内外用户普遍认可,积累了优异的用户口碑,出口至欧盟、东南亚、南亚、中东、俄罗斯、澳大利亚、非洲和南美等国家和地区。

此外,全球著名工程机械企业还有安百拓(瑞典)、神钢建机(日本)、特雷克斯(美国)、久保田(日本)、住友重机(日本)、捷尔杰(美国)、现代重

---

① JCB 在中国[EB/OL]. https://www.jcb.com.cn/about/china.html(2022-01-01)[2022-01-06].

工（韩国）、凯斯纽荷兰工业（意大利）、维克诺森（德国）、曼尼通（法国）、帕尔菲格（奥地利）、多田野（日本）、法亚集团（法国）、马尼托瓦克（美国）、希尔博（芬兰）、阿斯太克（美国）、竹内制作所（日本）、安迈（日本）、斯凯杰科（加拿大）、加藤制作所（日本）、古河机械（日本）、宝峨（德国）、爱知（日本）、欧历胜（法国）、森尼伯根（德国）、贝尔设备（南非）、洋马（日本）、贝姆勒（印度）、德国默罗（德国）、海德宝莱（土耳其）等。

第二节 中国知名工程机械企业及其东盟发展概况

自从改革开放以来，中国的跨越式发展和历史性成就得到了很多国家的高度认可，在不断更新的科学技术支撑下，中国已经成为全球第一工业实体，很多工业成绩在国际上赫赫有名，不少发达国家也需要从中国进口重型工业机械。

一、徐工集团

徐工集团工程机械有限公司（以下简称"徐工有限"），为徐州工程机械集团有限公司（以下简称"徐工集团" Xuzhou Construction Machinery Group）业务最核心、历史最悠久的重要成员企业，是国企改革"双百企业"，江苏省首批混合所有制改革试点企业，是中国工程机械行业规模宏大，产品品种与系列齐全，极具竞争力、影响力和国家战略地位的千亿级龙头企业。[①] 目前位居国内行业第1位、全球行业第3位、中国机械工业百强第4位、世界品牌500强第395位，是中国装备制造业的一张响亮名片。2021年6月22日，由世界品牌实验室（World Brand Lab）主办的第十八届"世界品牌大会"在北京举行，会上发布了2021年《中国500最具价值品牌》排行榜，"徐工"以923.97亿元的品牌价值，与国家电网、中国工商银行、海尔等知名品牌共同登榜，连续8年蝉联中国工程机械行业榜首！[②]

---

① 赵宇. 100 000 台 徐工开启全球装载机械高端新征程［J］. 今日工程机械, 2022（1）: 55.
② 徐晓平. 蝉联行业第一 徐工品牌价值突破923.97亿元［J］. 工程机械与维修, 2021（4）: 18.

(一) 发展概况

徐工集团前身是1943年创建的八路军鲁南第八兵工厂,是中国工程机械产业奠基者和开创者,引领行业开启国际化先河,源源不断为全球重大工程建设贡献力量。目前徐工集团旗下业务板块囊括了以工程机械业务为核心、行业最早上市的徐工集团工程机械股份有限公司(股票名称:徐工机械,股票代码:000425.SZ),以及未进入上市公司的挖掘机械、混凝土机械、矿业机械、塔机、现代物流、军民融合等产业板块,下辖主机、贸易服务和新业态企业60余家。成本领先,价值为王,凝聚价值认同,为客户提供量身定制的产品解决方案。①

徐工集团旗下子公司包括徐工起重机械事业部、徐州徐工矿业机械有限公司、徐工挖掘机械事业部、徐工铲运机械事业部、徐工道路机械事业部、徐州工程机械集团进出口有限公司、徐工汽车事业部、徐工基础工程机械事业部、徐州徐工施维英机械有限公司、徐州徐工随车起重机有限公司、徐州徐工环境技术有限公司、徐工消防安全装备有限公司、徐工高技术装备分公司、徐州徐工港口机械有限公司、徐工液压事业部、徐州徐工传动科技有限公司、徐工巴西制造有限公司、江苏徐工工程机械研究院有限公司、徐州徐工物资供应有限公司、徐州徐工智联物流有限公司、徐工金融服务事业部、江苏徐工广联机械租赁有限公司、徐州工程机械技师学院、徐工集团财务有限公司、江苏徐工信息技术股份有限公司、徐州工润实业发展有限公司、徐州工润建筑科技有限公司、江苏徐工电子商务股份有限公司、徐州泽汇人力资源有限公司、徐州威卡电子控制技术有限公司、徐州派特控制技术有限公司、德国施维英有限公司等。②

徐工集团真抓实干、奋勇争先,先后获得过行业唯一的、中国工业领域最高奖"中国工业大奖"和"全国五一劳动奖状",以及"国家技术中心成就奖""国家科学技术进步奖"③"第十四届全国质量奖",国家首批、江苏省首个"国家技术创新示范企业""全国先进基层党组织"和"装备中国功勋企业"等荣誉

---

① 了解徐工[EB/OL]. https://www.xcmg.com/about/liao-jie-xu-gong.htm(2022-01-01)[2022-01-06].
② 旗下子公司[EB/OL]. https://www.xcmg.com/about/lian-xi-wo-men.htm(2022-01-01)[2022-01-06].
③ 徐工再次荣获国家科学技术进步奖[J]. 起重运输机械, 2021(22): 34.

称号,徐工集团董事长、党委书记王民荣获"装备中国功勋企业家"称号。

(二) 主要产品及其相关情况

徐工集团主要产品有起重机械、矿业机械、挖掘机械、铲土运输机械、道路机械、重卡、混凝土机械、专用车辆、高空作业平台、桩工机械、非开挖机械、隧道机械、环保机械、消防安全装备、能源钻采机械、港口机械等。如燃油型装载机 LW600FV,牵引力≥174kN、HANVAN 汉风重卡 NXG4251D5WC,最高车速 95 千米/时、正面吊运起重机 XCS45,额定功率 250 千瓦。

另外,徐工集团还提供工程机械产业系统解决方案,包括起重吊装、矿业施工、土石方工程、道路机械、混凝土设备、隧道与地下空间施工、高空作业设备、桩工与非开挖设备、运输设备、环卫装备、消防灭火、安全与应急救援等。[①]

同时,依托优势产业基础,徐工集团还建立了多样化的电商平台,[②] 致力于为客户提供方便快捷的产品选购与交流渠道,充分挖掘全球市场商业机会,包括徐工商城、螳螂网、路之家、装载之王、Machma Ⅱ、叉装之王等。

徐工集团将技术创新融入发展血脉,诞生了一批代表中国乃至全球先进水平的产品:2 000 吨级全地面起重机、4 000 吨级履带式起重机、700 吨液压挖掘机、12 吨级中国最大的大吨位装载机、百米级亚洲最高的高空消防车、第四代智能路面施工设备等,在全球工程机械行业产生了颠覆式影响。2020 年 8 月 28 日,"交通强国智领未来"——京雄高速无人集群智能化施工观摩会在河北雄安隆重召开。徐工路面无人集群在全国首条无人驾驶专用车道上的惊艳表现,3 台摊铺机联机并铺,6 台无人驾驶压路机紧随其后——京雄高速上,300 人"围观"徐工路面无人集群在全国首条无人驾驶专用车道上的惊艳表现。[③] 目前,徐工集团累计拥有授权专利 7 137 件,其中发明专利 1 756 件,PCT 国际专利 56 件,国产首台套产品、重大装备 100 多套。国家发改委最新发布全国 1 300 多家国家级企业技术中心最新评价结果是,徐工集团以 90.5 分的成绩居综合评价第 46 位、

---

① 产品中心 [EB/OL]. https://www.xcmg.com/product/product/(2022 - 01 - 01)[2022 - 01 - 06].
② 赵宇. 徐工二手工程机械电商平台全球发布 [J]. 今日工程机械,2021 (4):58.
③ 刘子豪. 全球最大规模 徐工无人集群闪耀京雄 [J]. 今日工程机械,2020 (5):57.

工程机械行业第 1 位。技术创新成为徐工集团闪耀全球的制胜砝码。①

（三）在全球的发展规划

徐工集团在扎实稳健的全球市场建设中，逐步构建形成了涵盖 2 000 余个服务终端、6 000 余名技术专家、5 000 余名营销服务人员，辐射 187 个国家和地区的庞大高效网络，不断为全球客户提供售前、售中、售后及融资租赁，一站式、一体化的高效便捷服务。在全球，徐工拥有 5 个国际研究中心、40 个海外代表处、30 个海外分（子）公司、15 个海外制造基地和 KD 工厂、40 个大型备件中心、300 多家海外经销商、2 000 余个服务终端、5 000 余名营销服务人员。徐工始终致力于服务全球，共创人类美好生活。②

80 年来，徐工积极实施"走出去"战略，产品销售网络覆盖 180 多个国家及地区，在全球建立了 300 多个海外网点为用户提供全方位营销服务，年出口突破 20 亿美元，连续 30 余年保持行业出口前列。2012 年，作为工程机械产业龙头老大的徐工实力彰显，出口再创辉煌。埃塞俄比亚、俄罗斯、玻利维亚、秘鲁、哥伦比亚、巴西……徐工出口的国家可谓是数不胜数，起重机、挖掘机、装载机、推土机、水平定向钻、自卸车、重卡……徐工集团出口的产品可谓是品种齐全。徐工集团出口可谓长盛不衰，对委内瑞拉出口发车超 1 200 台，对哈萨克斯坦、沙特阿拉伯出口发车近 200 台，对巴西出口发车超 100 台，对俄罗斯、阿联酋、阿尔及利亚、哥伦比亚、伊朗、印度尼西亚、斯里兰卡出口发车均超 50 台。面对目前比较敏感的全球工程机械市场，徐工集团迅速反应，通过打开思路、创新渠道、优化管理等系列得当有力的策略调整及措施实施，不断在出口以及新产品方面寻求突破，推动了徐工全球化战略的稳扎落地。目前，徐工集团的 9 类主机、3 类关键基础零部件市场占有率居国内前列；5 类主机出口量和出口总额持续位居国内行业前列；汽车起重机、大吨位压路机销量全球前列。光芒四射的"徐工金"（吊车颜色）在全球各地绽放，用心、用情、用品质服务全球客户。

---

① 张涛，张丹. 徐工冲击世界工程机械"珠峰"［N］. 新华日报，2021 - 12 - 13（007）.
② 全球布局［EB/OL］. https://www.xcmg.com/about/quan - qiu - bu - ju.htm（2022 - 01 - 01）［2022 - 01 - 06］.

(四) 在东盟市场的发展

东盟市场也是徐工集团全球化服务的重要服务对象。在历史上,东南亚地区是古代"海上丝绸之路"的重要组成部分,是海上丝绸之路向西到达的第一站。根据东南亚多山、潮湿、海风强、气候炎热等特点,徐工集团对东南亚市场进行了9项针对性与人性化的设计,主打中吨级机型。2012年12月,在宝马展期间,徐工好事连连,继与南美客户签下2 000台采购设备大单之后,在东南亚市场与泰国经销商一举签下200台起重机的经销协议。随着徐工国际化步伐越走越快,徐工在东南亚的触角也日益深化、广化。近年来徐工集团在该区域市场建设施以重手,在继续深化市场开拓和建设同时,实施生产制造本地化和人才本土化,也强化售后服务和备件。现今,徐工印度公司已经正式成立,目前,一切运转良好。此次项目合同的签订,充分体现了徐工集团品牌的国际影响力和竞争力,也体现了徐工经销商朋友对徐工发展的信心和支持。

2013年,徐工集团将继续全力支持海外经销商的市场拓展和扩大,在产品保障、服务支持和海外融资等方面给予全方位的支持。作为中国工程机械排头兵,徐工集团在东南亚市场已耕耘30余年,打通东南亚地区,徐工设备参与到铁路、港口、官网等重大工程,逐步形成了一个复合型的基础建设网络。徐工XE135BL森林型挖掘机成功下线,这是继徐工第一批针对东南亚市场自主研发的全新机型XE135C出口之后,又一批根据客户个性化需求开发的创新型产品,即将批量奔赴东南亚热带雨林地区大展雄姿。该款机型的主阀、回转机构等主要液压元件均选用国际知名品牌,可根据作业要求均衡分配油量,实现最佳合流,使动力臂、斗杆、铲斗有效配合,作业更加灵活、快捷、高效。此外,针对具有杂物多、土质松软及地面崎岖不平等林业工况特点,徐工集团在采用加强型X车架的同时,加长了履带轴距,使整机具有高通过能力和稳定性;驾驶室前面和侧面均加装防护网,有力保证了驾驶者的安全。

2017年,徐工道路与云南交通技师学院在云南省昆明市成功举办企校联盟签约仪式,共同为"徐工道路机械西南及东南亚培训中心"授牌,云南交通技师学院与徐工道路是战略合作伙伴,双方优势互补,共同发展、共享成果,此次强强联合,开创了企校联合的新高度,为打造"技术领先、用不毁"徐工精品贡献力量。① 2019年4月，徐工装载机"一万一亿"东南亚"百万里"服务行。GMT公司作为徐工在印度尼西亚最大的代理商，与徐工结缘十余年，将徐工"担大任，行大道，成大器"作为公司核心价值观，在印度尼西亚市场深耕细作，建立了北马鲁古的大型中印合作项目总部，不仅销量节节攀升，在后市场也是不遗余力，组建了三十人的专业服务团队、设立大型维修厂与备件库，为徐工装载机扎根印度尼西亚市场做足保障，2019年，徐工装载机"一万一亿"落地印度尼西亚市场，将前移百万备件到当地市场，并逐渐提升海外营销管理系统的信息化，助力后市场建设。徐工越野轮胎起重机销量实现了连续三年的持续增长，2019年，由于新品的问世，销量更是实现了翻倍增长，由此可以看出，XCR系列产品越发受到海外客户的青睐！2019年3月22日，总价值近5 000万元的百台徐工挖掘机整齐列队奔赴东南亚。徐工挖机对本次出口东南亚的"全能机王"XE215挖掘机进行了大量针对性提升。采用加强型工作装置，铲斗耐磨性较上一代提升10%，山地作业能力更强；散热器及空调系统全面升级，配置正压除气式膨胀水箱，可满足50摄氏度环境的使用要求；新型大功率空调风量更大、噪声更低、制冷效果更好，满足当地炎热潮湿的环境，作业更舒适；针对热带海洋潮湿作业环境，采用高防护等级电气连接器，防水等级达IP67，电气系统可靠性大幅提升。上百台挖掘机批量出口东南亚，再一次彰显了徐工集团的国际市场影响力。

2021年，徐工挖掘机出口逆势上扬，同比增长190%，2022年1月的海外市场销量更是持续增长。2022年2月，500余台徐工挖掘机批量出征，奔赴东南亚市场。徐工挖掘机凭借着优秀的产品性能和卓越的表现，已经成为越来越多海外客户的第一选择。在印度尼西亚小k岛某镍铁项目采矿区，数十台徐工XE370CA挖掘机正忙碌其中，为中国与印度尼西亚双方经贸合作和发展提供助力。印度尼西亚火热开工的同时，30余台徐工XE370D挖掘机在马来西亚沙巴州的千顷油棕园中尽显锋芒。马来西亚是世界第二大棕榈油生产国，徐工挖掘机的加盟助力，不仅

---

① 范鸿玲，吴俊杰．企校联合 徐工道路机械西南及东南亚培训中心授牌落成［J］．交通世界，2017（34）：5．

提高了马来西亚棕榈树种植和棕榈油生产的机械化水平，也有力推动了马来西亚农业经济发展。在菲律宾首都马尼拉东北部某大坝项目建设工地上，一台台徐工挖掘机正蓄势待发，为项目施工做足了准备。项目建成后，有望在两年内增加马尼拉的供水量，将有效缓解当地供水问题，提高人民生活水平。近年来，徐工集团紧抓国际市场发展机遇，不断加快全球产业布局速度，持续发力"一带一路"沿线和欧美澳高端市场，凭借着定制化的产品、遍布全球的渠道网络、优质的品牌服务赢得了众多国际用户的"五星"好评。未来，徐工集团将聚焦客户需求，坚持创新驱动，全力实现国际化发展新突破、新作为。

二、三一重工集团

三一重工集团（SANY Group）（以下简称"三一"）创始于1989年，自成立以来，始终秉持公司愿景，坚信"品质改变世界（Quality Changes the World）"，打造了知名的"三一"品牌，成为全球领先的装备制造企业。

（一）发展概况

在中国，三一建有长沙、北京、长三角三大产业集群，沈阳、新疆、珠海三大产业园区；在海外，三一建有印度、美国、德国、巴西四大研发制造基地，业务覆盖全球150多个国家和地区。三一每年将销售收入的5%左右用于研发，先后三次荣获"国家科技进步奖"，两次荣获"国家技术发明奖"。凭借一流的产品品质，三一设备广泛参建全球重点工程，其中包括迪拜塔、北京奥运会场馆、伦敦奥运会场馆、巴西世界杯场馆、上海中心、香港环球金融中心、港珠澳大桥、大兴国际机场、雄安新区等重大项目的施工建设。三一主营业务是以"工程"为主题的装备制造业，主导产品有混凝土机械、挖掘机械、起重机械、筑路机械、桩工机械、风电设备、港口机械、石油装备、煤炭装备、装配式建筑PC机械等全系列产品。目前，三一混凝土机械稳居世界第一品牌，大吨位起重机械、履带起重机械、桩工机械、掘进机械、港口机械稳居中国第一。

（二）主要产品

在立足装备制造主营业务基础上，三一集团正大力发展新能源、金融保险、住宅产业化、工业互联网、消防、环保等新业务。目前，三一已成为国内风电成套解决方案和可再生清洁能源的提供者，也是中国成熟的 PC 机械成套装配提供商。此外，树根互联的"根云"平台已成为中国三大工业互联网平台之一。三一董事长梁稳根先生是三一集团的主要创始人，曾荣获"全国劳动模范""全国优秀民营企业家""优秀中国特色社会主义事业建设者"、CCTV"中国经济年度人物"、福布斯"中国上市公司最佳老板"和福布斯"中国新制造先锋"等荣誉。[①]

　　三一坚信创新是领跑行业的动力源，金融、保险、物联网、孵化器、风电，看似跨度极大的产业在三一得到最美的融合和发展。对产业的创新和改革，是三一拥有强大生命力的源泉，而实力、魄力、凝聚力，则是三一在创新的路上披荆斩棘的根本。1989 年 2 月，梁稳根带领的创业团队筹资创立湖南省涟源市焊接材料厂，也就是三一集团前身。1994 年 11 月，转战长沙挺进装备制造业。1995 年 12 月，三一生产第一代拖泵。1998 年 11 月，研制的首台国产 37 米泵车回娘家。2002 年 11 月，第一台平地机销往摩洛哥。2003 年 5 月，三一重工上市。2004 年 10 月，梁稳根、易小刚等 10 名新党员宣誓入党。2005 年 11 月，股权分置改革方案高票通过。2006 年 11 月，首个海外工厂三一印度投建。2007 年 5 月，三一美国投建；同年 8 月，三一 66 米臂架泵车下线，创造首个世界最长臂架泵车纪录；11 月，三一成为湖南首家过百亿的民营企业。2008 年 5 月，世界最大 200 吨级挖掘机在三一下线。2009 年 5 月，中德两国总理见证三一德国投资签约。2010 年 5 月，国内首台千吨级全地面地重机在三一下线。2011 年 3 月，3 600 吨履带起重下线，被业界誉为"全球第一吊"；同年 8 月，世界最长钢制臂架泵车下线；11 月，三一重工入围全球上市公司 500 强，成为中国机械行业首家进入世界 500 强民营企业。2012 年 11 月，并购德国普茨迈斯特，诞生全新的行业领导者。2013 年 1 月 18 日，在北京人民大会堂召开的国家科学技术奖励大会上，三一重工"混凝土泵车超长臂架技术及应用"荣获 2012 年度国家技术发明奖二等奖，此次三一重工获奖，是迄今为止工程机械行业获得的国家级科技发明奖项的最高级别荣誉；8 月 3 日，上海陆家嘴金融中心区，主体高度达 580 米的上海中

---

① 企业简介［EB/OL］. https://www.sanygroup.com/introduction/（2022-01-01）［2022-01-06］.

心成功封顶，有"中国泵王"美誉之称的三一超高压拖泵再次打破纪录，创造了单泵垂直泵送高度新纪录，上海中心是国内第一座超过 600 米的高楼，123 层的核心筒高达 580 米，此次核心筒的封顶，为行业树立了又一个超高层泵送的经典样板工程；11 月 3 日，"第十三届全国追求卓越大会"在北京召开，三一旗下三一重机荣获"全国质量奖"，成为行业唯一获奖企业，这是三一年度第二次荣获质量殊荣。2014 年 8 月，三一风电诉讼案启动，对美国贸易保护主义说不。2015 年 12 月，三一入选国家智能制造首批试点示范项目，是工程机械行业唯一入选企业。2016 年 12 月 26 日，湖南三湘银行正式营业，梁在中出任董事长，三湘银行是中部首家、全国第八家民营银行，也是国内首家定位产融结合的民营银行，该银行注册资本 30 亿元，由三一集团、汉森制药等 10 家民营企业作为发起人股东。①

2017 年 11 月 24—26 日，中国工商业联合会第十二次全国代表大会在京召开，大会审议通过了中国工商业联合会章程（修正案），选举产生了全国工商联第十二届执行委员会，三一重工董事长梁稳根当选全国工商联第十二届副主席、执行委员，并代表全体代表宣读"弘扬企业家精神，争做新时代表率"倡议书；11 月 29 日，三一重工"首期员工持股计划兑现仪式"在长沙举行，当天，参与投资的 12 名员工代表来到了现场，领取了自己的投资回报，随着公司效益持续增长，第一批 1 800 多名参与持股计划投资的员工得到了丰厚回报，收入增长翻番；12 月，三一经营形势持续向好，混凝土设备、挖掘设备、起重设备等主营产品保持了历史性规模增长，多项产品销量实现翻番，领跑行业回暖大局，军工、消防车、环保智能渣土车、创业孵化器等新业务取得实质进展，同时，更加注重经营质量管理与经营风险防范，公司第三季度的经营性现金流量净额达到 68.80 亿元，创历史新高。

2018 年 5 月 18 日，国内首款互联网商用车三一重卡面市，三一重卡项目是三一传统产业数字化转型的示范项目，截至 2018 年年底，三一重卡通过互联网累计销售 6 000 余台，仅半年时间便跻身全国重卡月度销售前六，未来，三一重

---

① 中部首家民营银行湖南三湘银行开业 [J]. 工程机械，2017（2）：81.

卡将致力于打造全方位卡车生态圈，引领全国智能网联卡车发展潮流，打造中南地区的互联网卡车中心。10月24日，由中央统战部、全国工商联共同推荐的"改革开放40年百名杰出民营企业家"名单在北京发布，三一重工董事长梁稳根榜上有名，他被认为是"坚持以实业为本，秉持工匠精神，立志打造'百年老店'，推动中国制造业走向国际市场的典型"，这一年，三一入选中宣部组织的改革开放40年"百城百企百县"调研名录，并成功入编《改革开放与中国企业发展》调研丛书。

2019年9月，三一实现高质量发展，销售收入、净利润升至行业全球第三，公司现金流、营利水平为历史最佳，预计全年人均产值近500万元，迈入国际一流行列，《日本经济新闻》报道，中国三一重工跻身全球工程机械三强，这一年，三一相继荣获《人民日报》"中国品牌100强"、CCTV"70周年70品牌"、《财富》"2019最受赞赏中国公司"第二名等荣誉，品牌影响力大幅攀升。

2020年7月8日，随着2.93亿元资金分配到员工手中，三一第一期员工持股计划成功实施完毕，分3次累计向员工分配4.17亿元（含税），个人税前收益率约144%；9月，在历经14个月艰苦建设，攻克上千项难题后，长沙18号车间的单月泵车产量突破2011年峰值，完成"达产、稳产"既定目标，标志着行业第一座"灯塔工厂"建成。三一投资超100亿元，在集团内同时启动25个"灯塔工厂"等智能单位建设。目前，三一实现了近万台生产设备的实时互联，在各项关键生产环节基本实现了无人化、智能化。同时，三一西南智能制造基地、三一创智云谷项目、三一娄底产业园等多个"千亿级"智慧园区也签约落地，"三一智造"的布局更加科学和完善。11月，三一加大自主研发力度，在核心领域加速国产替代步伐，硕果累累，这一年，三一泵车实现专用底盘的"国产化、主流化"，销量占比快速突破60%，全球最大4 000吨履带起重机成功投产。12月12日上午，根据三一营销数字化大屏监控数据，三一装备板块2020年终端销售额突破1 300亿元，成为国内首家获得这一成就的工程机械企业，迎来新的发展里程碑，这一年，公司实现高质量发展，销售规模、营利水平、现金流等均为历史最佳，三一挖掘机再创历史新高，国内市场达成"十连冠"伟业，在全球范围内"登峰造极"。目前，三一挖掘机全球总销量累计突破33万台，是行业最畅销的品牌之一,市场份额更进一步,"世界金牌"越练越纯。

2021年2月28日,三一节表彰会举行,向4195位持有"千亿纪念券"的员工、6位抗震抗灾功臣和33位金牌员工,兑现了总额近1亿元的奖金。9月27日,世界经济论坛(WEF)正式发布新一期全球制造业领域"灯塔工厂"名单,三一重工北京桩机工厂成功入选,成为全球重工行业首家获认证的"灯塔工厂";10月28日上午,最大起重量为4500吨的世界最大吨位履带起重机——三一SCC98000TM履带起重机下线,刷新全球纪录。

(三) 在全球的发展规划

三一重工是全球化公司包,在海外,建有美国、德国、印度、巴西等研发制造中心和分公司。普茨迈斯特公司成立于1958年,总部设在德国斯图加特。公司为全球混凝土设备的技术和市场领袖,业务范围覆盖混凝土生产和输送设备、砂浆设备、矿山及隧道设备和工业固体泵等领域。2012年4月,三一重工并购普茨迈斯特公司,并使其成为三一混凝土机械国际总部。普茨迈斯特一直创造并保持着液压柱塞泵领域的众多世界纪录,也是一家拥有全球销售网络的集团公司。[①] 三一印度有限公司是三一重工的全资子公司,2006年投资建立,投资金额6000万美元,位于印度普纳市,总面积34万平方米。主要经营混凝土机械、挖掘机械、起重机械、路面机械等。在印度六个中心城市设立分公司,服务网点覆盖整个印度。三一欧洲有限公司,2009年投资建立,投资额1亿欧元,位于德国北威州贝德堡市,总面积25万平方米,建立了包括研发中心、生产基地等一套完整的产业链。2011年,三一重工计划投资1亿欧元在德国设立欧洲研发中心和机械制造基地。[②] 三一重工美国有限公司,2007年投资建立,投资金额6000万美元,位于美国佐治亚州桃树城,总面积3.7万平方米。主要经营混凝土泵车、液压挖掘机、履带起重机、越野起重机。三一已成为为全美客户提供"金融、配件、售后"全配套的优质服务商。三一南美有限公司其生产服务范围包括巴西、

---

① 张磊. 跨国并购案例分析——三一重工并购德国普茨迈斯特 [J]. 广西质量监督导报, 2020 (12): 107-108.

② 曹昌, 梁湛业. 中国机械发起"全球并购战"三一重工"龙吞象" [J]. 中国经济周刊, 2012 (5): 65.

哥伦比亚、阿根廷、秘鲁等。2010年投资建立，投资金额2亿美元，位于巴西圣保罗州，总面积56.8万平方米。主要经营挖掘机械、起重机械等产品。

重视品牌的全球化宣传的三一，向来不放过任何一次可以宣传工程机械产品的机会。2012年的法国INTERMAT展上，三一再次先声夺人，泵车、履带吊产品获得海外客户高达2 000多万元的意向订单。2012年上半年，三一的出口量可谓是风生水起，三一大港机实现首次海外出口，工程机械产品准时交付土耳其。目前，三一重工的业务已覆盖全球150多个国家和地区。2021年上半年，三一重工实现全球营业收入674.98亿元，同比增长36.25%；实现归属于上市公司股东的净利润100.73亿元，同比增长17.16%；实现归属于上市公司股东的扣除非经常性损益的净利润93.77亿元，同比增长18.01%。公司2021年H1实现营收为674.98亿元，同比增长36.25%。[①]

（四）在东盟市场的发展

三一重工非常注重东盟市场的开拓和提供产品服务。在2012年的印度尼西亚工程机械展会上，三一产品受到客户的热烈追捧，共签署了20余台设备订单，意向订单更多达40余单。与此同时，三一还与T&C重型设备股份公司（简称TCHE）签署协议，使35台三一挖掘机成功进驻越南；三一SCP250平衡重叉成功登陆菲律宾市场，三一矿山挖掘机首次登陆菲律宾市场。2017年，三一重工董事长、总裁、董事等公司高层对印度尼西亚进行了为期3天的考察访问。考察期间，董事长一行与印度尼西亚海洋能源统筹部、交通部、公共工程与住房部、印度尼西亚投资协调委员会等政府部门进行了深入交流，还拜访了中国驻印度尼西亚大使及印度尼西亚企业家。本次考察是三一集团在"一带一路"倡议下，针对印度尼西亚这一重点市场进行的一次高端友好访问，意义重大。下一步，结合印度尼西亚发展规划和三一产业优势，双方在海上基础设施、陆上基础设施、清洁能源、化石能源、装备制造五大领域深化合作。[②] 2017年，位于越南胡志明市市中心西贡河畔的东南亚第一高楼Landmark 81正在火热建设中，目前已建至

[①] 东莞证券.三一重工：国际化战略显成效［N］.金融投资报，2021-09-03（003）.
[②] 三一在东南亚最看好哪个市场？梁稳根：印尼！［J］.中国机电工业，2017（2）：96-97.

49 层,这座集商务、酒店、观光于一体的地标性建筑建成后总高度将达到 461.5 米,比越南当前第一高楼河内 Landmark 72(京南河内地标大厦)整整高出 130 米,同时超越高度为 452 米的马来西亚吉隆坡双子塔,成为东南亚地区第一高楼。地标塔 81 由越南公司投资,法国公司负责设计,2018 年对外开放,项目总监和副总监分别来自苏格兰和澳大利亚,两人都是世界著名的高层建筑用户,他们曾在迪拜塔和上海中心项目上与三一愉快合作过,非常认可三一的产品,称三一混凝土设备是"一级泵送用户"。此次大楼的底板浇筑和主体泵送工作全部由三一设备完成,5 台 HBT12020C 拖泵、1 台 HBT9035CH 超高压拖泵、3 台 HGR28 布料杆全天候工作,保障项目如期推进。随着建筑高度不断增加,客户还将追加采购两台超高压拖泵,用于 200 米全顶层的混凝土泵送。①

三一在东盟市场实施积极的营销战略,主动结合东盟市场的多样化需求情况,构建了三一制造型企业的国际发展战略。三一从自身情况出发,在生产运营、技术创新和营销策略等层面分别实施国际联盟和国际生产战略,加速企业的国际化进程。在市场营销方面,三一充分利用与东盟各个国家及地区的市场优势资源进行合作,构建积极互利的市场盟友,使得企业自身的生产和设计优势得到充分发挥,并利用东盟合作伙伴的市场渠道和资源优势进行深度合作。针对瞬息万变的东南亚市场局势,三一以"质不变形变"的指导战略,企业战略目标更明确,决策有方执行有力,实现了全球化战略的一致性。②

三、中联重科公司

长沙中联重工科技发展股份有限公司(以下简称"中联重科")创立于 1992 年,相对于同行业中很多有四五十年甚至具有七八十年发展历史的企业,只能算是小字辈。中联重科主要从事工程机械、农业机械等高新技术装备的研发制造,主导产品涵盖 11 大类别、70 个产品系列、近 600 个品种,是业内首家 A + H 股

---

① 霍昌. 三一设备参建东南亚第一高楼 24 小时全天候服务越南新地标 [J]. 今日工程机械,2017 (8): 17.
② 杨富滨. 三一重工股份有限公司东南亚市场营销战略研究 [D]. 西安:西安石油大学,2018: 1 – 2.

上市公司，注册资本 86.67 亿元，总资产 1 315 亿元，位居全球工程机械企业第 5 位。30 年来，中联重科从出生到成长的过程，无异于一个后发先至的奇迹：从 50 万元借款到总资产超过 1 300 亿元，资产增值 20 万倍；从 7 名职工的院办企业到全球工程机械企业五强；从传统体制下的科研院所到深谙市场规则的现代企业。"小作坊"一举蜕变成行业"领头羊"。[①] 中联重科是从国家级研究院孵化而来的企业，是行业标准的制定者。该公司拥有六大国家级科研创新平台，2 次荣获国家科技进步奖，3 次荣获国家专利金奖，累计申请专利 11 880 件，其中发明专利 4 591 件，有效发明专利数量位居机械设备行业第一，专利综合实力位居工程机械行业第一；先后主导、参与制（修）订 17 项国际标准、400 多项国家和行业标准，站上全球技术的制高点。

（一）发展概况

中联重科的生产制造基地分布于全球各地，在国内形成了中联科技园、中联麓谷工业园、中联望城工业园、中联泉塘工业园、中联灌溪工业园、中联汉寿工业园、中联德山工业园、中联津市工业园、中联沅江工业园、中联渭南工业园、中联华阴（华山）工业园、中联上海（松江）工业园、中联芜湖工业园、中联开封工业园等十四大园区，在海外拥有意大利 CIFA 工业园、德国 M-TEC 工业园、德国 WILBERT 工业园、印度工业园、巴西工业园、中白工业园，并将新建土耳其工厂、沙特工厂。

中联重科已覆盖全球 100 余个国家和地区，在"一带一路"沿线均进行了市场布局。其产品远销中东、南美、非洲、东南亚、俄罗斯以及欧美、澳大利亚等高端市场。公司在东亚、东南亚、欧洲等全球近 20 个国家建有分（子）公司，在意大利、德国、巴西、印度、白俄罗斯投资建有工业园，在土耳其、沙特拟新建工厂，并在全球设立 50 多个常驻机构。以阿联酋、巴西为中心，中联重科正逐步建立全球物流网络和零配件供应体系。

1. 体制创新

作为科研院所转制企业，中联重科不断推进改革，形成了科研支持产业、产

---

① 陈磊. 一个"国"字头老院所是如何浴火重生的 [N]. 科技日报，2010-12-29（第 003 版）.

业反哺科研的良性体制机制,成为国有科研院所改制的成功典范之一;作为建立了现代企业制度的上市公司,中联重科通过重组并购,参与到传统国企的改革、改组、改造之中,在老企业植入新机制、新技术,取得了经济和社会的双重效益。

中联重科开创了中国工程机械行业整合海外资源的先河;利用资本杠杆,在全球范围内整合优质资产,实现快速扩张,并构建全球化制造、销售、服务网络。截至目前,中联重科先后并购英国保路捷公司、意大利 CIFA 公司、德国 M – tec 公司、荷兰 Raxtar 公司、德国 Wilbert 公司,均取得卓越成效。其中,中联重科 2008 年并购世界第三大混凝土机械制造商意大利 CIFA 公司,使公司成为中国工程机械国际化的先行者和领导者,该宗并购整合案也作为经典案例进入哈佛大学课堂。

2. 技术创新

中联重科的前身是原建设部长沙建设机械研究院,拥有 60 余年的技术积淀,是中国工程机械技术发源地。为了传承国家级科研院所的技术底蕴和行业使命,中联重科通过科技创新源源不断地推出有助于客户成功的产品、技术和整体解决方案。

中联重科被科技部、工信部、财政部等国家部委认定为全国首批国家创新型企业、国家技术创新示范企业、①国家工业产品生态设计试点企业、国家知识产权示范企业。获得我国混凝土机械行业第一个国家科技进步奖。2014 年"超大型塔式起重机关键技术及应用"技术被评为"国家科技进步奖二等奖",是迄今为止行业在该级别奖项中的最高荣誉。2016 年 5 月 25 日,中国消防协会会长办公会审议通过第六届中国消防协会科学技术创新奖获奖名单,其中,中联重科 60 米云梯消防车(以下简称"YT60")荣获一等奖。YT60 是一种用于将工作斗举升到一定的楼层高度实施救援的大型举高消防装备,举升救援高度最大可达 60 米,最高可完成高达 20 层高楼的紧急救援任务,是国内乃至亚洲举升救援高度最高的云梯消防车辆,其铝合金工作斗可承载 270 千克的人和物,还可通过头部安装的消防水炮实现精确、快速地喷射灭火。②

---

① 中联重科获得首批国家技术创新示范企业认定[J]. 混凝土,2011(8):87.
② 中联重科 YT60 荣获中国消防协会科学技术创新一等奖[J]. 工程机械与维修,2016(6):23.

工程机械技术引领地位稳固，成功研制出全球起重能力最大 2 000 吨全地面起重机、全球最长 101 米碳纤维臂架混凝土泵车、全球最大水平臂上回转自升式塔式起重机、全球最高的登高平台消防车、中国首台 3 200 吨级履带式起重机等一大批世界标志性产品。

农业机械研发出大型拖拉机、大型高效联合收割机等高端农机装备，引领国内农机装备向高端迈进，向"智慧农业、精准农业"方向发展。

公司是国际标准化组织 ISO/TC96 起重机技术委员会秘书处承担单位，流动式起重机、塔式起重机分技术委员会的国内归口单位，代表中国参与国际标准的制（修）订；制（修）订国家/行业标准 300 余项，推动行业的技术进步。

3. 文化创新

"至诚无息，博厚悠远"是中联重科的核心价值观。"诚"是中联重科的事业原点和价值坐标。[①] 在核心价值观的统领下，形成了"一元、二维、三公、四德、五心、六勤、七能、八品"的文化体系。

在国际化进程中，中联重科对"至诚无息，博厚悠远"的文化内涵进行着不断地创新和丰富。[②] 在海外资源整合过程中，中联重科以"包容、规则、责任、共创、共享"的理念，赢得了国际社会的认同和欢迎，如意大利总统纳波利塔诺亲自为董事长詹纯新先生颁发了"莱昂纳多国际奖"，凸显了中国企业走出去的国际形象。

4. 公司荣誉

自中联重科上市以来，在上海、深圳上市公司综合绩效排名前列，中联重科凭借优异的公司治理，多次捧得"金圆桌"最佳董事会奖；公司曾获得全国文明单位、全国先进基层党组织、全国抗震救灾英雄集体、全国首批国家创新型企业、国家技术创新示范企业、国家火炬计划重点高新技术企业、国家知识产权示范企业等荣誉称号。

公司连续入选全球工程机械制造商 50 强和《财富》中国 500 强企业排行榜。

[①] 李蔺丹. 中联重科建筑起重机械有限公司海外东南亚大区经理陈国占："诚"是事业原点和价值坐标 [J]. 中华儿女，2021（Z2）：22 – 25.

[②] 雒泽华. 中联重科：创新是我们的文化 [J]. 建设机械技术与管理，2008（5）：46 – 47，49.

2021年,在英国KHL集团发布的全球工程机械制造商50强报告中位居第5位,《财富》中国500强企业排行榜第296位。两次荣登波士顿咨询公司发布的"全球挑战者"百强企业。[①]

5. 社会责任

中联重科主动承担社会责任,[②] 时任董事长詹纯新在2008年6月8日抗震救灾总结表彰大会上说:"有人说企业是为利润而存在的。那么,我们要说,企业超越利润而存在,那才是一种至高境界!身为中联重科的一员,都会为我们的集体行动所展现出的人性光辉而自豪,都会为我们共同的价值理念所展现的大善、大美、大爱而骄傲!"

6. 科技创新

中联重科是科研体制改革过程中孵化而来的上市公司,其母体——长沙建设机械研究院是国内唯一集建设机械科研开发和行业技术归口于一体的应用型研究院。今天,研究院彻底融入了中联重科,企业不仅成为科技开发主体,以技术创新推动产品研发,驱动企业飞速发展,还传承了国有科研院所的使命和责任,对行业前瞻性、基础性的技术难题进行了重点攻克,引领、带动中国工程机械行业的振兴。

7. 技术创新平台

中联重科秉承"积能蓄势、自主创新、重点突破、全面赶超"科技发展战略,拥有建设机械关键技术国家重点实验室、国家级企业技术中心、国家混凝土机械工程技术研究中心、流动式起重机技术国家地方联合工程研究中心、国家级工业设计中心、现代农业装备国家地方联合工程研究中心以及国家博士后科研工作站八个国家级创新平台,公司整体创新能力得到了国家高度认可(图2-1)。中联重科形成了共性技术研究和主机产品、关键零部件开发为一体的二级创新平台,技术创新体系完备,为企业技术发展提供动力源泉。这一独特研发体系实现了科研与产业的深度融合,实现了科研开发与市场需求的有效对接。

---

① 中联简介 [EB/OL]. https://www.zoomlion.com/about/introduct.html(2022-01-01)[2022-01-06].

② 胡明聪. 中联重科社会责任信息披露问题研究 [D]. 长沙:湖南大学,2011.

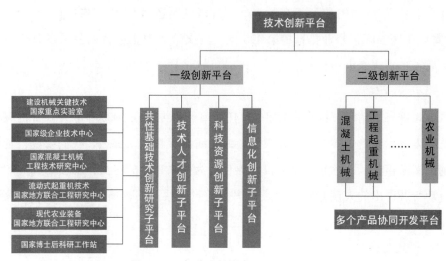

图 2-1 中联重科技术创新平台体系

8. 核心研发平台

2008 年，建设机械关键技术国家重点实验室由科技部批准建立，以中联重科为依托单位建设，是工程机械行业唯一的企业国家重点实验室，拥有结构、传动、液压、电气四个实验室和混凝土机械等四个整机实验场，占地面积达 16 万平方米。该实验室致力于工程机械领域关键及共性技术研究。在工程机械结构、液压传动、电气控制及其相关领域建立起了国内领先水平的实验条件及研究环境，具备结构静力实验、疲劳可靠性实验、振动噪声实验、焊接、材料测试、传动机构实验、液压综合实验、电磁兼容等实验测试能力。

中联重科技术中心是国家发展和改革委员会、科技部、财政部、税务总局、海关总署于 2005 年 11 月认定的国家级"企业技术中心"，致力于工程机械新产品的研究与开发、新工艺新技术的研究及推广应用、行业标准制定、科技信息的收集与研究等工作。技术中心作为中联重科的研发支撑体系，年均完成科研成果超过 300 项，承担国家 863、国家"十一五"科技支撑计划项目等国家级及部省级科技计划 19 项。自主研发的超大吨位履带起重机 ZCC3200NP，最大起重量达 3 200 吨，最大起重力矩达到 82 000 吨米，是世界上起重能力最强的移动式起重机之一；掌握大吨位全地面起重机研制的核心技术；完成了中联系列精品泵车轻量化设计及泵车国产自制底盘研制；推出了目前全球最大的 52 000 纳米上回转塔机,成功试制国家科技支撑计划项目 ZD500 地下连续墙设备、ZR200A 多功能旋挖钻机、ZE60 和 ZE80 小型挖掘机等新产品;开发出了纯电动扫路车、天然气动力清洗车、排放达到国Ⅳ标准的扫路车、垃圾车等环保产品等,大量成果达到国际领先水平,实现的社会和经济效益显著。

国家混凝土机械工程技术研究中心是经科技部批准,依托中联重科组建的国家级科研平台,是中国混凝土机械及其相关领域集产品及技术研发、成果工程化、人才培养等于一体的工程技术创新基地。中心拥有国内一流的混凝土机械工程技术研发和管理平台,从事研发、测试和理化计量的专业人才 400 余人,在结构设计、电液控制、新材料应用、振动研究、能效能耗等细分领域处于行业领先水平。中心拥有固定资产 8 000 多万元,仪器设备 300 多台套,具备工程技术综合配套试验条件和开放服务能力。自组建以来,该中心承担了 863、973 计划等国家及省部级政府项目 11 项;获省部级及以上科学技术奖 10 项,其中省部级科学技术一等奖 2 项、二等奖 4 项,获省级以上专利奖 4 项;制(修)订国家及行业标准 8 项;授权专利 832 项,其中发明专利 130 项,多项产品国际领先。技术成果包括碳纤维复合材料臂架系列泵车及其关键技术,[①] 应用于 101 米碳纤维泵车武汉中心施工现场;高强高性能混凝土超高层泵送成套设备,应用于 411 米广州西塔施工、417 米深圳京基施工、606 米武汉绿地施工等;连续级配混凝土自动生产线及关键技术;矿山、隧道混凝土喷射成套设备,如 CA 砂浆车、喷射台车、自行式布料泵;集成式高适应性干混砂浆成套设备,如干混砂浆搅拌站、干混砂浆运输车、干混砂浆背罐车、砂浆泵等。

流动式起重机技术国家地方联合工程研究中心由中联重科牵头,联合湖南大学组建,2011 年被批准成为湖南省级工程研究中心,2013 年被批准成为国家级国家地方联合工程研究中心。国家地方联合创新平台以湖南省流动式起重机工程研究中心为基础,进一步提升关键技术研发能力,拓展工程化验证测试能力,加强行业技术服务能力,是一个集技术攻关与创新、中试验证和测试、产品性能检

---

① 王刚. 中联重科国内首发碳纤维臂架泵车 开启中国泵车应用历史崭新篇章[J]. 建设机械技术与管理,2011,24(11):50-51.

测与评价、技术转移与推广为一体的流动式起重机国家地方联合工程研究中心。工程中心拥有国内一流的流动式起重机技术研发和管理平台，在结构设计、智能控制、新材料应用、高强钢焊接等细分领域处于行业领先水平，具备较强的技术研究条件、工程化实验条件和开放的服务能力。重点研究项目如流动式起重机轻量化设计技术研究、复合联动安全控制技术、全地面起重机油气悬架及多桥转向技术、大型工程起重机械节能技术等。

2015年3月25日，国家发改委批准中联重科成立现代农业装备国家地方工程研究中心。该中心的主要任务是围绕现代农业装备产业，搭建现代农业装备技术创新和开发研究、成果孵化、产业化技术集成平台，形成从技术创制、研究、成果形成、专利申请、标准制定、核心产品开发、检测平台服务到产业化应用的中心，引领、支撑区域内乃至全国农业装备业技术进步和产业快速发展；聚集现代农业装备优势科技资源，打造区域内及全国农业装备技术创新高地，使区域内农业装备技术研发跃身为全国领先地位。通过开放式技术研究、工程研发、集成创新、技术及管理人才培训，为国家农业装备业发展培养和输出高端人才。建成后的现代农业装备国家地方工程研究中心预计将形成每年20款新产品、新技术的研发能力，满足耕整机械、种植机械、收获机械、农机具、零部件的实验及检测能力，实现每年生产500台新产品、提高新技术的产业化转化能力和每年4 000人次农机手的培训能力。

（二）主要产品及其相关情况

该公司生产的工程机械包括混凝土机械、工程起重机械、建筑起重机械、[①]高空作业机械、土方机械、基础施工机械、工业车辆、矿山机械、中联重科等。

农业机械包括耕作机械、收获机械、烘干机械、农业机具、中联重科等。

消防装备包括云梯消防车、登高平台消防车、举高喷射消防车、城市主战消防车、抢险救援消防车、泡沫/水罐消防车、照明消防车、特种消防车、专勤保障装备、危化事故救援装备、地质气象灾害救援装备、水域救援装备等。

金融服务包括融资租赁、银行按揭、分期付款、保险服务、商业保理等。

---

① 张雪. 中联重科助力宝华山布局建材高端产业链［J］. 建筑, 2012（9）：96.

此外，中联重科还提供二手设备买卖和租赁、产品配件销售等服务。

（三）在全球的发展规划

中联重科的产品和服务已覆盖全球 100 余个国家和地区，在全球主要国家和地区均有市场布局，[①] 产品远销中东、南美、非洲、东南亚、俄罗斯以及欧美、澳大利亚等高端工程机械市场。中联重科陆续在东亚、东南亚、欧洲等多个地区建立子公司，在意大利、德国、巴西、印度、白俄罗斯投资建有工业园，在土耳其、沙特拟新建工厂，并在全球设立 50 多个常驻机构。中联重科以阿联酋、巴西为中心，正逐步建立全球物流网络和零配件供应体系，通过高端工程机械产品和服务逐步打开全球工程机械市场。2012 年 1 月 30 日，以创下新吉尼斯世界纪录 80 米泵车为首的中联重科工程机械车队，总价值逾 8 亿元，包括混凝土机械、工程起重机械、环卫机械等在内的中联重科全系列工程机械共计 448 台套设备，批量发往海内外，交付全球各地用户。特别是中联重科的混凝土机械 2012 年上半年与 2011 年同期比较，出口有 80% 左右的增长，中联—CIFA 技术整合之后，安全、环保等技术不断进步，工程机械产品和服务的改进、全球化的提升等方面得到了全球客户高度认可，在东南亚、澳大利亚、非洲等地均有不错的表现。更加值得一提的是，中联重科混凝土机械产品在制造强国日本也广受好评。由此可见，中联重科的全球发展规划正在取得重大成效。

（四）在东盟市场的发展

中联重科积极进行海外资本运营的尝试，在东南亚等地积极拓展，整合供应链与销售网络，积极并购国外企业，学习先进管理经验，提高研发水平与产品技术含量。在东盟资本运营和产品服务的过程中，中联重科取得了不少成就，[②] 包括在东盟有关国家和地区建立分公司，具体包括在新加坡建立了 Zoomlion Singapore Investment Holdings PTE. LTD（中联重科新加坡投资控股有限公司）、新加坡中联重科新加坡中心库；在印度尼西亚建立了 PT. ZOOMLION INDONESIA HEAVY INDUSTRY（中联重科印度尼西亚公司）、印度尼西亚印度尼西亚国家配件库。

[①] 肖菲. 紧抓"一带一路"重大机遇中联重科扬帆全球农机市场 [J]. 农业机械，2015（17）：135 - 136.

[②] 黄馨瑶. 中联重科东南亚分公司资本运营管理研究 [D]. 长沙：湖南大学，2019：1 - 10.

在越南建立了 ZOOMLION VIETNAM COMPANY LIMITED（中联重科越南公司）。

四、柳工集团

作为广西柳工机械有限公司的母公司，柳工集团是一家集建筑、工业、农业和机器人等多行业于一体的企业集团。通过整合全球资源，大力投资世界一流的测试设备和创新平台，柳工集团目前已拥有13大类产品品种，32种整机产品线，并成为研发领域的领导者之一，快速响应全球市场需求。未来，柳工集团将继续致力于技术上的不断进步与创新，以卓越的产品和服务，为更多客户创造价值。广西柳工机械股份有限公司是柳工集团的核心子企业，1958年，500多名创业者从上海和其他地区来到广西壮族自治区柳州市，在城市西郊"龙腾背"的荒野上开启了创业的漫漫征程。

（一）发展概况

经过60多年的努力和创新，从1966年推出第一台现代化轮式装载机开始，通过持续的努力和创新，柳工如今已成长为一个拥有挖掘机械、铲土运输机械、起重机械、工业车辆、压实机械、路面施工与养护机械、混凝土机械、桩工机械、高空作业机械、矿山设备、钢筋和预应力机械、压缩机、经济作物机械化设备、气动工具、工程机械配套件等产品品种的企业。[①] 多年来，企业始终把每个艰难的挑战，视作发展的良机。无论是炎热的撒哈拉沙漠，还是寒冷的南极，都被企业打造的强悍设备逐一征服。此外，企业也深知：一切卓越设备，都只为客户的需求而存在。所以，在保障出色性能的同时，企业的产品亦秉承人性、易用的设计理念，使客户的工程项目可以快速、顺利地开展。

对可靠品质的不懈追求，是柳工的立信之本，也是柳工的发展壮大之钥。如今，柳工在全球拥有20多个制造基地，16 000多名员工，5个研发基地，产品遍布170多个国家和地区。想要赢得客户的满意，值得信赖的服务与优秀的产品一样不可或缺。作为行业内具备最完整全球经销网络的企业之一，柳工拥有遍布130多个国家的300多家经销商，随时为全球客户提供便捷、专业的服务支持。

---

① 姚坤. 柳工是如何炼成的？[J]. 中国经济周刊，2021（16）：76-79.

未来，柳工会一如既往地倾力打造与客户的长期伙伴关系。无论客户身在何处，无论客户面对何种难题，柳工卓越的工程机械产品与服务，都将助力客户轻松化解难题，创造非凡价值。

柳工非常注重品牌建设，通过品牌网络铸造全球价值，旗下品牌遍布全球，不断发展壮大。无论客户身在何处，柳工都会以愈发丰富的产品和服务，随时随地满足客户的不同业务所需。具体品牌包括：①锐斯塔。锐斯塔是一家全球性的重型设备制造商，以其耐用、强大的工程机械而闻名。从采矿、垃圾填埋推土机到石油和天然气吊管机，所有设备都可以在严苛环境中运行自如。②金泰。金泰主要致力于生产基础施工机电液一体化设备，拥有国际先进技术。③柳工建机。柳工建机江苏有限公司是柳工集团旗下的一家高科技企业，专业从事混凝土机械产品的研发、生产、营销和服务。④欧维姆。欧维姆拥有 50 多年的行业经验，在预应力和其他特殊施工技术领域处于领先地位。

柳工的国内分公司包括柳州柳工挖掘机有限公司、柳工常州机械有限公司、山东柳工叉车有限公司、柳州柳工叉车有限公司、江苏柳工机械有限公司、柳工无锡路面机械有限公司、安徽柳工起重机有限公司、柳工柳州传动件有限公司、柳工柳州铸造有限公司、柳州柳工液压件有限公司、上海金泰工程机械有限公司和柳工机械香港有限公司。[①]

（二）主要产品及其相关情况

1. 主要产品

该公司的主要产品有挖掘机、装载机、推土机、平地机、压路机、摊铺机、铣刨机、小型挖掘机、滑移装载机、挖掘装载机、起重机、高空作业平台、大型挖掘机、大型装载机、矿用卡车、液压连续墙抓斗、多功能钻机、双轮铣、叉车等。

2. 行业方案

农业、林业、园林绿化、矿山开采、港口、筑路建设、拆除、普通工程、物料搬运、油气（管道）、采石与混凝土、公共设施建设等。

---

① 本刊. 柳工机械香港有限公司隆重开业 [J]. 国际工程与劳务，2014（6）：64.

3. 支持与服务

附属装置、产品维护、正品配件、培训、保修、设备租赁、二手设备等。

(三) 在全球的发展规划

广西柳工机械股份有限公司总部在柳州,[①] 下属公司分布在全球主要国家。欧洲柳工即柳工欧洲总部,包括柳工锐斯塔机械有限公司、柳工欧洲有限公司、柳工机械（英国）有限公司。北美柳工包括柳工北美有限公司、柳工墨西哥有限公司。拉美柳工包括柳工机械拉美有限公司。亚太柳工包括柳工机械亚太有限公司、柳工机械印度尼西亚有限公司。印度柳工包括柳工印度有限公司—制造工厂、柳工印度有限公司—德里办公室。俄罗斯柳工包括柳工机械俄罗斯有限公司。南非柳工包括柳工机械南非有限公司。中东柳工包括柳工机械中东有限公司。借助柳工的全球化战略布局，柳工积极服务全球客户。2016年7月，2台柳工CLG509A摊铺机在吉尔吉斯斯坦参加"世界游牧民族运动会"工程建设项目。柳工积极参与中国周边国家基础设施建设，这项工程是吉尔吉斯斯坦交通部负责的项目。由于项目工期紧，吉尔吉斯斯坦施工方要求全天连续施工，设备每天工作16小时以上，自7月15日开始施工后，2台柳工摊铺机凭借其稳定的施工效率、优良的操作性能，得到了项目方及设备操作人员的一致好评。柳工工程机械产品和服务助力吉尔吉斯斯坦国家重点工程，这也是柳工服务全球客户的缩影。

(四) 在东盟市场的发展

柳工早已开始布局国际市场，截至2022年1月，柳工已打造出中国工程机械行业在海外规模、覆盖面较为广泛的国际营销网络。东盟是中国机电产品出口的重要市场，也一直是柳工最为核心的海外市场之一。[②]

柬埔寨：TOM Engineering Machinery Co., Ltd.。在售产品线：Wheel Loader, Excavator, Roller。服务类型：Sales, Parts, Service。[③]

东帝汶：Global Equipment Trading Pty Lda。

[①] 郑津,谌贻照. 改革创新 建设国际化柳工 [N]. 广西日报,2021-03-22 (第004版).

[②] 朱雯骞,石睿鹏. RCEP助力中国—东盟贸易稳中有进 [N]. 广西日报,2022-01-25 (第004版).

[③] 柳工装载机柬埔寨市场占有率居首 [J]. 矿山机械,2014,42 (9): 165.

印度尼西亚：PT. Berca Mandiri Perkasa。在售产品线：Wheel Loader, Excavator, Roller, Motor Grader, Bulldozer, Skid Steer Loader, Backhoe Loader, Crane, Trailer Pump。服务类型：Sales, Parts, Service。

老挝：VK TRADING IMP EXPT SOLE CO., LTD。在售产品线：Wheel Loader, Excavator, Roller, Motor Grader。服务类型：Sales, Parts, Service。有3家分销和服务基地。

马来西亚：CIH（MALAYSIA）SDN BHD。在售产品线：Wheel Loader, Excavator, Roller, Skid Steer Loader。服务类型：Sales, Parts, Service。

缅甸：AUNG GYI CONSTRUCTION EQUIPMENT LIMITED。在售产品线：Wheel Loader, Excavator, Roller, Paver, Cold Planer, Motor Grader, Bulldozer, Skid Steer Loader, Backhoe Loader, Crane, Forklift, Trailer Pump, Line Pump, Boom Pump, Batch Plant, Truck Mixer。服务类型：Sales, Parts, Service。有10余家分销和服务基地。

菲律宾：QSJ Motors Phils Inc.。在售产品线：Wheel Loader, Excavator, Roller, Motor Grader, Bulldozer, Skid Steer Loader, Backhoe Loader, Trailer Pump。服务类型：Sales, Parts, Service。有7家分销和服务基地。

新加坡：Ten – League Corporations Pte. Ltd.。在售产品线：Wheel Loader, Excavator, Roller。服务类型：Sales, Parts, Service。

越南：Seabird Finance Trading Company Limited。在售产品线：Wheel Loader, Excavator, Roller。服务类型：Sales, Parts, Service。

五、中国龙工控股有限公司

中国龙工控股有限公司（以下简称"中国龙工"），系由第十一届、十二届全国人大代表、全国劳动模范、优秀中国特色社会主义事业建设者李新炎先生于1993年在福建龙岩创立的一家大型工程机械制造企业；2005年率中国工程机械行业之先，在香港联交所主板上市（股票代码：HK03339）；位列全球工程机械50强。

(一) 发展概况

公司秉承"靠人才,抓管理;上质量,创名牌;取信天下,跃居群雄"的管理方针,自成立以来,取得快速稳健的发展。公司产品覆盖装载机、挖掘机、叉车、压路机和滑移装载机等品类,型号超过 500 种。其中龙工装载机、挖掘机、叉车和压路机凭借高品质和高性价比优势,市场占有率逐年提升,深受用户青睐;自主开发及制造具有核心竞争力的机械传动部件、液压元件等核心零部件,并配套建设了大型现代化的精密铸锻件生产基地,其中,与挖掘机配套的高端液压泵阀改变了中国该类基础件此前长期依赖进口的局面。

公司始终坚持"销售代理制"这"一大原则",不断强化"质量、服务、性价比"这"三大优势",构建起遍布全球的龙工产品营销服务网络,在 1 000 余家一、二级重点经销代理单位中全面实行了整机销售、维修服务、配件供应和融资租赁"四位一体"的销售服务机制,全面践行售后服务全权委托制,从根本上保证了销售渠道的日臻完善与售后服务的快速响应。另外,还建立了"按实归真、收放自如"的销售管理机制,不断完善风险管控体系,保证了公司的稳健发展。

公司在福建、上海、江西三大基地拥有 19 家全资子公司。生产制造均采用全球同行先进装备;制造工艺全部按照"作业指导书"实行精益化管理;质量管理体系先后通过了 ISO9001:2000、ISO9001:2008 和国家军用标准 GJB9001-2001A 认证。

集团董事局在全面总结过去跨越发展成功经验的基础上,站在时代的高度和国际市场的前沿,制定了龙工"二轮创业"发展纲要,全面实施"国际化定位·跨越式发展"的战略,为建设国际化一流企业、打造"百年龙工"指明了方向。

1. 发展历程

中国龙工,一个始终"取信天下"的企业,一个不断"跃居群雄"的品牌,[①] 从创立的第一天开始,就一直龙骧虎步,蒸蒸日上,在工程机械产业上越做越大。

(1) 历史足迹。

---

① 涵兵. 龙工坚持以品牌造势 [J]. 工程机械与维修, 2003 (4): 62-64.

1993年李新炎先生在福建龙岩始创中国龙工。1996年龙工集团荣登国家"质量管理达标企业"大榜。1997年"龙工牌"装载机成为"全国消费者信得过产品"。1998年荣膺"福建省名牌产品"称号。1999年挺进上海,建立龙工(上海)工业园。2000年"龙工牌"装载机销量进入行业前三名。2001年顺利通过ISO9001:2000质量认证和美国FMRC认证。2002年名列中国机械工业企业核心竞争力100强。2003年组建江西龙工生产基地;跻身"全国百家侨资明星企业"。2004年"龙工牌"装载机销量突破1万台;"龙工牌"装载机荣获"中国名牌产品"称号。2005年率中国工程机械行业之先在香港联交所主板上市。2006年开始"二轮创业"。

(2)"一五"回眸。

以"国际化定位·跨越式发展"为目标的"二轮创业",给龙工的发展插上了腾飞的翅膀。2006—2010年第一个五年,就创造了令业界称奇的"龙工神话"。

2006年中国龙工与美国麻省理工学院及上海交通大学确立合作意向;龙工产品批量进入中东市场。2007年李新炎慈善基金会正式成立;龙工CDM出口型系列产品顺利取得CE认证;龙工(上海)融资租赁有限公司正式开始运营。2007年中国龙工股票(股票代码:03339)被正式纳入香港恒生指数。2008年中国龙工首次跻身"全球工程机械50强"第40位;中国龙工向四川地震灾区捐款500万元。2009年龙工位列"2009年全球工程机械50强"第24位;俄罗斯等六国驻华总领事莅临龙工参观考察。2010年龙工顺利通过"国军标"认证;龙工位列"2010年全球工程机械50强"第22位。

(3)"二五"稳进。

2011—2015年是中国龙工"二轮创业"的第二个五年,[①]也是中国龙工全面跃升、"从优秀走向卓越"最为重要的历史发展机遇期。在这充满机遇和挑战的五年里,龙工人一如既往,不断"跃居群雄"。

2011年中国龙工经受"国际金融危机"和"国内宏观调控"的严峻考验,

---

① 刁媛. 龙工的"二轮创业"[J]. 工程机械, 2011, 42 (3): 79-80.

各项指数继续跃升发展，全年销售总额突破127亿元，实现净利润超过17亿元。2012年，面对国内外市场需求急剧下滑的现状，中国龙工适时"降低对国家经济和行业发展的预期、降低销售风险、降低运营成本，全面提升员工对未来发展的信心、提升公司的综合管理水平、提升国内外市场的占有率"，使整体运营能力平稳健康。2013年，龙工人迎难而上，主动开展管理创新、产品创新和机制创新，有力地促进了企业的可持续健康发展，装载机、挖掘机、叉车、压路机及其核心零部件的销量及公司的各项发展指数，均居行业的前列。2014年，尽管中国工程机械行业依然困难重重，但龙工仍然稳中有进，装载机市场占有率继续保持全国第一；叉车年销量突破2万台，跃居国内前三；挖掘机新业务持续推进；出口销量稳中有升；产品可靠性、客户满意度等市场表现和营利能力、风险控制、现金流等发展指数，继续领跑国内同行。2015年，面对爬坡过坎的新常态，龙工人关注代理商和用户的生存环境，装载机"真诚回馈用户、全面让利酬宾"，适时推出了"赚钱又省心"的N系列产品和"1+1"的增值服务；挖掘机"品质第一、价格归真"；叉车"精巧灵动、人机合一"，压路机"3系列新品全面上市"，桥箱、液压等核心部件不仅优质保障内部供应，而且批量对外配套，整个企业正在高效有序地运营之中。

(4)"三五"腾飞。

2022年，中国龙工已发展成为拥有大量分公司的企业集团，包括龙工（福建）机械有限公司、龙工（上海）机械制造有限公司、龙工（上海）精工液压有限公司、福建龙岩龙工机械配件有限公司、龙工（上海）液压有限公司、龙工（江西）机械有限公司、龙工（上海）机械部件有限公司、龙工（上海）挖掘机制造有限公司、龙工（上海）叉车有限公司、龙工（中国）机械销售有限公司、龙工（上海）路面机械制造有限公司、龙工（福建）桥箱有限公司等。

(5)公司荣誉。

中国龙工曾获全球机械制造50强奖杯、全国文明单位、"十一五"经济发展突出贡献企业、全国明星企业、2006—2008年省明星侨资企业（圆）、2008—2009年全国百家明星侨资企业、福建省著名商标、福建省思想政治工作优秀企业、福建省和谐企业（省和谐企业创建工作领导小组）、福建省核心竞争力百强、福建省激情广场大家唱比赛一等奖、龙岩市诚信企业、全国百家明星侨资企业、全国模范职工之家（區）、全国质量工作先进集体，等等。

（二）主要产品及其相关情况

中国龙工在装载机市场占有率和销量稳居全国同行业首位，并将同行遥遥甩在身后，而且挖掘机、叉车、压路机等生产销售也迅速打开了局面。[①] 主要产品包括装载机、挖掘机、叉车、压路机。

装载机：70 系列，包括 LG876N；60 系列，包括 LG863N、CDM863N、CDM866N；50 系列，包括 LG850N、LG855N、CDM855N、CDM856N、ZL50NC；40 系列，包括 LG843N；30 系列，包括 LG833N、GCDM836N、GZL30E、LG833NRA。石料叉装机：CDM855N、WLGFT18、LGFT28。小型装载机：D 系列、N 系列。滑移装载机：LG307、LG308、LG312。特殊工作装置等。

挖掘机：微挖/小挖，包括 LG6016、CDM6060、LG6060、LG6075、LG6090、LG6135、LG6150；中挖，包括 LG6205、LG6225E、LG6225N、LG6225NS、LG6245EX、LG6245N；大挖，包括 LG6306N、LG6376N 等。

叉车：内燃叉车，包括 E 系列叉车、FD 系列叉车、LG 系列叉车、N 系列叉车、液化（石油）气叉车；电动叉车包括 E 系列叉车、FD 系列叉车、N 系列叉车、N 系列三支点叉车；仓储叉车，包括平衡重系列、前移车系列、堆垛车系列、牵引车系列、搬运车系列、G 系列（高配）、其他车系列；专用车型，包括 CPC（D）30 - 35 陶瓷专用、CPC35Z 出租专用、CPCD60 - 100 进箱专用、CPCD75 石材专用，等等。

压路机：轮胎压路机，包括 LG530PH；机械驱动单钢轮振动压路机，包括 LG514B2、LG520A9、LG520B9、LG523A9、LG523B9、LG526A9；全液压单钢轮振动压路机，包括 LG520D、LG523S9、LG526S9；光轮静碾压路机，包括 LG525J3；全液压驱动双钢轮振动压路机，包括 LG5033、DDLG5033DG 等。

（三）在全球的发展规划

企业愿景，就是令全体员工怦然心动的企业发展前景。中国龙工以"成为令

---

① 胡光华. 龙工：开拓新兴产品打造完整产业链 [N]. 福建工商时报，2010 - 04 - 14（第 001 版）.

人尊敬的全球工程机械卓越运营商"为企业发展愿景。为实现这一宏大的愿景，龙工在发展战略指导思想上进行了全球化改造：一是要从"工程机械的制造商"跃升成为"全球工程机械的运营商"。"制造商"与"运营商"的最大区别就在于——"制造商"更专注于有形产品的制造；而"运营商"不仅关注有形产品的制造，还关注有形产品制造前端的研发及后期的销售与服务，更关注文化、品牌和服务等无形产品的开发与利用；既满足用户的物质需要，又满足用户的精神需求。二是要从"中国优秀"跃升成为"全球卓越"。推动企业从"优秀"到"卓越"成功跨越的因素很多，但最为关键的一点就是"训练有素"——训练有素的人、训练有素的思想和训练有素的行为；"如果能够把训练有素的文化和企业家与执业经理人的职业道德融合在一起，你就可得到神奇的创造卓越业绩的炼金术"。卓越绩效的评价，中国和欧美等国都已形成了科学的体系，都在"领导、战略、顾客与市场、资源、过程管理、测量·分析与改进、经营结果"七大方面制定了严格的标准。公司将按照卓越企业的要求全面提升，力争用5~8年的时间，通过《卓越绩效评价准则》（GB/T19580）和《卓越绩效评价准则实施指南》（GB/Z19579）的验收；10~15年，通过欧洲或美国的《卓越绩效评价准则》评审，逐步实现从"中国优秀"到"全球卓越"的战略跃升。三是要从"业内称奇"跃升成为"全球令人尊敬"。中国龙工从1993年创立以来，一直以持续快速发展闻名业界，创造了业内称奇的"龙工神话"。在未来的发展过程中，中国龙工不仅要坚持科学发展观，实现可持续发展，还要在主动承担社会整体责任、促进社会公正公平、保护自然和社会环境、支持公益慈善事业等方面堪当楷模，赢得包括用户、代理商、运营企业的全体员工、供应商、投资者，乃至整个工程机械行业和整个社会的尊重和敬仰。

中国龙工正是在顺应时代发展潮流开拓创新、高度重视可持续发展的前提下，实现了从跟随者到挑战者、领先者，一跃成为国内工程机械行业领导者和国际工程机械产业市场挑战者的角色转换。在经济全球化和改革开放日益深化的背景下，龙工走向国际化是企业发展到一定阶段的必然选择，是顺应了时代的发展潮流。一个世界性的社会化大生产网络正在形成，传统的以自然资源、产品为基础的分工格局已被打破，全球化的趋势要求企业成为全球化的企业。从国内当前形势看,"国内市场国际化、国际竞争国内化"的新竞争格局已经形成。开拓国际市场、积极迎接国际挑战,已成为经济全球化发展的必然要求和企业发展到一定阶段的必然趋势。因此,中国龙工主动出击,无论是企业的发展远景,还是中、近期目标,都制定了相应的、明确的全球化战略规划,并且在执行战略目标的过程中勇于开拓创新。中国龙工大胆决定继续沿用全权代理制营销模式在国际化战略中的运用,把国内的成功模式推向国际化。在未来持续发展的过程中,中国龙工将凭借自身品牌、体制、价值链等多层面的优势,再借力中国改革开放国策和旺盛经济发展形势以及由此带来的国内外公路建设、城市化改造、水利水电等基础建设工程,继续以工程机械为主业,有步骤地实现多元化发展,将新业务与工程机械老业务有机地结合,通过完成"6个20%"目标,配合一系列软、硬件的建设,在全球市场实现跨越式发展。

(四)在东盟市场的发展

"立足海西·拓展东盟·面向世界"是龙工的发展指导思想。在发展东盟工程机械市场和提供工程机械产品服务方面,龙工主要借助"东盟博览会"等展览展会拓展业务,还努力在东南亚发展产品全权代理商、海外分公司和售后服务机构。

中国龙工积极参加中国与东盟联合举行的工程机械博览会。2011年10月22—26日,由中国商务部和东盟10国政府经贸主管部门及东盟秘书处共同主办的"第八届中国—东盟博览会"在中国南宁隆重举行。龙工国际市场销售总公司与广西地区重点代理商携手组织精品参加了这次博览会。龙工国际销售总公司还以此为窗口招贤纳士,诚征东盟各国代理商。尽管这是龙工首次参加这一博览会,但由于组织得当、准备充分,取得了良好的效果,进一步扩大了龙工品牌在东盟各国的影响力,吸引了越南、缅甸、老挝、马来西亚、柬埔寨、印度尼西亚等国家和地区的不少工程机械代理商,引起了日本、美国、澳大利亚等客商的密切关注。据了解,在这次博览会上,已有多位东盟客商表达了代理龙工产品的意向,龙工国际公司正与他们进行进一步的洽谈。龙工人表示将一如既往地进一步发挥博览会的作用,全面提升龙工品牌在东盟各国的知名度和美誉度,携手东盟各国和其他国家的工程机械代理商,不断拓展国际市场,以优质的产品和高效的服务，共建共享美好明天！2013 年 10 月 4 日至 8 日，第三届中国—东盟（柳州）工程机械及零部件（汽车）博览会在柳州国际会展中心举行。本次中国—东盟（柳州）工程机械及零部件（汽车）博览会，是广西壮族自治区 2013 年三大会展之一，是中国东盟博览会的专业分会，共设室内标准展位 100 个，室内静态展区 1 万平方米，室外展区 2 万平方米，包括工程机械车辆整车、车辆零部件、工程机械产品相关服务专区、车辆文化展区等。参展的工程机械企业品牌包括龙工、沃尔沃、柳工、厦工等众多国内外品牌。零部件展区除了有全国范围内的工程机械产业等零部件配套制造企业参展，还有印度尼西亚、泰国、越南等东盟国家的工程机械产业等企业参展。室外展区包括工程机械、专用车、农业机械等展区，东盟各国部分采购商到会开展考察、洽谈、采购等贸易活动。

除了在国内参展外，龙工还积极走进东盟各国参加工程机械展览会。例如，2016 年迎春之际，泰国最为专业的国内物流工程机械展（Material Handling Machinery Exhibition 2016）在泰国曼谷 Impact 展览中心召开。此次展会不仅吸引了众多国外知名物流机械生产商，更得到来自曼谷 Bang Na、Pathum Thani、angsit 和 Ayuttaya 等周边工业园区的意向客户和买家的青睐。龙工叉车携当地经销商参加此次展会并隆重推出第三代 3 吨内燃叉车及大吨位全自动变速内燃叉车，由此正式宣布进军泰国叉车市场。龙工叉车采取与泰国 ORIX 融资公司一起合作的模式，为客户提供合理优惠的融资方案，这不仅吸引更多客户的关注，更赢得同行的高度认可。

六、山河智能公司

山河智能公司（以下简称"山河智能"）由中南大学何清华教授于 1999 年领衔创办。[①] 1999 年，53 岁的何清华白手起家，在湖南省长沙市岳麓区观沙岭租了一个厂房，开始自主创业。自创办起，山河智能就确立了以原始创新、集成创新、开放创新、持续创新为体系的先导式创新模式。依靠革命性创新产品——液压静力压桩机起步，现已发展为以上市公司——山河智能装备股份有限公司为核

---

① 何清华. 山河智能挖掘机差异化发展之路［J］. 今日工程机械，2019（6）：54–55.

心,以长沙为总部,在国内外具有一定影响力的国际化企业集团。

(一) 发展概况

山河智能总部位于长沙经济技术开发区凉塘东路 1335 号,总占地面积约 1 700 亩[①]。公司总资产超 200 亿元,员工 6 500 余人,将产品定位于"一点三线""一体两翼",聚焦装备制造业,在工程装备、特种装备、航空装备三大领域全面发展,并以湖南、广东为两大战略要地,不断推出具有世界影响力的产品。公司现为国内地下工程装备龙头企业之一,全球工程机械制造商 50 强、全球支线飞机租赁企业 3 强。

先导式创新是山河发展的内核。先导式创新相较市场跟随式创新是一种更复杂、更艰难的全过程产品研发模式,是一种更高境界的自主创新,是当下实现由中国制造走向中国创造的主要途径!山河智能前瞻性地创立了先导式创新模式与体系,给企业带来差异化的发展先机,并把创新作为一种"基因"植根于企业的生命之中,形成了具有鲜明山河特色、差异化显著的产品群。

公司已在地下工程装备、全系列挖掘机、现代凿岩设备、特种装备、矿山装备、起重机械、液压元器件和通用航空装备等十多个领域,成功研发出两百多个规格型号,具有自主知识产权和核心竞争力的高端装备产品,批量出口全球一百多个国家和地区。"SUNWARD"商标已在全球数十个国家注册。

公司已获得专利技术 1 000 余项,承担国家"863"计划、国家科技支撑计划、强基工程等国家级项目 20 余项,获得国家科技进步二等奖、湖南省技术发明一等奖、湖南省科技进步一等奖等各种奖励数十项。

公司作为国家高新技术企业的优秀代表,被授予或获批设立了"国家认定企业技术中心""国家技术创新示范企业""国家创新型企业""国际科技合作基地""国家工程机械动员中心""中国驰名商标""国家博士后科研工作站""机电产品再制造单位""院士专家工作站""国家863成果产业化基地""湖南省岩土施工装备与控制工程技术研究中心""现代工程装备节能关键技术湖南省重点实验室""地下工程装备湖南省工程研究中心""湖南省山河智能工业设计中心"

[①] 1 亩≈666.7 平方米。

等荣誉称号或创新平台。

未来的山河智能将继续发挥自主创新优势，为客户创造价值、不断推出具有世界影响力的产品，成为世界级知名制造企业，总资产将超过190亿元，做工程机械等装备制造领域世界价值的创造者。

(1) 企业文化。

企业精神：理想成就未来；使命愿景：做装备制造领域世界价值的创造者；价值理念：修身、治业、怀天下。文化特质：和谐、务实、进取的创新文化。

山河基本法：两参、两改、四结合。两参——参与市场运作、参与基层活动；两改——改善产品、改善管理；四结合——市场、研发、制造、管理人员四结合。

行为准则：为客户创造价值；研发理念：创新蕴于市场、劳心尚需劳力、兴趣乐成成就、精品源自执着；产品理念：精准设计、精益制造；管理理念：能本为先、系统思维、立足专业、关注细节；人力资源理念：重事业驱动、重团队精神、重实际能力、重开拓进取、重工作绩效；职业作风：公正、廉洁、勤奋、激情、大度。

(2) 社会责任。

山河智能秉承"修身、治业、怀天下"的企业精神，始终坚持做一个有社会责任心的企业，2004年起在中南大学设立"山河英才"奖励金，已持续支持15年；2008年参与南方抗冰救灾与"5·12"汶川抗震救灾；2012年为阿拉善生态基金会无偿捐助挖掘机械；2014年起成立"山河爱心基金"，主要针对内部员工扶贫帮困。近年来，山河智能还关注了下乡老知青、抗战老兵、长沙县特殊教育学校、宁乡市竹山小学、宁乡抗洪救灾等，在员工和社会中形成了良好声誉。遵守社会公德情况：公司成立以来，始终坚持以遵守法纪法规为底线，诚信经营，维护市场的竞争生态平衡，未发生恶意扰乱市场的行为，受到客户及社会各界的好评，曾获得国家级、省级"重合同守信用"企业证书。公司产品以智能、节能为发展方向，获得多项相关专利并产业化。

(二) 主要产品及其相关情况

山河智能主要提供挖掘机械系列、地下工程装备系列、凿岩设备系列、起重机械系列、装载机械系列、高空作业平台系列、移动破碎站系列、矿用卡车系列、盾构机械系列等工程机械产品和服务，如SWDM1280旋挖钻机。近两年来，山河智能持续增加科技创新经费投入，创新产品和服务不断：申请专利334件，其中发明专利105件；新产品开发项目134项，其中75款产品成功下线，32款实现量产。山河智能自主研发的旋挖钻机和挖掘机的高性能液压马达、主阀、减速器、轴承等小批量试用，部分已实现批量化生产与应用，一款压桩机多路阀完成开发并小批量装机。2020年10月率先在行业发布5G智能旋挖钻机后，山河智能又相继发布了5G遥控挖掘机、5G智能凿岩钻机、5G高空作业平台等，2022年推出5G+智慧矿山应急接管系统，并向多家矿山客户交付使用5G装备，实现了"工程机械+5G技术"的工程化应用；"快捷分离上下车方法"解决了重型工程机械运输困难的世界性难题。具体地说，山河智能各分公司的主要产品和服务包括：湖南山河科技股份有限公司是山河智能航空板块的重要组成部分，专业从事通用航空产品的研制、销售及服务。山河航空动力机械股份有限公司是由山河智能控股的一家中外合资股份公司，主要负责航空发动机的研发、设计。Avmax Group IncAvmax Group Inc公司提供飞机租赁，飞机操作，航空电子设备，零件维修，发动机维修，工程服务，维修修理等。山河华翔是通用航空运营公司，专业从事通用航空领域载人轻型飞机和无人驾驶飞机的研发等。山河机场设备股份有限公司是集研发、生产、销售、服务于一体的企业。长沙威沃机械制造有限公司，专业从事工程机械零部件配套产品的研发、生产，是山河智能装备集团产业链的重要成员。无锡必克液压股份有限公司，主要产品有精密液压阀体毛坯及机加工件、多路阀系列、中央回转接头系列、液压集成块等。安徽山河矿业装备股份有限公司，经营范围包括研究、设计、生产、销售煤炭机械、矿山机械、工程机械、建筑机械等。山河智能特种装备有限公司，近年来完成了一系列具有鲜明特色的特种装备产品的开发，获得了市场的充分肯定。湖南华安基础工程有限公司，主营业务涉及工程装备、特种装备、航空装备、矿物选治装备等研发制造，以及基础施工、飞机维修与租赁等，目前位列世界工程机械制造商40强、世界挖掘机50强等。中际山河科技有限责任公司，专业于将领先的采选冶工艺与先进的装备技术、智能化技术深入融合；专注于用装备的手段显著提升客户的劳动生产率和矿产资源综合回收率,推动有色金属产业发展。中铁山河工程装备股份有限公司,专注于地下工程装备研发、制造与施工,是为解决地下工程施工中的关键技术及成套设备等。

(三) 在全球的发展规划

山河智能通过"加速跑"体系化地推动工程机械产品和服务自主创新。2021年10月13日,在湖南省长沙市科学技术协会召开的2021年会暨"海智计划"工作站授牌仪式上,山河智能荣获长沙市第五批"海智计划"工作站授牌,为公司加快推进全球化发展进程提供新动力。"海智计划"是海外智力为国服务行动计划的简称,2003年由中国科协和35个海外科技团体共同发起,长沙市科学技术协会"海智计划"工作站是同海外科技团体及科技工作者建立密切、畅通和便捷联系的重要工作平台,是长沙市科协系统集聚国际化人才、促进海外科技资源向长沙转移、服务长沙经济社会发展的重要载体。近年来,山河智能厚积薄发,突破了海外重点市场,实现了工程机械产品和服务跨越式发展。

2012年4月17日,价值超千万元的山河智能潜孔钻机批量发往安哥拉共和国,参与泛华建设集团DunDo项目建设。作为国内唯一一家拥有自主知识产权的一体化液压潜孔钻机生产企业,山河智能液压潜孔钻机的成功研发,彻底打破了进口钻机曾经一统天下、垄断国内高端钻机市场的局面,并成功走向全球。山河智能自主研发的SWD系列一体化液压潜孔钻机不但填补了国内空白,而且质量达到全球先进水平,自投放市场以来广获好评,畅销国内外。目前,山河智能已是国内潜孔钻机行业的龙头企业,产品批量销往非洲、美洲、中亚、南亚等地。山河智能凿岩设备事业部以把控国内市场、抢夺全球市场为目标,力求更好地发展。2021年上半年,山河智能国际市场营业收入达到9.70亿元,同比增长44.43%,占营收总比例的14.08%;值得一提的是,挖掘机械海外销量同比增长125%,欧洲地区更是呈现爆发式增长,达到145%。山河智能挖掘机在欧洲的保有量已突破2万台,是欧洲保有量最大的国产挖掘机品牌。山河智能牢记习近平总书记"构建新发展格局,继续扩大开放"的要求,加快推进全球化发展进程。自2009年获批"国际科技合作基地"以来,山河智能不断加强对外交流与合作,先后设立了欧洲研发中心、北美研发中心等海外研发机构,以国际科技合作计划项目为载体,通过多种方式吸引海外人才。此次"海智计划"工作站授牌,为公司更好地开展海外人才引进、科技项目合作、国际学术交流、扩大海外销售、提高品牌全球影响力等提供了又一便利平台。

截至2022年9月,山河智能高空作业设备海外销售台量同比增加238%,1—6月产品的海外出口量同比增长超60%,其中欧洲市场销量增长达100%;成功参与中泰铁路项目、马来西亚东马铁路、秘鲁安第斯高速公路等境外项目,公司海外产品和项目基本采用美元、欧元结算。2022年5月和7月,搭载着数百台挖掘机和滑移装载机的中欧班列(长沙)山河智能专列,成功发运欧洲。据综合测算,相较以往经海运出海,搭乘中欧班列出口欧洲,为山河智能工程机械产品到达欧洲缩短运输时间20多天,降低运输成本15%左右。欧洲是山河智能全球化战略的重点市场,山河智能挖掘机在欧洲保有量已经超过2万台,是中国品牌挖掘机在欧洲的一张名片。随着产品性能得到全球工程机械高端市场的认可,加上不断加大研发投入,实施本地化人才战略、本地化组装及制造战略和全球化研发创新战略,完善代理商、大客户和服务配件体系,山河智能全球品牌影响力不断提升。统计数据显示,2021年,机械工程装备海外18个重点区域中,16个区域同比增长,出口销售收入同比增长91%;挖掘机海外销量同比增长118%,其中欧洲销售同比增长124%。山河智能中欧班列(长沙)整车发运到欧洲高端市场,这充分证明了该公司围绕挖掘机进行的研发、设计、制造等方面的创新发挥了重要作用,也再次证明,自主创新是工程机械企业的生命,也是在全球化竞争中爬坡过坎、不断壮大的根本。受全球新冠疫情等多种因素影响,工程机械行业正处于新一波的下行周期。在这种情况下,山河智能更加注重理性发展,更加注重历练"内功",而"内功"最主要就是指创新,把产品、技术、管理、服务等各方面都做好,通过工程机械体系化的创新提升带来健康、理性的全球化可持续发展。

(四)在东盟市场的发展

全球化是山河智能的重要发展策略,面对海外市场的蓬勃发展,其推出了一系列国际化重要举措。① 2018 年 4 月 18 日，山河智能携全球领先的凿岩设备 SWDE165 潜孔钻机、SWDH89A 露天液压钻车以及挖掘机 SWE210 参加东南亚工程机械展览会。高品质的设备一亮相就吸引了来自越南、柬埔寨、老挝、马来西亚、新加坡和澳大利亚、德国、英国等国际客户莅临山河智能展台洽谈业务，发展了多家矿山设备的代理商，展出设备在当天全部售罄。由于多年的研发投入、技术积累和本地化服务团队、全球化创新体系，山河智能的产品和服务在越南、老挝、柬埔寨等东盟国家销售供不应求。②

七、山推工程机械股份有限公司

山推工程机械股份有限公司的前身是成立于 1952 年的烟台机器厂，1966 年烟台机器厂迁址济宁市改名济宁机器厂；1980 年，济宁机器厂、济宁通用机械厂和济宁动力机械厂三家企业合并组建山东推土机总厂。1993 年成立山推工程机械股份有限公司，并于 1997 年 1 月在深交所挂牌上市（简称"山推股份"，股票代码：000680），属于国有股份制上市公司，是山东重工集团权属子公司。

（一）发展概况

山推股份总部在山东省济宁市，总占地面积 2 700 多亩。产品覆盖推土机系列、道路机械系列、混凝土机械系列、装载机系列、挖掘机系列等十多类主机产品和底盘件、传动部件、结构件等工程机械配套件。现年生产能力达到 1 亿台推土机、6 000 台道路机械、500 台混凝土搅拌站、15 万条履带总成、100 万件工程机械"四轮"、8 万台套液力变矩器、2 万台套变速箱。推土机产销量全球持续领先，国内连续 18 年第一。山推股份是全球建设机械制造商 50 强、中国制造业 500 强。山推拥有健全的销售体系、完善的营销服务网络，产品远销海外 160 多个国家和地区。其在全国建有 27 个营销片区，80 余家专营店，设立 360 余个营销服务网点。在服务模式上，山推股份以"打造最关注客户个性化需求、最关注服务的企业"为目标，为客户提供一体化施工解决方案，人性化、智能化的优

---

① 莫宇. 山河智能加快国际化步伐[J]. 今日工程机械，2010（1）：41.
② 陈晖莉. 山河智能凿岩设备引爆越南矿业展[J]. 中国军转民，2018（4）：73.

质服务赢得了客户口碑，提升了企业的品牌价值。近年来，山推坚持用科技创新推动可持续发展，致力于远程遥控、智能网联、新能源、大马力（指功率）产品等领域的研究，引领行业前行。2019年，全球首台5G远程遥控大马力推土机实现商业化，5G技术应用和智能制造水平进一步提升；全国最大马力推土机顺利交付客户，填补了国内大马力推土机的技术空白，为大马力推土机国产化奠定了基础。同时数字化转型取得阶段性成果，通过5G网络打造的智能工厂日渐成熟，自主设计的智能生产线和装配检测设备投产应用。未来，山推工程机械股份有限公司将努力打造推土机、道路机械、装载机、挖掘机、混凝土机械国际一流品牌，成为新能源、智能装备的领航者，具有核心技术的工程机械制造商。

（1）企业文化。

山推愿景：打造工程机械国际一流品牌、最关注客户个性化需求，最关注客户服务、老客户回头率90%以上；核心价值观：客户满意是我们的宗旨。全员思维和行为模式高度一致。一切思维和行为的起点：准确理解客户需求！一切思维和行为的终点：比任何竞争对手都更高效地满足客户需求；核心文化理念：责任·创新·沟通·包容。

山推使命：让施工更简单，高度重视售前技术、工艺服务，为客户提供一体化、智能施工方案，高度重视设备智能成套，为客户提供可智能网联操作的一体化施工设备、高度重视新能源应用，为客户带去环保性、经济性极高的施工优势，高度重视售中、售后服务，为客户使用设备全生命周期保驾护航；特色效率文化：一天当两天半用；特色激情文化：不争第一，就是在混。执行力文化：干就负责，做就到位。

（2）社会责任。

（3）国防建设。

2015年和2018年，山推建有多套WCQ500H、WCQ800稳定土拌合站和1套HLS180G商品混凝土搅拌站，先后为北京大兴国际机场的路基、跑道以及航站楼等输送优质的混凝土。另外，其生产的混凝土设备也凭借稳定的产品性能、快捷的安装、贴心的售后服务不负所托，以高效搅拌、过硬质量助力该项重点项目建设。

（4）重点工程。

山推股份紧抓"一带一路"市场机遇,旗下多款设备参与其中,为充分检验山推的产品和服务提供了良好的平台,对提升山推品牌影响力起到了积极的作用。

(5) 抗震救灾。

2019年8月10日,强台风"利奇马"由浙江台州温岭登陆,向北纵穿浙江,破坏力极大,给省内部分区域带来了极大的损失。时刻牢记民族使命,山推股份的推土机、装载机等设备历年来多次在各类抢险工作中为保证人民群众的生命和财产安全发挥着重要作用。针对此次台风登陆,山推股份联合浙江山推代理商,第一时间与浙江省公路系统取得联系,有力地支援了浙江公路抗击台风"利奇马"的工作。

(6) 爱心善举。

山推股份的工会继续开展为泗水山推圣爱小学的捐赠活动,用于学校学生校服制作。在各基层工会的广泛组织发动下,公司近4 000名职工积极参与,共计捐款5万余元,充分体现山推职工"人人知晓慈善、人人支持慈善、人人参与慈善"的传统美德。2011年6月17日,山推股份奖学、奖教金签约仪式在武汉华中科技大学学术报告厅隆重举行,公司总经理、副总经理、华中科技大学副校长等领导出席了签约仪式,山推股份人力资源部、山推楚天公司人力资源部等相关人员参加。山推股份在高校设立奖学金和奖教金是加强校企合作的重要内容之一,山推期望此举能够为建设国际一流高校添砖加瓦,为中国工程教育的改革发展和新工科建设服务。[①] 2013年9月25日下午,以"责任新动力"为主题的"2013中国装备制造业企业社会责任论坛暨典范企业颁奖典礼"在北京隆重举行。在论坛上,《机电商报》装备制造业社会责任研究中心正式发布了《中国装备制造业企业社会责任报告(2013)》,包括山推股份、国机集团、卡特彼勒(中国)、德力西、伊顿在内的12家公司荣获"2013中国装备制造业企业社会责任履行者典范"企业称号。[②]

---

① 崔保运,廖蔚. 加强校企合作 勇担社会责任——山推在华中科技大学设立奖学、奖教金[J]. 筑路机械与施工机械化,2011(7):17.

② 山推荣获"2013中国装备制造业企业社会责任履行者典范"企业称号[J]. 水利水电技术,2013(10):145.

(二) 主要产品及其相关情况

1. 整机中心

推土机、压路机、平地机、装载机、挖掘机、铣刨机、摊铺机、冷再生机、混凝土搅拌设备、路面搅拌设备、干混砂浆设备、混凝土输送设备等。

2. 部件中心

四轮一带、推土机部件、挖掘机部件、压路机部件、平地机部件、装载机部件、吊管机部件、推耙机部件、铣刨机部件等。

3. 智慧施工方案

采矿、道路修筑、道路养护、农林水利、港口码头、采石与混凝土、城市建设、机场、桥梁、环卫等。

(三) 在全球的发展规划

山推股份用实力托举全球化梦想,在海外发展代理及经销商100余家,先后在南非、阿联酋、俄罗斯、巴西、美国等地设立了10余个海外分支机构。根据2018年中国工程机械工业协会铲土运输机械分会公布的数据,纳入统计的全国10家主要推土机生产企业共销售各类推土机7 604台,其中山推股份一骑绝尘,销量占比达到总数的66.53%,超过5 000台;出口方面,全年累计共出口2 176台,山推累计出口1 306台,占出口总量60%,领先优势明显。从齐鲁大地走出,迈向全国,再走出国门,进军海外市场,2010年推土机产销量达到世界第一。山推股份的发展之路精彩绝伦,也为中国工程机械企业走向全球描绘了一条行之有效的发展之路。山推股份作为推土机行业的领军者,其产品品质必定有着充分的保障,才能在激烈的同质化竞争中脱颖而出,获得市场与用户的青睐。山推成立有履带底盘分公司,专业从事工程机械底盘部件的研发、生产,能够充分地匹配山推产品的品质要求。成立数十年来有着深厚的技术积淀,资深的工程师队伍,先进的制造工艺,精良的生产设备对产品品质进行保证。另外,在供应内部的同时山推股份也为其他国内、国外品牌主机厂进行配套,现已出口到德国、日本、奥地利、俄罗斯、法国、美国、巴西、韩国、瑞典等国家。山推股份作为山东重工集团的重要板块之一,充分结合集团优势,通过核心液压件、底盘件与结构件自主研发生产,以及全球协同研发优势,将优势转化为产品的核心竞争力，在全球市场竞争中实现由并跑向领跑的跨越，助推山推品牌更好地在海外市场开疆拓土、扬帆远航。

山推股份有谋有略，一步一个脚印地拓展全球工程机械市场。2012年以来，山推股份围绕"价值引领"的全球营销战略思路，积极拓展国内外市场，市场结构由原来以非洲、东南亚为传统市场，转变为由泛俄、泛欧、非洲、中南美齐头并举的更为平衡的全球市场结构，全球市场布局结构调整初见成效。2012年3月12日，山推股份出口俄罗斯市场的400台叉车在山推机械科技园首批发车启运。随后，推土机、挖掘机、装载机、平地机、压路机、叉车、混凝土搅拌车、混凝土搅拌站等设备，总价值2.5亿的大单、共计302台套主机设备落定拉丁美洲地区。2014年，山推股份的数台全液压推土机订单落定美国，标志着山推推土机产品正式进驻美国高端市场，也标志着山推在全球化的战略布局中又迈出了坚实的一步。作为全球最大的高端工程机械市场，美国向来是全球工程机械企业重点关注的市场，其本土有卡特彼勒、约翰·迪尔、马尼托瓦克、特雷克斯等品牌，小松、菲亚特、利勃海尔、沃尔沃、日立建机等外来品牌也均以建厂形式进驻，竞争格局异常激烈。由于美国市场对推土机的机械配置、操纵、质量、排放、售后响应等要求都非常高，因此卡特产品依然占据霸主地位，就连进入美国几十年的小松，占有率也不乐观。2017年3月11日，美国拉斯维加斯国际工程机械及博览会（以下简称"美国拉展"）落下帷幕。作为工程机械行业推土机产品的龙头企业——山推股份公司（展位号G-70113）以"Come and see your 2017 dozing choices！"作为宣传主题，在产品设计和磨砺过程中糅合进更多来自北美客户的意见和反馈，携带四款适配北美排放标准的机型震撼登场！期间，来自中东、南非、巴西、美国等地区的客户纷纷莅临山推展台洽谈业务，山推股份收获了大量订单，赢得了现场观众与客户的一致认可。近些年来，山推股份一直致力于开发海外业务，已在全球150多个国家建立了业务往来，发展代理商近80余家，特别是在北美市场。北美市场不仅于山推，于中国整个工程机械行业而言都意义重大。北美市场的重要性体现在两个方面：一方面是北美的市场容量在工程机械行业里是最大的。以推土机行业而言，其全球一年的市场容量大约有2万台，2016年大约有19 000台，其中美国的市场容量就达8 500多台，占据了全球市场容量的45%左右。由此可见美国推土机市场容量之大。另一方面北美是一个相对高端、非常成熟的工程机械产业市场。由于美国本地已有一些诸如卡特彼勒、约翰·迪尔、凯斯等强大且有实力的工程机械制造商，山推股份等外来品牌来到这个市场与他们竞争，其实是对自身产品竞争力、产品质量及售后服务等公司运作体系的一个非常大的考验。反之这些考验又会对促使这些外来品牌在质量提升、产品乃至产业升级方面有非常大的作用。"攻占"北美市场，山推股份有目标更有优势，无论是美国本土的巨头卡特彼勒或是约翰·迪尔，还是中国的工程机械企业都瞄准了这一市场，在激烈的竞争环境下，山推股份凭借创新来提升自身的竞争力，进而在市场上分一杯羹。

众所周知，山推股份在中国的推土机市场占有率已经超过65%，基本上处于主导地位，甚至在一些海外市场，山推股份的推土机比卡特和小松的占有率还要高。如在俄罗斯，山推推土机的市场占有率超过40%。在非洲、拉丁美洲几个国家，山推推土机的市场占有率堪称第一。山推股份积极推行产品的升级换代，推土机使用的发动机排放标准完全符合欧三、欧四标准，全液压的组泵阀这些液压件也都是全球知名品牌。另外，山推股份还非常关注及重视售后服务体系的建设，在北美市场的拓展上，首先是在当地寻找合适的、具有售后能力的代理商，山推自身和代理商一起在北美市场储备足够的配件、维修车辆和售后服务人员，齐心协力把售后服务体系搭建完善，再把设备卖给客户，才是万全之策。自2014年进入北美市场以来，山推股份步步为营，2015年下半年实现个位数的销售，2016年实现两位数的销售，2017年实现了三位数销售量，从2018年至今，通过代理商和根据当地网络建设的具体情况，山推推土机在北美市场实现了10%的占有率。有优势有目标，山推抢占北美推土机市场正在有条不紊地进行着。除了在北美开拓，山推股份在全球其他领域也同步进行着布局，尤其是在亚非拉等国家，山推股份最大的竞争压力来源于中国企业之间，体现在价格竞争上。众所周知，山推品牌在中国市场上非常有影响力，因此，对于第三世界的市场竞争，山推股份在品牌、质量、性价比、定制服务上都是超越竞争对手的。如在中东，沙漠化的地带山推有沙漠型的产品，对发动机的吸氧吸气及沙漠空气的过滤、除尘，山推股份有相对应的设计。例如在俄罗斯和中国东北的广大区域，为应对高寒天气，山推股份相应提升了产品的耐寒性、稳定性等。又如在高端的北美和欧盟市场，为应对环保排放要求及乘驾人员对舒适性的要求，山推股份同样对产品细节做出了相应的优化设计。

全球化策略升级，山推股份抢滩全球化新风口。2017年，山推全球市场强势复苏。为积极践行山推全球化战略，山推股份海外营销团队多次赴东南亚、北美、俄罗斯及东欧市场，深入调研、走访终端客户，夯实海外重要客户关系的同时，有效拓展了海外渠道。2017年上半年，其海外市场销售各类工程机械主机同比增加92%。其中推土机销量同比增长125.6%；装载机销量同比增长277%；道路机械销量同比增长26%。其在"一带一路"沿线市场表现得尤为抢眼。2017年中国（北京）国际工程机械、建材机械及矿山机械展览与技术交流会展期间，山推股份举办了"一带一路"进出口专场活动，展示最新成果，表彰海外优秀代理商。俄罗斯、巴基斯坦、土耳其代理商分别荣获山推股份"一带一路"优秀代理商奖、山推股份"一带一路"市场开拓贡献奖和山推股份"一带一路"最佳经理人奖。展会现场，海外代理商对山推股份产品与服务赞赏有加。无论是管理、物资、费用等方面，还是培训、物流、服务等方面，山推股份都给全球代理商提供了最大的便利，因地制宜的商务政策也让代理商们有了更大的发挥空间。据了解，2017上半年，山推股份又在国外新发展了刚果（金）、新西兰等5家代理商，市场拓展风生水起。2001年，山推股份用4台TY160、1台TY320推土机敲开了俄罗斯市场的大门；2009年，山推股份出口俄罗斯设备累计1 000台；2017年8月的业绩同比增长221%，推土机当地市场占有率第一，占比达41%。无独有偶，近年来，山推股份与中国路桥、中国建筑、中国交建、中国电力等中资企业合作，借船出海，推土机、道路机械、装载机、混凝土机械全系列产品集中发力在巴基斯坦市场销售，如今已经达到境内全覆盖，2017年增速达160%，包括中巴经济走廊（CPEC）、公路项目、能源项目、港口项目、工业区项目以及巴基斯坦工程、矿业的私人公司项目中，都能看到山推工程机械设备的身影。这只是山推海外市场的一个小缩影。因地制宜大力开拓全球化市场，山推股份的步调铿锵有力。利用政策红利与资源禀赋，增添发展动能；积极参与国外建设项目，为中交建、中铁建、中电建、中能建、中国路桥、中国土木、中航技等央企量身定制服务战略及合作性贸易。开放创新的思想理念让山推学会了用全球化视野、国际化思维研究和考量市场，根据世界的变化和产业竞争的状态，调整和升级企业战略。对于山推股份来说，抢滩"一带一路"新风口，覆盖全球的拳头产品是"急先锋"，时时处处的山推服务和覆盖全球的配件电商则是最强大的后盾。从无到有、由点及面，借势"一带一路"，山推股份人精细布局，全力打造和夯实海外市场。匠人品质，精益求精，凭借卓越的产品品质和契合当地市场定制化产品与服务，山推股份与"一带一路"沿线国家和企业走出共建共赢的蝶变之路。未来，因地制宜大力开拓全球化市场依然是山推战略发展中不可或缺的重要部分。在泛俄市场，通过高层走访、CTT展会效应，以及邀请人客户来访等方式扩大销售；在欧美市场，实施驻点技术服务，结合高层走访，继续拓展渠道；在亚太地区，积极拓展大洋洲等销售渠道；在中东及南亚、非洲、拉丁美洲等市场也将根据当地情况采取跟踪政府大项目、介入合资公司运营等方式深入开拓市场。深耕、强化全球重点市场，山推继续实行"一地一策"倡议。同时，全方位的全球化服务支持也在逐步完善。借力"一带一路"，以产品为契机，山推股份的全球化布局正在加速。可预见的未来，将会有更多的山推设备迈出国门，在全球舞台上崭露头角之后，就会迎来全面开花！

大国重器推动全球，山推矿山大型矿用装备批量出口发运，助力全球经济企稳复苏。2022年6月21日，山推股份大型矿用装备批量出口发车仪式在山推国际事业园内举行。伴着出征的号角，以SD90、SD60、DH46推土机和SE550、SE750挖掘机等山推潜心钻研推出的匠心力作所组成的大型矿用装备方阵，披红挂彩，列阵发往"一带一路"沿线国家。近年来，随着山推股份加快海外开拓步伐，海外市场呈现热销态势。本次发车的大马力推土机、大吨位矿用挖掘机均由山推自主研发，不仅创下了山推单月出口发货量新高，更打破了国外厂商的"矿山工程机械垄断"。这是山推股份在出口领域的一次重大突破，开启了山推股份走向全球的新篇章，更标志着山推股份成为全球矿用机械行业的重要参与者。在加大全球营销网络拓展的同时，山推股份也同步做好服务保障工作，多措并举，开创海外发展新局面。致力于让"山推创造"引领行业，让"中国制造"享誉国际，山推股份持续聚焦产品，突出优势，做精做强核心主业。山推股份作为全球工程机械行业制造商的佼佼者，始终以服务国家基础建设为己任，始终与政府心手相携共同成长，实现了从"山推制造"向"山推智造"的转变，肩负起大国重器的责任，塑造中国品牌。山推股份是传统产业转型升级、新兴产业快速增长的标杆之一，全球化策略更为山推插上腾飞的翅膀。70 载厚积薄发，山推股份集聚丰富的技术、人才等资源，全面开启了进军全球高端工程机械领域的新征程，全力打造高端装备创新引领、自主研发新高地。此次大型矿用装备批量出口发运，充分彰显了国内、国际市场上广大用户对于山推产品与技术实力的肯定与信赖，山推的国际化竞争力进一步增强，发展前景将更加广阔。未来，面对越加激烈的全球竞争，山推股份坚定围绕"让施工更简单"的品牌使命，不断推动高端工程机械研发创新，始终以高质量的产品、高标准的服务为全球客户价值实现创造条件，为企业、客户、社会共赢提供保障，引领创造新一程辉煌。

（四）在东盟市场的发展

以山推股份为龙头的核心优质上下游制造集群，正乘"双循环"东风加速蝶变，成长为具备供应全球能力的工程机械产业基地。通过全球化策略，山推建构起了更全的工程机械产业链条、更大的市场竞争优势，这为山推股份拓展东盟市场奠定了坚实基础。科学的发展策略和多年来的砥砺耕耘，让山推股份拥有了成为东盟工程机械产业优质上下游产业链"链主"，乃至全球级产业基地"龙头"的底气。居于产业链中上游的山推股份如今已经协同各个环节的企业伙伴，构建起了一套面向东盟市场的、自上而下的完整而成熟的产业链条。这条产业链不仅覆盖了钢材、油品、动力系统、传动系统、铸锻造件、结构件等各个产业链环节，还在原材料、发动机、传动系统、电气件、底盘行走系统等方面显示了突出的成本优势，相关技术已经追近国际一流水平，具备了更强的国际竞争力。借助这些优势，山推股份持续深耕印度尼西亚、马来西亚、越南、泰国、缅甸等东盟市场，2017 年，山推全液压推土机出口马来西亚、新加坡等东盟国家数十台。

走出国门，走向世界，是中国自主品牌走上国际市场的必由之路。作为"一带一路"倡议中基础设施建设互联互通的枢纽型行业，工程机械行业更是得到大力支持和积极鼓励，而山推股份作为全球建筑机械 50 强，在做好"家门口市场"的同时，一直致力于东盟市场开拓，全力进军有关国家，以近 40 年的砥砺前行诠释着走向世界的品牌影响力。2019年9月4日下午，山推股份全球产品和服务战略发布会在BICES 2019展会期间成功举办。山推作为国家民族工业品牌的翘楚，曾多次参与东盟国家特别是东盟发展中国家的援建工作，彰显了中国民族品牌的硬实力。作为国内工程机械行业的龙头，山推积极塑造中国形象，打造全球化品牌，在东盟各国工程机械产业市场拓展中凭借卓越的产品及服务优势占据重要地位。借助各类工程机械产业展会契机，山推与东盟有关国家共同搭建信息融通、产销对接、合作共赢的平台，为促进工程机械业界紧密联手，共同书写工程机械行业发展新篇章做出努力。

具体而言，山推股份能够始终以高质量的产品、高标准的服务为东盟各国工程机械客户的价值实现创造条件，为企业—客户—社会的共赢提供保障，为中国工程机械的全球化发展贡献力量。山推依托山东重工集团的黄金产业链，为东盟各国工程机械客户提供工程机械全系列产品——推、道、装、挖、混成套设备，以及工程机械零部件和售后服务。经过多年持续经营，山推东盟营销服务体系也得到全面提升，实施"24小时"服务配件机制，建立"区域服务平台+信息管理系统+服务终端App"服务体系，以"港口骨干库+虚拟配件库+区域中心库"的形式搭建起全覆盖的服务网，保证服务和配件供应的及时性。同时，山推股份通过东盟营销服务智能终端为东盟工程机械客户提供精准服务、设备管理、远程诊断等智能管理服务，为客户的价值实现提供了全方位的保障。2019年，山推股份持续深耕东盟市场，针对东盟各国不同市场为它们量身制定"一国一策"，扩大东盟工程机械产业市场的覆盖面，积极布局新加坡、马来西亚等重点市场，走访与调研东盟其他国家的工程机械功产业市场，与当地企业和代理商深入接触洽谈，搭建合作交流平台，达成了多项订单，有效地增强了山推品牌在东盟市场的影响力。目前，山推高端产品已远销马来西亚、新加坡等多个东盟国家和地区，市场需求呈快速增长趋势。

八、潍柴雷沃重工公司

潍柴雷沃重工公司成立于1998年，业务涵盖农业装备、工程机械等机械装备产业，总资产136亿元，员工约11 000人，2020年营业收入140亿元，成立至今累计产销各类机械600余万台,能够为现代农业提供全程机械化整体解决方案,对中国粮食生产全程机械化的综合贡献度超过20%,为保障国家粮食安全提供了重要的装备支撑。

(一)发展概况

福田雷沃重机股份有限公司(以下简称"福田重机")成立于2004年5月28日,是一家为城市建设、城市物流、城市安全、城市管理提供系统解决方案的现代化重型机械装备制造企业。管理中心位于北京市海淀区,生产工厂位于河北省张家口市高新技术开发区。福田重机自成立以来,以驱动城市现代化为己任,自主创新,科学发展,全力打造企业核心竞争力,各项业务得到了稳步健康发展,混凝土搅拌运输车市场占有率跃升为国内同行业第三位,成为城市建设现代化、城市物流现代化、城市安全现代化、城市管理现代化的驱动力量。福田雷沃国际重工股份有限公司(以下简称"福田雷沃重工")是一家以工程机械、农业装备、车辆为主体业务的大型产业装备制造企业,2010年实现销售收入142亿元。福田雷沃重工凭借品牌价值113.87亿元位列中国500家最具价值品牌排行榜第64位。公司被认定为"国家重点高新技术企业",公司工程技术研究院被认定为"国家认定企业技术中心",公司主导产品曾被认定为"中国名牌""中国驰名商标""最具市场竞争力品牌"。潍柴动力,是专业发动机生产厂家,而雷沃重工是福田旗下的商用车品牌,主要生产农业机械设备、机具车等车型,是中国农业装备行业的龙头企业之一,在多个细分市场具有龙头地位,如轮式谷物收获机、玉米收获机械业务规模全国第一,履带式谷物收获机、拖拉机业务规模全国第二。2020年12月,福田雷沃重工被潍柴集团控股65%,成功成为潍柴旗下农业装备分公司。2021年1月6日,潍柴集团正式完成对福田雷沃重工的战略重组,这标志着农业装备成为潍柴旗下的又一战略性业务板块,重组后的潍柴雷沃重工正式迈入新的发展阶段,将为潍柴集团带来10万套以上的发动机配套量,成为潍柴未来发展中的稳定增长点。2022年4月,为开拓高端农业装备市场,潍柴集团再出大招,斥资15.84亿元收购潍柴雷沃22.69%股份,交易完成后潍柴集团将以62%的持股比例成为潍柴雷沃控股股东。依托潍柴集团高端非道路全系列发动机、CVT动力总成和液压动力总成等核心产业资源,持续加大研发投入,突破农业现代化发展前沿技术,推动产品和服务向高端化、智能化发展,建立企业核心竞争优势,潍柴雷沃重工已经成为潍柴集团重要的战略业务单元。潍柴雷沃重工的战略愿景是聚焦高端农业装备,打造世界一流的农业装备集团,在2025年之前实现营业收入350亿元,进入全球行业第一梯队,2030年前达到2 000亿元,进入全球前三位。

潍柴雷沃智慧农业科技股份有限公司成立于2004年9月17日,注册地位于山东省潍坊市坊子区北海南路192号,法定代表人为谭旭光。其经营范围包括许可项目:道路机动车辆生产;特种设备设计;特种设备制造;道路货物运输(不含危险货物);建设工程施工;第二类增值电信业务;互联网信息服务;在线数据处理与交易处理业务(经营类电子商务)。一般项目:汽车零部件研发;汽车零部件及配件制造;汽车零配件零售;汽车零配件批发;摩托车及零部件研发;摩托车零配件制造;摩托车及零配件零售;摩托车及零配件批发;机械设备研发;农业机械制造;拖拉机制造;农林牧渔机械配件制造;专用设备制造(不含许可类专业设备制造);农业机械销售;农林牧渔机械配件销售;农业机械租赁;机械设备租赁;农、林、牧、副、渔业专业机械的销售;农、林、牧、副、渔业专业机械的安装、维修;特种设备销售;建筑工程用机械制造;建筑工程用机械销售;矿山机械销售;建筑工程机械与设备租赁;特种设备出租;专用设备修理;农业专业及辅助性活动;旧货销售;信息技术咨询服务;智能车载设备制造;导航终端制造;导航终端销售;卫星导航多模增强应用服务系统集成;地理遥感信息服务;非公路休闲车及零配件制造;技术进出口;货物进出口;环境保护专用设备制造;环境保护专用设备销售;总质量4.5吨及以下普通货运车辆道路货物运输(除网络货运和危险货物);工程和技术研究与实验发展;智能农业管理;农业机械服务;润滑油销售;机械设备销售;通用设备制造(不含特种设备制造);机械零件、零部件加工;机械零件、零部件销售;通用设备修理。潍柴雷沃智慧农业科技股份有限公司对外投资16家公司,有12个分支机构。

(二)主要产品及其相关情况

潍柴雷沃工程机械全面承接福田雷沃工程机械产业板块,致力于打造智能高效的全球工程机械领先产品和服务。以美丽的青岛西海岸为中心,以雷沃日本工程中心为支撑,聚焦"挖掘机、装载机"两大核心业务,致力于将50吨以下挖掘机、10吨以下装载机,打造成智能高效的全球工程机械领先产品,主要产品类型包括挖掘机、品牌发动机、大排量主泵、大空间驾驶室、超薄仪表、驾驶室有色玻璃,配置高端。装载机,雷沃定制动力,专属动力曲线,加速性能卓越、响应迅捷;根据工况需要,对三种功率模式做出最优化的选择,提高生产效率。具体工程机械产品有:拖拉机系列,100千瓦以下、100~149千瓦、150~199千瓦、200千瓦及以上;耕整地机械系列,翻转犁、旋耕机、深松机等;收获机械系列,自走式小麦机、玉米联合收获机、全喂入水稻机、打捆机、秸秆还田机等;施肥播种机械系列,播种机、插秧机等;干燥机系列,雷沃5HXW-32循环混流式粮食干燥机、雷沃重工5HXY-30A批式循环谷物干燥机、雷沃5HXY-21A低温循环式干燥机、雷沃5HXY-15A批式循环谷物干燥机、雷沃5HXY-30批式循环谷物干燥机、雷沃5HXY-30批式循环谷物干燥机等;喷雾机系列,雷沃ZP9500(3WP-500)自走式喷杆喷雾机、雷沃阿波斯ZP9500H自走式喷杆喷雾机、雷沃3WPZ-700自走式喷杆喷雾机、雷沃ZP7700H(3WPZ-700H)自走式喷杆喷雾机、雷沃重工3WPZ-800自走式喷杆喷雾机等;特种收获机械系列,雷沃谷神4HZJ-2600自走式花生捡拾收获机、雷沃阿波斯4QZ-30A1自走式青饲料收获机、雷沃4QG-1自走切断式甘蔗收获机、雷沃谷神4XZ-200A1自走式籽瓜收获机等;自动导航系统系列,雷沃AGCS-Ⅰ农业机械导航及自动作业系统等;工程机械系列,雷沃欧豹ZLG-12农用装载机、雷沃欧豹ZLG-16农用装载机、雷沃ZT250-080装载机、雷沃ZT304-086装载机、雷沃ZT354-100装载机、雷沃ZT354-120农用装载机、雷沃欧豹ZT454-086农用挖掘机、雷沃ZT604-150农用装载机等。

目前,在城市工程机械产品方面,潍柴雷沃重工主要拥有城市建设、城市物流、城市安全、城市管理四大类产品,基本覆盖专用车各领域。其生产的城市建设工程机械产品包括拥有搅拌机、泵车、拖式泵、车载泵、搅拌站、汽车起重机六大系列产品。城市物流工程机械产品包括半挂车、自卸车、随车起重机、冷藏保鲜车、邮政车、油罐车、散装水泥车七大系列产品。城市安全工程机械产品包括二氧化碳、泡沫、排烟喷射、云梯消防等全系列普通消防车和照明、机场消防、后勤消防、抢险照明等全系列专用消防车；拥有标准型、升降型、旋转型、普通型、平板型等全系列清障车；拥有自行式、拖车式等全系列高空作业车。城市管理工程机械产品有：自装卸、旋转板自装卸系列垃圾车；通用、专用类全系列吸尘、扫路、洒水、吸污车。

潍柴雷沃重工致力于为客户提供优质的工程机械产品及服务，目前潍柴雷沃已在国内建立形成一套完善的代理商销售、服务体系，开发、培育了100多家装载机、挖掘机分销渠道，业务覆盖全国所有省、自治区、直辖市，各渠道均具备开展新机销售、二手机销售、售后服务维修、配件销售、新旧机租赁业务的能力，为属地及周边客户提供设备全生命周期服务。

（三）在全球的发展和规划

为积极响应"一带一路"倡议，潍柴雷沃重工从多方面持续加快全球化发展的步伐。

（1）获得海关全球工程机械产品贸易"绿色通行证"。2022年2月，在潍柴雷沃重工举行的海关AEO高级认证企业颁证仪式上，潍坊海关关长将海关AEO高级认证企业证书正式授予潍柴雷沃重工。在海外疫情严峻的形势下，潍柴雷沃重工出口业务发展保持强劲势头，这份全球贸易"绿色通行证"的获得，为其持续深耕国际市场注入新动能。AEO高级认证企业是海关信用等级最高的企业，潍柴雷沃重工获得AEO高级认证，不仅享受较低的进出口通关查验率，享受与中国达成AEO互认国家或区域给予的国际通关便利措施，以及大幅降低国际通关成本，还可享受国家发改委、人民银行等40个部门关于信用、金融等各类联合激励措施。此次海关AEO高级认证的通过，是企业与海关密切合作、关企共建的优质成果。为了深化雷沃品牌的全球影响力，更好地服务海外客户，潍柴雷沃重工于2021年3月正式成立项目组，专项推进AEO高级认证工作。在了解到企业的认证需求后，潍坊海关第一时间指导企业申请高级认证，同时成立专班，采取"一对一"讲解、实地培育等方式，多次到厂指导企业优化管理、提升贸易安全管控。经过九个月的认真准备，潍柴雷沃重工各项管理制度持续完善与优化，达到认证标准，并经济南海关批准，于2021年12月31日正式成为海关AEO高级认证企业。成为海关AEO高级认证企业后，潍柴雷沃重工不仅全球业务管理运营能力得到了有效提升，而且能不断提升潍柴雷沃品牌的全球竞争力，快速融入国内国际双循环，持续布局实施全球化战略。

（2）在120多个国家建立营销服务渠道500余家，形成了覆盖全球的工程机械产品和服务网络体系，已累计销售各类产品超过15万台，其中，大中型拖拉机出口市场占有率达30%。近年来，走上全球化道路的潍柴雷沃工程机械在海外市场显身手。2022年9月，第一台搭载潍柴发动机的国Ⅳ静液压980K–HST装载机发运至东欧区域，这是自2022年6月推出国Ⅳ静液压产品以来，该区域首个国Ⅳ静液压产品订单，完成零的突破！从2022年三季度以来，东欧区域销量增势迅猛，产品覆盖潍柴雷沃全产品线，其中不仅包括FL956H、FL976H、FR60E2、FR245E2等装、挖产品，还包括推土机、平地机、压路机、叉车、轮式挖掘机等新兴产品。近年来，潍柴雷沃工程机械正逐渐成为东欧区域不可忽视的新力量，为当地采矿业、农牧业、市政建筑等领域提供专业一站式解决方案。另外，潍柴雷沃工程机械携装载机FL936H、FL956H和挖掘机FR220D、FR330D以及黄金液压动力总成明星产品参加了南非2022NAMPO重型机械展会。在展会的4天里，潍柴雷沃重工的工程机械展位再一次成为全场最焦点，优质的产品吸引了全场的目光和所有来访客户的注意力。客户不仅对潍柴雷沃工程机械的产品赞不绝口，并在展会期间成交3台订单。南非客户Blaine表示："潍柴雷沃工程机械的静液压装载机节能高效、动能强劲，为我节约了不少费用，以后我们依然会坚定地支持潍柴雷沃工程机械的产品。"此次展会进一步刷新了全球市场对潍柴雷沃工程机械的认知，展示了品牌形象和品牌影响力。

总之，从20世纪以来，特别是从党的十八大以来，潍柴雷沃重工心无旁骛攻主业，践履民族企业走向世界的愿景，持续加快全球化战略进程，推动工程机械高端化品牌形象建设，打造差异化竞争优势。进入2022年后，潍柴雷沃重工全球创新"大棋局"又落数子，在北美、欧洲、日本三地相继挂牌成立科技创新中心，进一步依托潍柴集团全球核心资源优势和技术创新优势，吸纳高端专业人才，通过在聚焦前沿科技、全球吸引人才、全球资源配置、关键核心技术攻克等领域实现高效协同，全面提升了潍柴雷沃重工在农业装备方面的全球研发能力。同时，潍柴雷沃重工始终秉持"客户满意是我们的宗旨"的核心价值观，致力于为全球客户提供智能高效的产品和服务解决方案。为应对未来全球排放升级与客户"最求效益"的需求所带来的挑战，潍柴雷沃重磅推出全球化智慧工程机械品牌战略，该战略将聚焦挖掘机、装载机、特车三大核心业务，坚持全球化、高端化、差异化的核心策略，充分发挥潍柴集团核心产业资源优势，以智能施工技术、新能源技术等尖端科技为支撑，助推潍柴雷沃成为全球领先的智能施工解决方案提供商，为全球合作客户带来全生命周期的一流设备与服务方案。

（四）在东盟市场的发展

随着中国工程机械企业实力的不断提升，抢占东盟工程机械产品供应链、价值链、产业链、创新链高端市场是必然的出路，潍柴雷沃也非常注重开发和服务东盟工程机械产品市场。2022年9月，菲律宾最专业的建筑和工程机械设备展会Philconstruct在达沃举行，作为当地最畅销工程机械品牌，潍柴雷沃重工在当地代理商FARMA受邀参展。本次展会陈列的FR245E2、FR600E2-HD、FL980K、FL956H-v、潍柴发电机组等均是潍柴雷沃根据菲律宾当地地理气候等条件推出的特别定制版，得到广大客户的欢迎。菲律宾铜矿大客户John Rey表示："在去年的11月份Manila展上，订购了2台FR245E2挖掘机和1台FL960K静液压，经过大半年的使用，效果非常好，节油又高效，尤其是FL960K装载机，为我们节省了非常多的油费！"此次展会，John Rey又订购了2台FL960K和1台FL980K装载机。另外，潍柴雷沃重工最新工程机械产品P7000大功率CVT智能拖拉机等进入东盟市场，特别是进入泰国、越南、菲律宾等工程机械产品和服务市场，这对于提升中国农机工程装备科技创新能力和产品在东盟市场的核心竞争力，推动农机工程装备产业向高技术含量转型升级，加快东盟农业生产等实现高质量发展具有重要战略意义。

九、浙江鼎力机械股份有限公司

浙江鼎力机械股份有限公司（以下简称"浙江鼎力"）始建于2005年，总部位于浙江德清，是一家致力于各类智能高空作业平台研发、生产、销售和服务的高端装备制造企业，乘势开启并融入"工业4.0"的时代潮流。[①] 公司以高新技术、高端装备、高成长性著称，是全球高空作业平台10强制造商、国内行业龙头，沪市A股首家上市企业（股票代码：603338）。公司总占地面积1 065亩，建筑面积59万平方米。

（一）发展概况

企业发展，科技先行。浙江鼎力汇聚了一大批科技研发精英和工匠级人才，建有鼎力意大利、德国研发中心，成立省级企业研究院，并获得专利250余项，其中发明专利90余项，国外专利50余项，计算机软件著作权登记证5项，参与制定国家标准16项，行业标准9项，是国家标准和行业标准制定单位之一，专利数量位居国内行业首位，已全面实现技术全球化。

浙江鼎力积极践行绿色可持续发展，是全球唯一大载重、模块化电动臂式系列制造商，全系列实现电动化，凭借可靠的品质质量，在业内率先推出臂式系列产品2年质保，交流电驱剪叉3年质保。此外，通过建立再制造工厂，为客户提供了产品全生命周期服务，积极倡导循环节能的高效利用。

鼎盛中国，力冠全球。浙江鼎力被工信部认定为制造业单项冠军示范企业，是国家重点扶持的高新技术、专利示范、标准创新型企业，先后获评IPAF2018年度高空作业先驱奖，2021年全球高空作业平台设备制造商10强，2021年全球工程机械制造商50强，是中国主板上市公司价值百强、中国民营上市公司投资人信心30强，董事长许树根更是连续多年荣获"中国工程机械产业影响力100人"，是2020年上海证券交易所上市公司"金质量"卓越企业家。

干在实处无止境，走在前列谋新篇。当前，公司总投资22亿元、占地面积365亩、年产4 000台大型智能高位高空作业平台的五期项目正紧密建设中，总建筑面积可达24万平方米。在国内市场上，浙江鼎力设立上海自贸区首家内资融资租赁试点企业——上海鼎策融资租赁有限公司，为推动国内行业发展，不断培育新兴的租赁公司。未来，浙江鼎力将不断升级"未来工厂"，持续深耕研发、生产、智造工艺，践行"非道路移动机械电动化新时代"战略，迈步全面

[①] 浙江鼎力开启"工业4.0"[J]. 建筑机械，2015（11）：26.

智能化,以引领行业向更高水平发展,让高空作业平台"中国制造"闪耀国际,为实现中华民族伟大复兴的中国梦不断贡献力量。

(二)主要产品及其相关情况

浙江鼎力主要产品有自行走和高空取料平台等六大系列的高空作业工程机械平台,涵盖臂式、剪叉式、桅柱式差异化工程机械产品等80多款规格,如GTBZ18A(工作高度18米,平台载重230千克,水平延伸8.85米,跨越高度8.45米,小臂130度变幅,操作灵活方便)、GTBZ24S(工作高度24.22米,平台载重230千克,水平伸展能力最大可达到16.36米;进口驱动系统增强动力,降低能耗;小臂130度变幅,操作灵活方便)、JCPT1418RT(工作高度14.30米,平台载重363千克。浮动桥设计,四轮驱动,爬坡能力强,机动性能好,在崎岖道路上如履平地,适合在高低不平的工地上施工)等。浙江鼎力工程机械产品和服务远销包括美、德、日等高端市场和东盟等国的中低端市场在内的80多个国家和地区,具体类型如下。

(1)臂式高空作业平台。

作为全球唯一模块化电动臂式系列制造商,坚持零排放、无噪声、长续航、大载重、强动力、易维保、高底盘、操控稳、易运输等标准制造工程机械产品和提供专业服务。产品包括电动、柴动两类,具体又分为直臂式、曲臂式。

(2)剪叉式高空作业平台。

作为全球规格最多、工作高度覆盖最广的制造商,产品包括迷你电动剪叉、小型电动"双交流"剪叉、大型越野剪叉,分为电动、柴动,具体包括大型剪叉式、小型剪叉式、迷你剪叉式。

(3)桅柱式高空作业平台。

狭窄空间登高作业首选。包括自行走、移动式两大类20多个规格的产品,结构轻巧、操作灵活、无噪声、无污染。只有电动一类,包括套筒式、桅柱式。

(4)差异化高空作业平台。

目标是最大化、多维度提升客户市场竞争力。具体包括玻璃吸盘车、轨道高空车、模板举升车、桥式高空作业平台。分为电动、柴动,包括玻璃吸盘车、高空取料机、拣选车等。

(三) 在全球的发展规化

浙江鼎力积极响应党和国家号召,深入推进全球化发展的脚步,在开放、合作、共赢中更好面向东盟和全球"走出去",销售网络从覆盖中国周边国家到走向全球。众所周知,浙江鼎力是国内高空作业平台行业领军企业,"以创新谋发展,以品质赢市场",公司将持之以恒地"以提升产品品质为中心",以卓越品质畅行国内外市场,代表中国民族品牌在国际市场上创声誉、谋地位。追求卓越精益求精要全力打造国际一线品牌,以卓越品质畅行国内外市场。[①] 浙江鼎力立足中国,放眼全球,先后在海外设立分公司,并收购意大利 Magni 公司、美国 CMEC 公司、德国 TEUPEN 公司,依托鼎力在意大利和德国的研发中心,全面实现销售网络及技术创新的全球化,遍布 80 多个国家和地区。凭借过硬的产品质量、完善的市场布局和良好的服务体系,浙江鼎力高空作业平台在全球市场的影响力逐年提升。2017 年,浙江鼎力瞄准全球市场精准布局,2017 年开春伊始,公司"走出去"步伐也明显提速。浙江发货现场,一波又一波集装箱运输车进进出出,列队装车准备出口,一台又一台崭新的高空作业平台漂洋过海,发往印度和卡塔尔等国家,助力当地基础设施建设,而且发往印度、卡塔尔等国家的 80 余台高空作业平台为 GTBZ18A、GTBZ24S 和 JCPT1418RT 等,覆盖直臂、曲臂及剪叉式等多种型号,均为浙江鼎力匠心智造的经典工程机械大作。

依托大量智能制造设备,浙江鼎力建有全球行业自动化程度最高的"未来工厂",其打造的 80 多个规格的高空作业平台,更是广泛应用于建筑业、商业、工业、农业等领域,成就专业化、智能化、系列化、品牌化、全球化发展,且所有产品均通过欧洲 CE、美国 ANSI、澳大利亚 AS/NZS1418、韩国 KC 等权威认证,远销包括美、德、日等高端市场和东盟各国在内的 80 多个国家和地区。浙江鼎力立足中国,放眼全球,在全球化战略实施过程中,先后投资全球智能伸缩臂叉装车领先企业 MAGNI 公司、美国老牌高空作业平台知名企业 CMEC 公司、全球蜘蛛式高空作业平台龙头企业德国 TEUPEN 公司等,有力提升了公司品牌的全球

---

① 浙江鼎力:追求卓越品质 打造国际品牌 [J]. 建筑机械,2016 (4): 27.

价值、拓展了公司工程机械产品的全球销售渠道。

另外，与全球最严苛、日本最大租赁公司日建租赁全面展开合作也是浙江鼎力实施全球化的重要举措。日建租赁（Nikken Corporation）是日本三菱商事的全资子公司，是全球排名第8，日本最大的高空作业平台租赁企业，设备保有量达24 000余台，营业网点超240个。值得一提的是，日建租赁还是业内公认的"全球最严苛租赁公司"。众所周知，日本是制造业强国，对工程机械产品的品质和服务精益求精。全球化竞争大环境下，日本严格实施本土品牌保护，对进入日本的国外工程机械产品和服务要求几近苛刻，而中国工程机械产品要想进入更是一种奢望。在这样的背景下，浙江鼎力毅然开始布局日本市场，除了销售人员无数次往返日本协调沟通、样机来回运输反复试用测试、技术人员对照要求屡屡更改调整外，国内不少租赁公司也向日本同行力荐鼎力，历时5年，在多方的共同协作下，鼎力顺利打开日本市场。从上海宝马展莅临浙江鼎力展台，到鼎力厂区现场考察，再到慕尼黑宝马展沟通协调，在一次次的沟通了解下，日建租赁开始聚焦鼎力产品。从2016年起，日建租赁开始小批量地使用鼎力的高空作业平台，使用过程中，产品质量过硬、客户好评率高、租赁效益很好，这些彻底消除了日建租赁在工程机械产品质量问题上的顾虑，随着租赁设备数量的提升，日建租赁开始计划大批量地购置制造商的设备，也急需鼎力为公司员工带来最专业的培训。与此同时，与日建租赁的合作也让浙江鼎力对工程机械产品品质的认识上升到了新高度。随后，在原有全球认可的过硬产品质量前提下，浙江鼎力再次全面提升技术水平，所有工程机械产品出厂前，检验工序要求覆盖至每个配件、每条油管线管、每颗螺丝或螺母。从2019年7月开始，日建租赁开始大批量采购浙江鼎力设备，首批不同规格型号的高空作业平台达数百台。2019年10月，浙江鼎力派出销售及售后人员远渡重洋，再次应邀前往日本，为日建租赁琦玉营业中心和神户营业中心等的百余名技术、品质主管们进行为期三天的培训，培训内容为理论讲解、实践操作、故障诊断等，培训过程中，细致的服务与讲解得到了所有受训人员的好评。通过多次培训与技术交流，日建租赁充分肯定了浙江鼎力的工程机械产品质量及服务水平，使得浙江鼎力成为全球能满足日建租赁所有要求的少数可信赖设备制造商之一。

可以预见，凭借过硬的工程机械产品质量、完善的工程机械市场布局和良好的售前售中售后一体化服务体系，浙江鼎力高空作业工程机械平台等在全球工程机械市场的影响力、竞争力和占有率在逐年提升。

（四）在东盟市场的发展

作为高空作业工程机械平台行业的领军企业，浙江鼎力自成立之日起，便始终以世界巨头为标杆，引进国外先进技术，注重科技创新。浙江鼎力把握市场机遇并迅速成长，顺应改革开放推进产品变革。浙江鼎力是拥有产品品种最全、核心技术最多的中国高空作业平台企业，很早就与新加坡、泰国、印度尼西亚、马来西亚、菲律宾、文莱等东盟国家建立起了良好成功的商务合作关系。目前，在东盟高空和自行走工程机械产品与服务市场占据领先地位。2014年，公司营业收入中出口占比约58%，其中东盟占总出口额的约30%。伴随"互联网+""工业4.0"时代的到来，浙江鼎力在坚持技术积累的同时也把握机遇，通过对传统营销模式的转变，弥补了国内市场环境下企业面向东盟"走出去"等的普遍不足，加速了企业的转型升级。与此同时，浙江鼎力高效地利用互联网提升品牌全球知名度，并借助"一带一路"的契机，以加大投资、共同研发等方式，进一步开拓东盟工程机械产品和服务市场，这一系列的举措使得浙江鼎力成为新环境、新政策下，国内高空作业工程机械平台企业在东盟市场的质量标杆。

浙江鼎力在10多年发展历程中，研发实力不断增强，企业自行走智能型高空作业工程机械平台等产品在东盟市场的销售服务较好。随着浙江鼎力加大对东盟工程机械产品和服务市场的投资，在采取共同研发等发展思路下，进一步开拓了东南亚的工程机械产品和服务市场。2015年7月31日，东盟十国大使、公使、商务参赞一行13人专程来到浙江省湖州市德清县，对浙江鼎力进行商务考察，时任浙江鼎力董事长许树根带领全体员工喜迎贵宾、陪同参观、座谈交流，气氛热烈。[①] 东盟驻华外交官团考察浙江鼎力，他们一方面希望浙江鼎力把先进的工程机械技术、优质的工程机械产品、优良的工程机械服务带入东盟各国；另一方

---

① 浙江鼎力喜迎东盟贵宾 助力一带一路 [J]. 建筑机械化, 2015 (8): 15.

面也是浙江鼎力助力国家"一带一路"倡议，布局全球发展迈出的坚实步伐。东盟各国大使、公使、商务参赞对浙江鼎力的高端化产品、现代化厂房、智能化作业留下了深刻印象，纷纷发表考察意见，他们非常看好鼎力的工程机械产品和服务在东盟各国未来的发展趋势，认为特别适用于东盟各国大力发展的工程建设项目，表示愿为浙江鼎力在本国的投资发展提供协助，更希望浙江鼎力把先进的技术、优质的产品、优良的服务带入东盟各国。此次考察后，浙江鼎力借力多方面渠道与东盟有关国家政府、企业、商会和院校等方面进行了更深入的交流与合作，以持续为中国—东盟睦邻友好、互利合作做出更大贡献，实现浙江鼎力与东盟各国工程机械产品和服务客户的双赢或多赢。

总之，浙江鼎力看准"互联网+""工业4.0"时代的新机遇与新挑战，顺应新时代发展，在智能工程机械产品和服务领域不断突破，从而奠定在业内的崇高地位，引领传统工程机械行业转型。未来，浙江鼎力将继续立足国内、服务东盟、布局全球，稳步提高在工程机械领域的持续发展能力、创新引领能力和核心竞争力，适应工业4.0新模式，达到从中国制造进入中国创造，从跟随巨头转入逐步领先，力争在全球化战略中实现新的历史性跨越。

十、厦门厦工机械股份有限公司

厦门厦工机械股份有限公司（以下简称"厦工"）创建于1951年，1993年12月由厦门工程机械厂改制为上市公司（股票代码600815）。厦工拥有厦门、三明、焦作等研发生产基地，是国家重点生产装载机、挖掘机、叉车、小型机械等产品的骨干大型一类企业。70多年来，厦工敢为超越，变革创新，先后赢得了多项重量级荣誉："厦工及图"商标先后荣获"福建省著名商标""中国驰名商标"称号；厦工产品多次获得"厦门优质品牌""福建省名牌产品""中国名牌产品"称号；厦工多次获得"中国工程机械制造商50强""全球工程机械制造商50强""全国机械行业文明单位""装备中国功勋企业"等荣誉以及"全国高技能人才培养示范基地""机械工业高技能人才培养示范基地""2011年福建省质量奖"等殊荣。

(一) 发展概况

1. 在工程机械技术领域的发展

厦工秉承"创新、引领、担当、优秀"核心价值观,不断推进工程机械技术创新。厦工设有国家级技术中心(1995年福建省首批)、企业博士后工作站(2001年全国首批)和福建省院士专家工作站,拥有200余名专业技术人员。厦工与吉林大学、浙江大学、厦门大学、中国机械科学研究总院、天津工程机械研究院等高校及研究所建立了长期的"产学研"合作关系。厦工技术人才实力、软硬件条件、研发能力及研发成果均位居全国同行前列,先后在多功能液压缸、回油过滤、差速器、连杆装置、双泵合分流等值控制卸荷等近300项液压、传动、工作装置、节能及整机等方面取得核心专利。

2. 社会责任

自1992年以来,厦工装载机、挖掘机、叉车产品第24次远征南极、北极,为国家极地考察事业贡献力量,成为中国极地科考指定民族工程机械品牌。此外,厦工还积极参与三峡工程、青藏铁路、南水北调奥运工程等国家重点工程建设,助力国民经济发展。70多年来,厦工始终秉持民族大义,怀揣社会责任,专门设立了突发应急救援办公室,与国家应急救援骨干力量武警交通部队建立了联动机制。另外,厦工还热心社会公益事业,设有"海翼厦工慈善基金",致力于扶贫帮困、助残助学、应急救援等社会慈善公益事业,与社会大众同心共创美好生活。

(1) 极地建功。

1992年11月以来,厦工装载机、挖掘机、叉车等产品以及以盖军衔为代表的一大批厦工机械师通过国家极地办、极地研究中心的严格筛选后,作为民族工程机械品牌的代表,跟随中国极地科考团远征南北极。2010年8月,厦工机械随国家极地科考船"雪龙号"破冰进入北极圈,开始在北极正式作业。自此,厦工成为唯一同时闪耀南极、北极的中国工程机械品牌。当这一神奇的跨越被厦工写在中国机械制造史上时,外界看到的是一个历经半个多世纪风雨的国企正在实现国际化转型。[①] 20多年来,厦工产品以卓越的性能品质、周全的后勤保障、优

---

① 韦标恒. 国际化厦工纵横天下 [N]. 中国工业报, 2010-08-05 (B04).

越的环境适应能力，厦工机械师以精湛的技艺、勇于担当的负责任精神、兢兢业业的付出，有力保障了每次极地科考任务的圆满完成，也使厦工成为中国极地考察队信赖的民族工程机械品牌，厦工产品被国家极地办授予"中国南北极考察独家专用产品"的称号，厦工机械师也被评为中国南极科考的先进人物。在长城站，有一条由厦工人驾驶厦工装载机修建的沿海大道，被考察队全体队员亲切地称为"厦工大道"。这是南极唯一以企业名称命名的大道，是厦工人深厚的南极情结最好的注脚，也形象地展示了厦工人在南极的实干及奉献精神。

（2）公益助学。

厦工打造优秀党建品牌基地（暨盖军衔培训中心），实施卓越绩效制造管理体系，运用科学审核机制施行严格有效的管理和监督，旨在实现客户、员工、股东利益最大化。厦工与控股方厦门海翼集团有限公司联合设立"海翼厦工慈善基金"，致力于扶贫帮困、助残助学、应急救援等社会慈善公益事业的发展。

（3）和平卫士。

厦工产品先后随中国人民解放军维和部队奔赴柬埔寨、刚果（金）、泰国等国家和地区参与维护世界和平行动，在抢修道路、修筑工事等方面发挥重要作用，为中国军队赢得世界荣誉贡献自己的一份力量。

（4）抢险先锋。

四川汶川大地震、青海玉树强震、甘肃舟曲泥石流、福建闽北洪涝、厦门莫兰蒂台风等自然灾害面前，厦工牢牢秉持作为一个大型国有企业的责任意识，建立应急救援机制，第一时间调集装载机、挖掘机、叉车等抢险设备和专业人员赶赴灾区，参与抢修道路、清理塌方、抢运伤员等救援，并开展灾后重建。

总之，厦工致力于提供节能高效的工程机械产品和专业快捷的服务，是中国装备制造业的核心力量和民族工业的关键基石，实践和承诺国家、企业与职工价值的共同增长，建设人类美好家园。厦工产品高效灵活、智能可靠、舒适安全，广泛运用于冶金采矿、仓储物流、农林水利、基础设施、市政环保、地下空间开发等综合工况。中国首创的厦工系列智能产品能很好地适应高低温、高腐蚀、高辐射、高粉尘、火灾、爆破等极端工况，以及地震、泥石流、危化品泄漏或爆炸等重大安全事故中保障工作质量及操作手人身安全。这一工程机械行业控制技术的创造性变革,引领工程机械施工及运营管理模式向智能化、现代化迈进。技术厦工,品质传承!当前,厦工正不断加大技术研发和改造投入,提升产品竞争力,实施国际化战略,完善工程机械产业链,旨在建立高效的企业运营机制、管理机制和人才机制,塑身成为中国领先、国际一流的工程机械企业。

(二) 主要产品及其相关情况

厦工追求精益制造铸就精品,利用智能产品构建工程机械新生态。厦工的工程机械产品除了常规产品外,还包含了代表中国当前工程机械自主品牌智造高水平的智能挖掘机、智能装载机,以及一整套城市地下空间开发系统解决方案。厦工致力于实现技术与管理的飞跃:一方面,突破工程机械关键技术,实现变革性技术创新;另一方面,大力拓展城市地下空间开发,实现商业模式转型升级,构筑中国工程机械新生态。厦工已通过 ISO9001 质量管理标准认证、ISO14001 环境管理体系认证及 OHSAS18001 职业健康安全体系认证,部分产品也已取得欧盟 CE 标识认证及美国 UL 安全认证。厦工拥有多种焊接机器人、大型多轴数控加工中心等先进生产制造装备,具备 3D 打印技术,配备便携式(Φ4000)、中型(2 500×1 500×1 000)和大型(8 000×3 000×2 500)三坐标测量机等先进的检测设备,建立系统试验台、试验箱、电动振动试验系统等完备检测体系,能够为新品研发提供高精尖技术支持,有力确保了产品品质。

厦工秉持可持续发展理念,重视再制造技术的发展,先后完成桥箱、发动机等关键部件及整机的再制造,形成绿色循环经济模式,为用户谋求更大的价值提升。厦工先后成功研制了中国首台 8~10 吨三轮压路机(1963 年)、Z435 中国第一台轮式装载机(1964 年)、CCC3A 中国首台侧面叉车(1983 年)、XG955 中国首台中轴距装载机(2004 年)、XGRT5130 中国首台越野叉车(2010 年)、XG955CNG 中国首台天然气装载机(2010 年)、XG822LNG 中国首台天然气挖掘机(2013 年)、XG822i 中国首台具有自主知识产权的智能挖掘机(2015 年)、XG958i 中国首台具有自主知识产权的智能装载机(2015 年)等突破性领先成果。

目前,厦工具体工程机械产品和服务主要有智能设备:智能装载机、智能挖掘机;铲运机械:轮式装载机、挖掘装载机、井下机、滑移装载机;挖掘机械:

履带式挖掘机、轮式挖掘机、抓钢机；路面机械：压路机、推土机、平地机、摊铺机、铣刨机；工业车辆：内燃平衡重式叉车、电动叉车、仓储叉车、侧面叉车；环保机械：垃圾压实机、垃圾压缩中转站；掘进机械：顶管机、异形盾构、TBM硬岩掘进机、泥水平衡盾构、土压平衡盾构、复合式盾构。

（三）在全球的发展规划

厦工是推进中国工程机械产品和服务全球化战略的重要动力之一。近年来，厦工向着"打造中国领先、国际著名的工程机械品牌"的目标阔步前进，令世人瞩目。凭借七十多年的产品技术积淀，以高品质、高可靠性的工程机械产品序列，完善的售前售中售后服务与零件备件保障能力，努力践行着"技术厦工智惠时代"的品牌理念，在全球化市场浪潮下，厦工积极响应党和国家战略，在转型升级、创新发展的同时，十分重视全球市场的耕耘，展现出迈向全球化的雄浑气势。历经十多年的经营和拓展，厦工目前在全球拥有七大业务板块，涵盖泛亚、泛俄、中东、非洲、中南美、欧洲、北美等地区，相继在巴西、俄罗斯、苏丹、哈萨克斯坦等50多个国家和地区设立海外经销渠道，经销渠道基本涵盖欧洲、亚洲、美洲、非洲、大洋洲等重要国家和地区，工程机械产品销往全球100多个国家和地区。如2010年下半年，上百台XG953Ⅲ型装载机驰骋在素有"非洲屋脊"之称的埃塞俄比亚，再次批量远销非洲，意味着厦工在非洲市场取得了新的历史突破。特别是进入21世纪以来，随着一批批厦工工程机械产品陆续通过陆运、海运、空运等方式发往海外各国和地区，厦工装载机、挖掘机、压路机、平地机、推土机等工程机械产品足迹遍布俄罗斯、巴西、古巴等国家和东盟、中东、非洲等地区，并持续进入加拿大、新西兰等发达国家。正是这些工程机械产品发挥着自身性能优势，在全球各地重大工程项目施工中，勇挑重担，与众多世界知名工程机械品牌同台竞技，厦工工程机械产品及品牌在国际上的美誉度、影响力、竞争力和占有率日渐提升，有力诠释了民族工业品牌的品质与力量。随着国家"一带一路"倡议向前推进，带动了沿线各个国家和地区的基础设施建设，为中国工程机械产品和服务出口创造了良好的需求。厦工与经销合作伙伴广州一斗福公司合作，一批批厦工装载机、压路机等工程机械产品顺利通过海外客户验收，扬帆起航，运往非洲的毛里塔尼亚、东南亚的柬埔寨、大洋洲的新西兰等。

可以说，厦工的工程机械产品和服务从规划布局，到落地生根，进入深耕细作，在全球化道路上越走越宽阔，树立起了中国制造的全球范，在巴基斯坦 M4 高速公路项目、巴西斯坦穆尔坦卡拉奇高速项目、肯尼亚 A23 项目等重大项目施工中，都可以看到厦工工程机械产品和服务的身影。

在全球化产品策略方面，厦工将挖掘机作为继装载机之后的又一个主导产品，通过技改将挖掘机产能从 3 000 台提升到 1.2 万台，使该公司的挖掘机制造水平迅速和全球先进水平接轨，增强了和国外挖掘机在全球市场的竞争力。2012 年岁末尾声，厦工全球化步伐迈出重要一步——厦工装载机出口专用线举行成立仪式。与此同时，第 1 万台出口装载机正式下线，这是厦工全球化发展的一个重要里程碑。2012 年年初，全球工程机械产品和服务市场需求遭遇"冷冬"，在这样的逆境中，厦工出口业绩逆势飘红，演绎"加速度"，厦工拿下国外订单超 1 亿美元，厦工全年国外销售同比增长 40%。[①] 其中，借助中欧班列等，一批厦工 XG955H 转载机整齐列队驶过新疆阿勒泰吉木乃口岸，"远嫁"哈萨克斯坦。据悉，该批转载机由中铁十六局下属施工单位购买，主要用于哈萨克斯坦高等级公路的建设施工，这也是厦工装载机再一次成批量走出国门，助力世界各国工程项目建设，彰显了中国工程机械装备制造业的品质优势。为按时保质做好该批次装载机的顺利交付工作，厦工销售中心派遣精干人员随车前往哈萨克斯坦建筑工地，帮助客户组装铲斗，并再次详细检查装载机各项技术性能指标，确保按照高标准、高质量、高效率完成订单交付要求，得到了中铁十六局集团哈萨克工程项目部代表的高度赞扬，哈萨克斯坦相关用户对厦工设备也非常满意，对双方更进一步合作有了坚定的信心。2012 年 5 月 15 日，80 个集装箱装载着 80 台各型号厦工装载机在厦门海天港口等待装船，此次航运开往"石油王国"沙特阿拉伯达曼港口，到达港口后经陆运直达沙特阿拉伯首都利雅得。[②] 2012 年 3 月，厦工与沙特阿拉伯签订了两笔大订单，分别是 120 台和 140 台装载机，这两笔大单分批次从厦门出发，连同本次 80 台，已发机器有 200 余台，全部订单五月底完成

---

① 国际化里程碑 厦工装载机出口专用线成立 [J]. 建设机械技术与管理, 2012 (12): 17.
② 厦工海外销售逆势飘红 [J]. 建筑机械: 下半月, 2012 (6): 1.

发运。沙特订单以厦工拳头产品装载机为主，囊括了 XG918、XG932、XG958、XG962 等各个吨位装载机。10 年来，厦工装载机与其他产品系列（如叉车、平地机、压路机等）实现批量销售或翻番销售，截至目前，厦工产品在沙特当地累计销售量 2 000 余台，市场占有率多年保持第一，持续助力沙特阿拉伯重点基建工程项目。2012 年，厦工国外市场工程机械产品发运数量比 2011 年增长超过 100%，截至 12 月底已销售设备逾 5 000 台，中东、北非市场大单频获，泛俄市场销量也早已突破千台，主打的 XG932Ⅲ装载机等在俄罗斯市场十分紧俏。

在打造全球化工程机械管理人才团队方面，2009 年 6 月，厦工首开大型国有企业先河，聘请全球化高级职业经理人蔡奎全出任新一任总裁，这个"人才全球化"思路的大手笔，成为厦工大胆突破、敢于创新的一个折射。此后，厦工经理人团队的全球化不断加快，先后又在生产、销售、管理等重要环节引进了在国内外工程机械行业经验丰富和业绩卓越的职业经理人。全球化的人才给厦工管理经营团队带来了新的人才观念和管理理念，厦工的全球化管理团队在结构上发生巨大变化的同时，其职业化水平显著提高。在管理团队结构优化的同时，厦工重新调整了组织管理架构，积极引进全球化现代企业架构"事业部制"，成立了以装载机、挖掘机、小型机械、叉车、配件销售为主体的 5 个事业部，并将导入 ERP 作为信息化建设的一个重点，通过信息化带动工业化、全球化。厦工管理经营团队的全球化视野、市场洞察力日益敏锐和开阔，创新的思维也推动管理的创新、技术的创新、营销的创新，开始重塑工程机械全球化新版图。

在打造全球化工程机械产品销售服务网络方面，厦工历来重视开拓全球化市场，积极布局全球化工程机械产品营销服务网络。经过十多年的用心建设，厦工逐步建立起了工程机械产品营销服务的全球资源配置体系，在海外建立起了覆盖全球重点市场的营销服务渠道，在全球重点市场建立起了销售服务中心或物流服务中心，在埃及、尼日利亚、巴基斯坦、阿尔及利亚等国拥有 150 多家优秀经销服务商、500 多家销售服务网点，建成了 3 个海外组装中心，通过构建快捷的物流供应系统与技术支持体系，有能力为全球用户创造可观价值。目前，厦工产品出口到中东、非洲、东南亚、欧美等几十个国家和地区，在国内外广大用户中备受赞誉。顺着产品出口路径，厦工经销服务渠道基本覆盖"一带一路"沿线的重点国家，服务网络覆盖美洲、欧洲、非洲、亚洲四大区域，形成了覆盖面广、销售服务渠道畅通的全球营销服务网络，为工程机械产品和服务全覆盖提供有力的渠道支撑，使优质的工程机械产品和服务真正实现"走出去"，持续续写着新的全球化工程机械产品营销服务传奇。

70多年来，厦工扎根中国，展望全球，以高品质产品和全方位服务协助客户事业腾飞。随着全球化战略逐步向纵深推进，厦工始终坚持"改革、创新、转型升级"的发展主线，通过驱动"技术创新和国际化"策略，紧抓党和国家发展新机遇，打造了从研发、制造到销售、服务的产品全生命周期体系，建立了高效快捷的生产销售服务协同治理体系，为中国大型工程机械装备制造企业走向全球市场、参与全球竞争树立了中国制造、中国智造的标杆示范意义。

另外，厦工常年开展"同心圆"及"XGMACARE"服务活动，为全球用户开通"面对面"的服务保障渠道。下一步，厦工将持续努力，践行转型升级策略，加快变革创新步伐，紧握机遇，与全球客户携手前行，与世界共同成长，在致力提高中国工程机械产品和服务的核心竞争力与全球竞争力的同时，助力厦工全球化战略不断取得新突破，真正实现厦门工程机械走向世界级工程机械企业。

（四）在东盟市场的发展

水，孕育了这个五彩斑斓的世界，奔腾的河流与辽阔的海洋造就了中国与东盟各国璀璨的文明，中国—东盟的合作翻开了新的一页。在实施全球化战略的同时，厦工也非常注重发展东盟市场的工程机械产品和服务业务。厦门与东盟各国关系源远流长，特别是厦门大学与东南亚有关国家渊源深厚。厦工作为厦门的标志性工程机械企业和海峡西岸制造业代表性民族品牌，更是把开拓和巩固东盟工程机械产品与服务市场作为公司重要战略级目标。从2007年开始，厦工与东盟客商代表一起销售工程机械产品并提供系统服务，至今累计销售各类工程机械产品上千台，并以稳定的质量以及良好的客户口碑，在东盟工程机械市场销量实现逐年增长，市场占有率持续保持前列。2018年4月，2018厦门工业博览会暨第22届海峡两岸机械电子商品交易会（以下简称"工博会"）在厦门举行，在中国出口信用保险公司厦门分公司的长期大力支持下，厦工与来自东盟的客商成功签下了一笔价值4 000多万元、200台套产品的大订单，这是厦工持续服务党和国家战略、精耕东盟工程机械产品和服务市场取得的又一突破性成果。一步一个脚印，厦工以专业制造经验和技术人才沉淀，非常珍惜和重视新时代赋予的发展机遇，与东盟合作伙伴群策群力促转型升级、维护品牌形象，才得以在马来西亚马东铁路项目、柬埔寨西哈努克港高速公路项目等东盟国家的重大基建项目中大展身手。

厦工也积极参加国内外博览会特别是工程机械展览会，全面展示工程机械产品和服务。2020年11月27—30日，第十七届中国—东盟博览会在广西南宁隆重召开，本届中国—东盟博览会以"共建一带一路，共兴数字经济"为主题，深化中国—东盟数字经济合作，全方位深化各领域交流合作，取得丰硕成果。厦工作为中国工程机械代表性民族品牌之一，深受东盟国际市场欢迎，在历届东博会期间获订单约450单，意向合作金额达16亿元。在第十七届东博会期间，厦工国贸携公司多款拳头产品装载机、挖掘机、压路机、平地机等参与了本次盛会。东博会举办以来，厦工一直将工程机械及运输车辆行业的交流与合作作为重要内容之一，为中国与东盟以及"一带一路"沿线国家的工程机械企业深度合作搭建有效平台，来自泰国等东盟多个国家的客商深入厦工展台，与厦工业务代表开展洽谈对接，厦工国贸亚太区销售代表在现场耐心细致与客户交流探讨，力求给东盟客户提供最优质、最合适的相关工程机械产品和服务。近年来，中国—东盟全方位交流与合作日益深入，东盟各国经济加速发展，基础设施建设的力度不断加大，对工程机械及运输车辆等的需求也在不停增加，厦工以针对性强的设计、高品质、多功能的工程机械产品以及完善的售后服务等优势，受到东盟市场的青睐。未来，厦工也将充分利用东博会平台深耕东盟国家工程机械市场，积极融入国内国际双循环相互促进的新发展格局！

总之，厦工在东盟等全球工业机械市场的全球布局归纳起来有三点：一是主要围绕"一带一路"沿线重点国家、金砖国家进行市场布局，涵盖亚太、中东非洲、欧洲、美洲四大区域市场，主要围绕东盟国家、俄罗斯、海湾GCC组织国家、东非国家、巴西等进行市场拓展，主要市场模式为本土化的经销合作伙伴为主；同时在俄罗斯、巴西、阿联酋等设有境外平台公司，进行海外仓的建设。二是海外主销产品在以装载机、挖掘机、路面设备、叉车等产品线为主，聚焦土石方、道路施工、工业物流等市场客户群体的同时，依托海外本土化经销合作伙伴开展售后服务保障、配件供应工作。三是通过跨境电商平台等国际第三方社交平台，广泛寻找新经销合作伙伴及新客户，进一步拓宽市场覆盖度，同时积极参与央企、国企等境外项目施工设备集采投标，加大"走出去"的客户面。展望未来，厦工立足于海西区域优势，承载民族工业品牌腾飞的梦想，在打造民族工业品牌的全球大舞台上，已经找到了自己的位置和价值，正以其昂扬向上的发展态势，开拓着自己的全球版图。展望未来，厦工将加强与中资、央企等重大工程施工企业的合作，持续聚焦"一带一路"沿线国家工程机械产品与服务市场，主动参与全球竞争，推动企业高质量发展，进一步提高中国工程机械行业的发展水平和国际影响力，延续着在全球工程机械产业的中国传奇。

除了上述企业以外，著名的中国工程机械企业还有中国机械工业集团有限公司下属恒天九五重工有限公司、江苏恒立高压油缸股份有限公司、四川建设机械（集团）股份有限公司、烟台艾迪精密机械股份有限公司、杭叉集团股份有限公司、中国铁建重工集团股份有限公司、安徽叉车集团有限责任公司、山东临工工程机械有限公司、山重建机有限公司，等等。

第三章
印度尼西亚

第一节 印度尼西亚概况

印度尼西亚共和国（Republic of Indonesia），简称印尼（Indonesia），是东南亚国家，首都为雅加达（JAKARTA），常住人口1 056万。印度尼西亚国土面积1 913 578.68平方公里①，与巴布亚新几内亚、东帝汶和马来西亚等国家相接，由约17 508个岛屿组成，是全世界最大的群岛国家，堪称"万岛之国"，疆域横跨亚洲及大洋洲，也是多火山多地震的国家。面积较大的岛屿有加里曼丹岛、苏门答腊岛、伊里安岛、苏拉威西岛和爪哇岛。印度尼西亚是东南亚国家联盟创立国之一，也是东南亚最大经济体及20国集团成员国，航空航天技术较强。石油资源可实现净出口，印度尼西亚曾是石油输出国组织（Organization of the Petroleum Exporting Countries，OPEC，简称"欧佩克"）成员国（1962—2009年），近期正在重新申请加入该组织。

一、印度尼西亚的人口和民族

据印度尼西亚国家统计局（BPS）公开的信息显示，截至2022年，印度尼西亚人口约为2.74亿人。印度尼西亚是世界第四人口大国，民族语言共有200

---

① 1平方公里=100万平方米。

多种，官方语言为印度尼西亚语。印度尼西亚约87%的人口信奉伊斯兰教，是世界上穆斯林人口最多的国家，6.1%的人口信奉基督教，3.6%信奉天主教，其余信奉印度教、佛教和原始拜物教等。

二、印度尼西亚的教育体系

印度尼西亚的教育体制分为初等、中等和高等三个相互衔接的教育阶段。印度尼西亚实行九年制义务教育。儿童从6～7岁开始入小学（公立或私立），学制6年。小学教育实行免费。1983年小学儿童入学率达115%（包括超龄儿童）。中学分为初中和高中两个阶段，学制各为3年。在印度尼西亚的中小学中，75%的学校属于教育与文化部（KEMENTERIAN PENDIDIKAN DAN KEBUDAYAAN REPUBLIK INDONESIA，网址为http://www.kemdiknas.go.id/）主管的世俗学校，25%为伊斯兰教会学校，受宗教事务部（Religious Affairs Ministry）领导。教会学校与世俗学校的课程相同，但更注重宗教教育。1983年，各类中等学校学生入学率为37%。大学学制3年，修满大学课程可获学士学位。其后，可攻读硕士学位，学制2年。最高学位为博士，学制2～3年。1980年，印度尼西亚有各类高校480余所，在校学生40万人。据1982年的统计显示，每万人中的大学生数为39.3人。1985全国文盲率为25.9%。[①] 经过30多年的改革和发展，印度尼西亚教育取得了较多成果，截至2021年，各类中等学校学生入学率超过80%，各类高校超过600余所，各类在校生数量超过6 000万人，文盲率低于20%。

（一）教育发展历史

印度尼西亚是一个多民族国家，统一的语言是印度尼西亚语，英语是第二语言，此外还有其他民族语。印度尼西亚的教育发展历史可分为三个时期：一是萌芽阶段，约公元100—1522年，佛教与回教的宗教学校占统治地位。二是教育殖民化阶段，1522—1945年，葡萄牙、西班牙、荷兰、英国及日本等国先后入侵，使教育殖民地化。三是独立发展阶段，1945年印度尼西亚共和国成立以后，开始改变殖民地性质的教育体系，建立新型的印度尼西亚特色的教育制度，并为此

---

① 张焕庭. 教育辞典［M］. 南京：江苏教育出版社，1989.

做出不懈地努力。

(二) 教育行政管理

1. 教育与文化部主管全国教育行政系统

印度尼西亚教育与文化部网站，提供机构简介、教育援助、奖学金、教育体系、教育新闻、教育立法、教育服务等内容，网站语言为印度尼西亚语。全国教育与文化部分为6个主要机构：全国总教育秘书处，负责部长职责内的日常事务；全国总教育视察团，负责调查研究全国教育现状和问题；全国教育发展总局，负责协调教育计划、发展方案及教育评价；全国教育总理事会，负责各级各类中小学教育与大学教育的行政管理；全国青年与体育运动总理事会，负责各种非正规教育的行政事务；全国文化总理事会，负责文娱活动及科普教育。教会学校另成一体，受宗教事务部领导。

2. 省级管理

印度尼西亚教育与文化部在每一省设有一个省级代表组成的办公室，管理省立世俗学校。省代表的职责是视察小学的考试与课程。另有省政府首长直属教育办公室，其主要职责是提供学校各种教学设备与发放小学教师薪金。省级代表办公室拥有众多视导员，他们分别视察学前教育、小学教育、普通初中与职业初中教育等。大学与其他高校及师范教育机构则由国家教育与文化部直接领导。各级教育行政机构都设有专职的视导人员，分别视察学校教育。

(三) 教育经费

印度尼西亚的教育经费主要来源于国家预算、市政府开支和家长捐献。中央级、省级和地区级的教育费用通过各方面协商解决，高等教育经费以中央提供为主，普通教育经费以省和地区提供为主。政府还允许私人按国家教育政策开办各级各类学校。

(四) 学制

学前教育从3岁开始，以民办公助为主。小学从6岁开始，学制6年。小学实行双语教学（印度尼西亚语和本地语），小学开始学习英语。中学分为初中和高中两个阶段，初中3年，高中3年。实施中学教育的机构有普通中学与职业中学两类。大学学制3~4年，研究生院学制2~4年。高校分公立与私立两类。大学学习 3 年，成绩合格者可获学士学位。其后，可攻读硕士学位，学制为 2 年。最高学位为博士，学制亦为 2 年。1980 年，印度尼西亚的大学已发展到 500 余所。在第三个教育发展五年计划（1979—1984）期间，要求高等教育既要发展数量，又要提高质量，使高校的教学与科研更好地适应国民经济发展的需要。小学教师专门由三年制中等师范学校培养，中学教师由高等师范院校培养。教育行政部门专设社区教育培训中心来完成扫盲教育、成人教育的任务。

（五）在线教育

印度尼西亚"高考"竞争比较激烈，在线教育快速发展。20 世纪 80 年代以来，随着印度尼西亚各地 GDP 的稳步增长，印度尼西亚父母也逐渐意识到教育对孩子未来的重要性。未来，利用科技手段来发展教育势不可挡，在线教育平台的模式可能会趋同，但传递的教育内容是模仿不来的。截至 2021 年，已有十余家在线教育平台公司开发小学和初中阶段的学习内容，继续把课业内容以故事形式呈现出来。根据雷军联合创办的顺为资本的有关尽职调查报告显示，印度尼西亚约 50% 的教师教学水平不达标，因为学校教学质量问题，学生要找其他途径学习，所以在过去十几年里，学生在课外会选择去线下的补习中心。据 Daily Social 在 2020 年 8 月发布的一份报告显示，自 2012 年以来，印度尼西亚的教育技术创业公司发展迅速，随着互联网和智能手机普及率的提高，基于应用程序的服务为学生提供了新选择。创办于 2004 年的 Zenius 是印度尼西亚教育技术市场的先驱之一，另外两家规模较大的本地公司是创办于 2013 年的 Ruangguru 和 Harukaedu。2019 年 7 月，印度尼西亚万隆理工学院（Bandung Institute of Technology）电气与信息工程专业三位毕业生校友 Syarif Rousyan Fikri、Mohammad Ikhsan 和 Edria Albert（后来转到了计算机科学专业）联合创办的 Pahamify 正式上线，其课程内容主要是以高中科学和数学知识为主，视频的长度设置在 5~10 分钟，一方面，学生在短时间内的学习注意力会更集中；另一方面，提供录制视频的好处是学生可以到市中心或手机等学习终端信号较好的地方把一天或是一周要学习的课程视频都下载到手机中，回家可以按照自己的进度来学习。Pahamify 的产品主要包含模拟测试（Exam Simulation）、自主学习（Individual Learning）、问题库（Question Banks）和在线辅导（Live Tutoring）。

印度尼西亚的家长和学生等对在线教育的接纳度不断提高,学生已经习惯了线上学习模式,而且他们还能收获课堂以外的知识。另一个重要因素是,印度尼西亚 GDP 在稳步增长,在未来的 5~10 年,印度尼西亚父母会更关注孩子的教育,也会在教育上为孩子做更多投资。越来越多教育改变命运的成功案例,让家长愿意为孩子的教育押注,让孩子有机会去找一份高薪水工作,他们认定,受教育程度就是和未来职业挂钩的。另外,还有一批毕业于美国和欧洲等名校的大学生愿意返回印度尼西亚,做出一些力所能及的改变。例如 Nadiem Makarim,他从哈佛大学毕业后回到印度尼西亚创办了 Gojek,曾任 Gojek 联合创始人兼首席执行官,2019 年 10 月加入印度尼西亚总统佐科的内阁,被任命为教育与文化部部长。这些都会让印度尼西亚父母意识到教育的力量,他们愿意为孩子的教育付费。总之,与美国、中国、英国等在线教育发达国家相比,印度尼西亚在线教育市场还处于初级发展阶段,所有人都在摸索,到底哪种才是最适合的方式。就像印度尼西亚的学生也分为很多种类,一部分学生的自主学习能力很强,他们更愿意看现成的视频内容。另一部分学生则更想要在接触到新知识后做出反馈,需要获得更多的关注,反而更愿意上直播课。

(六) 著名高校

印度尼西亚非常注重高等教育的发展,采取多种措施建设高水平大学,著名高校有以下几个。

(1) Universitas Gadjah Mada (UGM),卡查马达大学,世界排名 250 位左右。卡查马达大学成立于 1949 年,是印度尼西亚历史最悠久、规模最大的高等教育机构之一,大学共设有 18 个学院,开设本科和研究生课程。

(2) Universitas Indonesia (UI),印度尼西亚大学,世界排名 290 位左右。印度尼西亚大学创办于 1849 年,是印度尼西亚历史最悠久的高等学府,大学拥有国内一流的师资水平,设有 12 个学院,约有来自世界各地的 3 万名学生就读于此。

(3) Institut Teknologi Bandung (ITB),万隆理工学院,世界排名 303 位左右。万隆理工学院建立于 1920 年,是印度尼西亚一所公立高校,大学共设有 3 个系,21 个专业。

(4) Universitas Airlangga (Unair),艾尔朗加大学,世界排名 465 位左右。

艾尔朗加大学是印度尼西亚的一所私立院校，在印度尼西亚有着很高的知名度，与中国的云南大学也有开展交流与合作。

（5）Institut Pertanian Bogor（IPB），茂物农业大学，世界排名520位左右。茂物农业大学成立于1963年，是印度尼西亚的一所小规模公立研究型大学，学校在农、林、渔、畜以及社会科学等诸多学科领域处于世界领先水平。

（6）Institut Teknologi Sepuluh Nopember（ITS），泗水理工学院，世界排名800位左右。泗水理工学院成立于1960年，是印度尼西亚最好的大学之一，学校专注于科学、工程、技术领域的研究和人才的培养，是印度尼西亚重点的理工科类院校。

（7）Universitas Padjadjaran（Unpad），巴查查兰大学，世界排名1 000位左右。巴查查兰大学成立于1957年，学校拥有2个校区，15个学院，开设有本科、研究生和博士学位的课程。

（8）Universitas Diponegoro（Undip），蒂博尼格罗大学，世界排名1 200位左右。蒂博尼格罗大学是印度尼西亚较好的大学之一，学校约有4万名学生，2 022名教师，但国际学生的数量较少。

（9）Universitas Brawijaya（UB），布拉维加亚大学，世界排名1 200位左右。布拉维加亚大学（UB）成立于1963年，位于玛琅。它是印度尼西亚的一所自治州立大学，被公认为印度尼西亚的精英大学之一，在研究、技术和高等教育部（Kemenristekdikt）官方发布的报告中，是与印度尼西亚大学（UI）、茂物农业大学（IPB）、加扎马达大学（UGM）和万隆理工学院（ITB）一起，在全国排名前五的技术学院。

（10）Universitas Hasanuddin（Unhas），哈山努丁大学，世界排名12 00位左右。哈山努丁大学由印度尼西亚前副总统Drs. Moh. Hatta创建，前身为印度尼西亚大学锡江分校，后于1956年独立成校，是印度尼西亚最著名的大学之一。5个校区，其中主校区面积200多公顷①，14个学院，30个硕士点，8个博士点，在校学生3.5万人，来自世界各地留学生每年近千人，先后与世界多个国家的众多著名大学建立了合作交流关系，如中国的厦门大学、南昌大学等。

---

① 1公顷=10 000平方米。

(七) 中印高等教育交流与合作

中国与印度尼西亚合作，双方高校共建了7所孔子学院，作为中印高等教育国际交流与合作的"桥梁"和"平台"，包括阿拉扎大学孔子学院、玛琅国立大学孔子学院、玛拉拿达基督教大学孔子学院、哈山努丁大学孔子学院、丹戎布拉大学孔子学院、泗水国立大学孔子学院、三——大学孔子学院和乌达雅纳大学旅游孔子学院。[①] 2019年3月，中国西华大学与印度尼西亚三——大学共建的孔子学院落户梭罗，这是印度尼西亚的第七所孔子学院，也是中爪哇省唯——所孔子学院。在过去的三年里，三一一大学孔子学院围绕中国和印度尼西亚两国经济金融发展、国际中文教育、巴蜀文化和爪哇文化交流与研究等方面，开展了丰富多彩、特色鲜明的工作，为实现两校的深入合作打下了坚实基础。目前，该所孔子学院已成为四川省与印度尼西亚爪哇地区开展经贸、人文、教育领域合作交流的重要桥梁与合作窗口。2022年4月1日，西华大学经济学院和印度尼西亚三一一大学孔子学院以线上线下结合方式举行共建"国际经济与贸易研学基地"揭牌仪式。中国和印度尼西亚之间的合作具有悠久的历史，中国是印度尼西亚的重要贸易对象，印度尼西亚是中国的重要合作伙伴，双方具有深厚的经济、社会合作基础。该基地设于印度尼西亚三一一大学孔子学院，将为两校经贸人才交流、学术合作提供服务，对于破解中国和印度尼西亚国际经贸合作瓶颈、巩固深化拓展新的合作空间具有重要意义。未来将发挥好国际经济与贸易研学基地"纽带"作用，为中印经济学术交流和学生研学交流提供更便捷途径，持续推进两校师生交流、学术研讨和科研项目等方面的深度合作，提升两校办学水平和教育国际化。印度尼西亚三一一大学孔子学院将依托基地这一平台，通过夏令营、学术讲座、专家沙龙等活动增加两校师生交流，并围绕《区域全面经济伙伴关系协定》(RCEP) 相关成员国开展经济与贸易领域的项目合作和实证研究。海上丝路的发展是中国和印度尼西亚两国共同的期望，对推动贸易发展具有重大意义。西华大学副校长费凌教授表示，希望双方在既有的合作基础上，发挥好国际经济与贸易

---

① 孔子学院. 印度尼西亚孔子学院 [EB/OL]. https://www.ci.cn/#/site/GlobalConfucius/? key = 0. (2017 – 01 – 01). [2022 – 03 – 28].

研学基地的"桥梁"作用,为双方的经济学术交流和学生研学交流提供更便捷的途径,推进两校在师生交流、学术研讨和科研项目等方面的深度合作,提升两校办学水平和教育国际化,为促进中国和印度尼西亚的师生以及实业界的全面了解做出了新的贡献。①

三、中国和印度尼西亚的关系

(一)经贸关系和经济技术合作

两国经贸合作发展顺利。复交后双方签订了《投资保护协定》《海运协定》《避免双重征税协定》,并就农业、林业、渔业、矿业、交通、财政、金融等领域的合作签署了谅解备忘录。2002年3月成立两国能源论坛,迄今为止已经举行6次会议。2009年,两国央行签署总额为1 000亿元的双边本币互换协议。2011年4月,两国签署关于扩大和深化双边经贸合作的协议。2013年10月,两国签署经贸合作五年发展规划,续签双边本币互换协议。2015年,两国签署关于基础设施和产能合作的谅解备忘录。2018年10月,两国签署共建"一带一路"和"全球海洋支点"谅解备忘录。11月,两国央行续签双边本币互换协议并将互换规模扩大至2 000亿元。

中国连续多年为印度尼西亚最大贸易伙伴。2019年中印度尼西亚双边贸易额797.3亿美元,同比增长3.1%;其中中国出口额为456.8亿美元,进口额为340.5亿美元。2019年,中国对印度尼西亚新增投资47亿美元,增长100%,成为仅次于新加坡的印度尼西亚第二大外资来源地。

中国企业积极参与印度尼西亚基础设施建设,先后承建泗水—马都拉大桥、加蒂格迪大坝等重大工程。2012年起,两国在印度尼西亚逐步推进矿业、农业等领域的综合产业园区建设。中国企业还积极参与印度尼西亚第一期1 000万千瓦电站和3 500万千瓦电站项目建设。2016年1月,两国合作建设的雅加达至万隆高速铁路项目举行动工仪式。2017年4月,项目签署工程总承包合同,5月签

---

① 王凡. 西华大学与印尼三一一大学共建国际经济与贸易研学基地[EB/OL]. http://sc. people. com. cn/n2/2022/0401/c379469 - 35204344. html. (2022 - 04 - 06). [2022 - 04 - 08].

署贷款协议。当前项目建设进入全面推进实施新阶段。双方就印度尼西亚方提出的"区域综合经济走廊"达成合作共识，签署了《关于推进"区域综合经济走廊"建设合作的谅解备忘录》《建立"区域综合经济走廊"合作联委会谅解备忘录》和《关于"区域综合经济走廊"建设的合作规划》，将积极推进务实合作。

（二）其他领域交流与合作

两国在民航、科技、教育、卫生、旅游等领域的交流与合作不断发展。1991年1月签署航运协定，开辟直飞航线；1992年1月签署新闻合作谅解备忘录，新华社在雅加达开设分社，人民日报向印度尼西亚派驻记者。1994年签署旅游、卫生、体育合作谅解备忘录，启动互派留学生项目。1997年两国成立科技合作联委会，迄已举行两次会议。2000年7月签署《刑事司法互助条约》。2018年1月《引渡条约》生效。2001年11月重新签署《文化合作协定》。2001年，印度尼西亚正式成为中国公民自费出境旅游目的地国。两国民航部门2004年12月就扩大航权安排达成协议。2005年，两国相互免除持外交与公务护照人员签证，印度尼西亚政府宣布给予中国公民落地签证待遇。2015年7月，印度尼西亚政府宣布给予赴印度尼西亚旅游中国公民免签待遇。我国系印度尼西亚主要旅游客源国之一，2018年中国内地赴印度尼西亚游客213.7万人次。2019年中国内地赴印度尼西亚游客207万人次。中国系印度尼西亚第二大留学目的地，印度尼西亚为在华留学生第七大生源国，在华留学生约1.5万人。中国在印度尼西亚开设了8所孔子学院和2所孔子课堂。

2005年，两国成立海上合作技术委员会，迄已举行10次会议。2012年，两国成立海上合作委员会，迄已举行2次会议。2013年10月，两国签署《关于探索与和平利用外层空间的合作协议》，同意成立航天合作联委会，双方签署《航天合作大纲》，迄今为止已举行了3次会议。

双方地方政府交流活跃。两国结好省市共27对，包括北京市—雅加达特区、广东省—北苏门答腊省、福建省—中爪哇省、云南省—巴厘省、上海市—中爪哇省、海南省—巴厘省、河南省—马鲁古省、天津市—东爪哇省、广西壮族自治区—西爪哇省、重庆市—西爪哇省、四川省—西爪哇省、黑龙江省—西爪哇省、宁夏回族自治区—西努沙登加拉省、成都市—棉兰市、漳州市—巨港市、柳州市—万隆市、广州市—泗水市、厦门市—泗水市、北海市—三宝隆市、汕尾市—日里昔利冷县、防城港市—槟港市、济南市—徐图利祖市、东营市—巴里巴班市、东兴市—东勿里洞县、宿州市—巴东市、福州市—三宝垄市、南京市—三宝垄市。①

第二节　全球主要工程机械企业在印度尼西亚的发展情况

印度尼西亚拥有东南亚最大的工程机械产业市场。2021 年，印度尼西亚的基础设施投资受疫情政策推动，有望大幅增加，公路和铁路等基础设施建设将成为各工程机械企业的商机。

一、国际主要工程机械企业在印度尼西亚的发展情况

（一）卡特彼勒在印度尼西亚的发展

卡特彼勒公司是采矿和建筑设备、工业燃气轮机以及柴油和天然气发动机制造领域的全球领导者，在 20 多个国家拥有设施，向 180 多个国家销售产品，并在各大洲都有设备，多年来年销售额的一半以上在美国以外。2019 年，卡特彼勒拥有 177 家代理商，以 21 个品牌将销售 300 多种产品销往全球各个角落。在 2021 财年，作为全球最大的机械制造商之一，该公司的年销售额为 510 亿美元。

卡特彼勒几乎是基础设施的同义词。"卡特造"的标记先出现在美国各地主要的建筑项目上，包括著名的胡佛水坝、大古力水坝、切萨皮克和特拉华州运河、阿拉斯加公路，甚至是位于北极圈的卡诺尔石油管道。到了 20 世纪 50 年代，该公司的设备已经出现在加拿大、瑞典、乌干达、南极、印度和委内瑞拉——几乎遍及每个大陆。20 世纪 70 年代后，卡特彼勒公司继续发展，在全球进行了扩张。最新的一份统计数据显示，卡特彼勒公司有一百多家工厂，只有一半在美国本土，在全球各地聘用了约 15 万人，超过一半的岗位设在国外。

自 1971 年以来，卡特彼勒产品一直在为印度尼西亚客户提供帮助。如今，卡特彼勒业务包括制造和再制造矿用卡车与挖掘铲的产品和部件。除了这些工

---

① 中华人民共和国驻印度尼西亚大使馆. 中国同印度尼西亚的关系 [EB/OL]. http://id.china-embassy.gov.cn/chn/zgyyn/sbgxgk/. (2020-05-31). [2022-06-29].

厂，Solar Turbines 和 Cat Financial 也在该地区为当地客户提供更好的服务。卡特彼勒印度尼西亚公司主要网点包括雅加达、巴淡 2 个制造点，茂物 1 个部件点和茂物 1 个再制造点。2001 年，卡特彼勒在印度尼西亚新建一个用于生产矿用卡车设备的工厂，印度尼西亚派出 2 辆斯堪尼亚 P 系车分别运输卡特彼勒的推土机和平地机来加快建设新工厂，以满足亚洲市场的需求。卡特彼勒巴淡工厂主要生产用于采矿作业的产品和部件，卡特彼勒印度尼西亚公司在巴淡工厂派驻有卡特彼勒印度尼西亚本土团队，在国际妇女节当天拜访当地一所高中，鼓励并培养当地学生了解制造业。卡特彼勒基金会一直向印度尼西亚当地非营利组织投资，致力于改善人类的基本需求，提升环保意识，并加强学校教育。[①]

卡特彼勒将中国作为公司服务更广泛的亚太地区的巨大枢纽，其他国家包括印度尼西亚、印度、日本、新加坡和韩国等国家，亚太地区占卡特彼勒总收入的近 25%，因此中国、印度尼西亚也是卡特彼勒最关注的市场之一。2021 年 1 月 26 日，中国河钢舞钢 300 吨超大厚度特钢（最大厚度达 250 毫米）首次供应世界知名重型机械设备制造商——卡特彼勒印度尼西亚工厂，用于印度尼西亚桥梁建设，助力"一带一路"的发展。针对卡特彼勒印度尼西亚工厂的特别需求，河钢舞钢加强与客户的深度对接，为其设计在满足同类钢板标准的基础上，表面质量更优的超大厚度特种钢板。在生产过程中，河钢舞钢严格按照技术协议，利用特大型钢锭与厚板坯、控轧和低速大压下纵横交叉等特殊工艺生产，确保足够的压缩比、钢板变形渗透彻底、纵横等向性能均匀、内部组织致密等，使首批钢板表面质量零缺陷交货，且经深加工后的成品各项性能指标均优于国内外相关标准，赢得了客户的高度认可。河钢舞钢是卡特彼勒的主要原料供应商，每年向其供应钢板数万吨，是国内首家与卡特彼勒合作开发 1E 系列钢种的企业。这次出口卡特彼勒印度尼西亚工厂的超大厚度特钢型号为 S355J2 + N，符合欧洲标准，具有钢质高纯净、性能稳定、力学性能优良、金相组织均匀、钢板内部质量优良、保探伤合格能力强等优点，属于高科技含量、高附加值的绿色环保产品，广

---

① 卡特彼勒. 印度尼西亚 [EB/OL]. https://www.caterpillar.com/zh/company/global – footprint/apd/indonesia.html. (2020 – 03 – 05). [2022 – 01 – 01].

泛应用于桥梁、车辆、船舶、建筑等领域。

（二）小松在印度尼西亚的发展

印度尼西亚是小松全球五个地区总部的所在地之一，小松非常注意发展印度尼西亚业务。2021年5月10日，日本工程机械厂商小松发布的2021年1—3月合并财报（美国会计准则）显示，净利润为2020年同期的2.2倍，达到402亿日元。在小松2021财年业绩方面变得重要的是除中国之外亚洲最大的印度尼西亚市场，印度尼西亚的镍生产和基础设施开发日益活跃，但三一重工等中国企业也在发动攻势，从小松来看，在印度尼西亚的液压挖掘机和矿山机械的洽购加强。小松在亚洲地区（不含日本和中国）的工程机械营业收入增长约七成，除了北美和欧洲的住宅、基础设施的开发等之外，中南美等的矿山机械需求也成为利好因素。

2022年4月11日，小松官网公布了2022年3月全球各地小松挖掘机开工小时数。数据显示，与上年同期相比，中国、日本和欧洲地区开工小时数下降，北美、印度尼西亚地区开工小时数增长，印度尼西亚为开工率最高地区，日本为开工率最低地区。2022年3月印度尼西亚小松挖掘机开工小时数为206.9小时，同比增长3.4%，环比增长14.4%。统计数据显示，除2021年11月外，印度尼西亚地区小松挖掘机开工小时数已连续多月保持正增长（表3-1）。

表3-1 印度尼西亚小松挖掘机开工小时数（2020年4月—2022年3月）

月份	2020年4月—2021年3月	2021年4月—2022年3月	增减率/%
4月	183.80	190.20	3.50
5月	158.00	158.50	0.30
6月	174.80	200.40	14.70
7月	180.30	196.40	8.90
8月	188.40	193.90	2.90
9月	186.30	194.80	4.60
10月	194.20	205.30	5.70
11月	190.50	189.70	-0.40
12月	177.40	190.90	7.60
1月	175.70	188.00	7.00

续表

月份	2020年4月—2021年3月	2021年4月—2022年3月	增减率/%
2月	177.70	180.80	1.70
3月	200.20	206.90	3.40

在印度尼西亚等地，小松自2021年起推出比原有产品便宜一至二成的工程机械产品，为应对与中国工程机械企业等的竞争，面向低负荷作业，增加降低发动机功率的工程机械产品，受到印度尼西亚各类客户的欢迎。同时，为了促进企业本土化和提升服务质量，小松还与印度尼西亚20余所高校开展了校企合作，这些校企合作项目获得了印度尼西亚教育部的备案，所培养的工程机械专业相关人才，成为推动小松甚至印度尼西亚工程机械产业持续发展的重要人力资源。

（三）约翰·迪尔在印度尼西亚的发展

约翰·迪尔在2022全球品牌价值500强排行榜中排名第255位，公司坚持全球化的经营发展战略，业务拓展到全球各地，足迹遍布五大洲，并在印度尼西亚、泰国、越南等国家承建了海外分公司或销售代理点，并设置了客服热线001-803-011-3341。约翰·迪尔主要为印度尼西亚客户提供农业机械及工程机械、农业机械、林业设备、草坪设备以及设备融资等服务。约翰·迪尔的农机业务以农场主为服务核心，全方位覆盖了农业耕作的五个主要环节，即农场管理、耕作准备、耕种过程、农作物防护以及收获，印度尼西亚客户对此的总体评价较好。

（四）沃尔沃建筑设备在印度尼西亚的发展

沃尔沃集团不仅在印度尼西亚销售汽车，其建筑设备公司还在印度尼西亚销售建筑设备，如Volvo FMX 480重载自卸棕榈卡车、沃尔沃550推土机、沃尔沃FH16 550 HP型41吨负载卡车。2016年，为了响应客户对有效载重量更大的铰接式卡车不断增长的需求，沃尔沃面向市场推出了载重量高达55吨的A60H铰接式卡车，该机型堪称当时业界最大的铰接式卡车，印度尼西亚的煤炭、矿石等运输，沃尔沃卡车是主要运输工具。众所周知，印度尼西亚的加里曼丹岛是世界上面积第三大的岛屿，这里热带雨林茂密，曾经与亚马逊丛林并称"地球之肺"。丰富的丛林也造就了这里的煤炭资源,在加里曼丹岛的东南部、印度尼西亚东加里曼丹省,就坐落着一座大型煤矿——Sangatta 煤矿。Sangatta 煤矿由印度尼西亚煤矿业巨子 PT Kaltim Prima Coal (KPC) 公司运营,矿区总面积超过 9 万公顷,总共有 65 台沃尔沃铰接式卡车和 8 台沃尔沃挖掘机在此工作,铰接式卡车都被用来装载土方,挖掘机则主要承担挖掘土方的任务。KPC 采矿支持部的总经理 Untung Tri Hardiayanto 对于沃尔沃设备的性能十分惬意,沃尔沃铰卡的传动系统主引擎、变速箱、轮轴等部件配合得天衣无缝,保持了非常流畅的运转;沃尔沃挖掘机不仅动力出色,燃油效率也十分突出。在这些强力设备的配合下,Sangatta 煤矿最多可以允许 12 个矿井同时工作,采矿效率惊人。不过对于 KPC 来说,最为担心的问题并非设备性能,而是设备维护。在如此繁忙的挖掘和运输作业中,一旦设备发生故障停机,将会导致巨大的损失,而加里曼丹岛人烟稀少,矿区所在的东库台县地区人口密度更是每平方公里只有 7 人,基础设施匮乏,给设备的维护带来了很大的困难。为了给 KPC 公司的设备提供快速及时的维修服务,沃尔沃建筑设备在该地的经销商 Intraco Penta Prima Servis (IPPS) 公司专程派遣了一队服务工程师驻扎在 Sangatta 煤矿工地,还设立了配件仓库随时提供"补给"。对于公司来说,扶助客户维护设备,保证客户获得最大化的设备价值是最重要任务。在公司全体同仁的共同努力下,沃尔沃设备都维持了良好的工作状态,甚至有一台设备已经工作了超过 10 万小时。除此之外,沃尔沃设备搭载的远程信息系统 CareTrack 也给设备的日常维护提供了巨大的扶助,它可以给车队经理和服务工程师反馈设备的使用情况,包括燃油消耗、工作时间、地理位置信息等;在设备需要检查和维护时,它也会发出预警信息。为了保证通信流畅,设备还可加装卫星通信模组,确保 CareTrack 可以持续获取设备的数据信息,这些信息对于公司来说非常重要,结合 IPPS 给公司的扶助和建议,公司可以有效降低设备的使用成本,并延长设备的工作时间。

(五)日立建机在印度尼西亚的发展

中国以外的亚洲是日立建机的主要市场,其注重发展印度尼西亚业务,日立在印度尼西亚握有两成市场,次于小松的五成,印度尼西亚的建机市场实质上大半以矿山为主要客户。2021 年 4 月 15 日,日立建机宣布,其已在印度尼西亚日立建机印度尼西亚分公司 Cibitung 1 工厂内新建了一座中大型液压挖掘机的新零部件再制造工厂，即日立工程机械印度尼西亚公司，总部设在印度尼西亚雅加达勿加泗市西爪哇 Jalan Raya Cibitung KM 48.8，总建筑面积 900 平方米。新工厂于 2021 年 6 月开始运营，主要再制造的零件包括液压缸、液压泵、行走装置等，据此为印度尼西亚客户提供产品销售和服务业务。日立建机通过在东南亚地区收集和再制造废旧零部件，并建立供应网络，为减少二氧化碳排放和工业浪费，以及实现循环型社会做出贡献，此举还有助于使客户降低购买再制造零件的成本并缩短交货时间。日立建机集团的零部件再制造业务是将客户使用过的正品零部件（如液压缸、液压泵、行走装置等）进行收集、拆解和维修，然后作为与新零部件具有相同功能保修的再制造零部件提供再利用。东南亚地区的零部件再制造业务一直是对废旧零部件进行再制造并向印度尼西亚供应，主要用于采矿产品，但由于大中型液压挖掘机的再制造零件需要经由日本运往印度尼西亚以外的国家和地区，所以运输成本和周转过程是一个问题。印度尼西亚新的零部件再制造厂已成为向东南亚地区供应中大型液压挖掘机再制造零部件的重要基地，日立建机集团的目标是在 2022 财年，将包括东南亚地区的零部件再制造量的二氧化碳排放总量减少 23 800 吨，工业废料总量减少 9 500 吨。展望未来，日立建机印度尼西亚公司除了加强包括零部件再制造业务在内的价值链业务，为减少环境影响和实现循环型社会做出贡献外，还将为客户机器的稳定运行和降低生命周期成本做出贡献。

KPC 是印度尼西亚煤炭产量第一的矿山公司，而支撑起其强大生产能力的正是日立建机的超大型液压挖掘机——EX3500，但是，合作最初肯定有难点。为了维持高运转率，日立建机与 KPC 公司共同合作强化服务支援体制，最终，实现了牢固的信赖关系基础。KPC 公司为了开始商业运营，于 1989 年开始商讨引进日立建机产品。作为矿山支援部门负责人的 Unton Prihardiyant 先生回顾当时的情况，他说："当时，能够提供超大型液压挖掘机的厂家有限，机器的性能就不用说了，服务体制也很重要。当时，厂家都不提供现场服务（在机器运转现场的服务），维持稳定的运转成了课题"。KPC 向日立建机提出了史无前例的 5 万小时全面保养的签约（FMC）条件。对此，日立建机基于在北美的 UH801 的实绩提出了运转率、经济性能和售后服务体制等。同时日立设备单位产量的性价比也得到了认可。在 1989 年的圣诞节 KPC 向日立订购了 EX1800 和 EX3500 共计 12 台机器。1990 年 8 月,日立建机土浦工厂开始供货,在 1991 年 1 月,1 号机开始运转。在交付机器时,由于当地还没有设立事务所,现场属于热带雨林气候,气温高达 40 摄氏度,环境严酷,时常出现暴风雨。道路也未整修,因此,包括最大 14 吨的部件在内的各部件是在被分解的状态下交付的,由海外的服务人员以及土浦工厂的担当者组装完成。在开始运转的第 2 年以后,日立建机深刻感受到了机器保养的难度,要保证接受订单时承诺的运转率,就需要以三班倒的体制使机器 24 小时运转,必须在每 1 次 30 分钟的停车时间内完成加油、润滑和检查,而且,还会出现突发性事故和定期零件更换等工作,因此,即使是对于技术熟练的日本服务人员来说也是非常高的目标运转率。同时,还培训印度尼西亚本地的服务人员,开始由本地工作人员进行作业,但每天的检查仍会超出预定时间,检查也存在遗漏,而且,机器还会发生预想不到的异常,降低运转率。因此,出现了 KPC 公司不得不呼叫日立建机人员到现场服务的情况。最初引进的这些超大型液压挖掘机的运转实绩和服务能力,促成了之后超大型液压挖掘机的追加订购和矿山自卸卡车的大批采购。在数字技术飞跃性发展的过程中,KPC 公司始终致力于整体运营的最优化研究,在这之中日立建机的技术也必须能够为客户的业务流程做出贡献,顾客对日立建机提供的解决方案"Solution Linkage"有着很高的期待。要支持实现整体运营的最优化,日立建机也必须致力于数字技术的发展。具体地说,以运行管理系统为基础来扩大解决方案领域,能够通过网络实时监控在 KPC 公司 16 个不同现场的机器运转状况;同时,还实现了主要机器的故障预兆诊断,在损坏前进行更换,以期降低产品使用寿命周期成本。未来,除了提供新机和零部件以外,为了能够根据顾客事业环境的变化全面地解决经营和操作课题,日立建机将活用数字技术,开发全部以网络连接的统合系统。[①]

(六)利勃海尔在印度尼西亚的发展

利勃海尔在大力拓展全球业务的同时,积极参与印度尼西亚经济建设。2016

---

① 日立建机. PT Kaltim Prima Coal(KPC)[EB/OL]. http://www.hitachicm.com.cn/70th/interview/kpc/. (2018 – 10 – 15). [2022 – 02 – 25].

年，在散货装卸领域，除了全新一代的履带式 R934C 抓料机在东南亚市场实现突破销售外，利勃海尔原装法国工厂生产的 R944C 履带抓料机也首次实现在印度尼西亚工地进行卸船作业。同时，利勃海尔还向印度尼西亚销售 LR 1130 履带式起重机、挖掘机等工程机械产品。

（七）斗山工程机械在印度尼西亚的发展

作为韩国最早的近代企业之一，斗山集团旗下的斗山 Infracore、斗山发动机也已成为行业中的中流砥柱。作为一家传承百年的全球化企业，对未来市场出色的判断力与战略前瞻性必将是其稳固发展的核心力量之一，所以，斗山积极携手印度尼西亚国营企业布局东南亚市场。

2016 年 12 月 22 日，韩国斗山重工业和印度尼西亚国营建设公司 Consortium 联合，从国营电力 PLN 子公司印度尼西亚电力处获得 1 800 亿韩元的复合火力发电站转换业务，这是斗山 2007 年获得煤炭火力发电站订单以来，时隔 10 年再次进驻印度尼西亚发电市场。这次转换业务是设置三座 300 兆瓦级天然气火力发电站排热回收锅炉和一座蒸汽透平，转换成 484 兆瓦级的复合火力发电站，在 2019 年 2 月完成了建设。斗山重工通过竞标成功获得日本和意大利等企业的合作订单，强调"重新证明在电力领域的技术力"。

2019 年 3 月 20 日，斗山与印度尼西亚 ART 公司签订了 9、10 号机组火力发电站建设合同，工程总费用约为 1.9 万亿韩元，斗山重工业的订单规模达 1.6 万亿韩元。斗山重工业在此次项目建设中，以符合世界环境标准（IFC 指标）的超超临界压力（USC）方式制造并供应 2 个 1 000 兆瓦级，该工程采用 EPC 方式，预计将在 2024 年完工。2019 年 8 月，斗山集团旗下斗山 Infracore 与印度尼西亚国营柴油工业（BomaBisma Industri，BBI）签订发动机制造及销售合同，计划在 2024 年提前实现印度尼西亚柴油发动机国产化目标。根据合同规定，斗山 Infracore 和 BBI 将在未来 13 年的时间内在发动机的单一/零件组装（Dressup/SKD）、全散件组装（CKD）等阶段，为促进 BBI 的发动机研发开展合作。2020 年，斗山 Infracore 与 BBI 在印度尼西亚当地投产了船舶用发动机 DV22。印度尼西亚作为世界第四人口大国，庞大的人口基数使得印度尼西亚市场潜力无限。为实现年产 1.6 万台发动机的目标，BBI 将建造一个"Dressup/SKD"制造工厂，用于生产船舶用、工程机械用、农用机械用、发电机用等发动机,满足印度尼西亚主要发动机市场需求。同时,BBI 还计划将生产规模扩大至 2.5 万台。除印度尼西亚之外,还将进军其所在的东南亚发动机市场。借助本次签约,斗山 Infracore 为抢占东南亚发动机市场上规模最大的印度尼西亚市场奠定了基础。公司将在满足印度尼西亚发动机市场车辆和工业用需求的基础上,在 2025 年把销量从 2018 年的 5.5 万台增加到 7.1 万台,每年平均增加 5%。BBI 工厂已成为抢占印度尼西亚等东南亚发展潜力大的新兴市场的主要基地,公司根据各个市场的发动机产品建立全球生产体系,积极应对各种发动机需求。

2019 年 11 月 14 日,斗山在印度尼西亚雅加达举办"斗山科技日"(Tech Day),斗山集团旗下(株)斗山、斗山重工业、斗山 Infracore、斗山机器人科技等公司参加了此次活动。本次"斗山科技日"应印度尼西亚政府邀请,在印度尼西亚政府提供的科学技术厅(BPPT)展览空间举办,为期 14 天。在本次"科技日"期间,不仅斗山旗下各主要公司动作频频,重磅展出了斗山最新研发的产品和技术成果,还由斗山集团牵头召开了扩大适用生物柴油的应对方案、发动机及后处理技术相关的技术研讨会。斗山 Infracore 展览了其柴油发动机和后处理配件等技术产品,并公布了与当地发动机企业共同合作与推进的"国营发动机生产合作项目"(Indonesian National Engine Manufacturing Project)最新进展,还重点介绍了其工程机械主营产品、Concept 工程机械和未来型建设现场体现项目"Concept – X";斗山则通过介绍 EPC 业务和发电器材、燃气涡轮机等技术及海外网络,提高了其在印度尼西亚政府、国营企业中的知名度;斗山机器人科技、斗山产业车辆、斗山摩拜创新等子公司还介绍了协作机器人、叉车、氢燃料电池无人机等各公司主要产品阵容。印度尼西亚拥有 2.7 亿人口,在世界排名第四,是创下 5% 以上经济增长率纪录和潜力极高的市场。当前约 52 吉瓦①的印度尼西亚发电市场年均增长 8.5%,预计截至 2028 年将扩大至 108.4 吉瓦,市场潜力非常可观。因此,斗山一直以来十分重视印度尼西亚的市场开发和网络建设:从 2007 年斗山重工业首次进军印度尼西亚市场以来,各种发电设备业务一直在持

---

① 1 吉瓦 = 1×10^9 瓦。

续开展；斗山 Infracore 也以发动机业务为中心，与印度尼西亚市场结下了缘分。在 2018 年印度尼西亚地震发生后，斗山支援了价值 100 万美元的设备，以帮助印度尼西亚进行震后家园修复工作。本次"斗山科技日"单独展览会就是过去斗山在印度尼西亚市场展开商务活动而积累的信任果实。未来，斗山将继续加强与印度尼西亚的合作，推进技术传授和工程师培训计划，为印度尼西亚从业者创造更先进的工作环境；在印度尼西亚政府的积极支援和关心下，举办宣传斗山技术力和品牌的特别活动；在扩大与国家政策相关的印度尼西亚项目机会的同时，也将加强当地网络的建设。

2021 年 6 月，韩国斗山重工利用越南子公司给印度尼西亚 Jawa9 - 10 号 2×1 000 兆瓦超超临界热电项目供应常压锅炉设备。印度尼西亚最早的两组兆瓦级超超临界机组在 2017 年由日本东芝承建，代号为 Jawa5 - 6 号机组，总投资 26 亿美元。后来中国神华及中国银行团以总投资 18.83 亿美元，比东芝更低的价格中标 Jawa7 - 8 号机组项目，建设两组 1 050 兆瓦超超临界机组。而当再后来的 Jawa 9 - 10 号招标时，斗山重工及韩国中国香港联合银行团则以总投资 16.8 亿美元，比中国神华更低的价格中标建设两组兆瓦机组。此外，斗山工程机械在印度尼西亚还销售斗山 DX520LCA 重载 50 吨卡车等工程机械产品。

另外，斗山机械还与印度尼西亚有关高校特别是职业技术类院校开展校企合作，设立工程机械运用与维护专业斗山班奖学金等。依托合作学院在校企合作方面提供的坚实后盾和稳定基地，斗山对教育的关注及对未来人才培养的积极促进，同时鼓励学生扎实用功学习，掌握真才实学，为个人职业发展奠定坚实基础。合作学院坚持以服务地方经济和社会发展为宗旨走校企合作、工学结合之路，在加强与斗山的深度校企合作过程中，一方面强化了斗山品牌在印度尼西亚合作院校中的影响力；另一方面有效解决培训资源不足的问题，确保企业产品专业服务人员的持续稳定输出。"订单班"或"奖学金班"学生通过在校学习与企业实践结合来提升职业核心素养，高校与企业资源、信息共享，实现了校企"双赢"的目的。

（八）山特维克在印度尼西亚的发展

山特维克是印度尼西亚机床金属处理工业展（MTT Indonesia）的主要参展

商,该展会在雅加达国际会展中心举行,印度尼西亚机床工业协会、印度尼西亚模具工业协会是主办单位,印度尼西亚工业部、印度尼西亚投资协调委员会(BKPM)、印度尼西亚金属加工与机械协会、印度尼西亚汽车零部件与配件协会等协办。印度尼西亚工业基础薄弱,大部分机械需要进口,山特维克是印度尼西亚工程机械产业的重要进口商之一,印度尼西亚对山特维克工业机械产品的进口额占到总进口的约0.10%,并呈逐年上升趋势,其中掘进台车、锚杆台车、顶锤式深孔台车、掘锚机、破碎锤、地下卡车、铲运机等工程机械进口是重要组成部分。[1] 比如,在印度尼西亚矿山广受欢迎的山特维克2700系列地下钻机,是多国研发人员合力设计,专为矿山、岩土工厂打造的产品,其将山特维克采矿、采石设备的业内领先科技与安全性集于一身,为重视产品价值的客户提供高质量的设备,其尺寸很讨巧,适用2.7×2.7米巷道,加上十分低廉的价格优势,深受客户喜爱。除此以外,它的精准、耐用、成本低等特点,使之成为名副其实的高性价比明星产品,完美匹配印度尼西亚矿石开采地区复杂的开采环境。

(九)美卓奥图泰在印度尼西亚的发展

作为芬兰采矿技术制造商,美卓奥图泰长期在印度尼西亚销售工程机械产品并提供相关服务。美卓奥图泰拥有行业内品种规格最齐全的压滤机组合产品,其能源、排放和水资源效率都处于领先地位,以满足客户所有过滤相关服务和备品备件需求,迄今已完成14 000多个过滤测试,并通过其全球服务系统为世界各地的各类应用提供了超过5 000台的压滤机,大多数压滤机的销售均采用Larox®产品名称和Metso Outotec企业品牌。2022年3月28日,美卓奥图泰获得一份重要合同,向华飞镍钴(印度尼西亚)有限公司的新建红土镍矿项目交付可持续的尾矿过滤技术,该湿法冶炼厂目标是年产12万吨镍金属,预计将于2023年第二季度投产。美卓奥图泰获得的这份印度尼西亚订单的价值超过3 000万欧元,并已登记在2022年第一季度的矿物加工业务线订单中。美卓奥图泰的交付范围包括Larox® FFP3512压滤机的工程设计、制造,以及安装调试咨询服务与备品备

---

[1] Aldrian, Edvin Djamil, Yudha Setiawan. Spatio-temporal climatic change of rainfall in east Java Indonesia [J]. International Journal of Climatology, 2008 (4): 435-448.

件供应，全自动一次性全开卧式压滤机（FFP）将隔膜技术和侧梁设计的优点与优异的机械和工艺性能相结合，从而实现安全和可持续的高产尾矿脱水，并降低全寿命周期的运营成本，这是印度尼西亚客户最终选择美卓奥图泰过滤技术的关键标准。此外，美卓奥图泰还能够满足印度尼西亚客户对快速交付的期望，成为这个项目的长期解决方案供应商，并通过与客户在这个重要项目上的合作实现了产品服务范围的拓展。

美卓奥图泰早在1969年就在芬兰的Harjavalta开始了自动阳极铸造的开发和测试，在此之前，铸件是通过控制钢包倾斜手动制造的。第一台阳极称重和铸造机于1972年交付给美国，一年后，在芬兰的Harjavalta冶炼厂安装了第一家完整的阳极铸造车间。2022年4月21日，美卓奥图泰向位于印度尼西亚东爪哇省Gresik的PT Smelting（PTS）铜冶炼厂交付其第100个阳极铸造车间，这是公司服务印度尼西亚工业发展的一个里程碑。美卓奥图泰交付给PTS的系统是目前世界上最大的双轮阳极铸造车间之一，车轮由大型中心轴承支撑，并由双驱动系统驱动，该系统旨在消除车轮运动中的反冲效应并确保质量均匀，该系统优化的设备设计显著提高了铸造能力，保证产能达到每小时120吨，并提供更有效的占地面积。

（十）杰西博在印度尼西亚的发展

在英国和欧盟的许多国家，杰西博是一个家喻户晓的品牌，尤其是在印度尼西亚，杰西博成了最大的工程机械供应商之一，也是最大的挖掘机供应商之一。作为公司的发展战略，杰西博正在增加对重型工程机械（挖掘机、轮式装载机和压路机等）的财政和技术投入。杰西博在印度尼西亚最近推出了一款本地生产的20吨液压挖掘机JS205，这台机器搭载康明斯108千瓦柴油机，可以配备0.8到1.02立方米容量的铲斗，非常适用于土方工程、采石业和道路建筑。新型挖掘机油耗低、容易维修、结构可靠、具有较低的维护成本，为操作员提供更好的安全性能和操作性能。这款机器的功能包括对空气滤清器堵塞、冷却液液面过低、液压油温度过高的声音、图像等多重报警，并且安装了底部框架防护罩和顶部覆盖件，空调系统是可选的配置，该机型最终将淘汰现有JS200型挖掘机。杰西博现在生产8.1吨到21.3吨的挖掘机，最小的JS81型挖掘机配备56千瓦Kirloskar发动机，操作重量8.1吨，而最大的挖掘机操作重量20吨。尽管印度尼西亚国内基础设施建设拥有巨大的增长潜力，但是在被称为政府"政策瘫痪"的外部环境下，市场对挖掘机的需求停滞不前，即使在这样的背景下，杰西博公司仍能在激烈的竞争中增加其销售量并占据了更多的市场。凭借庞大的产品销售和售后服务支持网络，杰西博公司计划提高其销售量，鉴于在印度尼西亚西南部地区显著的业务增长，公司计划在印度尼西亚建立一个设备仓库和二手件仓库，除了发展印度尼西亚市场外，公司也不断地增加产品出口到东非、西亚和东南亚其他国家。

杰西博向来有帮助受重大自然灾害影响的国家的历史，近年来提供了众多工程机械设备，用来支持尼泊尔、智利、巴基斯坦和海地地震后的救援与重建工作，还有台风"海燕"过后的菲律宾。杰西博也大力支持印度尼西亚抗震救灾。2018年8月5日，印度尼西亚龙目岛发生了7.0级地震，随后发生一系列余震，造成了515人死亡，7 145人受伤，超过15万人无家可归。主震和一系列的余震造成了岛上大面积的破坏，建筑物部分或全部被毁，基础设施严重受损。为了尽快支持龙目岛进行大型灾后清理和当地灾后重建，杰西博通过当地经销商Airindo捐赠了一台JS205履带式挖掘机。为了能立即将设备投入使用，杰西博还专门配了设备驾驶员和满箱的燃料，用于清理被山体滑坡摧毁的北部龙目岛大片地区，包括移除岛上倒塌建筑的碎石，以尽快开始重建工作。杰西博挖掘机与翻斗车配合默契，工作流程简化，救印度尼西亚人民于危难之间，对地震救灾工作产生了重大影响。

另外，杰西博高管还与印度尼西亚政府高层会面，讨论潜在的投资、技术和人才培养问题，特别是对印度尼西亚镍业的潜在投资和相关工程机械产品供应等进行了多轮工作层面的讨论，杰西博的代表还就潜在的建厂相关投资、校企合作培养人才等问题与印度尼西亚官员进行了会谈。

二、中国主要工程机械企业在印度尼西亚的发展情况

（一）徐工在印度尼西亚的发展

印度尼西亚是徐工的重要市场，也是徐工深耕多年并取得重要市场份额的东南亚国家之一，早在1992年，徐工的产品就开始在印度尼西亚市场销售，为印度尼西亚客户提供优质服务。2014年6月17日，在繁华的印度尼西亚雅加达商

业中心区，徐工一台 QTZ200 系列平头塔式起重机赫然屹立在 Pluit 地标中心，助力 Landmark Pluit 工地建设，该机型采用先进的产品设计，使用工作速度高，调速性能好，工作平稳可靠，并应用快装结构设计，确保产品安装简便、快捷。该产品采用太空舱，美观舒适，空间大，视野好，可配冷暖空调，能改善操作者的工作环境，同时，塔机操作充分结合人体工程学设计，使用舒适，种种全方位人性化的设计，保障了人员良好的安全性，提升了徐工塔机的美誉度，得到众多客户的认可及好评。截至 2014 年，徐工塔机已有十余台塔式起重机出口雅加达。2017 年 5 月 30 日，徐工印度尼西亚公司开业仪式在雅加达隆重举行。中国驻印度尼西亚大使馆经商参处一等秘书胡啸山以及中电建印度尼西亚公司、中铁雅万项目部、ACSET 公司等 100 余位客商共同见证了徐工印度尼西亚公司的开业盛况。《印度尼西亚商业报》（*Bisnis Indonesia*）《印度尼西亚工业报》（*Indonesia Industry*）和《雅加达邮报》（*The Jakarta Post*）等当地著名媒体报道了此次开业仪式。徐工集团进出口公司高管接受了当地媒体采访，并介绍了徐工品牌在印度尼西亚 25 年的发展历史，以及徐工印度尼西亚公司的战略规划与市场布局。[①] 徐工印度尼西亚公司将携手经销商，共同为印度尼西亚工程机械客户提供更好服务。

徐工生产的工程机械为什么在印度尼西亚火了？概括起来就是，定制化产品，批量交付印度尼西亚市场，特种设备、大吨位机型再次实现突破，凭借"高端定制"出圈国外，徐工火得有道理！具体地说，一是因地制宜，定制化机型赢得客户信赖。印度尼西亚矿产资源极其丰富，是世界第一大镍矿生产国。苏拉威西岛位于赤道沿线，是印度尼西亚最重要的矿区，全年气候湿热，雨季绵长，环境恶劣，给设备施工带来了极大的挑战。二是针对矿山项目开采需求，交付 XE550DK 大吨位挖掘机。采用徐工专用发动机，定制扭矩曲线，燃油经济性好，动力强劲。优化升级液压系统，性能优越，输出稳定，作业效率更高。强化了工作装置、行走装置，耐久性、可靠性和机动性更高。更舒适安全的驾驶环境，智能化的信息管控，"以人为本"的设计理念，给客户留下了深刻的印象。三是针对客户物料抓取需求，交付徐工液压抓料机。采用增强型工作装置，具备更远的

[①] 刘刚. 徐工又增一家海外公司！徐工印度尼西亚公司盛大开业 [J]. 工程机械, 2017 (7): 79.

抓取距离、更高的抓取高度、更大的抓取深度以及更大的提升力，作业效率显著提高，使用成本让客户和现场操作人员交口称赞。四是针对客户冶铁废料处理需求，进行定制化改进，研发出特种设备——XE370CA 耐高温挖机。特制的耐高温玻璃加持耐高温油漆，以及超大功率的空调系统，让客户在高温施工环境也能有舒适、凉爽的操作体验。扎实的驾驶室护网，更是提高了作业安全性，赢得客户的广泛信赖和赞誉。五是竭诚服务，彰显徐工品牌价值担当。为保证印度尼西亚项目的顺利开展，针对挖掘机的维修、保养和使用，徐工服务工程师对操作人员进行了专业化的操作培训，使其最大限度地释放产品性能，而迅速的备件响应，24 小时待命的竭诚服务为保证项目推进过程中设备的正常运转又添了一重保障。

在"双循环"新格局下，徐工聚焦高质量、迈向世界一流，深耕海外市场，高效稳定地为客户创造价值，加速国际化主战略持续落地，取得了较大发展，以卓越的产品性能和极具魅力的品牌服务赢得客户口碑和一致好评，出口订单接踵而至。一年之计在于春，全球各地重点工程建设正如火如荼地进行着。2022 年 2 月，500 余台徐工挖掘机批量出征，奔赴印度尼西亚等东南亚市场。徐工"虎"力全开，再迎海外开门红，全面开启 2022 年国际化冲锋号角！徐工挖掘机凭借着优越的产品性能和卓越的表现，已经成为越来越多海外客户特别是印度尼西亚客户的第一选择。在印度尼西亚小 k 岛某镍铁项目采矿区，数十台徐工 XE370CA 挖掘机正忙碌其中，为中国与印度尼西亚双方经贸合作和发展提供助力。正如该矿项目负责人表示，"我们的项目只采购了徐工挖掘机，这批设备动力充足、油耗低、保养便捷，更能满足矿山项目长时间、大工作量作业需求。"印度尼西亚采矿区火热开工的同时，30 余台徐工 XE370D 挖掘机在茂密的千顷森林中尽显锋芒。未来，徐工将聚焦印度尼西亚客户需求，坚持创新驱动，全力实现国际化发展新突破、新作为。

（二）三一重工在印度尼西亚的发展

印度尼西亚是三一集团最重视的海外市场之一，20 世纪 80 年代以来，在印度尼西亚，中日两国的建筑机械大型企业的竞争正日趋激烈。为了更好地服务印度尼西亚市场，三一集团在印度尼西亚成立了三一印度尼西亚公司，2012 年已实现产品销售200余台，销售额同比去年增长近3倍，搅拌车、汽车起重机、旋挖钻等产品的市场占有率均为市场前列，三一印度尼西亚与代理商将持续提高服务和配件的供应效率，开发更好的融资产品，全方位为客户提供支持，共同打造一个广受印度尼西亚用户信赖的品牌。2012年10月24日晚7点，为答谢印度尼西亚客户对三一集团和三一代理商JIMAC PERKASA公司的厚爱，三一印度尼西亚机械有限公司与JIMAC PERKASA公司在雅加达香格里拉酒店共同举办了一场大型客户答谢会暨三一汽车起重机新品发布会。前来参加的有印度尼西亚行业客户、金融机构、当地华商、驻印度尼西亚中资机构负责人等共计400余人。推介会现场，充满三一服务风情的精彩舞蹈，诠释了三一人积极乐观的服务态度。中文和印度尼西亚文歌曲的完美融合，是中印两国企业对未来的美好憧憬。三一印度尼西亚公司的汽车起重机新品发布演讲，掀起了会场的高潮，极具个性的汽车起重机"狮子头"外观造型、高端的配置、合适的价格，造就了三一在印度尼西亚的全新品牌理念。JIMAC PERKASA公司从2011年9月与三一正式合作以来，至今已实现三一产品销售500余台，尤其在搅拌车、汽车起重机等代理产品的市场占有率上处于市场前列。三一印度尼西亚与JIMAC PERKASA共同建立了拥有20余名售后服务工程师的专业化、高素质服务团队。在软实力上，三一印度尼西亚将自身的规范化服务管理模式成功应用于代理商服务体系建设，在服务管理、配件管理、服务培训体系建设等方面实现了新形式的服务创新，增强了与代理商的全方位沟通合作，极大加强了三一在印度尼西亚的服务能力。另外，三一印度尼西亚与JIMAC PERKASA拥有完善的配件仓库、主机仓库、维修车间，完全能解决印度尼西亚客户的后顾之忧。

在中国工程机械市场增长放缓的大背景下，中国三一重工为寻找新的盈利来源，正加快拓展海外市场，特别是东南亚市场，通过推出中等价格产品和扩大维护基地等来争取印度尼西亚等国客户。2020年，在印度尼西亚中部的苏拉威西岛（Sulawesi）的港口，中国远洋海运集团的大型货船正卸下黄色车体上带有三一重工标志的"SANY"的液压挖掘机，卸货工作持续进行了几个小时。苏拉威西岛聚集了成为纯电动汽车（EV）电池材料的镍的冶炼厂，其中约七成被认为有中国资本投资。仅2020年5月上半月就有600多台三一制造液压挖掘机运抵苏拉威西岛，并被运进冶炼厂等工作现场。在整个印度尼西亚，三一的液压挖掘机的运行台数超过 5 000 台。不仅如此，三一重工还在努力扩大在印度尼西亚等海外市场的产品销售和售后服务。围绕连接印度尼西亚首都雅加达和附近的万隆的高速铁路建设，中国三一在与日本的订单竞争中胜出，这一高速铁路建设项目使用了 500 多台三一的各类工程机械。

（三）中联重科在印度尼西亚的发展

印度尼西亚是中联重科的重要海外市场之一，中联重科凭借高性能的产品和优质的服务在印度尼西亚客户中树立了良好的口碑，深受当地客户信赖，公司的混凝土机械、起重机械等各类工程机械产品在印度尼西亚非常畅销，这些产品在印度尼西亚采矿、基础设施建设、伐木等工作中发挥了巨大作用。2010 年 5 月 26 日至 5 月 29 日，作为中国和印度尼西亚建交 60 周年系列庆祝活动的组成部分；2010 年，印度尼西亚中国机械与电子产品贸易展览会在雅加达隆重举行，这已经是中联重科海外公司连续多年参加该展会了，让一批新产品亮相其中。在展会上，中联重科海外公司签下印度尼西亚旋挖钻产品出口大单，即签下 4 台 ZR160A 型旋挖钻销售合同，该合同是中联重科海外公司和土方机械公司桩工机械事业部迄今为止签订的旋挖钻产品出口第一大单，购买旋挖钻机的客户是印度尼西亚最大的桩工工程公司。2012 年，中联重科印度尼西亚办事处土方机械营销团队与印度尼西亚客户正式签订了 20 台挖机订单，标志着中联重科土方机械设备继旋挖钻机、推土机出口印度尼西亚市场后，首次实现挖掘机出口给印度尼西亚客户。[①] 2015 年 9 月 9—12 日，两年一届的印度尼西亚国际矿业机械展在雅加达国际会展中心隆重举行，中联重科海外公司携两大代理商、6 台起重机设备亮相展会，期间成功签下 7 台产品订单。2016 年 7 月 8 日，24 台总价近 2 500 万元的中联重科起重机产品在泉塘工业园整装待发，在简单而热烈的发车仪式结束后，奔赴"一带一路"国家印度尼西亚，助力当地基础设施建设，并受到印度尼西亚客户的热烈欢迎。2017 年，在中联重科沅江工业园内，首批 45 台中联重科搅拌车上装整装发往印度尼西亚，场面极其壮观，该订单总量达 150 台，将分

---

① 李中阳. 中联重科挖掘机喜获印尼大单 [J]. 工程机械与维修，2012（2）：38.

批发往印度尼西亚,以此可见,中联重科产品海外销售的火爆程度可见一斑。[①]
2019 年,中联重科新产品 ZAT1300V753 获印度尼西亚市场青睐。中联重科开发设计的五桥全地面底盘产品广泛销往印度尼西亚等,该产品经历了近 10 年的考验及各种工况的验证,起重性能超出同级别产品 6%。

2022 年 3 月 16 日,中联重科印度尼西亚子公司巴厘巴板办事处开业仪式在当地隆重举行,该办事处的开业是中联重科"本地化"战略在印度尼西亚的进一步深化落实,标志着中联重科在印度尼西亚的销售、零配件供应、服务网络持续完善,在为本地客户创造更大价值的同时,也可以助力中联重科在当地市场的可持续发展。中联重科印度尼西亚子公司代表陈宁、区域经理琳达(Ms linda)、巴厘巴板副市长苏万迪(Mr Suwandi),以及客户代表等近百位嘉宾出席开业仪式。中联重科巴厘巴板办事处地处印度尼西亚东加里曼丹省,是该地区非常重要的城市和港口,众多国际石油公司汇集该地,同时,印度尼西亚计划建设的新首都也位于加里曼丹省。中联重科巴厘巴板办事处的开业,将更加便捷地为本地各个项目、各类建设提供产品和服务支持。开业现场,中联重科挖掘机、推土机、叉车、高空作业机械等多款产品整齐排列,亮丽的颜值、极致的产品性能受到了观摩客户的频频称赞,实现了现场签约销售,为办事处的开业赢得了"开门红"。据了解,早在 2014 年,中联重科便在印度尼西亚成立了子公司,经过近10 年的发展,公司各类产品深受当地客户青睐,广泛参建了雅万高铁、德龙镍矿等当地重大项目。巴厘巴板办事处的开业,是中联重科"整车销售、零配件供应、售后服务和信息反馈"为一体的空港发展模式在印度尼西亚的落地,把公司极致服务内容和标准前移到客户家门口,为客户创造更大价值。未来,中联重科印度尼西亚子公司和办事处将继续把握印度尼西亚发展机遇,让印度尼西亚在更多基建项目中使用中联重科设备。

(四)柳工在印度尼西亚的发展

印度尼西亚是全球柳工的核心海外市场之一。柳工在印度尼西亚深耕 15 年,为了更好地支持印度尼西亚当地合作伙伴,为更多工程机械产品客户创造价值,

---

① 本刊编辑部. 中联重科搅拌车批量发往印度尼西亚 [J]. 建设机械技术与管理,2017(12):39.

柳工于2019年成立了印度尼西亚公司。在过去三年里，印度尼西亚工程机械产品和服务等主要业务取得突破性进展。柳工在印度尼西亚工程机械市场投资超过1.5亿美元，打造了完善的工程机械市场营销和售后服务系统，2022年销售量较2021年同比增长138%。2022年，在印度尼西亚苏拉威西矿山工业园区，大批量柳工工程机械设备陆续交付客户，其中包含近百台855N装载机，一举突破了柳工在该园区的单笔订单设备数量纪录，至2022年8月，柳工印度尼西亚子公司已销售并交付超过250台装载机至此工业园，涵盖855N、816C、50CN等型号。其中，首批投入作业的工程机械设备已使用超过一年。在柳工专业售后服务团队的驻点支持下，该工业园内的设备均保持着99.9%的高出勤率，并且设备故障率十分低，赢得了客户高度认可。目前，柳工已有9 000多台设备投入印度尼西亚的农业、林业、矿业、基础设施等多个行业中使用。

2022年8月10日，柳工印度尼西亚公司在雅加达举办大型客户节，柳工当地经销商、重点客户等近300人参加活动。柳工印度尼西亚公司宣布新售后中心暨国家零部件中心落成，并向客户们展示了柳工长期稳定的工程机械产品售后服务支持能力，国家零部件中心将成为主要的连接点，满足印度尼西亚各地工程机械经销商和客户的零部件配送需求。柳工印度尼西亚大型客户节期间展出了20多台工程机械设备，包括面向印度尼西亚市场推出的新产品970挖掘机、DW90矿用卡车、TD25M推土机和890H装载机等，现场收获上百台潜在订单。作为全球柳工的第13家海外子公司，在印度尼西亚政府和当地合作伙伴的支持和共同努力下，柳工印度尼西亚公司取得了快速发展。下一步，柳工将继续与工程机械产品客户建立互信，为印度尼西亚林业、矿业、建筑业等各行业的发展做出更大贡献。同时，柳工印度尼西亚公司还与雅加达理工学院以及柳州职业技术学院签署了合作备忘录。

总之，借助中印不断深化两国全面合作伙伴关系的东风，特别是借助雅万高铁等标志性大国工程项目，中国龙工、山河智能、山推股份、福田雷沃重工、浙江鼎力、厦工等抓住"一带一路"倡议带来的发展机遇纷纷新增或丰富在印度尼西亚市场的工程机械产品，扩大印度尼西亚工程机械市场的中国工程机械企业份额，并努力提供符合国际标准的工程机械产品售后服务和零部件产品供应。

第三节 印度尼西亚职业技术教育与培训国际化产教融合发展的策略和法规

在知识经济社会信息化时代,印度尼西亚经历着从农业经济混合工业经济向知识经济数字经济转型的过渡时期,迫切需要提高各方面的综合竞争力,特别是增强技职型人才、应用型人才、专业型人才和研究型人才等人力资源的储备。印度尼西亚非常清楚职业技术教育与培训是提升产业工人和技术人员的主要途径,加大对职业技术教育与培训体系的投资是落实教育和培训战略的重要工作。印度尼西亚非常重视校企合作产教融合,通过出台多方面战略和法规将职业技术教育与培训从外部需求驱动、理论主导、院校主办转变为由内部需求驱动的、重视实践(实习、实训、见习、顶岗等)的职业技术教育与培训体系,通过这种转变持续提升职业技术院校毕业生与培训机构学员等的就业创业能力,并努力让更多的行业、企业、产业等参与到职业技术教育与培训体系中,从而持续培养"双生型"毕业生(理论基础扎实、动手能力强,既有学校教育经历又有企业实践经历的毕业生)。

一、印度尼西亚职业技术教育与培训国际化产教融合发展的策略

印度尼西亚政府非常重视教育策略规划和优先发展教育的重要作用。2003年,印度尼西亚政府通过了《国家教育系统行动》,该策略对印度尼西亚包括职业技术教育在内的教育体系进行了系统阐述和从定性到定量的规定。主要内容包括各个教育阶段的教育形态及其结构、职业技术教育与培训体系的构建与完善、教育资历框架与职业技能资格制度等的有效实施与政策法律保障等。整体而言,该教育战略对包括职业技术教育在内的各级各类教育的发展解释得比较详细、行动措施比较积极主动、制度保障比较完备,有助于保障职业技术教育在内的教育体系在人才培养上的质量,把学生培养成社会需要的水平合格的劳动者。

二、印度尼西亚职业技术教育与培训国际化产教融合发展的法规

（一）印度尼西亚劳动法

职业技术教育与培训是持续大规模、高效率、低成本、标准化培育养成促进经济发展社会进步合格劳动力的主要途径。印度尼西亚主要通过政府、院校和企业、行业、产业等机构来推动职业技术教育与培训工作，特别重视政—校—企合作育人。2003 年印度尼西亚对《劳动法》进行了修订，根据该法第十三号第九条明确规定，印度尼西亚职业技术教育与培训政策的根本方针是"为提高劳动者的能力、效率和生活质量而全面实施职业能力的开发"。

（二）印度尼西亚人力法

职业技术教育与培训（特别是职前教育、职中教育和职后培训）是提升人力资源质量的主要方法，也是提升人力资本价值的主要路径。2003 年《印度尼西亚人力法》第十三条明确规定了国家培训体系（职前职后培训）的相关要求。

（三）印度尼西亚教师法

在任何国家，教师都是教育体系的轴心力量，"双师型"教师更是职业技术教育与培训高质量发展的第一资源。2005 年版《印度尼西亚教师法》及其附属条款对包括职业技术教育与培训机构的教师在内的全体教师的行业组织及其资质等进行了详细规定，力图保障师资团队的合格质量。[①]

第四节 印度尼西亚职业技术教育与培训国际化产教融合发展的进展

随着印度尼西亚工业化的不断深化，与东南亚大部分低收入国家相似，印度尼西亚资本密集型产业所占市场份额开始快速扩张，但是与支柱产业等相匹配的职业技术、技能人才支撑等却较为滞后。根据亚洲开发银行（ADB）的一项调查显示，尽管印度尼西亚拥有巨大的人口红利，但劳动力市场和职业技术教育人才

---

① 李建求．"一带一路"沿线国家职业教育概览（上）[M]．北京：商务印书馆，2018．

培育存在技能匹配上的巨大缺口，所以印度尼西亚必须加大对适龄人口的职业技术教育与培训。

一、印度尼西亚产业—就业结构与职业技术技能技职人才培育的现况

伴随着金融危机以来的工业化发展政策调整，印度尼西亚产业—就业结构也产生了巨大变化。整体来看，印度尼西亚"三一二"产业—就业结构特征显著，2008—2019 年的农业产业就业人口占比由 41.1% 大幅降低至 30.3%，工业产业就业人口占比从 18.3% 快速扬升至 2015 年的 22.0% 后便趋于平稳，服务产业就业人口占比则从 40.5% 大幅提升至 47.8%；根据国际化人才产业—就业结构偏离度计算公式（结构偏离度 = GDP 产业占比/产业人才占比 – 1）计算三次产业—就业结构偏离度系数，发现印度尼西亚第一产业—就业结构偏离度系数全部为负值，且绝对值逐渐减小，[①] 这说明了该产业人才"供大于求"，但正在逐年缓解；第二产业则处于供不应求的人才紧缺状态，需要加大供给侧以持续满足需求侧；第三产业—就业人口数量的供给侧与需求侧相对均衡。再结合近年来印度尼西亚实施 MP3EI、"全球海洋支点"等战略产业政策的核心内容等就可以发现，其农业产业人口就业比重仍会继续萎缩，而工业产业—就业人口较之服务产业将以更高的速度继续攀升。

按照舒尔茨人力资本理论等的计算公式测算发现，印度尼西亚人力资本指数仅为 0.54，在全球同等经济发展水平国家中仅处于平均水平，说明印度尼西亚在青少年教育特别是青少年职业技术教育与培训投资方面欠账较多。从 2017—2019 年印度尼西亚就业人口受教育程度调查数据来看（图 3 – 1），除了小学、初中、高中和大学普通教育，印度尼西亚也开设了职业高中（Sekolah Menengah Kejuruan，SMK）和高中后一年制、两年制、三年制和四年制四种类型的职业文凭教育（Diploma Pada Pendidikan Vo Kasi，DPK），但就业群体学历层次整体水平偏低，受过高等教育包括职业高等教育学历的雇员占比约为 10%，而小学学历就业人

[①] 张宇洁, 吴洁, 肖晨帆, 等. 基于结构偏离度的新兴产业结构与人才结构互动关系研究［J］. 科技管理研究, 2012（9）: 121 – 125.

口占比高达 40%。① 同时,生源来自普通教育与职业教育的占比悬殊也较大,普通高中学历就业人口占比约为 17%,高于职业高中毕业生的 11%;高中后职业文凭教育毕业的就业人口数量占比不足 3%,远远低于历年大学毕业生总量。另外,从各院校学生培养规模来看,印度尼西亚职业技术、技能型人才培育的数量明显不足,层次明显不够,这可能也是造成印度尼西亚第二产业—就业人口比较匮乏、囿于低技能水平导致的就业流动性大等现象的重要原因所在。其中,就职业技术教育人才培养与培训情况来看,可以认为职业高中是印度尼西亚职业技术、技能型人才培育的主要途径。因此,印度尼西亚政府比较重视发展职业高中,为其发展提供比较稳定的政策支持和包容环境,将发展 SMK 视为提升产业—就业人口技术技能水平和降低毕业生失业率等的重要抓手予以重视。印度尼西亚地方政府也积极出台相关配套政策,如东爪哇省政府管辖范围内的国立职业高中从 2019 年开始实施学费全免举措,但从全国范围内来看,职业高中人才培养质量仍不尽如人意,还必须通过综合改革来提高人才培养质量。

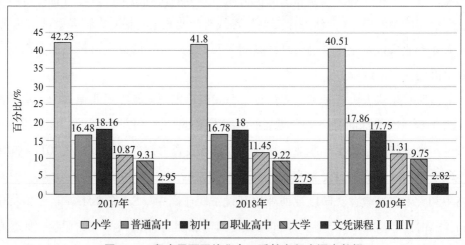

图 3-1　印度尼西亚就业人口受教育程度调查数据

总之,印度尼西亚职业高中校企合作、产教融合育人水平不高,成效不彰。大部分职业高中学校在企业、行业、产业参与职业技术院校人才培养方案、课程

---

① Arie Wibowo Khurniawan, Gustriza Erda. Peluang Kerja Lulusan SMK Dalam Menghadapi Revolusi Industri 4.0 Dan Bonus Demografi Tahun 2030 [J]. Vocational Education Policy,2019(19):5.

标准制定、教学内容设计、实习实训规格等方面较为滞后,尤其是近年来伴随印度尼西亚经济社会转型产生了一些新兴产业,这些新兴产业产生了新的人才需求、创造了新的就业岗位,但缺乏职业资格、技术标准等方面与职业技术院校人才培养的有效衔接。

二、印度尼西亚职业技术教育与培训国际化产教融合发展的创新路径

根据对印度尼西亚产业—就业结构与就业人口培育情况等的综合分析,印度尼西亚目前面临着严峻的第一产业、第二产业—就业人口结构失衡和当地职业技术教育与培训发展水平相对滞后的巨大矛盾。因此,必须找到职业技术教育与培训产教融合育人的多元化创新路径。

(一)对接产业产能合作,开发典型产教融合育人项目

对于跨境职业技术教育合作而言,并非所有的职业技术院校、应用型学科、技能型专业都适合开展此类产教融合育人项目,大部分职业技术院校在确定产教融合育人对象、领域、方式、方法、途径、手段、平台、过程等方面也经常显得力不从心。因此,相对有效、比较可行的方式方法是对接当前时期印度尼西亚重点发展的行业产业领域,与国内外标杆企业等深度合作重点打造具有样板示范意义的产教融合育人典型项目。进入 21 世纪后,印度尼西亚政府中长期发展战略规划以及印度尼西亚重点发展产业领域都显示,印度尼西亚职业技术院校产教融合育人的主要领域应该集中在矿产资源、水电、新基建、交通、渔业等基础设施建设、能源装备、工程机械领域,但发展相关产业往往需要巨大的财力投入与设备投资,涉及的生产技术与制造工艺相对复杂,对于职业技术院校及其学科、专业综合实力的要求更高,特别是对"双师型"教师的要求更高。因此,印度尼西亚计划优选若干重点职业技术院校的学科专业、企业行业和产业协会等形成产教融合育人合力,分别打造矿产资源类、水电类、新基建类、交通类、能源类、渔业类等产教融合育人合作典型项目。印度尼西亚职业技术院校也可以加强与中国企业赴印度尼西亚投资的产业园区的产教融合,如苏拉威西万向镍铁工业园、综合产业园区青山园区等,协同企业集群开发职业技术教育"校园融合"育人合作项目也是一种有利选择。

(二) 加快职业技术教育发展速度,扩大职业教育师资研修培训规模

对印度尼西亚产业—就业结构现状的分析表明,作为世界重要的人口大国,要实现职业技术教育与产业经济社会协调发展,印度尼西亚尚存在数百万人口亟须接受职业技术教育和职业技能培训,尤其是面向青年、女性、农民、农转非人群等的就业培训以及在职员工的职后技能提升培训。而印度尼西亚当前的职业技术教育发展水平与职业技能培训质量无论从职业教育学生规模或是职业教育学生培养规格等方面都难以满足市场、企业、行业、产业等的现实发展需求。按照中印双方的战略合作框架协议,中国加强了职业技术教育领域的优质教学仪器设备、人才培养方案、整体教学方案、课程教材内容、配套师资培训一体化典型示范项目等的友好援助。同时,印度尼西亚中等职业技术学校尽管30岁以下青年教师数量比例高,但实践教学水平不高,企业阅历较少。印度尼西亚职业技术院校校企合作、产教融合育人等多局限于个别大中型企业、行业协会、产业组织等捐赠几台实习、实训、见习设备,定期或不定期请几个企业人员讲授实操课或指导职业教育学生实习实训等浅层次融合阶段。因此,印度尼西亚职业技术院校应该聚焦职业技术院校治理与"双师型"师资培训,提升其治理体系与治理能力现代化,[①] 提升职业教育师资职后培训的有效性和针对性,一是可以通过"授之以渔"的云方式直接共享发达国家职业技术院校在办学、治理、人才培养模式、课程内容构建、教学做合一手段、产教融合、实习实训等方面的发展理念和实践经验,二是要以培养培训中青年职业教育师资为主,为职业技术教育长足发展储备足够的职业教育师资资源。

(三) 推动国家资格框架互认,助力职业技术教育标准对接

国家资格框架的国际互认能有效推进职业技术教育合作以及职业技术技能人才的跨界就业和跨阶层流动。目前,印度尼西亚国家标准机构(Badan Standar Nasional Pendidikan, BSNP)已经牵头研发了衔接教育与产业、教育与培训、普

---

① 刘亚西. 印度尼西亚职业教育系统的治理结构与实践样态 [J]. 职业技术教育, 2020 (27): 35 - 39.

通教育与职业技术教育等内外部各要素的国家资历框架,① 并在东盟资格参照框架（ASEAN Qualifications Reference Framework，AQRF）下可以与东盟、欧洲、中国等多个国家资历框架在高等职业教育学历、学生核心能力素质、技术技能资格等维度上进行有效比照、互认、互换等。

（四）组建跨界产教融合育人联盟，实现信息技术整合共享

无论是从职业技术教育发展与技能培训的应然取向，或者是服务企业、行业、产业技术、技能人才需求的实然角度，产教融合育人都是促进印度尼西亚职业技术教育校企合作、产教融合育人的主旋律。因此，有必要引入类似跨界产教融合育人联盟的平台组织，承担起沟通印度尼西亚企业、行业、产业与国内职业技术教育系统和职业教育培训体系等的重要职能，比如从企业、行业、产业的数量、类型和学科、专业领域等多个方面构建产业需求、职业教育就业人口供给—需求信息系统，并增加其面向印度尼西亚本土和国内的开放性与透明性，这样不仅有利于印度尼西亚政府有针对性地发展职业教育产教融合育人项目，也有利于职业技术院校和企业、行业、产业间的自主结对合作，深化校企合作产教融合育人程度。考虑到跨界产教融合育人联盟成员的复杂性，也可以充分发挥现有的印度尼西亚商会组织、行会、产业联盟等的功能，进而实现政府、院校、企业等各方信息的交互、共享。同时，职业技术院校还要充分利用印度尼西亚重视华文教育的机遇，联合当地华文教育组织，开展"语言+技能"型职业技术教育合作育人也不失为跨界产教融合育人联盟项目的创新尝试。②

第五节　中国与印度尼西亚职业技术教育和培训国际化合作的实践探索

中国工程机械企业、职业技术院校等比较重视与印度尼西亚开展产教融合发

---

① 张伟远，谢青松．"一带一路"沿线国家资历框架的发展现状和管理模式研究［J］．现代远程教育研究，2019（1）：11-17．
② 刘亚西．中—印尼产能合作背景下的职业教育合作研究［J］．中国职业技术教育，2020（36）：74-78．

展,印度尼西亚自身也比较重视职业教育的国际化产教融合发展。印度尼西亚的中等教育十分重视职业技术训练,为继续升学或者就业做准备。印度尼西亚从初中开始就分别设立普通中学与多种类型的职业中学,1978年时职业高中学生数已超过普通高中学生数。在发展职业技术教育与培训国际化产教融合发展方面,中国—印度尼西亚的相关院校、工程机械等企业在合作推进职业教育国际化教学、科研、学术、技术交流等方面取得了若干成果。

一、柳州职业技术学院与印度尼西亚国际化产教融合发展分析

柳工是中国工程机械行业产销网络在全球布局最完整的企业之一。根据柳工印度尼西亚经销商的数据,近两年,柳工印度尼西亚公司人才缺口近300人,急需培养一批熟悉柳工工程机械产品和服务,通晓柳工工程机械技术与服务标准的本土化技术技能技职人才。

2022年8月10日,柳州职业技术学院(以下简称"柳职")、柳工、印度尼西亚雅加达州立理工学院就共建"柳工—柳职院全球客户体验中心印度尼西亚分中心""柳工—柳职院印度尼西亚国际工匠学院"正式签约。[①] 以开展关于可持续发展目标的职业技术教育研究,提高印度尼西亚人力资源的技术技能水平,尤其在重型工程机械设备领域,三方合作将进一步促进印度尼西亚重型工程机械装备产业的发展。根据本次三方合作协议的约定,三方一致同意以建设一个印度尼西亚一流的工程机械专业培训中心,并以中心为基础合作申报中国鲁班工坊项目为目标开展合作;柳工印度尼西亚公司将负责提供学生实习和就业岗位,与柳职共同投入专业教学设备,共同负责教师培训与学生认证,通过签订MOU启动项目的实施,推动合作快速落地;雅加达州立理工学院负责提供1 000平方米培训场地、基础教学设施设备和优秀的师资;柳职负责输出标准,与柳工合作开展教师与学生培训认证,共建"柳工—柳职院全球客户体验中心印度尼西亚分中心""柳工—柳职院印度尼西亚国际工匠学院",该分中心及国际工匠学院将在协议

---

① 罗世华,张金烨子. 柳工—柳职院印度尼西亚国际工匠学院正式签约[EB/OL]. http://gx.people.com.cn/n2/2022/0810/c179462-40075366.html. (2022-08-10). [2022-09-30].

签订后启动建设，2022年秋季完成印度尼西亚教师培训，2023年年初启动第一届印度尼西亚学生订单班招募。同时，通过资源共享，优势互补，三方将对标中国鲁班工坊建设标准，以建设一个印度尼西亚一流的工程机械培训中心，并以中心为基础申报中国鲁班工坊项目为目标开展合作，合力解决印度尼西亚工程机械技术服务人才匮乏问题。

柳职与柳工在印度尼西亚启动产教融合发展项目建设，是2022年7月11日教育部与广西壮族自治区签订共同推进广西教育高质量发展战略合作协议后，广西职业技术院校响应教育部部长怀进鹏提出的广西"要以打造面向东盟的职业教育合作示范区为重点"所签订的第一个中国—东盟职业技术院校合作办学项目，是柳职和柳工继双方在沙特共建卡坦尼学院，尤其是在泰国共建"柳工—柳职院全球客户体验中心泰国分中心""柳工—柳职院泰国国际工匠学院"后，[①] 再一次协同开展境外产教融合发展办学。柳工—柳职—印度尼西亚产教融合发展项目不仅仅是三方在泰国等合作模式的复制，也是校企合作以"鲁班工坊"为建设目标开展境外办学的进一步升级探索，还是以高标准建设一流技术技能人才培训中心的合作模式升级。[②] 未来，柳职与柳工还将继续总结前期"语言+职业技术教育""语言+工程机械企业"等国际化产教融合办学的成功经验，深入研究印度尼西亚国情与职业技术教育和培训发展情况，在前期合作基础上共同制定周密的实施方案，将产教融合发展项目不断向俄罗斯、非洲等柳工在全球其他核心市场复制，构建以柳职总部为核心，覆盖全球的人才培养培训网络，形成一套标准、一套资源、多种模式的全球培训应用范式，确保合作各方行稳致远，为中国职业院校伴随"大国重器"制造企业"走出去"提供优秀的"柳职—柳工答案""柳职—柳工案例"和"柳职—柳工方案"。

[①] 柳工—柳职院印度尼西亚国际工匠学院正式签约[EB/OL]. http://www.tech.net.cn/news/show-97479.html. (2022-08-12). [2022-09-30].

[②] 左瑛孜. 我校与柳工、印度尼西亚雅加达州立理工学院达成共建鲁班工坊合作[EB/OL]. http://rank.chinaz.comlzsszhwep.cq.lzzy.net/xwzx/xww/xyyw/content_71160. (2022-07-11). [2022-07-15].

二、福建技术师范学院与印度尼西亚国际化产教融合发展分析

2022年4月22日,由中国福建省与东盟高校联合共建的福建省—印度尼西亚海洋食品联合研发中心在福建省福清市揭牌成立,中国福建省—印度尼西亚海洋食品联合研发中心网站同期上线。印度尼西亚拥有丰富的海洋产品,中国福建省也以其水产业而闻名,海洋经济、食品制造业等领域是中国—印度尼西亚"两国双园"项目建设布局的重点产业。福建省—印度尼西亚海洋食品联合研发中心是由福建技术师范学院和印度尼西亚茂物农业大学、印度尼西亚IPMI国际商学院联合共建,福州新区福清功能区管委会、福建御冠食品有限公司、胜田(福清)食品有限公司将以灵活方式给予支持和适度参与,中心聚焦海洋食品技术开发和应用,目的是通过三方加强务实沟通、发挥各校优势、深化校际合作、加深产教融合,把联合研发中心打造成为中国—印度尼西亚高校合作的典范,有力促进福建省和印度尼西亚海洋经济产业协同创新,共促中国—印度尼西亚全面战略伙伴关系深化发展。对于福建技术师范学院而言,设立联合研发中心是该校积极融入和服务"一带一路"建设、中国—印度尼西亚"两国双园"项目实施的重要行动,有助于学校依托联合研发中心,聚焦产业需求,加强资源整合,深化产学研用合作,加快推出一批标志性科研成果,推进成果转移转化,更好地服务福建海洋经济和食品产业发展,为全方位推进高质量发展贡献力量。对于印度尼西亚IPMI国际商学院而言,联合研发中心将重点关注预加工冷冻海洋食品的高价值加工、标准化加工等技术问题,还能了解和掌握厦工等工业机械产品在海洋产品特别是水产业开发中的使用情况,包括推土机、挖掘机、切割机等在海洋盐场、海洋渔场等环境中的合理利用,以海洋产业技术创新为导向,集联合研究、学术交流、技术服务、技术开发于一体,推进"一带一路"国际高端食品园区产业化发展进程。①

---

① 龙敏. 福建与东盟高校共建海洋食品联合研发中心 助推"一带一路"科技交流合作[EB/OL]. http://www.chinanews.com.cn/m/gn/2022/04-22/9736572.shtml/(2022-04-22). [2022-04-22].

三、中国—印度尼西亚国际化产教融合发展模式的其他实践探索

印度尼西亚作为东盟人口最多、国土面积最大的国家，相对其他东盟国家而言，中国职业院校与该国院校的合作数量却不是最多的。根据中国教育国际交流协会"双百旗舰计划"数据，2018—2022年，中国高职院校与东盟国家的特色合作项目中，与印度尼西亚院校合作的项目只有8个，其中2所来自广西柳州。另外，天津市东丽区职业教育中心学校在东爪哇建立一所鲁班工坊。

职业技能大赛等是促进职业教育高质量发展、提高职业教育办学水平和提升职业教育发展质量的重要动力。印度尼西亚职业教育界和高等教育界积极参加各类职业技能竞赛，比如多次参加"金紫荆杯"中国 东盟工业设计大赛（"Golden Bauhinia Cup" of China – ASEAN Industrial Design Competition）。印度尼西亚还派出优秀毕业生担任专家评委。

印度尼西亚还积极主办国际性职业教育大会，学习和借鉴包括中国在内的全球职业教育界的先进经验。2018年9月7—9日，第十四届亚洲职业教育学会年会在印度尼西亚日惹特区举行，印度尼西亚日惹大学承办此次国际性会议。来自中国、德国、澳大利亚、日本、韩国、马来西亚等的80余位亚洲职业教育研究学者和印度尼西亚本国职业技术教育工作者50余人参会，共同探讨当前亚洲职业教育发展的热点、焦点、痛点和难点等问题。第十四届亚洲职业教育学会年会的主题是"第四次工业革命与职业教育角色变革"，会议承办方印度尼西亚日惹大学分别邀请了来自德国、澳大利亚和韩国的三位职业教育学者做了"面向工业4.0的创意产业""亚洲职业资格标准框架""完善职业教育教师资格"的大会报告。同时，围绕年会主题设置了4个分会场，来自全球的研究者围绕"亚洲职业资格标准框架""面向工业4.0的创意产业""完善职业教育教师资格""工业4.0艺术与文化领域的人力资源储备"4个核心议题展开了深入的交流与研讨。

第四章
马来西亚

第一节 马来西亚概况

马来西亚(马来语、英语:Malaysia),国土面积约33万平方公里,是君主立宪联邦制国家,首都是吉隆坡(Kuala Lumpur),国土被中国南海分隔成东、西两部分,即马来半岛(西马)和加里曼丹岛北部(东马)。马来西亚人口3 268万,其中马来人占69.1%、华人占23%。

马来西亚是一个多民族、多元文化国家,官方宗教为伊斯兰教。马来西亚是资本主义国家,其经济在20世纪90年代突飞猛进,为亚洲四小虎之一(东南亚的印度尼西亚、泰国、马来西亚、菲律宾四国,四国经济在20世纪80年代至90年代高速发展,经济实力仅次于亚洲四小龙,因此而得名),已成为亚洲地区引人注目的多元化新兴工业国家和世界新兴市场经济体。国家实施马来族和原住民优先的新经济政策。

一、马来西亚的人口、民族和语言

马来西亚统计局数据显示,全国总人口3 268万。以族群来看,土著(马来人及原住民)共2 007.19万(61.98%)、马来西亚华人共668.55万(20.64%)、马来西亚印度裔共201.04万(6.24%),其他人口占29.45万(0.90%),非国民332.27万(10.26%)。根据宪法定义,马来人是实行马来风俗(习惯法)和文化的穆斯林，他们在政治上具有主导权。土著地位也授予某些非马来的土著，包括泰人、高棉人、占族、沙巴和沙捞越的土著。非马来土著在沙捞越占一半以上人口，在沙巴超过 2/3。半岛也存在着为数较少的原住民群体，他们被统称为 Orang Asli。

马来西亚官方语言为马来语，英语在过去较长的一段时间曾经是其实际上的官方语言。马来西亚有卫华文小学、华文独立中学与国民中学华文课程，并有华文报纸与媒体，以及华社组织的支持（华教、华文媒体、会党合称马来西亚华人三大精神支柱）。因此，马来西亚华人一般都能使用流利的汉语交谈。

二、马来西亚的经济发展

20 世纪 70 年代以前，马来西亚经济以农业为主，依赖初级产品出口。20 世纪 70 年代以来不断调整产业结构，在大力推行出口导向型经济，电子业、制造业、建筑业和服务业发展迅速的同时实施马来民族和原住民优先的"新经济政策"，旨在实现消除贫困、重组社会的目标。1987 年起，马来西亚经济连续 10 年保持 8% 以上的高速增长。1998 年，受亚洲金融危机的冲击，马来西亚经济出现负增长，政府采取稳定汇率、重组银行企业债务、扩大内需和出口等政策，经济逐步恢复并保持中速增长。2008 年下半年以来，受国际金融危机影响，马来西亚国内经济增长放缓，出口量下降，政府为应对危机相继推出 70 亿林吉特和 600 亿林吉特刺激经济措施。2009 年纳吉布总理就任后，采取了多项刺激马来西亚经济和内需增长的措施，马来西亚经济逐步摆脱了金融危机影响，企稳回升势头明显。2015 年马来西亚公布了第十一个五年计划（2016—2020 年），继续推进经济转型，关注改善民生。2016 年马来西亚提出 2050 国家转型计划（TN50），为马来西亚 2020—2050 年发展规划前景。2019 年政府提出"2030 年宏愿"，把缩小贫富差距、创建新型发展模式、推动马来西亚成为亚洲经济轴心作为三大主要目标。2020 年，马来西亚主要经济数字如下：国内生产总值为 13 420 亿林吉特；国内生产总值增长率为 -5.6%；人均国内生产总值为 40 989 林吉特；进出口总额为 17 772 亿林吉特；外汇储备为 1 042 亿美元。2022 年 4 月，马来西亚财政部表示林吉特的下跌与地区货币有关，而这会影响经济复苏的步伐。

马来西亚自然资源丰富，橡胶、棕油和胡椒的产量和出口量居世界前列，盛产热带硬木。石油储量丰富，此外还有铁、金、钨、煤、铝土、锰等，曾是世界产锡大国，但近年来锡的产量逐年减少。

在工业方面，马来西亚政府鼓励发展以本国原料为主的加工工业，重点发展电子、汽车、钢铁、石油化工和纺织品等。2019年，马来西亚制造业领域产值为13 780亿林吉特。矿业方面以锡、石油和天然气开采为主。

在农林渔业方面，马来西亚耕地面积约485万公顷，农业以经济作物为主，主要有油棕、橡胶、热带水果等。粮食自给率约为70%。盛产热带林木。渔业以近海捕捞为主，近年来深海捕捞和养殖业有所发展。2019年，马来西亚农业产值为1 015亿林吉特。

马来西亚服务业范围广泛，包括水、电、交通、通信、批发、零售、酒店、餐馆、金融、保险、不动产及政府部门提供的服务等。20世纪70年代以来，马来西亚政府不断调整产业结构，使服务业得到了迅速发展，成为国民经济发展的支柱性行业之一，就业人数约535.36万，占全国就业人口的50.76%，是就业人数最多的产业。旅游业是国家第三大经济支柱和第二大外汇收入来源，拥有酒店约4 072家。据马来西亚旅游部统计，2018年赴马游客人数为2 583万人次。

在交通运输方面，全国有良好的公路网，公路和铁路主要干线贯穿马来半岛南北，航空业发达。水运方面，内河运输不发达，海运80%以上依赖外航，共有各类船只1 008艘，其中100吨以上的注册商船508艘，注册总吨位175.5万吨；远洋船只50艘。近年来大力发展远洋运输和港口建设，主要航运公司为马来西亚国际船务公司，共有19个港口，主要港口有巴生、槟城、关丹、新山、古晋和纳闽等。空运方面，民航主要由马来西亚航空公司和亚洲航空公司经营。马航有飞机89架，辟有航线113条。1996年11月，亚洲航空公司投入运营，亚航有飞机188架，辟有航线83条。全国共有机场25个，其中有7个是国际机场：吉隆坡、槟城、兰卡威、哥打巴鲁、新山、哥打基纳巴卢和古晋。

在财政金融方面，马来西亚联邦政府近几年财政收支差距较大，赤字逐年上升（表4-1）。

表 4-1 马来西亚联邦政府财政收支情况　　单位：亿林吉特

指标\年份	2014 年	2015 年	2016 年	2017 年	2018 年	2019 年	2020 年
收入	2 251.0	2 191.0	2 124.0	2 204.0	2 328.0	2 644.0	2 272.0
支出	2 624.0	2 578.0	2 508.0	2 607.0	2 870.0	3 175.0	3 140.0
赤字	373.0	387.0	384.0	403.0	542.0	531.0	868.0

资料来源：马来西亚财政部，(https://www.mof.gov.my/)。

在对外贸易方面，马来西亚主要出口市场为中国、新加坡、美国，主要进口来源国同样为中国、新加坡、美国，进出口额波动较小，出超额逐年上升（表4-2）。

表 4-2 马来西亚对外贸易情况　　单位：亿林吉特

指标\年份	2016 年	2017 年	2018 年	2019 年	2020 年
总额	14 846.0	17 735.3	18 760.4	18 350.0	17 772.0
进口额	6 986.7	8 381.4	8 777.6	8 490.0	7 962.0
出口额	7 859.3	9 353.9	9 982.8	9 864.0	9 810.0
出超	872.6	972.5	1 205.2	1 373.0	1 848.0

资料来源：马来西亚财政部（https://www.mof.gov.my/)。

在外国资本方面，马来西亚大力吸引外资，主要外资来源地为日本、欧盟、新加坡、中国、韩国和美国。2019 年，马来西亚吸引外国直接投资约 3 170 亿林吉特。

在人民生活方面，根据马来西亚统计局的数据，2020 年的家庭平均可支配收入为每月 5 209 林吉特。

三、马来西亚的教育体系

马来西亚政府努力塑造以马来文化为基础的国家文化，推行"国民教育政策"，重视马来语的普及教育。华文教育比较普遍，有较完整的华文教育体系。2016 年成人识字率为 94.64%，毛入学率为 71.08%。马来西亚教育系统比较完毕,学生受教育的路径比较多样(图4-1)。小学实行六年制,分为以马来语为教学媒介语的国民小学和以汉语或泰米尔语为主要媒介语的国民型小学。中学为国立政府中学,即国民中学,教学媒介语为马来文,为五年制。学生在中三报考初中评估考试 PMR,中四开始分理、商和文科,并在中五报考高中评估考试 SPM。持 SPM 文凭者需要通过就读中学预备班或大学先修班后才能进入高校。大学先修班分为两种:中六和 Matric 预科班,中六报考 STPM,预科班以学期鉴定。学生也能够选择六年制的华文独立中学(独中),主要教学媒介语为汉语,高中分学科上课,部分独中也开办技术职业教育班。独中生在初三及高三时必须报考独中统考 UEC。此外,学生还可通过如 A-Level、大学基础班、专业文凭等方式进入大学。

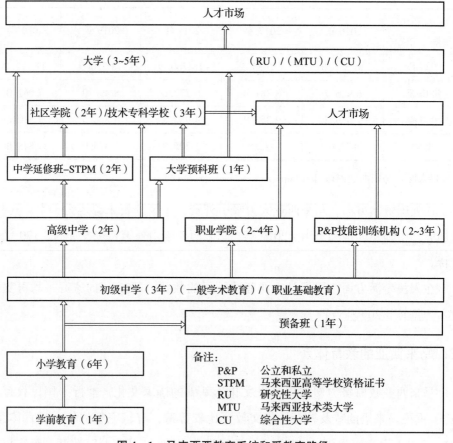

图4-1 马来西亚教育系统和受教育路径

在华文学校教育经费方面,马来西亚教育部高级部长莫哈末拉兹表示,2020年财政预算案中,华小获得 5 000 万林吉特拨款,占总数的 8.77%,平均每所获得 38 462 林吉特。2021 年财政预算案中,416 所政府华小(全津)获得 2 582 万林吉特拨款(4.17%),而 874 所政府资助华小(半津)也获得 4 825 万林吉特(7.78%),政府华小和政府资助华小总共获得 7 407 万林吉特拨款,占总数的 11.95%,平均每所华小获得 56 975 林吉特拨款。

高校分公立高校和私立高校,公立高校包括公立大学、公立学院和技术职业学院(理工学院),私立高校包括私立大学、私立大学学院、私立学院和外国大学分校。现有公立大学 20 所(表 4-3)、公立技术职业学院 33 所、公立学院包括师范学院和国际艺术学院两类、私立大学及外国大学分校 55 所、私立大学学院 31 所、私立学院 13 所,提供 3 289 个课程项目。公立的大学和部分学院、私立的大学和大学学院具有颁发本校大专或以上文凭资格。

表 4-3 马来西亚公立大学名单

序号	中文名称	马来文/英文名称	分校/校区(备注)
1	马来西亚国际伊斯兰大学(2 校区)	University Islam Antarabangsa Malaysia	彭亨州(Pahang) 吉隆坡(KL)
2	马来西亚国立大学(3 校区)	University Kebangsaan Malaysia	万宜(Bangi) 蕉赖(Chera) 吉隆坡(KL)
3	马来亚大学	University Malaya	吉隆坡(KL)
4	马来西亚吉兰丹大学	University Malaysia Kelantan	吉兰丹州(Kelantan)
5	马来西亚彭亨大学	University Malaysia Pahang	彭亨州(Pahang)
6	马来西亚坡璃市大学	University Malaysia Perlis	坡璃市(Perlis)
7	马来西亚沙巴大学	University Malaysia Sabah	沙巴州亚庇(Kota Kinabalu)

续表

序号	中文名称	马来文/英文名称	分校/校区（备注）
8	马来西亚沙捞越大学（2校区）	University Malaysia Sarawak	哥打三马拉汉（Kota Samarahan）古晋（Kuching）
9	马来西亚登嘉楼大学	University Malaysia Terengganu	登嘉楼州（Negeri Terengganu）
10	苏丹依德理斯教育大学	University Pendidikan Sultan Idris	霹雳州（Negeri Perak）
11	马来西亚国防大学	University Pertahanan Nasional Malaysia	吉隆坡（KL）
12	马来西亚博特拉大学	University Putra Malaysia	雪兰莪州沙登地区（Serdang）
13	马来西亚伊斯兰理科大学	University Sains Islam Malaysia	主校区森美兰（Negeri Sembilan）分校吉隆坡（KL）
14	苏丹再纳阿比丁大学（3校区）	University Sultan Zainal Abidin	瓜拉登嘉楼（Kuala Terengganu）贡峇达（Gong Badak）淡米拉（Tembila）
15	马来西亚理科大学（3校区）	University Sains Malaysia	古邦阁亮（Kubang Kerian）明登岭（Minden）高渊（Nibong Tebal）
16	马六甲马来西亚技术大学	University Teknikal Malaysia Melaka	马六甲市（Bandar Melaka）
17	马来西亚理工大学	University Teknologi Malaysia	柔佛州新山市（Johor Bahru）

续表

序号	中文名称	马来文/英文名称	分校/校区（备注）
18	玛拉工艺大学（10 校区）	University Teknologi MARA	芙蓉（Seremban） 玻璃市（Perlis） 本查阿南（Puncak Alam） 莎阿南（Shah Alam） 双溪毛糯（Sungai Buloh） 柔佛（Johor） 霹雳（Perak） 霹雳斯里伊斯干达（Seri Iskandar Perak） 槟城（Penang） 沙捞越（Sarawak） 马六甲亚罗牙也（Alor Gajah Melaka）
19	马来西亚敦胡先翁大学	University Tun Hussein Onn Malaysia	柔佛州巴株巴辖巴力拉惹（Parit Raja Batu Pahat Johor）
20	马来西亚北方大学	University Utara Malaysia	吉打州古邦巴素县（Kubang Pasu）

资料来源：马来西亚国家学术鉴定局网（The Malaysian Qualifications Agency，MQA），https://www.mqa.gov.my/。

（一）马来西亚高等教育发展情况

马来西亚作为国际高等教育质量保障机构网络组织（International Network for Quality Assurance Agencies in Higher Education，INQAAHE）的分支组织——亚太地区质量组织（Asia-Pacific Quality Network，APQN）的成员之一，为了打造区域优质国际化教育中心，发展教育产业和留学生教育产业，一直对提高高等教育质量，尤其是私立高等教育的质量紧抓不懈，并先于公立教育部门设立了国家质量保障机构，重视并加强对私立高等教育质量的外部监控，与此同时，私立院校自身也比较重视院校内部的质量管理、质量评价和质量提高。① 马来西亚教育部（Ministry of Education Malaysia，MOE，网址为 http：//www. moe. gov. my）是全国教育主管部门，对高校的设立行使行政审批权。马来西亚高校所开设课程需经教育部以及国家学术鉴定局（The Malaysian Qualifications Agency，MQA）双重核准，国家学术鉴定局还负责对课程质量的监督审查。MQA 是马来西亚政府于 2005 年 12 月 21 日批准成立的一个新实体，合并前身分别是 1997 年设立的国家认证委员会（the National Accreditation Board，LAN，设立目的是确保私立高等教育质量）和 2001 年设立的高等教育部（Ministry of Higher Education of Malaysia，MOHE，网址为 http：//www. mohe. gov. my/）的质量保证司（Quality Assurance Division，QAD，设立目的是对公立高等教育机构进行监督以保障公立高等教育的质量和促进其发展），该机构负责公立和私立高等教育的质量保证与监管，并且用于认证提供高等教育的教育机构的课程和促成学历认证，相当于中国教育部留学服务中心涉外监管平台。

马来西亚高等教育学习年限执行专科学制 2~3 年、本科学制 3 年、硕士学制 1~2 年、博士学制 2~6 年。马来西亚现有各高校招收国际学生的资质需经马来西亚教育部和内政部双重核准，截至 2018 年 11 月 13 日，具备该资质的高校除 20 所公立大学外，还有 239 所私立高校。马来西亚高校大多以英文授课，部分私立大学学院和私立学院设立了与国际接轨的双联课程，引进英、美、加、澳、新西兰等国的高等教育课程，学生毕业可获颁这些国家高校的大学本科及以上文凭，该文凭受到世界多数国家认可。

（二）马来西亚私立高等教育国际化

为应对全球化、知识经济新常态并治愈亚洲金融危机创伤，在 20 世纪 90 年代，马来西亚出台了"马来西亚展望 2020 年"（Malaysia's Vision 2020），其中计

---

① 冯用军. "一带一路"倡议下马来西亚私立高等教育国际化研究［J］. 贵州师范大学学报（社会科学版），2018（1）：60-69.

划建成东南亚领先的工业化国家、世界中等发达国家。通过实施区域优质高等教育中心计划,力争使马来西亚由留学生输出国变成留学生输入国,这为私立高等教育及其国际化进入快速发展阶段打开了政策之门。为实现此宏伟目标,马来西亚开始重点支持高等教育发展,并很快开放私立高等教育市场,取消了很多政策限制。马来西亚高等教育系统属于后发外生型,在东南亚国家独树一帜甚至后来居上,其高等教育发展、国际化水平、影响力和竞争力等仅次于新加坡,其成功秘诀是将发达国家成功经验与本国国情相结合采取了诸多有效举措,形成了"公私并行交叉协同"的高等教育生态结构,并大力推进私立高等教育国际化。①

1. 创设双联学位项目

为拓展大学生国际视野,引进国外优质高等教育资源,发展壮大本国私立高等教育系统,培育更多高素质国际化人才,马来西亚政府于20世纪80年代开始在私立院校推行"双联学位项目"(Twining Degree Programme,TDP)。TDP与中国高校的"辅修专业学位"有本质性差异,类似中国中外合作办学中常见的"双学位"或"联合学位"项目。在TDP中,马来西亚私立院校建立了与国(境)外大学合作办学的"2+1"(国内2年加国外1年)或"1+2"(国内1年加国外2年)模式,双方学分互认互换,考核合格后获得马来西亚认可的国外合作大学颁发的学历学位(表4-4)。马来西亚私立院校学生在达到一定要求后可在入学的后一两年转入国外联办高校读书,也可借助TDP跳板,前往英美澳等发达国家深造。截至2015年,有150余所院校提供"1+2"或"2+1"形式双联课程,另有30所学院提供"3+0"课程(表4-5)。"3+0"双联学位课程给大学生提供变通选择,即3年内学生可在本国有关学院完成美、加、澳、英、法等国院校课程,取得国际公认文凭,而不用到提供学历课程的国家去学习,节省大笔费用(学费约为马来西亚直接修读的20%~25%),免除签证及托福考试等带来的诸多困难。另外,马来西亚部分高校还提供"1+3"(国际本科)和"1+3+1"(国际本硕连读)项目,为本国学生或外国留学生提供更多选择和机会。

---

① 冯用军. "一带一路"倡议下马来西亚私立高等教育国际化研究 [J]. 贵州师范大学学报(社会科学版),2018(1):60-69.

表 4-4 马来西亚私立院校与国外大学合作的情况（部分）

马来西亚	美国	英国	澳大利亚	新西兰
英迪学院（1986）	密西根理工大学、密西西比大学、俄克拉荷马大学	格拉斯哥大学、考文垂大学、牛津布鲁克斯大学	昆士兰科技大学	惠灵顿大学、奥塔哥大学、梅西大学
双威学院（1987）	西密西根大学	格林尼治大学、莱斯特大学	西澳大学、维多利亚理工大学	怀卡托大学
国际医药大学（1992）	杰弗逊医学院	斯特拉斯克莱德大学、阿伯丁大学、格拉斯哥大学、利物浦大学	墨尔本大学、阿德莱德大学、悉尼大学	
都市学院（1986）		肯塔基大学	皇家墨尔本理工学院、科廷理工大学	奥克兰大学
林国荣创意工艺学院（1991）	纽约普瑞特艺术学院、强生威尔士大学	密德萨斯大学、赫特福德大学、亨伯赛大学	科廷理工大学、皇家墨尔本理工学院、堪培拉大学	奥克兰理工学院、惠灵顿理工学院
伯乐学院（1984）	宾夕法尼亚州立大学	密德萨斯大学、曼彻斯特大学	莫道克大学	
泰来学院（1969）	威斯康星大学	西英格兰大学	南澳大学	
亚太科技大学（1993）		史丹福郡大学	南澳大学	
思特雅大学（1986）	默里州立大学	诺丁汉大学	新英格兰大学	

表 4-5 合办 "3+0" 课程的马来西亚私立院校与国外大学情况（部分）

英国，马来西亚	澳大利亚，马来西亚
布拉德福德大学，利马学院	埃迪斯科文大学，萨尔学院
威斯敏斯特大学，国际音乐学院	查尔斯特大学，精英学院
谢菲尔德大学，泰莱学院	拉筹伯大学，汝来学院
斯塔福德郡大学，亚太资讯工艺学院	肯迪大学，立达学院
胡弗汉顿大学，萨尔学院	卧龙岗大学，英迪学院
东伦敦大学，精英学院	莫道克大学，伯乐学院
诺丁汉特伦特大学，万达学院、林登学院	南澳大学，雪邦工艺学院
安格利亚理工大学，伯乐学院	西悉尼大学（麦克阿瑟），国际学院
赫特福德郡大学，英迪学院、林登学院	皇家墨尔本理工大学，林国荣创意工艺学院
考文垂大学，英迪学院	科廷理工大学，林国荣创意工艺学院
牛津布鲁克斯大学，汝来学院	维多利亚科技大学，萨尔学院和双威学院
林克斯汉鲁克斯大学，伯乐学院	悉尼科技大学，泰莱学院
威尔士大学新港学院，国安学院	
纽卡斯尔诺桑比亚大学，史丹福学院、思雅特学院、二元商业学院、雷特经济学院	新西兰，马来西亚纳尔森理工学院，国安学院

2. 创办外国大学分校

马来西亚高等教育体系脱胎于前殖民地英国高等教育体制，到 2012 年已先后吸引英、澳、荷等国十几所高校在马来西亚开办分校，逐渐形成了混合式高等教育结构。实施 TDP 加速了马来西亚私立高等教育国际化进程，为提升高等教育国际化质量，教育部于 1998 年出台了《教育法》，授权国外高水平大学在马来西亚开办分校，因涉及国家教育主权，因此要经过比较严格的评审。由于马来西亚属于英联邦成员国，所以英、澳大学相继设立了四所分校，如诺丁汉大学马来西亚分校

(The University of Nottingham Malaysia Campus)、莫那什大学马来西亚分校（Monash University Malaysia Campus）、科廷大学马来西亚沙捞越分校（Curtin University Sarawak Campus Malaysia）、斯威本科技大学沙捞越分校（Swinburne University of Technology Sarawak Campus）等。

马来西亚较早邀请外国高校开设分校的做法比较成功，通过政策鼓励扩展私立院校（分校）和开设双联课程，马来西亚在减少本国学生留学海外和吸引外国学生上都取得了比较显著的效果，① 前往外国就学的人数由 1995 年的 5 万余人下降至 2015 年的约 2 万人，前来留学的外国学生则由 1995 年的 5 000 余人增加到 2007 年的 4.5 万人，再到 2015 年的 11 万余人，外籍生每年平均消费为 4.6 万林吉特，包括学费在内，而携家人来马的留学生，年均消费为 8.8 万林吉特。统计数据显示，2002—2013 年，近 500 所私立院校总共招收了近 51 万名国际学生，平均每年招收的本科层次国际学生占全体国际学生的比例约为 70%。② 2015 年，纳吉布总理说，外国学生人数过去 8 年来增幅超过 100%，预计到 2020 年，将吸引 20 万外国学生留学，为国家带来 150 亿林吉特的经济收益。③

（三）中马高等教育交流与合作

中马历史交往源远流长，两国是全面战略伙伴关系，中国主导的"一带一路"倡议和"亚洲基础设施投资银行"（AIIB）得到了马来西亚的认同和参与。《中华人民共和国政府和马来西亚政府高等教育合作谅解备忘录》和《中华人民共和国政府和马来西亚政府关于相互承认高等教育学历和学位的协定》为两国高等教育合作铺平了道路。受马来西亚各方邀约，2012 年 2 月 28 日，厦门大学正式对外宣布在马来西亚设分校，这是第二所中国知名高校在海外开办分校（第一所是 2011 年 7 月成立的老挝苏州大学）。2013 年，根据中国国家开发银行、厦门大学与马来西亚新阳光集团达成的相关合作协议，厦门大学马来西亚分校地处雪兰莪州沙叻丁宜。2014 年 10 月 17 日，中国电建承建厦门大学马来校区破土动

---

① 洁安娜姆，洪成文. 马来西亚高等教育国际化策略分析 [J]. 比较教育研究，2005 (7)：84 – 87.
② [马来西亚] MOHD ISMAIL ABD AZIZ. Finding the next "wave" in internationalization of higher education: focus on Malaysia [J]. Asia Pacific Education. Rev 15 (2014)：496 – 500.
③ 中新社. 大马外国留学生将达 11 万人 年平均消费近 7 万元 [EB/OL]. 光明网 http://life.gmw.cn/2015 – 09/23/content_17142782.htm. (2015 – 09 – 23). [2022 – 04 – 01].

工，2015年9月投入使用、12月开始面向中国大陆14个省份招生，接受学生和家长的咨询和报名，首期招生计划500名，2016年4月和9月，分校开始分别招收预科生和学位生，远期教育层次包括硕士和博士研究生。厦门大学马来西亚分校开设12个专业，除中文和中医之外，其他专业全部采用英文教学。这些专业的学制采用当地惯例，汉语言文学、新闻学、会计学、金融学、国际商务五个专业学制为三年，中医学为五年，其余为四年。除了中医学最后一年要回厦门大学本部，其余全部在马来西亚分校完成学习计划，由厦门大学授予学位，中马双方承认。厦门大学马来西亚分校是中国"985"工程高校在海外设立的第一所分校，2016年2月22日正式开学，以马来西亚当地学生和中国留学生为主，在当年7月首次招收了440名中国留学生，年底在校生数为1 300人左右。[①] 2016年11月3日，中马双方签署的《中华人民共和国和马来西亚联合新闻声明》宣称，两国将续签《教育合作谅解备忘录》，以进一步加强并推动中马教育交流取得新进展，双方对厦门大学在马来西亚建设分校表示赞扬及肯定，厦门大学马来西亚分校是两国高等教育合作的新里程碑，[②] 堪称中马友谊新使者。2019年，厦门大学马来西亚分校举行首次毕业典礼，11月，厦门大学共四校园（思明本部、翔安校区、漳州校区、马来西亚分校）都立起了校庆100周年倒计时牌。2021年4月，为庆祝厦门大学100周年校庆，马来西亚分校举行校歌石揭幕仪式，成为校庆的第二项主要活动。到2022年，在校学生6 000余人，包括约2 200名中国留学生，已初步建成马来西亚乃至东南亚水平最高、影响最大、声誉最好、公益性最强的私立"万人大学"。

另外，为加强中马文化交流、国际理解和高等教育交流合作，中国高校与马来西亚高校合作开设了6所孔子学院和孔子课堂，包括马来亚大学孔子学院、世纪大学孔子学院、沙巴大学孔子学院、彭亨大学孔子学院、沙捞越科技大学孔子学院和马六甲培风中学孔子课堂。

[①] 佘峥, 欧阳桂莲. 厦大马来西亚首届大陆生报到 [N]. 厦门日报, 2016-08-03（第001版）.
[②] 李静. 中马联合新闻声明：厦大马来西亚分校是两国高等教育合作新的里程碑 [EB/OL]. 厦门大学新闻网. http://news.xmu.edu.cn/71/f6/c1552a225782/page.htm. (2016-11-05). [2022-02-27].

四、中国和马来西亚的关系

（一）经贸关系

中马两国签有《避免双重征税协定》《贸易协定》《投资保护协定》《海运协定》《民用航空运输协定》等 10 余项经贸合作协议。1988 年成立双边经贸联委会。2002 年 4 月成立双边商业理事会。2017 年，两国签署《关于通过中方"丝绸之路经济带"和"21 世纪海上丝绸之路"倡议推动双方经济发展的谅解备忘录》《中国商务部同马来西亚交通部关于基础设施建设领域合作谅解备忘录》。据中方统计，2021 年中马双边贸易额 1 768 亿美元，同比增长 34.5%；其中中方出口 787.4 亿美元，进口 980.6 亿美元。中国连续 13 年成为马来西亚最大贸易伙伴。中国自马进口主要商品有集成电路、计算机及其零部件、棕油和塑料制品等；中国向马出口主要商品有计算机及其零部件、集成电路、服装和纺织品等。2021 年，马实际对华投资累计达 118.1 亿美元，中国对马累计各类投资 154.3 亿美元。两国金融合作成效显著。

（二）其他领域交流与合作

中马两国在农业、科技、教育、文化、军事等领域的交流与合作顺利发展。1992 年签署了《科技合作协定》，成立科技联委会。双方还签署了《广播电视节目合作和交流协定》（1992 年），《促进中马体育交流、提高体育水平的谅解备忘录》（1993 年），《教育交流谅解备忘录》（1997 年），《文化合作协定》（1999 年），《中马航空合作谅解备忘录》（2002 年），《空间合作及和平利用外层空间的协定》（2003 年），《在外交和国际关系教育领域合作谅解备忘录》（2004 年）等合作协议。2005 年，双方签署了《卫生合作谅解备忘录》，并续签了《教育合作谅解备忘录》。2009 年，双方签署《高等教育合作谅解备忘录》。2011 年，双方签署《关于高等教育学位学历互认协议》。2012 年，双方签署《打击跨国犯罪的合作协议》。2015 年，双方签署《刑事司法协助条约》《在马来西亚设立中国文化中心的谅解备忘录》。2016 年，双方签署《农业合作谅解备忘录》，并续签了《教育合作谅解备忘录》。2018 年，双方签署了《跨境会计审计执法合作备忘录》《马来西亚冷冻榴莲输华检验检疫要求的议定书》等。新华社、中新社在吉隆坡设立分社，中央电视台在马设立记者站，第4套和第9套节目在马来西亚落地，《人民日报》海外版在马出版发行。马新社在北京设立分社，《星报》在华设立办事处。双方签署了《旅游合作谅解备忘录》。2019年，中马双边往来人数379.58万，其中中国公民访马241.23万人次，马方来华138.35万人次。我国已连续7年是马来西亚在东盟国家外最大的游客来源国。2020年是"中马文化旅游年"，双方商定开展一系列交流活动。受新冠疫情影响，2021年双方将延续举办"文旅年"相关活动。2015年11月，双方签署《关于在马来西亚设立中国文化中心的谅解备忘录》。2020年1月，文化中心正式揭牌运营。

第二节 马来西亚职业技术教育与培训国际化产教融合发展的挑战与应对

一、马来西亚职业技术教育发展

马来西亚为实现工业化，非常重视发展职业技术教育，特别是公立技术职业高等教育。多年来，马来西亚教育部也积极呼吁各方注重发展职业技术教育，希望让技术和职业教育（TVET）成为吸引学生的职业发展道路。马来西亚教育、科学和技术研究部长拿督·塞里·迈克尔·曼因（Datuk Seri Michael Manyin）在沙捞越2019世界技能大赛闭幕式上表示，职业技术教育为离校生提供了更多获得技能和改善就业前景的机会。在马来西亚，职业教育的学历仍然被社会，尤其是父母看不起，认为不如普通院校学历。父母们一般对职业技术教育没有给予足够重视，多数家长认为职业技术教育与培训是那些不那么倾向于从事学术研究的学生的一种职业生涯规划途径，中学毕业生也不太重视职业技术教育与培训。曼因表示，沙捞越有关学校每年培养3.5万~3.8万名具有SPM资格的毕业生，其中2万~2.5万人继续在大专院校深造，或在职业技术教育院校接受技术教育/技能培训。他表示，1万~1.5万名SPM毕业生没有继续深造或接受职业培训，而是直接进入就业市场，通常是薪酬较低、晋升无望的机械化工作，这对个人和国家都是巨大的人力资源浪费，因为各行各业都有很多接受职业技能培训的机会，但接受职业培训的人却很少。因此,曼因说,他的部门的主要优先事项之一是促进职业技术教育和职业技能培训,鼓励和吸引更多毕业生将其作为同样理想的职业发展道路。在马来西亚政府和相关部门的大力支持下,自20世纪以来,为跨越式发展职业技术教育,马来西亚先后建立了30多所偏理工科的公立职业技术学院(表4-6),为全国培养技术、技能型职业人才。

表4-6 马来西亚公立职业技术学院

序号	中文名称	马来文/英文名称	所在州属/直辖区
1	浮罗山背理工学院	Politeknik Balik Pulau	槟城州
2	雪兰莪万津理工学院	Politeknik Banting Selangor	雪兰莪州
3	乌鲁登嘉楼理工学院	Politeknik Hulu Terengganu	登嘉楼州
4	苏丹依布拉欣理工学院	Politeknik Ibrahim Sultan	柔佛州
5	吉兰丹日里理工学院	Politeknik Jeli Kelantan	吉兰丹州
6	哥打峇鲁理工学院	Politeknik Kota Bharu	吉兰丹州
7	亚庇理工学院	Politeknik Kota Kinabalu	沙巴州
8	瓜拉登嘉楼理工学院	Kuala Terengganu Polytechnic	登嘉楼州
9	砂拉越古晋理工学院	Kuching Polytechnic Sarawak	砂拉越州
10	马六甲理工学院	Politeknik Melaka	马六甲州
11	马六甲万里茂理工学院	Politeknik Merlimau Melaka	马六甲州
12	柔佛丰盛港理工学院	Politeknik Mersing Johor	柔佛州
13	砂拉越木中都会理工学院	METrO Betong Sarawak Polytechnic	砂拉越州
14	新山都会理工学院	Politeknik METrO Johor Bahru	柔佛州
15	吉隆坡都会理工学院	METro Kuala Lumpur Polytechnic	吉隆坡
16	关丹都会理工学院	Politeknik METrO Kuantan	彭亨州
17	打昔汝莪都会理工学院	Politeknik METrO Tasek Gelugor	槟城州
18	姆阿占沙理工学院	Politeknik Muadzam Shah	彭亨州
19	砂拉越沐胶理工学院	Politeknik Mukah (Sarawak)	砂拉越州
20	汝来理工学院	Nilai Polytechnic	森美兰州
21	波德申理工学院	Politeknik Port Dickson	森美兰州
22	沙巴山打根理工学院	Politeknik Sandakan Sabah	沙巴州
23	威省理工学院	Seberang Perai Polytechnic	槟城州

续表

序号	中文名称	马来文/英文名称	所在州属/直辖区
24	苏丹阿都哈林理工学院	Sultan Abdul Halim Mu'adzam Shah Polytechnic	吉打州
25	苏丹阿兹兰沙理工学院	Sultan Azlan Shah Polytechnic	霹雳州
26	苏丹阿末沙理工学院	Sultan Haji Ahmad Shah Polytechnic	彭亨州
27	苏丹依德利斯沙理工学院	Politeknik Sultan Idris Shah	雪兰莪州
28	苏丹米占再纳阿比丁理工学院	Politeknik Sultan Mizan Zainal Abidin	登嘉楼州
29	苏丹沙拉胡丁阿都阿兹沙理工学院	Politeknik Sultan Salahuddin Abdul Aziz Shah	雪兰莪州
30	端姑苏丹娜峇希雅理工学院	Politeknik Tuanku Sultanah Bahiyah	吉打州
31	端姑赛西拉祖丁理工学院	Politeknik Tuanku Syed Sirajuddin	玻璃市州
32	敦赛纳西尔赛依斯迈理工学院	Tun Syed Nasir Syed Ismail Polytechnic	柔佛州
33	翁姑奥玛理工学院	Ungku Omar Polytechnic	霹雳州

资料来源：马来西亚高等教育部，http://www.mohe.gov.my。

二、马来西亚职业技术教育发展挑战

马来西亚的教育体系包含几个由职业培训组成的教育阶段，这些教育阶段包括学前教育、小学教育、初级中学教育、高级中学教育和高等学院教育或高等教育。马来西亚资格框架是一个开发和分类资格认证的工具，将职业技术教育与普通教育所能获得的证书和学历水平放在同一个资格框架中，它阐明学习者已获得的学术水平、研究领域的学习成果和基于学生学习量的信誉系统，这些标准被用于辨别私立及公立教育机构授予的所有资格证书。该框架由技能、职业和技术、学术3个教育部分与8个资格认证水平构成。

马来西亚职业技术教育与培训发展面临的主要挑战包括：一是职业技术教育与培训的社会地位和认可度较低，究其原因是国民的传统教育文化观念作祟，且职业技术教育学生、学校数量相对较少，职业技术教育与培训缺乏长远发展前景；二是职业技术教育与培训多元管理的不良后果。马来西亚的职业技术教育与培训受多个政府部门管理,但缺乏一个协调所有参与方的顶层设计机构,使得职业技术教育与培训低水平重叠,证书得不到社会和企业、行业和产业界普遍认可;[1] 三是职业技术教育与培训质量不稳定,缺乏科学的内外部质量监测、认证和保障体系,其主要原因在于职业技术教育与培训机构不特别强调职业培训内容、职业课程与产业、行业、企业需求的动态智能匹配,严重影响企业与职业技术院校合作的主动性、积极性和资源投入。同时,政府拨给职业技术教育与培训机构的经费不足。针对职业技术教育与培训存在的主要发展问题,马来西亚政府采取了以下几项重要发展措施:一是努力提高职业技术教育与培训的形象和公众认可度,其具体做法包括启动职业教育毕业生就业待遇相关提升项目,并加大职业教育宣传力度,以逐步改变人们对职业技术教育与培训的不良印象,争取让更多国民了解和支持职业技术教育与培训的发展;二是尽力保障职业技术教育与培训的框架和结构更加稳定、有效,其主要做法包括搭建一个新的更高层级的职业技术教育与培训治理机构,减少内耗,解决多元管理导致的相互扯皮、无人负责等问题;三是大力吸引更多私营部门特别是行业企业等提供技能培训资源,[2] 包括加强职业技术教育与培训机构和企业、行业协会、产业界等的交流、合作,形成了更多产教融合育人的校企发展共同体。

第三节 马来西亚职业技术教育与培训发展的战略和法规

一、马来西亚职业技术教育与培训发展的战略

20 世纪 90 年代,马来西亚经济犹如插上了翅膀,迅速起飞,经济年均增长率达到 8% 的高速增长,人均国民收入由 1990 年的 2 437 美元增加到近年的 8 000 多美元,这同马来西亚世界一流的较为完善的职业技术教育与培训体系密切相

---

[1] Mr. Mustapor Bin Mohamad. 马来西亚高等职业技术教育问题与挑战 [J]. 世界职业技术教育,2002 (1):9–12.
[2] 李俊,Lai Chee Sern,白滨. 马来西亚职业技术教育的现状与挑战 [J]. 职教论坛,2016 (36):88–92.

关。马来西亚的《2020 年宏愿》提出要在 2020 年成为先进工业国家，促使马来西亚政府采取了优先发展职业技术教育与培训的帕累托次优策略。

2009 年纳吉布任马来西亚总理以来，力图通过对内改革对外开放，重拾马来西亚在 1997 年亚洲金融危机之前区域经济中的"领跑者"地位，并最终摆脱了困扰马来西亚近 20 年的"中等收入陷阱"。在其一系列的改革举措和方案中，最为系统的当属 2010 年颁布的《新经济模式方案》，在"新经济模式"下，从 2011—2020 年，马来西亚经济每年需要增长 6.5%，以达到成为发达国家的中期目标。它集中体现了马来西亚政府的基本施政方针和总体经济战略，并成为未来 10 年马来西亚体制改革和经济发展的重要战略性指导文件，要实现这个目标，其中一个基础便是高技术人才和高技能产业工人等人力资源储备，在这个过程当中，职业技术教育与培训系统可以为国家的经济转变、社会转型等提供高技能劳动力支撑，因而起着至关重要的智力作用。

从职业技术教育与培训体系来看，马来西亚职业技术教育在教育各个阶段都有一定比重和体现：马来西亚基础教育学制为 6-3-2，期间已大量地渗透了职业技术教育，小学生在初等教育的第 4 年就接触到就业科目，政府在小学 4~6 年级引入一门新科目——操作技能，以培养学生职业意识和对职业的理解力；在初中阶段引入综合科目——生活技能，以取代分为几个部分的旧的职业科目；高级中学第 2 年在普通教育与技术和职业教育之间全部完成编班选择，学生在高中后 2 年中的教育有 4 种选择：艺术和人文、科学、宗教以及技术和职业。这样，从小学到高中，普通教育与职业教育就紧密地结合在一起了。另外，马来西亚还通过职业教育、高等教育衔接和职业技术培训规范化来促进教育系统的整体发展。

二、马来西亚职业技术教育相关法规

（一）马来西亚教育法

1996 年，马来西亚政府废除了 1961 年《教育法》、颁布了新的《教育法》，新法涵盖了学前教育到高等教育各个层次的规定和要求。新法规定，在国家教育系统的所有教育机构中使用国家语言（马来语）作为教学语言，另外，除国家教育系统的学校或任何其他受教育部豁免的教育机构外，所有学校均需使用国家课程，学生均需参加规定的统一考试，包括职业技术院校的学生。

（二）国家技能发展法案

2006年，马来西亚政府通过了《国家技能发展法案》（第652号法令），根据该法规定设立国家技能发展委员会（National Skills Development Council，NSDC）作为技能鉴定及证书颁发机构（包括证书、文凭、高级文凭），并开发国家职业技能标准（National Occupational Skills Standards，NCSS），研发国家技能培训课程并监测其执行效果。

（三）关于培训的报告

1991年，马来西亚内阁委员会发布了《关于培训的报告》，该报告提出，马来西亚经济的持续增长取决于其行业保持着较高的生产力和竞争力；而工业生产力在很大程度上依赖于熟练的人力资源及其技术，没有能够利用现代技术且受过良好教育的足量就业人口，生产力将受到损害，国家在全球经济中竞争的能力将受到破坏。该报告还认识到，应重视对现有就业人口进行职业培训和再培训，对就业人口的知识结构、技能模块等进行改造、升级、优化。

（四）"技能马来西亚"经济转型计划

2011年年初，马来西亚总理宣布了《"技能马来西亚"经济转型计划》，目的在于让学校学生和就业者更愿意选择职业技术教育与培训，使职业技术教育与培训更具吸引力。马来西亚政府启动了全国范围的媒体宣传活动，宣传职业资格证书和培训证书等所能带来的职业前景与发展优势，以改变人们对职业技术教育与培训的片面认识，理解职业技术教育与培训也是人生的另一条发展道路。

（五）2013—2025教育发展蓝图

2013年9月，马来西亚教育部推出了《2013—2025教育发展蓝图》，规定了国家未来13年的教育方向，并详细列出各项教育转型计划。2015年，马来西亚高等教育部绘制了2015—2025年高等教育发展的蓝图，其中列出了推动马来西亚卓越教育持续发展的10项转变，[①] 其中一项就是推动和支持职业技术院校与企

---

① 李建求."一带一路"沿线国家职业教育概览（上）[M].北京：商务印书馆，2018.

业、行业和产业合作育人，夯实学校人才供给和行业产业人才需求匹配的稳固基础，扩大职业技术教育与培训项目的规模，持续培育出高质量的职业技术教育毕业生，以随时满足马来西亚各行各业发展对人力资源的多样化需求。

第四节 马来西亚职业技术教育与培训的质量保障和发展趋势

一、马来西亚职业技术教育与培训的质量保障

（一）职业技能证书

马来西亚资格框架是开发和分类资格认证的工具，它将职业技术教育与普通教育所获得的证书和学历水平放在一个框架中，分技术教育、职业教育和学术教育3个部分，由8个资格水平构成。国家职业技能证书分为5个等级，技能证书1、2、3级，属于职业技术资格证书；技能证书4级和5级分别属于职业技术教育文凭和高级文凭。在马来西亚的资格框架中，职业技术教育资格等级最高为5级，比本科毕业证书要低；高等教育资格等级则最低为3级，最高为8级，其中，学士、硕士及博士学位的资格等级分别为6级、7级和8级（表4-7）。

表4-7 马来西亚资格框架

水平	分类		
	技术教育	职业教育	高等教育
8级			博士学位
7级	—		硕士学位
			研究生毕业证书
6级			学士学位
			本科毕业证书
5级	高级文凭	高级文凭	高级文凭
4级	文凭	文凭	文凭

续表

水平	分类		
	技术教育	职业教育	高等教育
3 级	技能证书 3 级	职业技术资格证书	资格认证
2 级	技能证书 2 级		—
1 级	技能证书 1 级		

资料来源：Malaysian Qualification Agency. Malaysian Qualification Framework (MQF) [R]. 2011.

（二）质量保障网络

马来西亚在第十个五年计划期间（2011—2015 年），在国家宏观层面上提出了四个政策导向以提升职业技术教育与培训体系的质量，主要包括：一是通过广泛宣传，提高职业技术教育与培训体系的良好形象和职业教育毕业生的综合待遇，吸引更多的受训人员接受职业技术教育与培训；二是基于企业、行业、产业界等的人才、技术要求提升职业教育课程质量，开展了一系列行动计划，如标准化职业技术教育与培训课程、国家技能资格证书体系、建立新的国家技术委员会等；三是打造高效的职业教育师资力量，建立新的教师和高级技能培训中心；四是规范职业技术教育与培训体系，审核现有的职业教育资金资助途径、评估职业教育学校等级等措施。

在提升职业技术培训方面，从雇主（企业、行业、产业等）、学生、培训机构等各个方面采取多项措施，主要内容包括：一是积极与工业界加强联系，在各技术领域设立"企业指引联合会"（Industry Lead Body，ILB）以促进职业技术教育与培训体系的发展；二是主动融合政府相关部门、企业（行业、产业等）、私立技术培训机构，建立"技术人员委员会"（Board of Technologists，BT）以规范、监督和评估各职业技术教育与培训课程；三是持续加大对职业技术教育与培训体系的资金扶持，扩展职业技术与技能人员培训覆盖范围；四是努力提高职业技术培训与技能训练的知名度和地位，在各项行动计划中推广"马来西亚技术标识"（"Skills Malaysia" branding，SMb），提倡技术培训和支持技能训练；五是科学建立职业发展"十字"通道"立交桥"，让马来西亚技术资格证书的拥有者可以进一步过渡到其他学位课程；同时，为职业教育学生拓宽职业发展途径，并通过评估系统让其职业发展更通畅；六是增加职业技术教育与培训教师数量，尤其是高质量"双师型"教师的数量，让符合学历要求且实践经验丰富的企业人士可以快速转换为职业教育教师；七是协助职业技能培训机构招收学生，吸引和资助外国学生加入马来西亚职业技术教育与培训体系，毕业后为马来西亚效力。

二、马来西亚职业技术教育与培训的发展趋势

马来西亚正在向发达国家行列迈进，其职业技术教育与培训发展情况，在整体上符合世界职业技术教育与培训的发展潮流。① 分析发现，马来西亚职业技术教育与培训产教融合发展的态势主要表现在三个方面：一是中等职业技术教育与培训呈萎缩趋势。中等职业技术教育与培训由于社会发展、产业转型、经济转轨，由主要服务和补充农业转向服务工业、高科技产业和服务产业发展。产业升级对职业技术教育与培训的人员提出了更高的要求，包括在知识与技能、过程与方法、情感态度与价值观层面，当前全球中等职业技术教育学校的学生占高中段学生人数的比例呈下降趋势，发达国家（如美国、日本）则更加明显。二是高等职业教育发展加快。随着产业的升级、行业的优化、企业的拓展，职业技术教育与培训的重心逐步上移，工业发展及高新技术的应用对掌握高级专门技能人才的需求加大，使得高等职业教育发展加快，企业、行业、产业界更多介入职业技术、技能人才的培养进程。三是职业技术教育与培训观念由以就业为目标向职业生涯发展变化。马来西亚职业技术教育与培训观念和全球职业技术教育与培训发展潮流基本一样，正由狭隘的就业教育和培训向个体的职业生涯发展需要甚至终身教育（学习）转变。职业技术教育与培训的形式也由过去单一的学校技术职业教育发展为职前教育、岗前培训、在职培训、职后再培训等多种形式统一且连续的养成过程。

---

① 王英杰. 试谈世界职业技术教育发展趋势及我国职业技术教育的困境与出路［J］. 比较高等教育，2001（3）：47-53.

第五节 中国与马来西亚职业技术教育和培训国际化合作的实践探索

一、政府促进中马职业教育合作

在中马职业教育合作领域,两国政府、民间组织及院校均进行了积极的探索。例如,2019年9月19日,由中国教育国际交流协会指导、中兴教育管理有限公司发起主办、广西建设职业技术学院和广西金融职业技术学院承办,在广西壮族自治区南宁市召开了中国与马来西亚职业教育圆桌峰会(以下简称"职教峰会")。马来西亚人力资源部、中国教育国际交流协会、广西壮族自治区教育厅、中兴教管公司以及来自中国的12所高等职业技术院校的领导和专家代表等参会,共同探讨中马两国职业技术教育国际化产教融合育人的机遇与挑战,广西部分高职院校的学生旁听了会议。在职教峰会上,中国教育国际交流协会与马来西亚人力资源部正式签署合作备忘录,双方共建中马职业教育的国际交流合作平台,在国际合作、师资交流、学术与课程资源研发、校企合作产教融合育人等方面展开全面合作,并尽可能共建共享共用双方拥有的企业、行业和产业合作资源。中兴教育管理有限公司作为合作实施方,在现场与参会的12所中国高等职业技术院校签署了校企合作协议以及"一带一路"国际教育合作框架协议,双方整合各自资源优势共同开展中马两国职业技术教育国际化产教融合育人实践。在职教峰会主题发言环节,江西应用科技学院、石家庄工程职业学院、岳阳职业技术学院、云南交通职业技术学院、长沙民政职业技术学院等校参会代表从办学特色、优势专业及校企合作开展情况、产教融合育人情况、国际合作开展情况、与马来西亚合作的基础及未来展望等方面进行了分享和交流。在职教峰会最后,全体与会嘉宾共同签署了中国与马来西亚职业教育圆桌峰会南宁共识,携手构建中国与马来西亚职业教育共同体。在下午的现场洽谈环节,各院校代表再次就留学生招生、境外培训基地建设、师生培训与交流以及专业共建等内容和中兴教育管理有限公司、马来西亚独大教育中心、英迪大学等进行了详细的交流与沟通,大家均表示希望开展深层次国际交流与合作,并期待取得更好的合作发展。经过三年多的不懈努力,中方院校和中方企业与马来西亚有关方面的国际化产教融合发展项目已逐渐落地、发芽、生根、开花和结果。

马来西亚及其职业技术院校还积极参与发起国际职业技术教育会议。2020年10月28日,中国—马来西亚职业教育合作高峰对话在线成功举行。高峰对话是第二十一届中国国际教育年会的重要双边会议之一,以两国职业技术教育交流与合作为主题,围绕中马职业技术教育发展的现状、特点和趋势,以及产教融合育人背景下合作新路径等议题展开研讨。

二、中马职业院校合作开展工程机械专业人才培养

2022年5月,湖南三一工业职业技术学院(以下简称"三一工学院")与马来西亚和立大学举行共建培训基地项目"云签约"仪式。根据协议,双方将聚焦先进制造业,依托两校优势的教学和科研团队,在马来西亚等开展"一带一路"国际工程人才培养基地及工程类"鲁班工坊"建设项目建设。按照分工,马来西亚和立大学将负责提供办学资质、政府许可证照、人才培养方案与教学大纲、教学场地与设施和条件。三一工学院负责选派优秀师资,提供实训实验设备和设备采购等。双方还约定,加强在校教师的互访交流,并通过合作办学、学分互认和3+2+1专本硕连读项目等,合作开展全日制在校学生的联合培养和学历提升。

据介绍,项目首期拟为马来西亚培养工程机械技术人才30人,此后将逐步向东盟及"一带一路"周边国家辐射。

第五章 菲律宾

第一节 菲律宾概况

菲律宾共和国（Republic of the Philippines），国土面积约29.97万平方公里。位于亚洲东南部。北隔巴士海峡与中国台湾省遥遥相对，南和西南隔苏拉威西海、巴拉巴克海峡与印度尼西亚、马来西亚相望，西濒中国南海，东临太平洋。共有大小岛屿7 000多个，其中吕宋岛、棉兰老岛、萨马岛等11个主要岛屿占全国总面积的96%。海岸线长约18 533公里。

一、菲律宾的人口、民族和语言

2021年统计数据显示，菲律宾人口约1.1亿，马来族占全国人口的85%以上，还包括他加禄人、伊洛人、邦邦牙人、维萨亚人和比科尔人等；少数民族及外来后裔有华人、阿拉伯人、印度人、西班牙人和美国人；还有为数不多的原住民。菲律宾有70多种语言，国语是以他加禄语为基础的菲律宾语，英语为官方语言。国民约85%信奉天主教，4.9%信奉伊斯兰教，少数人信奉独立教和基督教新教，华人多信奉佛教，原住民多信奉原始宗教。

二、菲律宾的经济发展

菲律宾的经济属于出口导向型，对外部市场依赖较大。第三产业在国民经济中地位突出，农业和制造业也占相当大的比例。菲律宾从 20 世纪 60 年代后期采取开放政策，积极吸引外资，经济发展取得显著成效。20 世纪 80 年代以来，受西方经济衰退和自身政局动荡影响，经济发展明显放缓。20 世纪 90 年代初，拉莫斯政府采取一系列振兴经济措施，经济开始全面复苏，并保持较高增长速度。1997 年爆发的亚洲金融危机对菲冲击不大，但其经济增速再度放缓。杜特尔特总统执政后，加大对基础设施建设和农业的投入，推进税制改革，经济保持高速增长，但也面临通货膨胀高、政府财力不足等问题。2020 年主要经济数据如下：国内生产总值约 3 622.4 亿美元、人均国内生产总值约 3 300 美元、国内生产总值增长率约为 –9.5%、货币名称为比索（Peso）、汇率约为 1 美元≈50 比索、通货膨胀率约为 3.5%。

（一）矿产资源

矿产主要有铜、金、银、铁、铬、镍等 20 余种。铜蕴藏量约 48 亿吨、镍 10.9 亿吨、金 1.36 亿吨。地热资源预计为 20.9 亿桶原油标准能源。巴拉望岛西北部海域有石油储量约为 3.5 亿桶。

（二）工业产值

2019 年工业产值为 5.63 万亿比索，同比增长 5.2%。其中，矿业、制造业、建筑业和电气水资源供给产业产值分别为 0.14 万亿比索、3.40 万亿比索、1.50 万亿比索和 0.59 万亿比索，在 GDP 中占比分别为 0.6%、15.3%、6.7% 和 2.6%。菲制造业主要是食品加工、化工产品、无线电通信设备等，占制造业产出的 65% 以上。

（三）农林渔业

2019 年农林渔业产值为 1.55 万亿比索，占 GDP 的 7.0%。主要出口产品为椰子油、香蕉、鱼和虾、糖及糖制品、椰丝、菠萝和菠萝汁、未加工烟草、天然橡胶、椰子粉粕和海藻等。森林面积 1 579 万公顷，覆盖率达 53%。有乌木、檀木等名贵木材。水产资源丰富，鱼类品种达 2 400 多种，金枪鱼资源居世界前列。已开发的海水、淡水渔场面积 2 080 平方公里。

（四）服务业

服务业产值约占国内生产总值的 60%，在三大产业中占比最高。菲律宾是全球主要劳务输出国之一。据统计，在海外工作的菲律宾劳工约 230 万人，其中约 24% 在沙特阿拉伯工作，16% 在阿联酋工作。2019 年菲律宾海外劳工汇款达 335 亿美元，同比增长 3.9%。

（五）旅游业

旅游业是外汇收入重要来源之一。2019 年访菲游客量同比增长 15.24%，达到 826 万人次。其中，韩国游客 198 万人次，数量最多，同比增长 22.48%；中国游客 174 万人次，同比增长 35.58%，位居第二；美、日、澳等国游客数量分别为 106 万人次、68.2 万人次和 28.6 万人次。主要旅游点有百胜滩、蓝色港湾、碧瑶市、马荣火山、伊富高省原始梯田等。

（六）交通运输

菲律宾的交通运输以公路和海运为主。铁路不发达，且集中在吕宋岛。航空运输主要由菲律宾航空公司等航运企业经营，全国各主要岛屿间都有航班。2019 年，菲律宾交通、通信及仓储业产值为 1.1 万亿比索，占国内生产总值的 4.9%。铁路总里程约 1 200 公里；公路总里程约 21.6 万公里。客运量占全国运输总量的 90%，货运量占全国运输货运量的 65%；水运总里程约 3 219 公里。全国共有大小港口数百个，商船千余艘。主要港口为马尼拉、宿务、怡朗、三宝颜等；空运方面，各类机场近 300 个。国内航线遍及 40 多个城市，与 30 多个国家签订了国际航运协定。主要机场有首都马尼拉的尼诺·阿基诺国际机场、宿务市的马克丹国际机场和达沃机场等。

（七）财政金融

根据 2019 年菲律宾财政部、菲律宾中央银行等的统计，菲律宾财政收入 3.313 7 万亿比索，同比增长 10.08%。财政支出 3.798 万亿比索，同比增长 11.4%。财政赤字 6 602 亿比索，占国内生产总值的 3.55%。截至 2017 年年底，外汇储备为 814.7 亿美元。2016 年外债总额为 453.89 亿美元，占 GDP 的 14.74%。主要银行有：首都银行，资产额 155 亿美元；菲岛银行，资产额 138 亿美元。

（八）对外贸易

菲律宾与 150 个国家有贸易关系。2019 年菲律宾对外贸易额为 1 825.2 亿美元，比上年略微增长0.20%。其中出口709.3亿美元，同比增长2.34%；进口1 115.9亿美元，下降1.11%。菲律宾的前十大贸易伙伴分别是中国、日本、美国、韩国、中国香港、泰国、印度尼西亚、新加坡、中国台湾和马来西亚。近年来，菲政府积极发展对外贸易，促进出口商品多样化和外贸市场多元化，进出口商品结构发生显著变化。非传统出口商品（如成衣、电子产品、工艺品、家具、化肥等）的出口额，已赶超矿产、原材料等传统商品出口额。

（九）外国资本

根据菲律宾中央银行公布的数据，2019年，菲律宾净吸收外商直接投资为76.47亿美元，同比下降23.1%。这些投资主要来自新加坡、美国、日本、韩国、中国、泰国、中国台北、毛里求斯、中国香港和德国等，主要流向金融和保险业、电力燃气能源供应行业、制造业、房地产、运输和仓储、建筑、通信等行业。

（十）外国援助

据菲律宾政府统计，截至2018年年底，菲律宾获得外国官方发展援助金额达179.5亿美元，其中优惠贷款金额155.47亿美元，占比为86.61%；赠款金额24.03亿美元，占比为13.39%。最大援助来源国为日本，日本国际协力机构（JICA）占菲律宾获得官方开发援助承诺总额的46.02%（82.60亿美元），其次是世界银行和亚洲开发银行的援助，分别占17.72%和16.38%。对菲律宾的主要援助领域包括农业和自然资源、管理和制度完善、工业、贸易和旅游、基础设施建设、社会改革和社区发展等。这些援助中既有改善民生、发展经济的硬项目，也有培训人员、实施可行性研究等软项目。

三、菲律宾的教育体系

菲律宾宪法规定，教育系统由小学教育（6年）、初中教育（4年）、普通高中（3年）和中等技术教育（2年）、高等教育组成（图5-1）。中小学实行义务教育，初、中等教育以政府办学为主。菲律宾政府重视教育，鼓励私人办学，为私立学校提供长期低息贷款，并免征财产税。全国共有小学50 483所，小学入学率达91.05%；中学14 217所，中学入学率为68.15%；高等教育机构1 599

所，主要由私人控制，在校生约 244 万人。著名高校有菲律宾大学、德拉萨大学、雅典耀大学、东方大学、远东大学、圣托玛斯大学等。

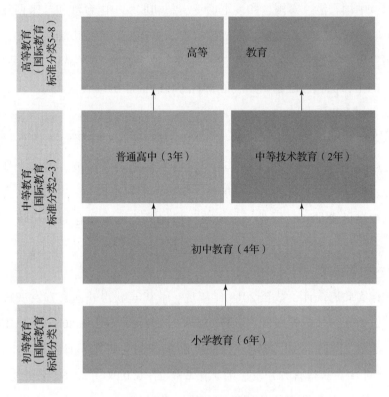

图 5-1　菲律宾教育系统

菲律宾的普通高中教育分为 4 个方向，分别是学术方向、技术—职业—生活（Technology-Vocation-Life）方向、运动方向、艺术和设计方向，[①] 其中技术—职业—生活方向课程和职业技术教育与培训有一定的关联性。菲律宾高等教育由高等教育委员会（Commission on Higher Education，CHED）负责，高等教育机构为学生提供从本科到研究生阶段的学术教育，授予学士、硕士和博士学位。菲律宾职业技术教育与培训则由技术教育和技能发展局（Technical Education and Skill Development Authority，TESDA）管理，提供从中等职业技术教育到本科阶段的职

---

① WENR：Education in the Philippines［EB/OL］. https://wenr. wes. org/2018/03/education-in-the-philippines. (2018-10-23).［2022-03-20］.

业技术教育服务。

四、中国和菲律宾的关系

（一）双边经贸关系和经济技术合作

2021年，中菲双边贸易额820.5亿美元，其中中国出口额573.1亿美元，进口额247.4亿美元。2020年中国对菲律宾非金融类直接投资1.4亿美元，菲律宾对中国投资0.236亿美元。中国是菲律宾第一大贸易伙伴、第一大进口来源地、第二大出口市场。

（二）其他领域合作

中菲在教育、科技、文化、军事等领域签订了合作协定或备忘录。2019年全年在中国学习的菲律宾学生总数为3 246名。2019年，中国赴菲律宾旅游人数达168万人次。我国新华社在马尼拉设立了分社，中央广播电视总台国际频道在菲落地。

中菲结有34对友好省市，分别为杭州市和碧瑶市、广州市和马尼拉市、上海市和大马尼拉市、厦门市和宿务市、沈阳市和奎松市、抚顺市和利巴市、海南省和宿务省、三亚市和拉普拉市、石狮市和那牙市、山东省和北伊洛戈省、淄博市和万那威市、安徽省和新怡诗夏省、湖北省和莱特省、柳州市和穆汀鲁帕市、贺州市和圣费尔南多市、哈尔滨市和卡加延—德奥罗市、来宾市和拉瓦格市、北京市和马尼拉市、江西省和保和省、南宁市和达沃市、兰州市和阿尔贝省、北海市和普林塞萨港市、福建省和内湖省、无锡市和普林塞萨港市、广西壮族自治区和宿务省、河南省和达拉省、黄冈市和依木斯市、宁夏回族自治区和巴拉望省、贵港市和三宝颜市、福州市和马尼拉市、海南省和巴拉望省、晋江市和达沃市、湖北省与南伊罗戈省、陕西省与八打雁省。

第二节　菲律宾职业技术教育与培训及国际化发展情况

菲律宾职业技术教育与培训自肇始便具有浓厚的国际化产教融合色彩。19世纪初，西班牙在菲律宾建立了第一批职业技术教育与培训学校，培养亟须的航海、家政服务等企业、行业、产业的少量职业技术工人。1898 年，美国对菲律宾教育体系（包括职业技术教育体系等）进行了全面改革。美国对菲律宾推行教育改革偏重工农部门所需的实用技术和职业技能，目的是推进技艺学校和农业学校等的快速建设。国家独立后的菲律宾在职业技术教育与培训发展战略上延续了美国殖民政府强调技术培养与技能训练的职业教育政策主张，并广泛借鉴西方发达国家发展职业技术教育与培训的成功经验和有效做法。

一、菲律宾职业技术教育与培训的发展概况

菲律宾把职业技术教育与培训纳入整个教育体系，同时在普通教育中渗透着职业技术教育。职业技术教育属于中学后教育，即在完成小学六年、中学四年教育基础上进行的专业职业技术教育与培训，[①] 培养具有相应职业知识、职业意识、职业技能、职业方法、职业过程、职业技术、职业态度、职业情感、职业价值观等的熟练工人、能工巧匠和技术人员，主要包括专门行业（包括技术、通信、电子、计算机交通、工程机械等）、农业、渔业、家庭产业和非传统课程对应的其他产业。

菲律宾职业技术教育与培训体系发展历史不长，但是其职业技术教育与培训体系和职业技术教育与培训治理模式很有特色，主要体现在职业技术教育与培训机构和职业技术教育与培训治理两方面。

菲律宾职业技术教育与培训共有四种类型，分别是基于学校的职业技术教育与培训，基于培训中心的职业技术教育与培训，基于社区的职业技术教育与培训和基于企业（行业、产业）的职业技术教育与培训。按照职业技术教育办学经费来源分为公立职业技术教育与培训机构和私立职业技术教育与培训机构两种。根据职业技术教育与培训时间的长短可分为短期项目（3 个月以内）、中期项目（3~9 个月）和长期项目（1~3 年）。

（一）职业技术院校提供的职业技术教育与培训

菲律宾职业技术院校提供的职业技术教育与培训包括短期项目、中期项目和

---

① 韦国锋. 菲律宾职业技术教育概述 [J]. 外国中小学教育，1994（3）：37 – 40.

长期项目三种类型，以长期项目为主，短期和中期项目所占比例较低。职业技术院校提供的长期职业技术教育与培训项目根据时间又可以分为一年制、两年制和三年制三种不同类型。在职业技术院校提供的长期职业技术教育与培训项目中，不同职业技术院校根据自身的办学定位提供职业资格证书项目、职业教育文凭项目和职业培训资格项目。根据办学资金来源不同，菲律宾职业技术教育院校分为公立职业技术院校和私立职业技术院校两大类，除了菲律宾技术教育和技能发展局（TESDA）直属学校是公立学校外，90%以上的职业技术院校是私立学校。菲律宾技术教育和技能发展局（TESDA）下属职业技术教育与培训院校共57所，其中农业类19所、渔业类7所、贸易类31所。[1] 以碧瑶市艺术与贸易学校（Baguio City School of Arts & Trades，BCSAT）为例，该校成立于1994年，隶属于TESDA。该校的办学理念是提供基于能力（Outcome based ability，OBA）和成果（Outcome based education，OBE，也称成果导向教育、能力导向教育、目标导向教育或需求导向教育）教育理念的职业技术教育与培训，并将双元制作为学校职教人才的培养特色。该学校主要提供两年制职业技术教育文凭项目，包括烹饪艺术专业和餐厅服务专业。除此之外还提供短期职业技术教育与培训项目，涉及面包制作、调酒、餐饮服务、家政服务、烹饪等一系列专业，学习时间为20～55天不等。[2] 菲律宾很多高等教育机构除了提供高等教育外，还提供包括中等教育、职业教育等在内的多种教育服务形式。

（二）职业技术培训中心提供的职业技术教育与培训

菲律宾基于职业技术培训中心的机构性职业技术教育与培训以提供短期和中期项目为主，除了少数职业技术培训中心会提供长期项目外，大部分的职业培训周期不会超过1年。TESDA下属的职业技术培训中心主要包括地区级职业技术培训中心和省级职业技术培训中心，其中地区级职业技术培训中心的培训项目种类和级别相对于省级职业技术培训中心更高。此外，还有一小部分职业技术培训中心是与国际合作建立或者由国际提供援助建立的，如TESDA女子技能培训中心

---

[1] TESDA：School Based Program [EB/OL]. https://www.tesda.gov.ph/About/TESDA/35. (2018-10-23). [2022-03-20].

[2] BCSAT：Program [EB/OL]. http://www.bcsat.edu.ph/programs/. (2018-10-23). [2022-03-20].

（日本政府援助项目）、韩国—菲律宾信息技术培训中心（韩国政府和TESDA合作项目）等。以塔利赛地区培训中心（Regional Training Center Talisay，RTCT）为例，该地区职业技术培训中心提供汽车维修、机械加工、焊接、交通运输、烹饪、卫生保健、工程机械等专业的6个国家一级职业证书和36个国家二级职业证书培训项目。培训时长根据项目的要求有40小时到636小时不等。① 另外，一些职业技术培训中心还与有关企业、行业或产业合作，实施产教融合育人。

除了TESDA主管的职业技术培训中心以外，还有一些隶属于国家部委的培训中心也提供职业技术教育培训。菲律宾农业部开设了34个培训中心来为农民和渔民提供职业技术培训服务，其宗旨是培训从事农业和渔业的职业人员，通过职业技术、技能培训促进和加速农业、渔业与边远地区的经济社会发展，确保最新、最实用的职业技术、技能在农民和渔民及相关领域推广，少数职业技术培训中心与TESDA还有较为密切的合作关系。此外，其他政府机构也提供类似的职业技术教育与培训服务，但是这些机构与TESDA及其职业培训项目合作较少，因此它们的职业技术培训项目也不受TESDA监督和管理。这些职业技术培训中心包括：劳动与就业部下属的国家海洋技术学院，科技部下属的冶金工业研究与发展中心和菲律宾纺织研究所，贸易与工业部下属的建筑与人力发展基金会、菲律宾商贸培训中心和棉花产业技术中心，社会福利与发展部提供的面向残疾人和贫困人群的生计培训中心等。②

二、菲律宾职业技术教育与培训的治理框架

职业技术教育治理机构是政府实现治理职能的组织结构基础，其结构与职能设置、运行与考评机制等是国家职业技术教育与培训治理体制的重要内容，合理与否直接关系到政府治理目标的实现。世界各国政府对职业技术教育的治理大致分为统一型和分散型两种治理模式，采取这两种治理模式的国家在近年的教育改

---

① Regional Training Center Talisay ［EB/OL］. https://tesdacourse.com/Regional‐Training‐Center‐Talisay‐3505.html.（2018‐10‐18）.［2022‐03‐20］.
② 吴秋晨，白滨，朱晓琳.菲律宾职业教育发展的现状、挑战与趋势［J］.中国职业技术教育，2019（15）：81‐85.

革中又分别强调分权化和集权化,因此职业技术教育与培训的治理整体呈现均权化、协同化、专业化等特点。以统一型职业技术教育与培训治理模式为例,由一个权威的治理机构实行统一领导,能加强职业技术教育与培训的宏观治理和中观治理,便于统筹协调全国职业技术教育与培训资源。同时,地方分权有利于因地制宜的微观治理,便于职业技术教育与培训更好地适应地区经济发展和社会进步,支撑地方优势特色行业、产业高质量发展。实际上,在法律法规、投资融资和质量监测保障体系健全的情况下,治理重心下移是职业技术教育与培训发达国家的一个重要经验。此外,由于职业技术教育与培训强调和经济、社会等宏观系统,市场、行业、产业等中观系统,以及需求、企业等微观系统的密切联系,治理体系的包容性和治理能力的现代性是其主要特征。相应地,菲律宾教育行政部门与劳动行政部门、行业产业部门、财务部门等的协同合作是职业技术教育与培训治理的一个显著特点。①

菲律宾职业技术教育与培训治理呈现统一治理和分权治理动态平衡的显著特点。相应的治理结构表现出层级简洁、分工明确、与社会其他部门协同实现多元职能等特点。菲律宾的中学后技术和职业教育培训由劳动就业部(Department of Labor and Employment,DOLE)的技术教育与技能发展局独立管理。菲律宾有设置专门部门独立管理职业技术教育与培训体系的传统。1963 年,"职业教育局"(Vocational Education Bureau,VEB)就作为职业技术教育与培训的治理部门成立,与治理中小学教育和师范学院的公立学校教育局以及负责私立院校治理的私立教育局并行不悖。菲律宾这种职业技术教育与培训按类型独立治理的体制在1975 年被打破,又在 1985 年被恢复。在此期间,菲律宾职业技术教育与培训经历了经济衰退形势下的发展低谷和经济全球化背景下的重整旗鼓②。1994 年和1995 年,菲律宾相继成立了高等教育委员会和技术教育与技能发展局,分别负责治理高等教育和中学后技术、职业技术教育与培训以及中等劳动力的培养培训问题,教育文化体育部(Department of Education,Culture and Sports,DECS)则

---

① 张劲英. 菲律宾技术教育与技能发展署的组织、职能与运行机制分析 [J]. 职业技术教育,2020(27):29—34.

② 韦国锋. 菲律宾职业技术教育概述 [J]. 外国中小学教育,1994(6):37.

专门治理基础教育。2001 年教育文化体育部更名为教育部（Department of Education，DepEd），但基础教育、高等教育、技术和职业教育培训三足鼎立的治理模式延续至今。①

菲律宾技术教育与技能发展局依据"共和国第 7796 号法案"（又称《技术教育与技能发展法案》）成立，整合了原劳动就业部下辖的全国人力和青年理事会、教育文化体育部下辖的职业技术教育局、劳动就业部地方就业局的学徒制办公室等治理机构（图 5-2），② 其组织治理结构是根据规划、治理、监督三方面的主要任务和职责分工设计的。技术教育与技能发展局委员会（TESDA Board）是菲律宾技术教育和职业教育培训最高政策决策机构，负责协调和制订全国技术教育和职业技能发展计划。成员有劳工组织、雇主（企业、行业、产业）、商业投资和教育培训行业代表以及劳动和就业部、技术教育和技能发展局、教育部、贸易和工业部、农业部、内政部、科技部、高等教育委员会等相关政府部门人员。③ 总执行主任办公室（Office of the Executive Director General，OEDG）下设的 7 个办公机构分工明确，其中规划办（Planning Office）负责政策研究、评估、项目开发；外联办（Partnerships and Linkages Office）负责合作伙伴的联络和激励；全国技术教育和技能发展研究所（National Institute for Technical Education and Skills Development）负责研发相关技术、课程、培训资助，开展学习和培训项目；资格标准办（Qualifications and Standards Office）负责能力标准编制和相关项目、系统开发；认证办（Certification Office）负责能力评估和项目注册。为了具体工作开展的便利，TESDA 在全国设立了 18 个区域办公室和 88 个省级办公室。④

---

① Department of Education, Republic of the Philippine. Historical Perspective of the Philippine Educational System [EB/OL]. https://www.deped.gov.ph/about-deped/history/. (2019-11-19). [2022-03-19].
② Technical Education and Skills Development Authority, Republic of the Philippine. TESDA Organizational Structure [EB/OL]. http://www.tesda.gov.ph/About/TESDA/12. (2019-11-19). [2022-03-19].
③ Technical Education and Skills Development Authority, Republic of the Philippine. TESDA Board Members [EB/OL]. http://www.tesda.gov.ph/About/TESDA/157. (2019-02-11). [2022-03-19].
④ Technical Education and Skills Development Authority, Republic of the Philippine. TESDA Organizational Structure [EB/OL]. http://www.tesda.gov.ph/About/TESDA/12. (2019-11-19). [2022-03-19].

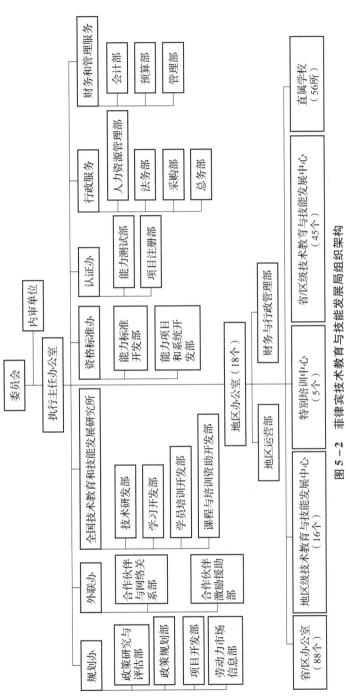

图 5-2 菲律宾技术教育与技能发展局组织架构

三、菲律宾培养职业技术技能人才的途径

为了保证职业技术教育与培训机会的公平和便捷,技术教育与技能发展局下辖的技术研究院(TESDA Technology Institutions,TTIs)直接向社会提供培训项目。到2018年,这类机构共122家,其中技术教育与技能发展局直属学校56所(农业类14所,渔业类5所,贸易类37所),培训中心61个(包括16个地区级培训中心和45个省级培训中心),特别培训中心5个。特别培训中心为人们提供专门技术教育与技能培训服务,如技术教育与技能发展局女子技能培训中心是日本政府援建项目,除了提供职业技术教育与技能培训,还关注女性创新创业以及女性职业生涯规划发展的相关政策、项目、研究工作,维护女性利益。技术教育与技能发展局培训中心—达义市企业校园是技术教育与技能发展局和行业企业组织的共建项目,合作企业、行业和产业提供技术教育与技能培训费用,负责设施维护和产教融合育人中企业实习实训部分,收入归技术教育与技能发展局发展基金。韩国—菲律宾信息技术培训中心是技术教育与技能发展局、韩国政府和菲律宾相关地方政府的合作项目,分别设置在奎松市诺瓦利什理工大学和达沃市等4个城市的地区技能发展中心。另外,全国35个语言学校免费为有意赴海外工作的职业教育学生和就业人口提供英、韩、中、日、西班牙等国的语言培训。另外,自2012年5月起,技术教育与技能发展局开始提供在线网络课程。截至2021年12月31日,注册用户已超过百万人,每年新注册人数超过20万人。

同样出于保障职业技术教育与培训机会公平的目的,技术教育与技能发展局开发和实施了一系列职业技术教育与培训奖学金项目,如私立教育学生资助计划(Private Education Student Financial Assistance,PESFA)、岗前培训奖学金(Training for Work Scholarship,TWSP)、就业特训计划(Special Training for Employment Program,STEP)。这些奖学金有助于建立将资源引导向紧缺技术、技能人才培养的激励机制,对提高职业技术教育与培训的效率、提升职业教育学生与受训学员的就业率等也有帮助。2018年,PESFA覆盖了21 189名新生和19 818名毕业生,STEP覆盖了68 762名新生和62 967名毕业生,TWSP覆盖了348 960名新生和322 129名毕业生。截至2021年,这三类奖学金项目覆盖新生50余万人、毕业

生 50 余万人，持续为菲律宾和外国提供大量合格技术与职业技能人才。

四、菲律宾职业技术教育与培训的国际化

20 世纪 40 年代，菲律宾学习美国社区学院模式，引入了基于社区的职业技术教育与培训体系，并将其改造并发展成为菲律宾职业技术教育与培训体系的重点发展模式之一。20 世纪 90 年代，菲律宾着手构建自己的国家职业技术教育与培训体系。其中，开发基于国内外行业、企业和产业对职业技能人才要求的国家能力标准，基于该标准开展职业技术教育与培训课程设计、构建等级分明的国家资格框架等，使菲律宾现代职业技术教育与培训体系呈现出明显的国际化产教融合育人特征。

"能力本位"教育理念产生于 20 世纪六七十年代美国高等学校教师教育领域，并在英联邦国家职业技术教育与培训体系建设中影响深远。1994 年，美国建立了全国统一的企业、行业、产业技术与职业技能标准。随后，澳大利亚在各行业、产业能力标准中明确界定不同等级的职业能力水平要求，形成了澳大利亚国家能力标准体系。在澳大利亚国家能力标准体系的基础上，菲律宾制定并颁布了本国的国家能力标准。以国家能力标准为依据，菲律宾设计了职业技术教育与培训课程结构，主要包括基本能力、通用能力和核心能力三个模块，进一步完善了包括职业院校学生在内的学员技能评估和认证系统。在学科专业设置方面，除了对接国内制造业、农业、渔业、工程机械业等产业，同时瞄准家政、航海、基建等国际劳动力市场需求。菲律宾不仅在东盟国家中海外职业型就业人口输出的成效最为显著，也是全球主要劳务输出国之一，形成了"菲佣"劳动力品牌。为了提升海外就业能力，菲律宾职业技术教育与培训体系以"培养具有全球竞争力的菲律宾人"为口号，面向全球就业市场开展标准化职业技术与技能人才培养工程，同时将英语作为一项重要的职业劳动技能进行专题培训。

菲律宾是世界第一国际海员外派输出大国。目前，在全球海员（约 120 万名）中，有 37.8 万名来自菲律宾。2018 年，在外国船只上工作的菲律宾船员通过银行系统汇回菲律宾的美元达 61.4 亿，占菲律宾雇员从国外赚回的外汇总额的 20%。同样成为全球品牌并为菲律宾带来持续稳定的外汇收入的是菲律宾的

职业家政服务人员。菲律宾职业海员和职业家政人员在世界范围广受欢迎的主要原因，是他们在国内接受了严格、系统、全面、专业、国际化的职业培训和语言文化培训。尽管职业技术教育与培训标准和体系与西方发达国家一脉相承，但菲律宾职业技术教育与培训在与国际职业技术教育标准互通互认上也并不顺利。为了长期把持世界海员供应主导权，努力寻求国内、国际标准的一致性，菲律宾与国际海事组织等海事机构签署了双边协定，然而，2018 年菲律宾派出的职业海员人数较之前仍减少了近 11.2 万人，这其中固然有国际职业海员外派市场人员竞争加剧的大背景，但菲律宾的海事职业教育、培训和认证体系等难以达到国际标准是造成这一问题的重要根源。

在建立全国统一的、与国际标准接轨的职业技术教育与培训标准，提升本国人才国际就业竞争力方面，菲律宾确有可借鉴之处，但菲律宾遭遇的职业技术教育与培训标准难题值得我国警惕，职业技术教育与培训标准体系建设是反映职业技术教育与培训水平的重要标志。进入 21 世纪以来，菲律宾职业技术教育机构和职业学生数量增长迅速，但也面临着职业技术教育学生就业存在困难、现有职业技术教育管理制度无法保证职业院校毕业生质量等问题。菲律宾政府通过发展职业技术教育资格框架，与企业、行业、产业界共同参与职业技术教育与培训管理，加强国际合作交流和产教融合育人等举措来提高职业技术教育与培训质量、[①] 职业教育毕业生质量以及职业教育毕业生就业质量。

五、菲律宾华文职业教育发展情况与贡献

另外，菲律宾还注重发展华文职业教育，为菲籍华人就业创业提供助力。众所周知，黄炎培是中国职业技术教育与培训先驱之一，是中华职业教育社的主要创建人和领导人，他以毕生精力奉献于中国职业技术教育事业的同时，还对菲律宾职业技术教育发展产生了重要影响、做出了较大贡献。在 1917 年 2 月初和 1921 年 1 月底，黄炎培曾两次赴菲律宾进行职业教育考察，参观中吕宋农业学

---

① 张劲英. 菲律宾职业教育国际化的特色与启示 [EB/OL]. 中国社会科学网 http://cssn.cn/index/zb/yzgdjygjhtsjfz/201908/t20190816_4958430.shtml. (2019 – 08 – 16). [2022 – 03 – 01].

校、菲律宾商业学校、菲律宾师范学校、菲律宾工艺学校、普智学校等职业技术教育与培训实体，并为创办中华职业教育社募捐。通过国内外职业教育考察，中国职业技术教育逐渐成型和发展，形成了具有中国特色的黄炎培职业技术教育思想体系，[1] 并反过来通过理论指导促进了菲律宾华文职业教育的持续发展。华文职业教育已经发展成为菲律宾职业技术教育与培训体系的重要组成部分，华文职业教育培养培训的人才既是菲律宾企业与中国开展经贸往来的重要智力支撑，也是支撑菲律宾经济发展和社会进步的重要动力之一。

第三节 菲律宾职业技术教育与培训发展的策略和法规

一、菲律宾职业技术教育与培训发展的策略

菲律宾历来重视职业技术教育与培训的发展，自 1999 年以来已连续制定和发布了三次国家职业技术教育与培训发展策略规划，前两次规划分别于 1999 年和 2005 年颁布，而第三次（国家技术教育与发展）规划于 2011 年发布，全称为《国家技术教育和技能发展规划（2011—2016）》，规划的目标是为所有职业技术教育与培训利益相关方提供战略行动方案。该规划立足于菲律宾经济发展特点、社会进步状况，致力于促进菲律宾的职业技术教育与培训及其劳动力技能的包容性增长。该规划还聚焦于完善菲律宾职业技术教育与培训的国家体系，保障各类职业技术教育与培训项目的发展质量和职业教育学生培养水平。为配合职业技术教育与培训发展规划的实施，菲律宾于 2014 年颁布了《阶梯化教育法案》，该法案涉及了职业技术教育与培训体系构建、职业教育课程改革及资格框架、校企合作产教融合育人等方面的内容，进一步完善了菲律宾政府对职业技术教育与培训的战略布局，进一步提升了菲律宾职业教育毕业生在世界特别是亚洲地区的竞争力。

二、菲律宾职业技术教育与培训法规

1987 年，菲律宾将公民接受教育的权利载入《宪法》，之后在教育方面颁布

---

[1] 王素华. 漫谈华文职业教育走近菲律宾[J]. 华人时刊，2020（7）：50.

了若干法律，其中与职业技术教育与培训相关的有如下几个。

（一）国家教育法

1982年，菲律宾颁布了《国家教育法》，规定了国家提供免费的中小学教育，明确了各级各类正规教育的目标、学制、经费来源等，还涉及私立教育的法律框架与各个教育阶段的管理部委及权责等，并确立了建立高等教育委员会负责高等教育的相关工作，技术教育与技能发展局负责管理职业技术与培训相关工作，包括产教融合育人等相关工作。

（二）共和国7796号法案

1994年，菲律宾颁布了《共和国7796号法案》，其中最为重要的一项规定是成立"技术教育与技能发展局"，该发展局的目标即"为了支持开发高质量的、与菲律宾发展目标和优先发展领域需求一致的中级劳动力，提供实用的、可获得的和高效的技术技能教育"。技术教育与技能发展局的核心职责包括：通过分析劳动力市场信息与行业、产业、企业信息制定国家职业技术教育与培训政策，推进校企合作产教融合育人，明确职业技术教育标准与能力培训标准，并组织制定和实施课程标准与职业资格认证等工作。此外，技术教育与技能发展局还负责对接受职业技术教育与培训的学生提供学业奖学金项目与职业生涯规划服务等。总体而言，技术教育与技能发展局既负责宏观层面、中观层面的政策与标准制定，也负责微观层面的劳动力培养与培训，对促进职业技术教育与培训各利益相关方的合作及人力资源开发意义重大。因此，此法案也被菲律宾称为《技术教育和技能发展法案》，对职业技术教育与培训具有里程碑的意义。

（三）第83号总统令

2012年10月，菲律宾总统签署了《第83号总统令》，授权建立"菲律宾资格框架"制度，旨在促进整个教育和培训系统的创新与响应力，目的是对接国际劳动力市场，确保为本国和外国持续培养合格人才，包括职业技能人才。菲律宾国家资格框架是一个切实可行的学分转换系统，可帮助实现基础教育、技术教育及高等教育之间的过渡，而且，正规教育与非正规教育系统间能力标准的对接有助于增强菲律宾职业能力标准的可操作性与可测量性，提升菲律宾劳动力的国际竞争力。该总统令主要用于指导国家职业资格框架的制定，校企合作产教融合育人的标准，以明确职业技术教育资格水平，规定资格认证结果的标准。菲律宾国家资格框架将特定的学生和产业工人通过不同途径掌握的知识、技能和价值水平，以相应的资格标准对其发展予以认可并纳入全国职业资格系统。资格框架旨在确定全国不同区域间技术、技能的可比性，以实现区域之间的相互承认，支持技能人才的区域性流动。此外，"菲律宾资格框架"还将作为教育系统确认进入或退出的依据，用来促进菲律宾终身学习体系的建立和完善。

第四节 菲律宾职业技术教育与培训的质量保障和发展趋势

一、菲律宾职业技术教育与培训的质量保障

菲律宾技术教育与技能发展局是负责职业技术教育与培训体系发展的管理机构，也是一个确保职业技术教育与培训计划质量的保障机构。所有职业技术教育与培训提供者都必须符合规定的条件，各提供者需根据培训规章和基于能力成果的系统所描述的标准进行注册，且该注册是强制性的，注册的过程实际就是一个项目检测和质保的过程。职业技术教育与培训计划注册所涉及的课程设计、培训师、培训机构、培训工具和设备、校企合作产教融合的资格等均要符合标准。

此外，技术教育与技能发展局董事会与行业、产业、企业领导者还协商制定各行各业的培训规章，该类章程会涉及能力标准、培训标准、资格评估及认证安排、校企合作产教融合育人模式等。这些将为建立在能力成果基础上的技术教育和技能发展的课程、教材、评估方案、产教融合程度等的制定提供标准依据。同时，技术教育与技能发展局还负责制定相应的职业能力评估和职业资格认证系统，旨在确保职业技术教育与培训的职业教育毕业生和受训学员具备必要的职业知识、职业能力、职业技能、职业方法、职业情感等，以符合其所从事的工作场所及工作岗位的职业技能要求。此外，技术教育与技能发展局还负责采集与校企合作、产教融合等密切相关的证据和数据，证明被评估人员拥有符合行业、产业、企业标准的职业能力。职业教育生和受训者只有达到职业资格认证规定的所有标准，才能取得特定行业、产业、企业所要求的国家资格证书，这也是拥有某

种特定能力的有力证明，而且这样的资格证书也是企业、行业和产业所认可的，比如持有工程资格证书的职业教育毕业生就受到卡特彼勒、小松、徐工、柳工等工程机械产业相关公司的认可。

二、菲律宾职业技术教育与培训的发展趋势

当前，菲律宾经济发展平均增速放缓，由于缺乏较为发达和完整的工业制造业体系，菲律宾经济发展后续相对乏力，未来菲律宾经济能否实现可持续发展、社会能否持续进步，取决于工业制造业是否得到了发展及其所仰仗的高技术、高技能人才资源是否充足。为顺应国家宏观经济要求，菲律宾国家技术教育和技能发展规划第四阶段正努力为职业技术教育与培训开辟新路，其战略规划为职业技术教育与培训的利益相关者行动提供了宏观指导、中观规范和微观要求，以努力促使菲律宾劳动力技能的增长满足未来经济发展社会进步的要求。因此，菲律宾职业技术教育与培训系统的未来发展趋势主要体现在以下三个方面。

（一）提升职业技术教育与培训产教融合发展的师资水平

技术教育与技能发展局已制定和实施了若干职业技术教育与培训师提升计划，不仅针对职业教育培训师群体，还有针对职业教育评估人员与管理人员的在职教育与职后培训。但面对急剧变化的科学技术浪潮和产业技术更新换代，职业技术教育与培训的师资水平仍亟须提高。虽然菲律宾从培训企业认证、课程实施标准、能力认证程序、国家资格框架、校企合作产教融合规范等多方面建立了职业技术、技能人才的质量监测和保障机制，但"双师型"师资仍是其发展的根本。因此，菲律宾必须持续注重职业技术教育与培训师资的专业化发展，以保障职业技术教育与培训发展的系统水平。

（二）加强职业技术教育与培训和劳动力市场需求的关联

职业技术教育与培训的发展不仅是职业技术院校的责任，更需要政府、社会和企业（行业、产业）相关利益者的联合行动，职业技术教育与培训发展水平、人才培养质量的关键起点就在于同劳动力市场的对接，特别是同企业、行业和产业需求的动态对接。目前，加强菲律宾职业技术教育与培训学科专业设置的市场针对性仍有待加强，加强职业技术教育与培训和劳动力市场的关联主要体现在两

个方面：一是要确定制造业、基建业、工程机械业等产业的人才需求，根据企业、行业、产业岗位群的具体需求、规格等来设置学科专业，调整课程教学，紧紧围绕行业、产业、企业发展需求确定招生质量与专业规模；二是要提升劳动力市场本身对职业技术与培训的认识，主要是企业、行业、产业要认知、理解和支持职业技术教育与培训，通过行业准入及经济补助等各种手段来激励目标群体积极参与技术技能的提升项目，特别是使行业产业界愿意与职业技术院校合作育人，比如采用订单班等与工程机械产业合作育人，以为自身职业生涯规划及菲律宾经济发展社会进步提供强大的人力资源保障。

（三）均衡社区职业技术培训中心分布

菲律宾职业技术教育与培训实施主体多元，尤其是社会力量参与程度较高，但企业、行业、产业界参与程度相对较低，包括工程机械行业，这为职业教育学生和受训人员选择灵活多样的学习方式、培训方式等提供了条件。但是另一方面，由技术教育和技能发展局主导的职业技术培训中心数量明显不足，目前并未做到每个省级行政区域都拥有1~2所职业技术培训中心，且针对贫困和弱势群体为主的社区培训、乡村培训等也由于资源限制，特别是职业教育师资和产教融合企业等限制，不能满足受训者的需求。[①] 所以，菲律宾的职业技术教育与培训亟须加强大中小社区培训中心均衡分布，以更好地促进教育公平特别是职业技术教育公平发展，为更多学习困难群体、城市弱势群体、乡村人群等提供职业培训机会，从而实现"职教一人，就业一人，致富一家"的目标。

第五节 中国与菲律宾职业技术教育和培训国际化合作的实践探索

相对于和其他东盟国家的合作，中国的职业院校与菲律宾院校合作项目较少，很多尚且处于起步阶段。

2019年5月，浙江建设职业技术学院与菲律宾八打雁州立大学签约共同成立

---

① 李建求．"一带一路"沿线国家职业教育概览（上）[M]．北京：商务印书馆，2018．

中菲"一带一路"建筑技能人才丝路学院，为菲律宾基础设施建设和经济建设增添中国智慧，共享中国技术和中华文化。10月，菲律宾高等教育代表团来浙江建院参观考察，并为中菲建筑职业教育联盟揭牌，中菲项目合作再深化。首批菲律宾籍留学生来浙江建院学习。同年12月，中菲"一带一路"建筑技能人才丝路学院在菲律宾正式落成。

2022年7月25日，广西卫生职业技术学院与菲律宾莱康大学以线上形式举行合作备忘录签署仪式，双方学校拟在学生交换项目、教师交流项目、推动护理职业发展等方面加强合作，共同探讨护理国际教育的合作新模式。

2022年9月15日，云南机电职业技术学院与菲律宾唐·博斯科大学、马来西亚国际文化交流中心通过线上平台举行了三方合作意向"云签约"仪式，双方合作开展中文+职业技能人才培养。

第六章 泰国

第一节 泰国概况

泰王国（The Kingdom of Thailand），国土面积51.3万平方公里，首都曼谷（Bangkok）人口800万。泰国位于中南半岛中南部，与柬埔寨、老挝、缅甸、马来西亚接壤，东南临泰国湾（太平洋），西南濒安达曼海（印度洋），属热带季风气候，全年分为热、雨、凉三季，年平均气温27摄氏度。泰国的行政区划分为中部、南部、东部、北部和东北部五个地区，共有77个府，府下设县、区、村。曼谷是唯一的府级直辖市，曼谷市长由直选的形式产生。各府府尹为公务员，由内政部任命。

一、泰国的人口、民族和语言

根据泰国政府2020年发布的统计公告显示，全国人口为6 619万。泰国共有30多个民族，泰族为主要民族，占人口总数的40%，其余为老挝族、华族、马来族、高棉族，以及苗、瑶、桂、汶、克伦、掸、塞芒、沙盖等山地民族。泰国的国语是泰语。90%以上的民众信仰佛教，马来族信奉伊斯兰教，还有少数民众信仰基督教、天主教、印度教和锡克教。

二、泰国的经济发展

泰国实行自由经济政策,属于外向型经济,主要依赖中、美、日等外部市场。泰国是传统农业国,农产品是外汇收入的主要来源之一,是世界天然橡胶最大出口国。20 世纪 80 年代,电子工业等制造业发展迅速,产业结构变化明显,经济持续高速增长,人民生活水平相应提高,工人最低工资和公务员薪金多次上调,居民教育、卫生、社会福利状况不断改善。1996 年被列为中等收入国家。1997 年亚洲金融危机后陷入衰退。1999 年经济开始复苏。2003 年 7 月提前两年还清金融危机期间国际货币基金组织提供的 172 亿美元贷款。1963 年起实施国家经济和社会发展五年计划。2017 年开始第十二个五年计划。2020 年主要经济数据如下:国内生产总值为 5 092 亿美元,国内生产总值增长率为 -6.1%,货币名称为铢,汇率(全年均价)为 1 美元 $\approx$ 30.7 泰铢,通货膨胀率为 -0.85%,失业率为 1.64%。

(一)资源

泰国主要产钾盐、锡、褐煤、油页岩、天然气,还有锌、铅、钨、铁、锑、铬、重晶石、宝石和石油等。

(二)工业

泰国属于出口导向型工业,主要门类有采矿、纺织、电子、塑料、食品加工、玩具、汽车装配、建材、石油化工、软件、轮胎、家具等。工业在国内生产总值中的比重不断上升。

(三)农业

泰国以传统经济产业为主,全国可耕地面积约占国土面积的 41%。主要作物有稻米、玉米、木薯、橡胶、甘蔗、绿豆、麻、烟草、咖啡豆、棉花、棕油、椰子等。

(四)渔业

泰国海域辽阔,拥有 2 705 公里海岸线,其中泰国湾和安达曼海是得天独厚的天然海洋渔场。曼谷、宋卡、普吉等地是重要的渔业中心和渔产品集散地。泰国是世界市场主要鱼类产品供应国之一。

（五）服务业

泰国旅游业保持稳定发展势头，是外汇收入重要来源之一。主要旅游点有曼谷、普吉、清迈、帕塔亚、清莱、华欣、苏梅岛等。

（六）交通运输

泰国以公路和航空运输为主。各府、县都有公路相连，四通八达。湄公河和湄南河为泰国两大水路运输干线。全国共有47个港口，其中海港26个，国际港口21个。主要包括廉差邦港、曼谷港、宋卡港、普吉港、清盛港、清孔港、拉农港和是拉差港等。海运线可达中、日、美、欧和新加坡等国家。全国共有57个机场，其中国际机场8个。曼谷素万那普国际机场投入使用后，取代原先的廊曼国际机场，成为东南亚地区重要的空中交通枢纽。国际航线可达欧、美、亚及大洋洲40多个城市，国内航线遍布全国20多个大、中型城市。

（七）财政金融

泰国2020年财政收入2.3万亿泰铢。截至2020年年末，泰国的外汇储备2 865亿美元，全年泰铢升值约0.1%。

（八）对外贸易

泰国对外贸易在国民经济中具有重要地位。2020年泰国贸易总额4 458.6亿美元，同比下降8.1%。其中出口2 339.5亿美元，同比下降5.9%；进口2 119.1亿美元，同比下降12.4%。工业产品是出口主要增长点。中国、日本、东盟、美国、欧盟等是泰国重要贸易伙伴。

主要出口产品有汽车及零配件、电脑及零配件、集成电路板、电器、初级塑料、化学制品、石化产品、珠宝首饰、成衣、鞋、橡胶、家具、加工海产品及罐头、大米、木薯等。

主要进口产品有机电产品及零配件、工业机械、电子产品零配件、汽车零配件、建筑材料、原油、造纸机械、钢铁、集成电路板、化工产品、电脑设备及零配件、家用电器、珠宝金饰、金属制品、饲料、水果及蔬菜等。

(九) 对外投资

泰国主要对美国、东盟、中国大陆及台湾地区投资。2020 年泰国新增对华投资额 1.1 亿美元，同比增长 2.7%。在华投资的公司主要有正大集团、盘谷银行等。

(十) 外商投资

泰国从 1961 年开始实行开放的市场经济政策，采取一系列优惠政策鼓励外商赴泰投资。1987—1990 年为外国对泰投资高峰期。1997 年，受亚洲金融危机冲击，外国对泰国的投资金额大幅下降。近年来，泰政府加大投入，大力推进"泰国 4.0"和"东部经济走廊"策略，加强基础设施建设，完善立法，创造良好的环境，从而吸引外资。

三、泰国的教育系统

泰国教育系统由小学教育、中等教育、高等教育组成（图 6-1），实行 12 年制义务教育，其学制包括小学、初中、高中。学前教育：学制为 4 年，招收学生为 3~6 岁。小学教育：学制为 6 年，招收学生为 7~13 岁。中学教育：分为初中和高中两个阶段。初中 3 年，高中 3 年：高中包括普通高中及职业高中。学生从初中后开始分流，学生可以选择进入普通高中或职业学校继续学习。大学教育：分为 2 年制的大专和 4 年制的本科，医科大学为 5 年制。学生本科毕业获得学士学位后，可以继续 2 年的研究性学习，取得研究生学位（硕士）。[1] 著名的高校有朱拉隆功大学、法政大学、玛希敦大学、农业大学、清迈大学、孔敬大学、宋卡纳卡琳大学、诗纳卡琳威洛大学、易三仓大学和亚洲理工学院等。此外，还有兰甘亨大学和素可泰大学等开放性大学，类似我国的广播电视大学或开放大学。

---

[1] Education in Thailand：an OECD – UNESCO perspective [EB/OL]. http://www.oecd.org/countries/Thailand/education – in – thailand – 9789264259119 – en. htm. (2017 – 10 – 02). [2022 – 07 – 15].

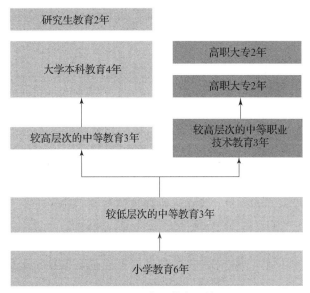

图 6-1　泰国教育系统

中国和泰国注重全方位的交往，高等教育国际交流与合作是重要的桥梁和纽带。泰国与中国高校合作共建了多所孔子学院和孔子课堂，包括农业大学孔子学院、清迈大学孔子学院、皇太后大学孔子学院、勿洞市孔子学院、玛哈沙拉坎大学孔子学院、宋卡王子大学孔子学院、宋卡王子大学普吉孔子学院、孔敬大学孔子学院、川登喜大学素攀孔子学院、朱拉隆功大学孔子学院、曼松德昭帕亚皇家师范大学孔子学院、东方大学孔子学院、易三仓大学孔子学院、海上丝路孔子学院、华侨崇圣大学中医孔子学院、海上丝路·帕那空皇家大学孔子学院和岱密中学孔子课堂、易三仓商业学院孔子课堂、普吉中学孔子课堂、玫瑰园中学孔子课堂、吉拉达学校孔子课堂、醒民学校孔子课堂、合艾国光中学孔子课堂、芭堤雅明满学校孔子课堂、南邦嘎拉娅尼学校孔子课堂、暖武里河王中学孔子课堂、罗勇中学孔子课堂。

泰国职业技术教育与培训系统的建设是在国家的领导下，教育部和职业技术教育办公室委员会结合泰国国情和经济社会发展需要，经过长期探索、实践而逐渐形成和完善的职教体系，包括中等职业技术教育、高等职业技术教育、大学水平的职业技术教育（图6-2）。

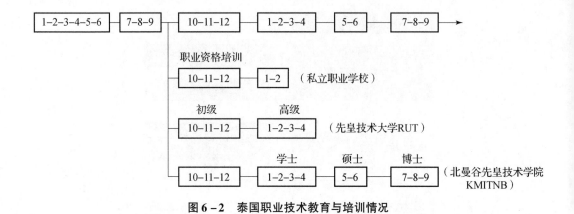

图 6-2　泰国职业技术教育与培训情况

泰国中等职业技术教育主要采取两种形式进行：一种是在普通中学中开设职业技术教育与培训课程，泰国的中等教育课程包括必修课、选修课和综合活动课，并采用学分制，可选修的必修课及选修课中就包括职业技术教育课程。另一种是专门的中等职业技术学校，招收初中毕业生，学习期限为3年。教学目标主要是提高中学生适应某一企业、行业或产业的特定职业技术或技能，使其能够符合经济社会发展对职业教育毕业生的基本要求，成为掌握合格技术的技术人员与熟练技能的产业工人，即成为"规格严格，功夫到家"的合格职业教育毕业生。职业教育学生毕业后，学校为其颁发职业技术教育证书或职业教育培训合格证书，但一般中等职业技术学校的毕业生会参加考试，继续深造。中等职业技术学校也招收社会青年、失业者、农民、渔民、在职工人或者已经具备一定专业技能或职业技能的个人，对其进行短期的职业技术教育培训后努力重新走上工作岗位。

高等职业技术院校招收高中毕业生，学习期限为2~3年，目的在于以职业生涯规划和就业为导向，根据社会经济发展水平、市场就业人口需求等提供对口的职业技术教育与培训服务，要求职业教育毕业生掌握较高的专业技术和职业能力，使其能够独立胜任特定企业、行业和产业的工作任务，能尽力解决较为复杂的职场问题，职业定向为工程机械师、会计师、电力工程师、农艺师、渔业船员等。职业院校学生毕业后，学校为其颁发毕业文凭或者职业副学士学位证书，成为初级技师。获得毕业文凭或者职业副学士学位证书的职业教育毕业生可以通过竞争性考试到泰国皇家理工大学或北曼谷先皇技术学院学习深造。

提供大学水平的职业技术教育与培训的高职院校只有两所。其中一所是泰国皇家理工大学,招收普通高中毕业生和已经完成高等职业技术教育的职业教育毕业生,毕业颁发本科和硕士研究生学历。另一所是北曼谷先皇技术学院,其前身是泰国政府和德意志联邦政府合作建立的泰德技术学院,除了学位课程外,该学院还联合利勃海尔、维克诺森、宝峨、森尼伯根提供工业技术、工程机械等领域的职业技术资格证书和职业培训文凭课程,获得硕士学位证书的职业教育方向毕业生可继续深造至博士研究生。

泰国各层次的职业技术教育与培训非常强调实践(实习实训等)和熟练的生产操作技能,在课程设置中,理论课程占20%左右,实际操作课程占80%左右。职业技术教育委员会办公室规定,职业教育学生要在学校的商店、校外的工厂、企业或行业协会、产业联盟等进行毕业前实习实训。目前,多层次化的泰国职业技术教育与培训体系在泰国已经初步形成,并为泰国经济发展、社会进步等持续做出很大贡献。据泰国教育部官方统计,截至2005年,泰国的民办职业技术院校共有406所,各类非正规培训、短期培训机构共有2 720家。截至2006年,泰国的公立职业技术教育院校共有404所,接受全日制教育与培训的学生有678 558人,接受非正规职业技术教育与培训、短期培训学员有745 349人。经过15年的高质量发展,截至2021年,泰国的民办职业技术院校与公立职业技术院校数基本持平,发展到约1 000家,包括产教融合育人等的各类职业教育学生约200万人。

四、中国和泰国的关系

(一)中泰友好关系发展历史

中泰友好关系源远流长,双方贸易往来长达700多年。根据中国历史文献记载,泰国和中国之间的友好交往可以追溯到汉朝和唐朝。在宋朝末年和元朝初年,泰国北部的素可泰王国在1292—1303年曾9次派遣使节访问中国,而在元朝时期,中国3次派遣使节访问素可泰。此后,素可泰邀请中国瓷器工匠教授制瓷技术,生产出精致的瓷器,畅销东南亚。中国与泰国最频繁的交流发生在阿尤迪亚王朝时期。根据当时的记载,阿尤迪亚国王曾112次派遣使节访问明朝,而明朝政府则 19 次回访阿尤迪亚。

明代著名的郑和两度出使暹罗（当时泰国的名称），受到了热情接待，加深了中泰两国的友谊。随着使节的往来，泰国的商业和文化交流日益频繁，中国商人和移民在泰国的人数也不断增加。在阿尤迪亚时期和接下来的吞武里时期，以及拉达那哥欣王国初期，泰国与清朝保持着密切的关系。在拉达那哥欣国王拉玛二世统治时期，泰国约 86% 的商品被运往中国销售，进入泰国的中国商船数量超过泰国港口的其他外国商船。中国已成为泰国对外贸易的主要伙伴，泰国的商人主要是中国人。到拉玛三世统治时期，中国移民在泰国的人数接近 100 万。清末，中国革命先驱孙中山先后两次访问泰国，并在泰国华侨华人及华侨企业的大力支持下，在曼谷成立了"中国报业协会"。辛亥革命后，两国就建立外交关系进行了讨论。中华人民共和国成立后，泰中传统友谊不断巩固和发展。1975 年 7 月 1 日，中国和泰国正式建交，开启了中泰关系的新篇章。中国的文化和风俗习惯与泰国的文化相融合，已经成为现代泰国人生活方式的一部分。此外，许多中国人来泰国定居生活，中国人和泰国人如亲戚一般相互熟悉。

（二）双边经贸关系和经济技术合作

自中泰两国正式建交以来，双边经济合作是推动两国经济发展的重要引擎。不光是签订两国贸易协定，还有开通经过老挝、越南的北部和东北部的国际运输路线，以及修建连接中老泰的高铁。高铁将跨越自然、山脉、河流，将改变铁路两边人民的生活方式，使他们的经济加速发展，适应现代生活方式。中老泰高铁的修通还将促进旅游业发展，这与中国和泰国政府签署的旅游合作协议政策相契合。20 多年前，为推进国际旅游市场推广合作，中国政府规定公民可通过办理旅游签证前往的目的地为泰国、新加坡和马来西亚。中国是泰国第一大旅游市场，来泰旅游的中国游客人数逐年增加。特别是清迈，新冠疫情前来清迈旅游的中国游客很多，旅游消费刺激了经济发展，各行业及其从业者都十分欢迎来自中国的游客旅游。

（三）其他领域交往与合作

除了贸易、投资和经济合作，中泰两国在政府层面开展的合作还有科学和学术合作，互相交流科学和学术政策、发展和研究成果，覆盖农业、传统药物、电子数据、技术转让服务、科学合作、研究和组织两国企业家进行商业创新对接活动等。比如，通过中国和泰国的技术转让合作、中国—东盟技术转移中心，建立了双边工作机制进行知识和技术交流。2018年8月29日—9月18日，由中华人民共和国商务部支持，国际竹藤中心主办，国际竹藤协会协办的发展中国家竹藤科技创新驱动绿色产业培训项目举行。培训目的是帮助中泰竹民将培训中获得的知识和经验运用到竹种植、推广中，有效地减少对天然林竹资源的依赖，帮助林区周边村民提高生活质量，让他们过上更好的生活。2019年，由亚太可持续森林管理与恢复网络（APFNet）支持，昆明培训中心（APFNet - KTC）主办，云南省草原局、西南林业大学协办的森林恢复与管理研讨会举行。其目的是帮助受训的中泰林业人员掌握森林恢复与管理的知识和经验，如森林恢复、森林砍伐问题、与重新造林相关的森林生态学、林地利用、森林恢复政策和管理方法的应用、森林恢复技术、森林恢复方法、可持续森林管理和中国森林恢复等。2021年7月21日—8月3日，联合国森林文书和发展中国家可持续森林管理研讨会在线培训举行，泰国相关人员受邀参会。2021年9月15—28日，由中华人民共和国商务部与国家林业和草原管理局支持的"一带一路"倡议下国家自然保护区管理和生物多样性保护研讨会举办，泰国相关高校学者参加。[①]

第二节 泰国职业技术教育与培训战略和法规

泰国职业技术教育与培训的战略使命是培养掌握熟练技术、具有职业技能和职业意识的大量人力资源，包括职业技术人员和一线职业工人，以确保泰国经济社会持续发展和确保泰国职业教育毕业生在国际市场上的核心竞争力。

一、泰国职业技术教育与培训的发展策略

《泰王国宪法》赋予了每位泰国公民都平等地享有受教育的权利，教育是促

---

① Manop Kaewfoo. 中泰友好关系［EB/OL］. http://th.mofcom.gov.cn/article/zhengwen/wenzi/202110/20211003207081.shtml.（2021 - 10 - 13）.［2022 - 03 - 20］.

进每个公民最大限度发挥自我能力和潜力的关键手段，教育能培养学生具有国家经济社会发展需要的知识与技能、过程与方法、情感态度与价值观。

（一）泰王国第十个国民经济和社会发展计划

2007年，泰王国颁布了《泰王国第十个国民经济和社会发展计划》，强调职业技术教育与培训在国民经济社会发展过程中的重要性，致力于到2011年使参加职业技术教育与培训的学生的参与率从42%提高到职业教育学生总人数的50%，包括参加校企合作订单班、产教融合班的职业教育学生。其他职业技术教育与培训目标包括：加强职业技术院校与产业团体及其他利益相关者的合作；完善国家职业技术教育与培训制度中政府政策框架；开发能力标准以确保人力资源发展的质量。2017年，泰王国开始实施第十二个五年计划，其中也包括职业技术教育与培训的发展规划。

（二）国家教育计划2002—2016

《国家教育计划2002—2016》致力于使学校毕业生达到劳动力市场所需要的水平，特别是确保职业教育毕业生能满足企业、行业和产业对于技术人员、技能工人等的核心能力要求。高质量的职业技术教育与培训持续为泰国经济社会发展提供具有熟练技术和职场竞争力的职业教育毕业生，由此可见，职业技术教育与培训对于保持泰国的发展力和竞争力至关重要。

（三）职业技术教育与培训目标

2000年4月，在塞内加尔达喀尔举行的世界教育论坛上，与会者为保证每个全球公民和每个社会实现全民教育的各项目标，共同制定和签署了《达喀尔行动纲领》，提出了全民教育发展的六大目标，教育公平的理念不断推进，全球教育也取得了显著进步。2015年11月4日，第38届联合国教科文组织全体大会上通过了《教育2030行动纲领》，就像15年前国际社会签署的《达喀尔行动纲领》是为了落实1990年在泰国宗迪恩发布的《世界全民教育宣言》一样，本次发布的《教育2030行动纲领》是为了落实2015年5月21日在韩国发布的《仁川宣言》，即"确保全纳平等优质的教育，促进全民终身学习"。与此同时，联合国教科文组织还发布了自成立70周年以来第三份重要的教育报告《反思教育：向"全球共同核心利益"的理念转变》。按照达喀尔行动框架，《泰王国国家教育计划》中设立了一系列与职业技术教育和培训产教融合育人相关的目标。这些目标分为两个阶段：2002—2006 年为第一阶段，主要集中于：扩大不继续接受高等教育的 9、12 级毕业生接受职业技术教育与培训的可及性；将至少 50% 就业人口的知识和技能、过程与方法、情感态度与价值观提高到较低的中等教育水平；拓展职业教育课程和职业教育培训服务的提供，包括提供非正规的职业技术教育与培训，以促进职业教育学生学习和生活技能的发展。① 2007—2016 年为第二阶段，除其他事项外，重点是让所有泰国人都有平等的受教育机会，能根据他们的需要、兴趣和实际技能水平，采取高质量和灵活的职业技术教育与培训方案。

二、泰国职业技术教育与培训法规

在泰国，《泰王国宪法》（1997）和《国家教育法》（1999）是国家教育系统建立的根本准则，其中明确提到，保证所有的泰国公民有权接受至少 12 年的基础教育，有选择性接受高等教育包括职业技术高等教育。

（一）国家教育法

1999 年，泰国出台了《国家教育法》，提出对职业技术教育与培训进行单独立法，通过专门法律手段保障职业技术教育与培训的稳健发展。该法律规定职业教育委员会办公室是负责职业教育的主要机构。

（二）职业法案

2008 年，泰国颁布了《职业法案》，用于调控国家职业技术教育与培训体系。法案确立了职业技术教育与培训的各种形式，主要包括：①职业技术院校和研究机构是正式的职业技术教育与培训体系的重要组成部分；②非正规机构提供的职业技术教育与培训课程内容应与各种目标群体（政党、企业、行业、产业、非政府组织、家庭等）的需要相适应；③要对企业家、行业协会、产业联盟、国有企业和政府机构的人员进行专门的职业技术培训。

（三）佛历 2551 泰国职业技术教育法

2008 年泰王国颁布了《佛历 2551 泰国职业技术教育法》，对泰国职业技术

---

① 李建求. "一带一路"沿线国家职业教育概览（上）[M]. 北京：商务印书馆，2018.

教育与培训的质量标准要求、行政管理机构、经费投资、产教融合等进行了统一规范。

第三节 泰国职业技术教育与培训的质量保障和发展趋势

大批职业教育毕业生对泰国经济社会发展至关重要,泰国政府非常重视发展职业技术教育与培训,并采取多样化措施保障其教育教学质量、培训水平和职业教育毕业生质量等,努力确保泰国在东南亚和全球的应有地位。

一、泰国职业技术教育与培训的质量保障

(一) 国家资格与资格框架

泰国职业技术教育与培训包括中等(表6-1)与中等后(表6-2)两个层次四种类型,各层次包含不同的职业技术教育与培训项目、完成时间及最终可获取的资格证书。

表6-1 中等职业技术教育与培训

项目	时间	国家资格
高级中等职业技术教育与培训方案	3年	职业教育证书
双轨制与学徒制	3年	双元制职业教育证书
短期课程累积	3~5年	职业技术教育与培训证书:学分累计制

表6-2 中等后职业技术教育与培训

项目	时间	国家资格
职业技术教育与培训学院	2年	技术教育高级文凭
大学本科	2年(获得技术教育高级文凭后)	学士学位

(二) 质量监测与保障机制

泰国职业技术教育与培训项目符合"国民经济社会发展计划和国家教育计划

(2017—2022)"设定的各项发展目标。具体地说,职业技术教育与培训的教育教学质量、实习实训质量、师资成长质量、学生培养质量等由职业教育委员会办公室下属的质量保障与教育标准处负责监控。

泰国政府鼓励职业技术院校以《泰国职业教育法》等为基础,遵守《教育部关于教育质量体系、标准及实施的通知》(2010年)以及职业教育委员会办公室和教育部制定的相关质量监测与标准,根据官方规定自行设定职业技术院校各级各类质量监测与保障标准,并向职业教育委员会办公室提供《年度自我评估报告》以帮助提升职业技术教育与培训质量。[①] 同时,泰国也允许国内外第三方质量监测与保障机构参与职业技术教育与培训质量监测和保障工作。为此,泰国职业技术院校每3年进行一次内部质量的监测评估。国家教育标准与质量保障办公室负责对职业技术院校实施每4年进行一次的外部质量评估。国内外第三方中介质量监测与保障机构则定期或不定期发布质量监测评估报告。

二、泰国职业技术教育与培训的发展趋势

2012年,泰国研制并出台了《2012—2026职业技术教育与培训计划》,该计划由教育部职业教育委员会办公室执行。从这个计划可以看出泰国职业技术教育与培训的发展趋势包括以下几方面内容:一是增加学生数量。①增加从TVET课程中毕业的职业教育学生数量,降低职业教育学生辍学率,提升职业教育学生培养质量;②使用配额系统让学生多报名注册"职教赛道";③让父母和教师了解职业技术教育与培训系统,理解职业教育也有好前景。二是提高职业技术教育与培训的覆盖面,让更多偏远地区特别是农村人口有接受职业技术教育与培训的机会。①在多校区高校组建职业技术教育与培训机构;②在更多地区建立高等职业技术院校;③扩大对弱势群体(如残疾人、老年人和妇女等)的职业技术教育与培训;④鼓励并支持国内外企业、行业协会、产业联盟等和职业技术院校实施产教融合育人,参与职业技术教育与培训的全过程。三是提升职业技术教育与培训质量,通过发展项目制学习教学方法与评价及在职业技术教育与培训中使用信

[①] 贾秀芬,庞龙. 泰国职业教育的机制、政策与评价 [J]. 职教论坛,2012 (27):89-92.

息和通信技术，特别是利用互联网+大数据、云计算、虚拟现实、物联网、人工智能、区块链、6G、元宇宙等助力职业技术教育与培训的现代化、高质量化和产教融合化。四是提高职业技术教育与培训治理体系和治理能力的现代化。①在职业技术教育与培训治理过程中多应用信息与通信技术（Information and Communications Technology，ICT）；②运用以战略绩效为基础的预算并且在必要性、平等和符合政策的基础上分配预算，加强投入—产出监测；③与其他邻国（如中国）和其他国家、企业集团（行业协会、产业联盟等）等政校合作、产教融合发展职业技术教育与培训事业。

第四节 中国与泰国职业技术教育与培训国际化合作的实践探索

泰国是一个善于学习的东盟国家，不仅向全球主要发达国家学习先进的职业技术教育与培训产教融合育人经验，而且积极与中国有关职业技术院校、企业（行业、产业等）等合作探索职业技术教育与培训产教融合育人的有效做法。根据中国教育国际交流协会"双百旗舰计划"，2018—2022年，中国—东盟高职院校特色合作项目中，中国高职院校与泰国院校的合作项目数量达到34个，其在东盟国家中名列第一。

一、中泰合作建设鲁班工坊探索职业技术教育与培训国际化产教融合发展情况

为顺应中国与"一带一路"倡议合作国的社会经济发展需求、满足中资企业不断增长的紧缺技术人才要求，鲁班工坊在实际运营过程中，借助中外双方政府、院校和相关企业的多方协作，以原有的合作为基础不断扩展，增加合作专业领域、拓展合作空间。以首个项目泰国鲁班工坊五年的建设发展为例，2016年，泰国鲁班工坊创立之初，天津渤海职业技术学院与大城技术学院共同创建了机电一体化专业，获得鲁班工坊所在区域以及周边地区泰国学生的广泛认可，创立五年来招生规模逐年增长，从2016年的一个班才19人，到2019年的一个班有73

人，扩招人数近3倍多，实现了招生与就业的双增长。泰国鲁班工坊的建设有力地推动了泰国大城及周边地区的职业教育与职业培训发展，同时也提升了泰国对周边国家的影响力，受到了泰国政府、行业产业界、企业等的高度认可，泰国鲁班工坊的中方院校获得诗琳通公主奖、外方学校获得国王奖。

为了进一步深化中泰双方院校的合作，泰国鲁班工坊在2017年和2018年进行了第二期和第三期建设，合作院校增加天津铁道职业技术学院，合作专业由创立时的一个专业增加到六个专业，项目发展采用"一坊两中心"模式。2017年年底，完成了泰国鲁班工坊二期建设——渤海中心建设，新增EPIP实训区、数控车床实训区、新能源汽车教学实训区、新能源汽车维修区4个教学实训区，新增物联网技术、数控机床、新能源汽车技术3个国际化、应用型、技术型、技能型专业。2018年，为服务中泰高铁建设项目，培养本土化高铁类专业技术技能人才，天津铁道职业技术学院在泰国鲁班工坊完成了三期建设——建成了铁院中心，[1] 开设高速铁道信号自动控制、铁道交通运营管理2个国际化专业。

二、中泰校企合作推进工程机械职业技术教育与培训

经过63年的发展，柳工在全球130多个国家有300多名经销商，拥有3个海外生产基地，5个海外研发中心，是广西的"龙头企业"。在泰国，柳工深耕12年，装载机市场占有率达到50%以上。[2] 2022年，柳工与泰国独家经销商YONTRAKARN MACHINERY成立合资公司，体现了柳工对泰国工程机械市场的长期策略和对泰国经济的极大信心。[3] 通过合资公司，柳工为泰国客户提供全系列产品，包括采用最新智能科技的农业机械、矿山设备、电动轮式装载机、挖掘机等。

为支持柳工中泰国及东盟国家业务发展，持续为柳工经销商体系技术服务人

---

[1] 杨延，王岚. 中国职教"走出去"项目"鲁班工坊"国际化品牌建设研究[J]. 中国职业技术教育，2021（12）：124-127，136.
[2] 滕艳娇. 签约了！柳职院和柳工联手到泰国办"国际工匠学院"[EB/OL]. https://m.thepaper.cn/baijiahao_15993441.（2021-12-23）.[2022-06-25].
[3] 柳工—柳职院全球客户体验中心泰国分中心揭牌[EB/OL]. http://www.tech.net.cn/news/show-95432.html.（2022-06-08）.[2022-07-02].

员提供培训，持续培养本土化技术技能型人才，2021年12月23日，柳州职业技术学院、广西柳工机械股份有限公司、正大集团泰国正大管理学院（Panyapiwat Institute Of Management，PIM）举行合作办学线上签约仪式，共同启动在泰国共建"柳工—柳职院全球客户体验中心泰国分中心""柳工—柳职院泰国国际工匠学院"等工作。根据三方合作协议，柳工负责向泰国国际工匠学院等投入培训教学设备，提供技术支持；柳职负责向泰国国际工匠学院等进行职业教育标准输出，做好教师培训及学生认证；泰国正大管理学院负责泰国国际工匠学院等的场地建设、通用设备投入及教学组织与实施。三方共同开展泰国学生柳工订单培养，开展柳工海外员工、经销商体系及终端客户员工培训。三方优势互补，实现了职业技术教育与培训为中国企业海外发展持续提供人才供给和员工终身培训支持的目标，构建以就业为导向，企业深度参与的中国职业技术教育国际化产教融合育人经典模式。其中，柳职院输出的课程中包括汉语课程，泰国订单班学生通过专业技能与语言考核后，成绩优秀的学生将获得柳职和柳工共同设立的奖学金，作为种子技术骨干到柳州培训和实习。半年内柳职完成了柳工—柳职院全球客户体验中心泰国分中心基础建设与硬件投入，派出2名教师完成泰国正大管理学院8名教师培训认证，完成8个职业教育标准输出、5本职业教育专业培训教材的编写和英文与泰语翻译、5门英文在线专业课程和1门对外汉语在线课程建设，并与其他国家共享。2022年6月8日，柳工—柳职院全球客户体验中心泰国分中心揭牌。

第七章 新加坡

第一节 新加坡概况

新加坡共和国（Republic of Singapore，SG）位于马来半岛南端，是东南亚一处气候晴朗的热带岛屿，简称新加坡，旧称淡马锡、新嘉坡、星洲或星岛，别称为狮城，是东南亚的一个岛国，政治体制实行议会共和制。新加坡北隔柔佛海峡与马来西亚为邻，南隔新加坡海峡与印度尼西亚相望，毗邻马六甲海峡南口，国土除新加坡岛（占全国面积的88.5%）之外，还包括周围63个小岛。这个城市国家的国土面积为710平方公里，有华人（多数）、马来人、印度人和欧亚混血人四大族群，在绿化和环境卫生方面取得的效果显著，故有花园城市之美称。经过多年的发展，新加坡在许多领域皆有卓越成绩，并因而获得了无数鼓舞人心的国际荣誉，新加坡是一座生动活力的世界级城市，可谓实至名归。这一切无疑归因于艺术与文化的经验交流、前卫创新的创意思维丰富了国内或国外的社区生活，或是齐聚一堂的世界级领袖激荡产生的所在地与国际新商机，毋庸置疑，新加坡正是全世界的精华荟萃之地。[①]

新加坡是一个发达的资本主义国家，凭借着地理优势，成为亚洲重要的金

---

① 新加坡驻华大使馆. 新加坡简介 [EB/OL]. https://www.mfa.gov.sg/Overseas-Mission/Beijing/CN/Beijing-CN/About-Singapore. (2021-12-02). [2022-01-05].

融、服务和航运中心之一,其经济模式被称为"国家资本主义"。根据2018年的全球金融中心指数(Global Financial Centers Index,GFCI)排名报告,新加坡是继伦敦、纽约、香港之后的第四大国际金融中心,被全球化与世界城市研究网络(Globalization and World Cities Study Group and Network,GaWC)评为世界一线城市。新加坡是东南亚国家联盟(Association of Southeast Asian Nations,ASEAN)成员国之一,也是世界贸易组织(World Trade Organization,WTO)、亚洲太平洋经济合作组织(Asia–Pacific Economic Cooperation,APEC)成员经济体之一。

一、新加坡的人口、民族和语言

(一)人口

新加坡人主要是由近100多年来从欧亚地区迁移而来的移民及其后裔组成的。其移民社会的特性使得新加坡呈现出多元文化的社会特色。截至2015年11月,新加坡常住总人口临时数字为553.5万,其中337.5万人属于新加坡公民(Citizen)、52.7万人为"永久居民"(Permanent Resident,PR)及少量"临时居民"(Temporary Residency,TR)。居住在狮城的外籍人士数目相当多,有约163万人。2017年6月,总人口561万,公民和永久居民396万。2018年6月,总人口约564万。截至2019年6月,总人口570万,公民和永久居民403万。华人占74%左右,其余为马来人、印度人和其他种族,新加坡华人祖籍地分布较为广泛(表7-1)。

表7-1 新加坡华人祖籍地人数统计

民系	2000年		2010年	
	人数	百分比/%	人数	百分比/%
闽南	1 033 337	41.10	1 118 817	40.04
潮州	528 259	21.00	562 139	20.12
广府	386 144	15.40	408 517	14.62
客家	199 080	7.90	232 914	8.34
海南	168 338	6.70	177 541	6.35

续表

民系	2000 年		2010 年	
	人数	百分比/%	人数	百分比/%
福州	47 076	1.90	54 233	1.94
兴华	23 649	0.90	25 549	0.92
上海	21 588	0.90	22 053	0.79
福清	15 555	0.60	16 556	0.59
其他	90 821	3.60	175 661	6.29
总计	2 513 847	100.00	2 793 980	100.00

(二) 民族

新加坡公民主要以四大族群来区分：华人占了人口的 74.2%，还有马来族（13.3%）、印度裔（9.1%）和欧亚裔/混血（3.4%）等公民。大多数新加坡华人的祖先源于中国南方，尤其是福建、广东和海南省，其中四成是闽南人，其次为潮汕人、广府人、莆仙人（莆田人）、海南人、福州人、客家人，还有峇峇、娘惹等，如"新加坡国父"李光耀（Lee Kuan Yew，1923 年 9 月 16 日—2015 年 3 月 23 日）祖籍中国广东省梅州市大埔县高陂镇党溪乡，2018 年 12 月 18 日，中共中央、国务院授予推动新加坡深度参与中国改革开放进程的政治家李光耀同志中国改革友谊奖章，其妻子柯玉芝（1921 年 12 月 11 日—2010 年 10 月 2 日）祖籍中国福建省厦门市同安区。新加坡人口密度为每平方公里 8 028 人，人类发展指数为 0.901。

(三) 语言

新加坡是一个多语言的国家，拥有 4 种官方语言，即马来语、英语、汉语和泰米尔语。基于和马来西亚的历史渊源，《新加坡宪法》明确规定马来语为新加坡的国语，此举主要为了尊重新加坡原住民所使用的语言。由于内在和外在因素的考量，新加坡采用英语作为主要的行政通行语和教学语。

新加坡官方使用与中国大陆一致的简体汉字，但在 1969—1979 年曾短暂拥有自己的汉字简化标准，民间以使用简体字为主，但偶尔也会出现繁体字与简体字混用的现象。新加坡的官方文字为英文，因此公函、商务往来和其他经济业务性质的书信通常以英文为主。

二、新加坡的经济发展

（一）概要

新加坡属外贸驱动型经济，以电子、石油化工、金融、航运、服务业为主，高度依赖美国、日本、欧洲和周边市场，外贸总额是国内生产总值的4倍。经济长期高速增长，1960—1984年GDP年均增长9%。1997年由于受到亚洲金融危机冲击，经济增长放缓，但并不严重。2001年受全球经济放缓的影响，经济出现2%的负增长，陷入独立之后最严重衰退。为刺激经济发展，政府提出"打造新的新加坡"，努力向知识经济转型，并成立经济重组委员会，全面检讨经济发展政策，积极与世界主要经济体商签自由贸易协定。根据2018年的全球金融中心指数（GFCI）排名报告，新加坡是全球第四大国际金融中心。

2008年，受全球经济危机影响，金融、贸易、制造、旅游等多个产业遭到冲击。新加坡政府采取积极应对措施，加强金融市场监管，努力维护金融市场稳定，提升投资者信心并降低通胀率，推出新一轮刺激经济政策。2010年经济增长14.5%。2011年，受欧债危机负面影响，经济增长再度放缓。2012—2016年经济增长率介于1%~2%。2017年2月，新加坡"未来经济委员会"发布未来十年经济发展策略，提出经济年均增长约3%、实现包容发展、建设充满机遇的国家等目标，并制定深入拓展国际联系、推动并落实产业转型蓝图、打造互联互通城市等七大发展策略。

2018年新加坡具体经济数据如下：国内生产总值为3 610亿美元；人均国内生产总值为6.4万美元；国内生产总值增长率为3.2%；货币为新加坡元（Singapore Dollar）；对美元汇率为1美元≈1.35新加坡元；通货膨胀率为0.4%；失业率为2%。

2020年，新加坡经济衰退8.2%，主要经济数据如下：国内生产总值为3 500亿美元；人均国内生产总值为6.2万美元；国内生产总值增长率为

-8.2%；贸易总额为 7 232 亿美元；货币为新加坡元（SingaporeDollar）；汇率为 1 美元≈1.35 新加坡元。

（二）工业

1961 年，新加坡政府为加快工业化过程、促进经济发展，创建了裕廊工业区。该区的面积为 70 平方公里，包含了来自各地的跨国公司和本地的高技术制造业公司。新加坡政府也据地理环境的不同，将新加坡东北部划为新兴工业和无污染工业区；沿海的西南部、裕廊岛和毛广岛等划为港口和重工业区；中部地区为轻工业和一般工业区。新加坡的工业主要包括制造业和建筑业。2012 年产值为 1 085.5 亿新加坡元，占国内生产总值的 25.1%。制造业产品主要包括电子、化学与化工、生物医药、精密机械、交通设备、石油产品、炼油等产品。迄今新加坡已经成为东南亚最大修造船基地之一，以及世界第三大炼油中心。

（三）农业

农业园区位于林厝港以及双溪登加，拥有可耕地面积六百多公顷，产值占国民经济不到 0.1%。农业中保存高产值出口性农产品的生产，如种植兰花、热带观赏鱼批发养殖、鸡蛋奶牛生产、蔬菜种植，还有养鱼场。截至 2014 年 12 月，新加坡有 50 个蔬菜农场、三个鸡蛋农场，以及 126 个陆地及沿海养鱼场。蔬菜产量大约占总消耗的 12%，鸡蛋和鱼类产量，各占本地消耗的 26% 和 8%。

（四）服务业

新加坡的服务业扮演着重要的经济角色，主要产业包括批发与零售业（含贸易服务业）、商务服务业、交通与通信业、金融服务业、膳宿业（酒店与宾馆）、其他共六大门类。批发与零售业、商务服务业、交通与通信业、金融服务业是新加坡服务业的四大重头行业，其中批发零售业由于包括贸易在内，因此份额最大。

新加坡商务服务业则包括不动产、法律、会计、咨询、IT 服务等行业。交通与通信行业，包括水陆空交通及运输，也包括传统的邮政服务和新兴的电信服务业。金融服务业则包括银行、证券（股票、债券、期货）、保险、资产管理等门类，可以说正是依托这四大服务业的发展，新加坡才确立了其亚洲金融中心、航运中心、贸易中心的地位。2012 年产值为 2 780.7 亿新加坡元，占国内生产总值的 64.3%。

(五) 旅游业

新加坡的旅游业占 GDP 的比重超过 3%，旅游业是新加坡外汇主要来源之一。游客主要来自东盟国家、中国、大洋洲、印度和日本等地。据新加坡旅游局统计，新加坡在 2014 年接待的外国旅客总数 5 年来首次下降至 1 510 万人次，比前年少了 3%。旅游收益则同前年同期一样，保持在 235 亿新加坡元。

(六) 消费税

新加坡在 1994 年实行消费税 (Goods and Services Tax，GST)，征收的税率为 7%，如果游客在新加坡的合作商家购物，并从购物之日起在 2 个月内通过新加坡樟宜机场或实里达机场将商品带出新加坡时，可以要求返还消费税。陆运或海运不适用于消费税返还规定。

(七) 贸易

外贸是新加坡国民经济重要支柱 (表 7 - 2)，进出口商品种类包括加工石油产品、化学品、消费品、机器之零件及附件、数据处理机及零件、电信设备和药品等。新加坡的主要贸易伙伴包括中国、马来西亚、泰国、日本、美国、印度尼西亚、俄罗斯和欧盟等。

表 7 - 2　新加坡对外贸易　　　　　(单位：亿新加坡元)

年份	2009	2010	2011	2012	2013	2014
总额	7 474.1	9 020.6	9 744	9 848.8	9 800.4	9 827
出口额	3 911.2	4 788.4	5 147.4	5 103.3	5 132	5 189.2
进口额	3 562.9	4 232.2	4 596.6	4 755.5	4 668.4	4 637.7
差额	348.3	556.2	550.8	347.8	463.6	551.5

(八) 货币

新加坡元是法定货币，以 S＄标记。新加坡元可分为纸币和硬币。如今在市面流通的钞票有 10 000 元、1 000 元、100 元、50 元、10 元、5 元、2 元面额的钞票，硬币则有 1 元、50 分 (5 角)、20 分 (2 角)、10 分 (1 角)、5 分与 1 分硬币。现时流通的纸币（第四版），以新加坡第一任总统尤索夫·宾·伊萨克为票面主要图案，因此也被称为"肖像系列"钞票。

（九）品牌

由于新加坡国土面积有限，很多本土品牌需要借助外力生产，由国外企业代加工，所以国际知名品牌不多，具有代表性的新加坡品牌有新加坡航空公司、新加坡虎航航空公司、虎牌啤酒、麦城黑啤、美珍香、康元饼干、傲胜、虎标万金油、高品乐、嘉德置地集团、铅笔俱乐部、普柏琳、卡帝乐鳄鱼、星展银行、大华银行、华侨银行、面包新语、吐司工坊、杨协成、悦榕控股等。

三、新加坡的教育体系

（一）概要

新加坡的社会背景、人口结构、语言环境以及教育制度都有其独特性。新加坡的中文教育从开创华侨私塾崇文阁算起，已有150余年的历史，但从20世纪80年代起，政府逐步统一了语文源流学校，所有学生不分种族都以英语为第一语言，英语也是主要的教学媒介语。就华文而言，新加坡有11所特选学校，比如：德明政府中学、华侨中学、立化中学等，它们早期是传统的华校，经政府同意，将华文和英文同时并列为第一语文来授课。这些学校负责培养讲华语的文化专才，同时也背负着传授中华文化的使命。新加坡中小学校一般采用半天制，而初级学院、大学专科和理工学院则沿用开放全日制。现有350多所中小学、10多所初级学院、数所高中、3所工艺教育学院、数所大学。其中，中学154所，在校生166 573人（生师比12.2）；混合学校（小学+中学）16所，在校生37 010人；私立中小学29所。初级学院（大学预科/高中）14所，在校生19 181人；工艺教育学院3所（即东区学院、西区学院、中区学院），在校生29 295人；理工学院5所，在校生76 865人；大学6所，在校生64 303人；私立艺术学院2所（即拉萨尔艺术学院、南洋艺术学院），在校生3 279人。新加坡的工艺教育学院和理工学院在全球享有盛誉，新加坡国立大学、南洋理工大学是世界著名高校。6所国立大学包括新加坡国立大学、新加坡南洋理工大学、新加坡管理大学、新加坡科技设计大学、新加坡理工大学、新加坡新跃社科大学，6所理工学院包括新加坡理工学院、新加坡南洋理工学院、新加坡淡马锡理工学院、新加坡义安理工学院、新加坡共和理工学院等,理工学院主要提供专科层次的应用技术教育和高等职业技术教育服务等,竭尽所能为学生和受训学员等提供优质的教育教学与培训课程,为学生毕业后的未来生活与就业创业做好准备,使他们在毕业后能为新加坡的科技、经济与社会发展做出贡献。

具体地说,新加坡教育系统的发展经历了四个大的发展阶段:1959—1978年为建国初期的"生存导向"阶段,主要任务是教育的大众化、普及化;1979—1996年为"效率导向"阶段,在教育普及化基础上注重教育的投入—产出效益,改革教育体制机制和结构,实行分流教育制度;1997—2010年为"能力导向"阶段,强调以学生为中心,注重创造能力、思考能力培养,创建"重思考的学校,好学习的社会";2011年,新加坡提出今后20年教育由能力导向转变为"价值导向"。新加坡的教育强调双语(学生除了学习英语还要兼通母语)、体育、德育、创新和独立思考能力并重。

新加坡教育系统由小学、中学、中学后教育组成(图7-1)。目前,新加坡实行10年制义务教育,即小学、中学普及义务教育。小学教育为6年制,学生在6年级末参加离校考试(PSLE)并根据成绩分流,分别进入直通车、快捷班、普通(学术)、普通(工艺)等不同源流的中学。中学教育为4~5年制,学生毕业后参加新加坡剑桥普通教育证书"O水准"(普通水准)或"N水准"(初级水准)考试,进入中学后教育阶段:大学预科(初级学院/高中)2~3年,同届生约27.60%就读;工艺教育学院1~2年,同届生约24.50%就读;理工学院3年,同届生约47.30%就读;大学,同届生约32.30%就读。换句话说,在新加坡高等教育后普及化阶段,绝大部分高中毕业生都能上大学,约五分之三的本科毕业生可以攻读研究生。

(二)小学

2003年后,新加坡6年小学教育对国民是强制性的。小学1~4年级是基础教育阶段,所有课程为必修课,有4门主课,分别是英文、中文、数学和科学,其他课程还包括音乐、美术、公民教育、社会以及体育。学生从小学3年级开始学习科学。6年级学生必须参加小学离校考试,根据考试成绩进入不同的中学,

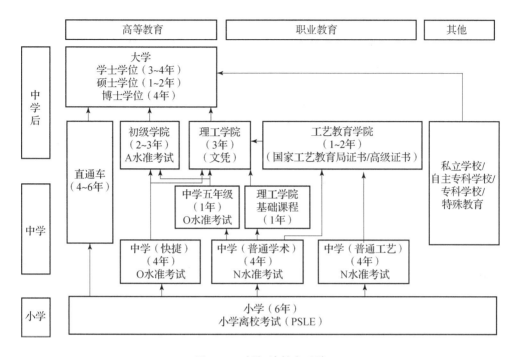

图 7-1 新加坡教育系统

选修不同的课程。小学 6 年级学生需要参加小学离校考试（PSLE，Primary School Leaving Examination），考试科目为英文、中文、数学和科学。其中，中文和英文各占 100 分，数学和科学各占 50 分，总积分为 300 分。2015 年，新加坡有小学 182 所，在校生约 23 万人（生师比约为 16∶1）；2020 年，新加坡小学接近 100 所，在校生约 25 万人。

（三）初中

初中阶段：有特别课程或快捷课程，普通课程（学术）或普通课程（工艺）。50% 以上的中学生被分派到快捷课程，小部分学生修读特别课程，大约 30% 修读普通（学术或工艺）课程。修读的科目包括英语、汉语（特别课程的学生可以选择高级母语和英语两者之一为第一语文）、数学、科学（包括化学、物理学和生物学）、人文（包括历史和地理）、英国文学、美术、技术、家政、公民教育、体育和音乐。中学毕业后，半数以上的学生将进入中学以后的教育中心，如理工学院和工艺教育学院，而其中只有一部分能够最终进入大学。其余大约 15% 的毕业生则进入初级学院和高中，其中大多数将进入大学。特别课程和快捷课程，学制 4 年，参加全国统一新加坡剑桥"O 水准"考试，根据成绩决定升入高中、初级学院还是理工学院。两者的区别在于特别课程学生上"Higher Mother Tongue"，而快捷课程学生修"Mother Tongue"。普通课程：分为学术和工艺两种，学术班的学生主修会计等偏学术的科目，中四参加"N 水准"考试，成绩优秀者可选择上中学 5 年级，然后参加新加坡剑桥"O 水准"考试。工艺班的学生有两门主课，英文和数学，其他科目偏技术，如设计，第四年参加剑桥"N 水准"考试，进入技术学院（Institute of Technical Education，ITE）。

（四）高中

高中阶段：包括初级学院（Junior College）、励仁高中（Millennia Institute）、理工学院和工艺教育学院这 4 类学校。初级学院：凭剑桥 O 水准成绩入学，学制 2 年。毕业参加剑桥"A"水准文凭，成绩将决定大学的去向。励仁高中：凭剑桥"O 水准"成绩入学，3 年制。毕业参加剑桥"A 水准"文凭，成绩将决定大学的去向。

（五）高等教育

公立高校：新加坡管理大学、新加坡国立大学、共和理工学院、南洋理工大学、义安理工学院、淡马锡理工学院、新加坡理工学院、新加坡南洋理工学院、新加坡科技设计大学等。理工学院和工艺教育学院：凭剑桥"O 水准"，"A 水准"或 ITE 成绩入学。3 年制的大专课程（文凭课程），包括理论和实习。成绩优秀的毕业生可进入大学，并将豁免大学第一年课程。大学：除了医学、法学等专科外，一般需要用 3 年时间来考获普通学位，而荣誉学位则需要 4 年。私立学院：新加坡的私立学院提供两种课程：预科的课程文凭以及学位的课程。其中学位课程都是与国外大学合作办学所颁发的国外大学文凭。新加坡教育部在 2010 年开始实施一个全新私立院校认证资格，叫 Edutrust"教育信托保障计划"。整个计划会探讨以下领域：私立教育机构的财务管理和健康；强调学术性流程，例如课程设计和发展、学生跟进和发展、学生评估及教师的筛选以及本地学生的学费保护。该计划为较好的私立教育机构提供了一个途径，以突显其在管理和提供教育服务之关键领域具备良好的水平。

四、中国和新加坡的关系

中国和新加坡于 1980 年 6 月 14 日签署了《互设商务代表处协议》，次年 9 月，两国商务代表处正式开馆。1990 年 10 月 3 日，两国正式建交。

新加坡是中国在东盟国家中第五大贸易伙伴，2013 年起我国连续 9 年是新加坡最大贸易伙伴国。2021 年，中新双边贸易额为 940.5 亿美元，同比增长 5.4%。其中，我方出口额为 552.6 亿美元，同比下降 4.1%；进口额为 387.9 亿美元，同比增长 22.7%。2022 年第一季度，中新双边贸易额为 224.9 亿美元，同比增长 5%。其中我国出口额为 131.6 亿美元，同比增长 4.4%；进口额为 93.3 亿美元，同比增长 5.8%。2013 年起，新加坡连续 9 年成为我国最大新增投资来源国。2021 年，新加坡对中国实际投资 103.3 亿美元，同比增长 34.5%，我国对新加坡非金融类直接投资 58.2 亿美元，同比下降 6.2%。2022 年第一季度，新加坡对中国实际投资 31.8 亿美元，同比增长 2.4%，我国对新加坡非金融类直接投资 14.5 亿美元，同比增长 35.4%。截至 2022 年 3 月，新加坡累计在中国实际投资 1 240 亿美元，我国累计在新加坡投资 677 亿美元。

新加坡 2008 年同我国签署双边自由贸易协定，是第一个同我国签署自贸协定的亚洲国家。2018 年签署升级双边自由贸易协定的议定书，2020 年启动后续谈判。两国建有苏州工业园区、天津生态城和中新（重庆）互联互通示范项目三大政府间合作项目，广州知识城国家级双边合作项目，以及吉林食品区、川新科技园、南京生态岛等地方合作项目。新加坡与山东、四川、浙江、辽宁、天津、江苏、广东 7 个省市分别建有经贸合作机制。2019 年 4 月，新加坡和上海建立全面合作机制，10 月同深圳建立智慧城市合作机制。

两国在人才培训领域的合作十分活跃。2001 年，双方签署《中华人民共和国外交部关于中新两国中、高级官员交流培训项目的框架协议》，并分别于 2005 年、2009 年、2014 年、2015 年和 2019 年五次续签。2004 年 5 月，双方决定成立"中国—新加坡基金"，支持两国年轻官员的培训与交流。自 2009 年以来，双方已联合举办 8 届"中新领导力论坛"。2012 年 9 月，首届中新社会管理高层论坛在新加坡举行，双方签署关于加强社会管理合作的换文。2014 年 7 月，第二届中新社会治理高层论坛在华举行。2016年5月，第三届中新社会治理高层论坛在新举行。1992年，两国科技部门签署《科技合作协定》，次年建立了中新科技合作联委会，迄今为止已召开13次联委会会议。1995年成立"中国—新加坡技术公司"，1998年设立"中新联合研究计划"。2003年10月，中国科技部火炬中心驻新代表处正式挂牌成立。2019年12月，双方签署《科技创新合作执行协议》。1999年，两国教育部签署《教育交流与合作备忘录》及中国学生赴新学习、两国优秀大学生交流和建立中新基金等协议，中国多所高校在新开办教育合作项目。2019年10月，双方签署关于青年实习交流计划的协议。1996年，两国文化部签署《文化合作谅解备忘录》。2006年，两国政府签署《文化合作协定》。项目每年逾200起。双方在文化艺术、图书馆、文物等领域的交流与合作不断深入。2015年11月，新加坡中国文化中心正式揭牌运营。2019年，双边人员往来357.6万人次；2021年，双边人员往来降至18万人次。

第二节　新加坡职业技术教育与培训的战略和法规

新加坡以人才、技术、创新立国，非常重视从法规与战略层面保障和促进职业技术教育与培训事业的发展，特别是促进教育与企业、行业、产业的融合发展。

一、新加坡职业技术教育与培训的发展战略

新加坡职业技术教育与培训和国家经济社会发展紧密相连、相伴而行、相融共生、共同进化。随着新加坡国家经济社会发展战略调整而开展有组织的教育变革和职业培训，以适应经济社会发展的动态需要。1959年至1970年，为应对建国初期的高失业率，新加坡经济社会发展战略是力求在工业、制造业、工程机械业等世界生产链的最低端站稳脚跟，以创造大量中低端就业岗位吸纳失业人员，因而政府大力发展职业技术教育与培训事业，对失业人员进行再就业所需要的职业技能培训，为劳动密集型企业、行业和产业，特别是制造业、工程机械业等培

养技术人员和技能工人，以满足工业制造业基地快速增长的人力资源需要。1970年到1990年，新加坡经济社会发展倚重的劳动密集型的加工品迅速向资本密集型的高科技战略转移，因此需要更高水平的技术人员和产业工人，职业技术教育与培训主要是为技术密集型产业培养高技能人才。1990年中期以来，新加坡的经济发展开始向研发、创新、创造、航运和金融服务等迅速转变，逐步走向全球产业链、价值链、创新链、服务链高端，着重发展新技术、新型生物医学、生物制品、新型创意品和高价值服务产品，职业技术教育与培训也被重新定位，成为一种完全的中学后教育选择，即学生接受职业技术教育与培训之前至少要接受10年的中小学教育，改变了之前小学毕业生或在中学2年级结束时分流学生去接受职业技术教育与培训的传统做法；同时，职业技术教育与培训更加注重内涵式发展和转型升级发展,[1] 形成了开放包容的国际化产教融合育人体系，职业教育课程中也更好地融入了培养创造性、创新能力和解决问题能力等职业核心素养方面的新内容。

二、新加坡职业技术教育与培训的法规

新加坡职业技术教育与培训的发展是一个不断探索、改革和创新的连续过程。一般情况下，新加坡政府会根据国内外形势发展和本国经济社会发展情况，委任一个由专家学者、劳资政以及各利益相关方代表组成的专门委员会，针对教育制度、教育政策、发展模式等重大问题进行专题研讨，提出改进策略，形成《报告书》提交国会辩论，通过后即以法案形式予以颁布实施。为新加坡职业技术教育与培训产教融合育人等"保驾护航"的法规主要包括以下几方面内容。

（一）成人教育局法案

1960年，新加坡国会通过了《成人教育局法案》，根据该法案成立了成人教育局。成人教育局接受新加坡教育部的年度拨款资助，面向那些错过教育机会或辍学的成年人，开办基础教育、职业技术教育、继续教育、成人普通教育、职业技能训练等课程培训班，帮助他们获得专业机构认证，拥有一技之长，从而在企

---

[1] 李建求. "一带一路"沿线国家职业教育概览（上）[M]. 北京：商务印书馆, 2018.

业中找到一份工作。

（二）职业与工业训练局法案

1979 年，新加坡国会审议通过了《职业与工业训练局法案》，根据该法案，成人教育局与工业训练局合并，成立职业与工业训练局，下设 13 个行业咨询委员会，主要负责开展职业与技术教育培训，与主要企业、行业、产业等保持紧密联系，负责职业资格设定、课程开发、培训设施与设备选购、校企合作等。1979—1992 年，职业与工业训练局是新加坡职业培训的主导者。

（三）曾树吉报告书

1961 年，新加坡国会通过了《曾树吉报告书》，[①] 该报告书由职业与技术教育调查委员会发布，对新加坡职业教育体系的建立具有深远影响。根据该报告书，新加坡政府第一次对中等职业技术教育、职业技术学院和理工学院等的办学定位和空间布局等进行了初步的系统设计。中学分为学术、技术、混合、职业等 4 种类型：学术型中学以升大学为目标；技术型中学开设 20% 的实践技能课程；混合型中学则在一间学校同时提供这两种课程，均为 4 年制；职业中学为 2 年制，主要开设实践技能课程；职业技术学院为 2 年制，招收职业中学毕业生；理工学院主要培养具有职业核心素养和较高专业水平的技术人员，特别是满足企业、行业协会和产业联盟等标准要求的技职人才。

（四）中学技术教育检讨报告书：雪莱报告书

1976 年，新加坡国会审议通过了《中学技术教育检讨报告书：雪莱报告书》，该报告书改变了新加坡中等技术教育的格局，把技术教育视为普通教育的自然延伸，作为所有中学普通教育课程的一个重要组成部分，着重培养学生的应用能力、探究精神、动手能力、实践技能、创新意识和职业精神等，学习期限为 4 年。

（五）教育部报告书：吴庆瑞报告书

1979 年，新加坡国会审议通过了《教育部报告书：吴庆瑞报告书》，该报告

[①] N. Varaprasad. 50 Years of Technical Education in Singapore：How to Build a World a Class TVET System [M]. Singapore：World Scientific，2016：16 – 20.

书在新加坡教育史上具有标志性的划时代意义,同时也是职业技术教育由弱转强的分水岭。时任新加坡政府副总理兼教育部部长的吴庆瑞领衔组建了一个专门委员会,对教育制度进行全面检讨后提出:在小学 3 年级、小学 6 年级和中学 4 年级实行 3 次分流。小学 3 年级结束时分流为单语班、普通班和延长班,单语班在小学 6 年级时不参加离校考试,直接进入工业训练局、职业与工业训练局的培训学院;普通班和延长班参加小学 6 年级离校考试再次分流,一部分学生进入职业技术学院;中学 4 年级结束进行"N 水准"考试,学习进度慢的学生可以再读 1 年中学,另一部分分流进入职业技术学院。

(六)小学教育改进检讨委员会报告书

1991 年,新加坡国会审议通过了《小学教育改进检讨委员会报告书》,该报告书对新加坡的学校教育体系进行了全面检讨,对《吴庆瑞报告书》的条款进行了重大改动。例如,小学阶段的分流推迟 1 年进行,学生都参加小学离校考试。中学阶段的普通源流分为"普通(学术)"和"普通(工艺)",后者新开设技术科目课程。职业与工业训练局被重组为工艺教育学院,成为提供职业与技术教育的中学后教育机构,这是新加坡职业技术教育与培训发展史上最重大的进展之一,也标志着新加坡职业技术教育与培训进入了新发展阶段——职业教育专科和职业教育本科开始发展壮大。

(七)理工学院及工艺教育学院应用学习教育检讨委员会报告书

2014 年,新加坡国会审议通过了《理工学院及工艺教育学院应用学习教育检讨委员会报告书》,该报告书以促进应用教育、发展技术教育、提升职业技能水平等为核心教育目标,全面检视拓宽应用技术教育的途径、强化与业界(企业、行业、产业等)的校企合作和产教融合育人、促进理工学院及工艺教育学院毕业生的职业生涯发展和学术进步等问题,从 4 个大方面提出了建议并被政府采纳,建议包括帮助学生做出明智的教育选择和职业生涯规划;加强技术教育和职业技能培训;帮助学生毕业后提升职业技能;帮助毕业生科学规划职业生涯并促使其职业可持续发展。

第三节 新加坡职业技术教育与培训的质量保障和改革计划

一、新加坡职业技术教育与培训的质量保障

新加坡政府保障职业技术教育与培训产教融合发展质量的措施主要有两条：

（一）教育质量保障体系

新加坡政府主要通过工艺教育学院、理工学院等提供职业技术高等教育服务，工艺教育学院、理工学院等是政府法定机构，除了招生由教育部总体协调以外，各学院在学科专业设置、人才培养模式、课程设置、文凭颁发、评价方式、人事管理、经费使用等方面拥有充分的办学自主权。为保障高等职业技术教育的办学质量，工艺教育学院、理工学院等纷纷设立了质量监测和保障中心，恪守其人才培养高标准并被行业、企业和产业界所接受。在学院质量监测和保障工作基础上，新加坡建构了各类型院校教育质量保障体系。新加坡政府每年公布各类学院毕业生的就业数据和起薪水平，使各学院之间很容易比较，确保每个学院文凭的含金量都保持较高水准，并使各种类型层次的毕业生获得包括产业界等所有用人部门的普遍认可。

（二）国家职业技能证书

国家职业技能证书包括三个等级。

（1）国家工艺教育局证书（Nitec），相当于初级技工证书，测评标准是掌握某一类职业的基本知识和技能、过程与方法、情感态度和价值观，具备成为熟练技术人员和产业工人的基础。通常需要经过 1~2 年的基本技术训练或学徒培训，完成工艺教育学院的课程即可获得此证书，并到企业、行业、产业或其他部门应聘就业。

（2）高级国家工艺教育局证书（Higher Nitec），相当于中级技工证书，测评标准是熟练掌握某一专门职业或技能所需的全部知识和技能、过程和方法、情感态度和价值观。通常需要经过 2 年全日制技能训练，颁发给学业成绩优异的学生，工艺教育学院大约 5% 的学生能获得此证书。

(3) 特级国家工艺教育局证书（Master Nitec），相当于高级技工证书或技术大师，测评标准是经过 5 年工作和继续教育培训，受训人员能否具备职业核心素养，主要颁发给已获得证书，就业后又回到工艺教育学院继续深造的在职人员。理工学院只颁发文凭（相当于大专学历），不颁发职业资格证书。

二、新加坡职业技术教育与培训的改革计划

新加坡实行精英治国策略，同时也重视"使人人成功"。1991 年，新加坡公布"经济战略规划"，以进入发达国家第一方阵为愿景，擘画了未来 30 年经济社会发展的蓝图。进入 21 世纪后，新加坡政府提出了"打造新的新加坡"，努力向知识经济信息化社会转型，使劳动者的知识技能与世界发达国家同步发展，以使新加坡人民具有较强的职业适应性和就业竞争力，适应创新创业和发达经济体的需要。为了经济社会发展的需要，新加坡目前已经构建起了一套较为完善的、拥有多元渠道、普职融通的职业技术教育与培训体系，但尽管如此，接受新加坡公立大学教育仍然是很多家长为孩子定下的最终目标。

从世界高等教育发展趋势来看，现代大学需要重新强调 STEMAR（科学、技术、工程、数学、艺术和语文）学科的终身学习，现代大学也离不开技术、技能。此外，在百年未有之大变局加速演变的新时代，随着全球经济和就业市场的波动加剧，就业及失业人士的新技能再培训已经迫在眉睫。因此，新加坡目前更加强调产业技术的创新性、职业技能的重要性，不仅倡导要精专技能，还要鼓励拥有多种职业技能，并为此实施了一些重大的教育改革计划。

首先，推进"技能创前程"计划，落实《继续教育与培训 2020 总体规划》，倡导终身教育和终身学习，即"活到老学到老"。新加坡政府希望通过职业技术教育与培训变革实现三大突破：一是突破文凭至上，重视工作态度、精深技能、知识和经验，使毕业生能够胜任工作并有所擅长；二是突破课堂局限而全域学习，肯定应用学习和终身学习的价值，让职场也成为学习场所，社会成为第二大学，激励各类雇主参与人才培养过程、对人才培养发挥重要作用；三是突破对成功的狭隘定义，通过因材施教、做中教、做中学挖掘学生潜能，肯定每个人在不同方面各有所长，如果用脑、用手、用心去做，大家都能够出类拔萃。

其次，强化应用学习，强调掌握精专技能的重要性。前述"理工学院及工艺教育学院应用学习教育检讨委员会"提出的强化应用学习若干建议正在推进中。例如，为加强职业技术教育和职业技能培训，实行强化版的企业、行业、产业实习实训课程，增加高级国家工艺教育局证书的名额；在每个行业选择一所理工学院或工艺教育学院担任行业领导，新加坡理工学院、义安理工学院和共和理工学院分别担任饮食科技、海事与岸外工程和物流业的行业领导，引领校企合作产教融合育人潮流；新加坡政府为各中学安排了专业的教育及职业辅导员，每所理工学院和工艺教育学院也有6名全职的教育与职业辅导员，帮助学生做出明智的选择；制定不同行业的技能框架和职业发展途径，明确行业、产业、企业等对技术、技能的具体要求以及不同技术、技能所应对的技能证书等级。

新加坡职业技术教育与培训产教融合育人的根本目的，是创造就业和人的发展，把人人成功作为根本教育使命。新加坡政府注重引导每个人认识自己的长处和潜能，选择正确的教育途径、采用正确的学习态度，投入终身教育和终身学习；要引导家长发现孩子的特长、兴趣、爱好和潜能，让孩子学会选择能充分发挥自己才能和潜能的最优化路径；鼓励政党、企业等各类雇主尊重每位员工的职业价值，根据员工的实际技术水平、技能加以重用和嘉奖。在21世纪20年代，新加坡正在大力发展职业技术教育与培训，以探索最大化挖掘人力资源的新路，让每个新加坡人都能发挥最大潜能，成为"有用之人"。

第四节 中国与新加坡职业技术和培训国际化合作的实践探索

新加坡职业技术与培训较为发达，中国很多院校均通过不同途径参加了新加坡南洋理工学院等提供的师资培训，其教学工厂、校企合作模式、无界化校园建设等理念被广泛接受。中国职业院校与新加坡职业教育和培训机构的合作很多都是师资培训或中外合作办学，也有部分院校进行了学生交流、学习讲座等合作探索。

2009年，新加坡南洋理工学院在广州番禺职业技术学院设立了"学生海外研习基地"，南洋理工学院每年派遣一定数量的师生到研习基地进行项目研习与交流。研习基地运行中，两校合作开发自带专业、企业认知、特色课程、文化体验和对接合作五类研习项目，并通过境内境外紧密结合、校内校外紧密结合、课内课外紧密结合进行组织实施，使研习基地成为全方位国际交流与合作的平台、多元文化的交流平台、对外"输出"职业教育成果和特色的平台、国际合作协同育人的平台。2015年，双方再次续约，广州番禺职业技术学院首个学生海外研习基地在新加坡南洋理工学院挂牌成立。

2017年深圳职业技术学院与新加坡义安理工学院签署了《合作备忘录》。2022年，双方合作开展了三期线上讲座系列活动，讲座主题涉及职业生涯思维构建、中西文化差异、爱好与事业等内容，来自深圳职业技术学院、新加坡义安理工学院的450余名师生共同参加了活动。

南京信息职业技术学院与新加坡工艺教育学院开展合作，先后组织了12期学生互派交流活动。

第八章
文 莱

第一节 文莱概况

文莱达鲁萨兰国（Negara Brunei Darussalam），简称文莱，国土面积5 765平方公里。首都是斯里巴加湾市（Bandar Seri Begawan），位于文莱—摩拉区（Brunei - Muara），面积100.36平方公里，人口约14万。从17世纪起成为文莱首都，原称"文莱城"，1970年10月4日改为现名。全国划分为4个区：文莱—摩拉区、马来奕区、都东区、淡布隆区。

文莱位于加里曼丹岛西北部，北濒中国南海，东南西三面与马来西亚的沙捞越州接壤，并被沙捞越州的林梦分隔为东西两部分。海岸线长约162公里，有33个岛屿，沿海为平原，内地多山地。文莱属热带雨林气候，终年炎热多雨，年平均气温28摄氏度。

一、文莱的人口、民族和语言

文莱政府有关统计显示，2020年全国人口为45.36万，其中马来人占65.8%，华人占10.2%，其他种族占24%。

文莱主体民族是马来族，最大的少数民族是华裔，占总人口10%。文莱华侨华人祖籍多为闽、粤两省，其中闽省籍约占80%，主要为大、小金门人；粤省籍约占18%，主要为客家人和潮州人；海南省籍约占2%。

在语言和宗教方面，马来语为国语，通用英语，华人使用汉语较广泛。伊斯兰教为国教，还有佛教、基督教等。

文莱政府重视人民的生活环境和医疗服务，为公民提供免费医疗服务，包括必要时到国外免费就医；对永久居民和政府部门里的外籍雇员及其家属也仅收取象征性费用。文莱人均寿命为77.4岁，其中女性为78.3岁，男性为76.3岁。医疗体系分为四级：卫生诊所、卫生中心、医疗中心和医院。目前共有6所医院。

二、文莱的经济发展

文莱经济以石油天然气产业为支柱，非油气产业均不发达，主要有制造业、建筑业、金融业及农、林、渔业等。最近几年，文莱经济增长逐步恢复。2017年，文莱实现国内生产总值183.8亿文莱元，同比增长1.3%。这是文莱经济在连续4年负增长后首次回升。2019年文莱国内生产总值184.4亿文莱元，同比增长3.9%，人均国内生产总值2.9万美元。2020年文莱国内生产总值186.6亿文莱元，同比增长1.2%。在其他经济指标方面，文莱首相府经济规划与发展局报告显示，2019年文莱失业率为8.7%，通货膨胀率-0.4%。为摆脱单一型经济束缚，近年来文莱政府大力发展油气下游产业、伊斯兰金融及清真产业、物流与通信科技产业、旅游业等，加大对农、林、渔业以及基础设施建设投入，积极吸引外资，推动经济向多元化方向发展。2016年，为加快吸引外资的速度，进一步加快经济多元化发展，文莱政府进行了一系列改革，新设了一站式服务平台，优化缩减各项行政审批、决策流程。新成立了达鲁萨兰企业（DARe），并设立外国直接投资行动与支持中心（FAST Center），为外国投资者提供更全面、快速的服务。文莱货币为文莱元，与新加坡元实行1∶1汇率挂钩，1文莱元≈0.7216美元（2022年5月2日）。

（一）工业

文莱工业基础薄弱，经济结构比较单一，主要以石油和天然气开采与生产为主。根据2019年《BP世界能源统计年鉴》，2018年文莱石油和天然气产量均位列东南亚第五。截至2019年年底，文莱已探明石油储量为11亿桶；天然气储量为3 000亿立方米，均占全球总量的0.1%。文莱政府一方面积极勘探新油气区，另一方面对油气开采奉行节制政策。据文莱官方统计，2019年文莱石油日产量约12.1万桶，天然气日产量约3 600万立方米。

（二）农、林、渔业

文莱农业基础薄弱。2016年，文莱苏丹提出稻米自给自足的目标。目前，中国、菲律宾、新加坡、韩国、泰国等国企业不同程度参与了文莱水稻种植项目试验。2019年10月，文莱苏丹在新开垦的500公顷农业区试种印度尼西亚杂交水稻品种Sembeda 188，该稻预计一年两熟，每公顷产量约6吨。

文莱森林覆盖率为72.11%，其中森林约占陆地面积一半。文莱限制森林砍伐和原木出口，实行"砍一树、种四树"和每年10万立方米限额的伐木政策，主要满足国内市场需要。

文莱渔业资源丰富，但渔业产值占国内生产总值的比例不足1%，国内市场需求50%依靠进口。文莱政府鼓励外资进入，与本地公司合资开展渔业养殖合作。

（三）旅游业

旅游业是文莱近年大力发展的优先领域之一。文莱政府采取多项鼓励措施吸引游客赴文莱旅游，主要旅游景点有水村、王室陈列馆、清真寺、淡布隆国家森林公园等。2019年，文莱国际旅客约33.32万人次，比2018年增长19.81%。2020年之后数量有所下降。

（四）交通运输

1. 公路

截至2019年年底，文莱公路总里程为3 713.6公里。文莱主要居民点都有现代化道路网联通，是世界上拥有私车比例较高的国家之一，但公共交通不发达。2016年6月，中国公司在文莱承建的特里塞—鲁木高速公路建成通车，全长18.6公里。2018年5月，由中国公司承建的大摩拉岛大桥通车。2019年11月，由中韩公司合作建设的淡布隆大桥竣工，2020年3月17日正式通车，该桥总长约30公里，是东南亚最长的跨海大桥，将淡布隆区和文莱—摩拉区的车程由2小时缩短至约15分钟。2020年7月，该桥被正式命名为苏丹赛福鼎大桥。

2. 水运

摩拉深水港占地24公顷,码头长861米,泊位8个,吃水深度12.5米,另有一个长87米的集料码头,年吞吐量近12万个集装箱。斯里巴加湾市有93米长的商业码头、长141米的海军和政府船舶使用的泊位以及长40米的旅客码头。马来奕港可停靠2条船,有744平方米的货仓和1 837平方米的露天存货场。另有诗里亚和卢穆特两港口主要供石油与天然气出口用。

3. 空运

首都斯里巴加湾市有国际机场。文莱皇家航空公司有14架客机,每周有多个航班直达东盟国家、澳大利亚、中东、中国等国家和地区。此外,文莱皇家航空公司与中国东方航空公司、香港航空公司等航空公司开通了代码共享航线。2013年10月1日,新航运大厅建成。2014年年底,机场能容纳的旅客数量升至300万人次。截至2021年,机场容纳量扩充到500万人次。

(五)对外贸易

文莱主要出口原油、石油产品和液化天然气,进口机器和运输设备、工业品、食物、药品等。据文莱官方统计,2019年文莱进出口贸易总额125.16亿美元。其中出口73.46亿美元,进口51.7亿美元。文莱主要贸易伙伴为日本、韩国、马来西亚、泰国和新加坡。文莱大宗出口产品是原油和天然气,主要出口市场为日本、韩国、印度。主要进口来源地为中国、新加坡、马来西亚和美国。大宗出口产品是原油和天然气,原油主要出口市场为澳大利亚、印度、泰国、新加坡;天然气主要出口国为日本、马来西亚、中国、韩国。[①]

三、文莱的教育体系

1912年,文莱建立了第一所马来语学校,标志着正规教育的出现。文莱教育部主管全国教育事业的发展,上至高校下至幼儿园的各级学校和有关教育机构均由文莱教育部全面负责管理。截至2021年,文莱共有300余所学校,其中政

---

① 中华人民共和国外交部. 文莱国家概况 [EB/OL]. https://www.fmprc.gov.cn/web/gjhdq_676201/gj_676203/yz_676205/1206_677004/1206x0_677006/. (2021 - 12 - 02). [2022 - 03 - 05].

府主导的学校 200 余所，私人学校 100 余所；共有教职工 15 000 余人，其中政府院校教师 1 万人左右，私人学校教师 5 000 人左右；学生 12 万人左右，其中政府主导学校学生数量 8 万人左右，私人学校学生数量 4 万人左右。[①] 文莱实行 7 - 4 - 2 - 4 - 2 的学制（图 8 - 1），即初等教育 7 年、中等教育 4 年、中学后教育（约相当于中国的高中）2 年、本科阶段 4 年（技术学院学制为 5 年），硕士研究生阶段为 2 年，文莱正在努力发展博士研究生教育，包括与国外有关高校合作。文莱政府实行免费教育，并资助留学费用，英文和华文私立学校办学资金自筹解决。据文莱经济发展局数据，2019 年，文莱共有学校 251 所，其中公立学校 175 所，私立学校 76 所。在校学生总数为 10.67 万人，教师人数为 1.09 万人。文莱公民受教育程度较高，十岁以上女性识字率为 96.1%，男性识字率为 98.2%。

文莱积极了解中国文化。2014 年 7 月 18 日，由孔子学院总部、国家汉办主办，云南师范大学承办的"孔子学院总部/国家汉办 2014 汉语桥文莱中学生夏令营"举行，活动于 7 月 30 日顺利结业，共历时 14 天。参加此次夏令营活动的 14 名营员为文莱中华中学高一年级学生及领队教师，均为华裔，且汉语水平较高，他们大多是第一次来到中国，来到云南师范大学参观学习。云南师大根据文莱中学生的语言水平、学习背景、学习条件安排了内容丰富的语言课程和中华才艺课程，为营员们在语言和才艺方面的学习提供了很好的指导。与昆明当地中学生的学习交流会上，中外学生积极热情地展示才艺，交流学习心得，了解中国与文莱不同的文化和风俗习惯，融洽互动，加深了文莱学生与中国学生的感情。在昆明市风景区丰富多彩的文化体验活动让营员们深刻地感受到云南省独有的地质地貌特征、云南省少数民族文化的多样性及昆明市当地民俗文化的魅力，加深了文莱师生对中国、对云南文化的了解、认识和热爱。短暂的 14 天活动时光，文莱营员们在体验中学到知识，在学习中分享快乐，每位营员都顺利获得本次夏令营活动的结业证书，为此次孔子学院总部/国家汉办 2014 汉语桥文莱中学生夏令营画上了一个圆满的句号。

---

① Negara Brunei Darussalam Departmentof Statistics. Brunei Darussalam Statistics Yearbook 2015 [M]. Brunei：Department of Statistics, Deparment of Economic Planning and Development Prime Minister's Office, 2016：195 - 224.

文莱的初等教育年限为7年，其中包括1年学前教育，3年初级小学，3年高级小学。文莱儿童5岁入学，比中国儿童早1~2岁，初级小学结束后通过小学考试（Primary Certificate Examination，PCE）进入高级小学，高级小学第三年通过PSR考试进入中等教育。小学教育的主要目的是让学生打好听、说、读、写、算的基本功，培养学生的个性、情感、思维能力、创造力与独立性，为个人今后发展奠定扎实基础。文莱的初小开设马来语、英语、伊斯兰教知识、体育等课程，而高小在初小的基础上增设了科学、历史和地理等课程。

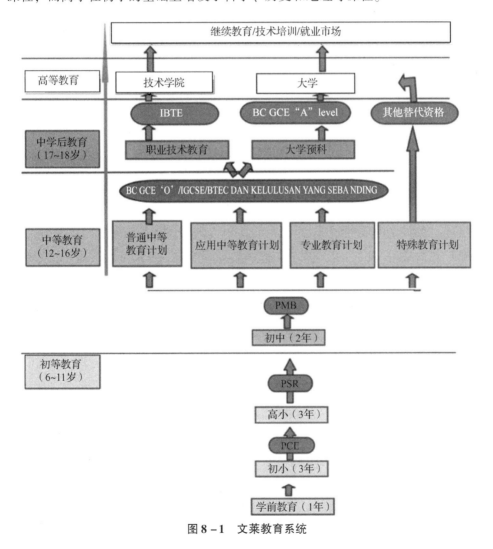

图8-1 文莱教育系统

文莱的中等教育由普通中学和职业技术学校负责。中等教育年限为 4~5 年，包括 2 年初中、2~3 年高中或 3 年职业院校等。初中第三年学生通过"初中考评"（PMB）考试后完成分流，主要有三种选择：一种是进入普通高中，一种是进入教授工艺和技术课程的职业技术学校进行职业预备教育，另一种是直接就业。对于智力超长以及智力落后同学都有相应的特殊教育学校，分别是超常教育项目以及特殊教育项目。文莱初中阶段开设的课程包括必修课和选修课，必修课包括马来语、数学、英语、伊斯兰教知识、综合科学、地理、历史 7 门课程，选修课包括电脑、农业科学等课程。文莱学生在高中阶段学习开设马来语、数学和英语 3 门必修课程，并学习科学、艺术和工艺领域的专业技能知识，很好地保证了学生毕业后进入文科、理科和职业技术学校学习。学生在高中最后一学期结束时进行 BC GCE 考试，成绩较好的同学参加"O"级考试，通过后进入大学预科继续 2 年的学习；成绩较弱的同学需先通过"N"级考试，一年后进行"O"级考试，还有部分同学进入职业技术学院进行继续教育学习或到工厂、企业等就业。

文莱共有四所高校，分别是文莱达鲁萨兰大学（University Brunei Darussalam, UBD，也称文莱大学）、文莱苏丹谢里夫阿里伊斯兰教大学（UNISSA）、文莱多科技术学院（Politeknik Brunei）、文莱理工大学（University Teknologi Brunei - ITB）。达鲁萨兰大学于 1985 年正式成立，在国王宣布大学成立的 6 个月后，达鲁萨兰大学迎来了首批 176 名学生并于 1988 年与教育协会合并，提供专业文凭、学士学位课程、硕士学位和博士课程。如今，文莱大学下设商务、经济和公共政策研究学院、社会科学学院、科学学院、医学研究院、伊斯兰研究学院和文莱研究学院，大学还设立了 1 个外语中心和 6 个研究所。文莱大学拥有 300 多名师资、2 800 名学生。教师多来自英国、澳大利亚，邻国新加坡和马来西亚。文莱理工大学成立于 1896 年 1 月，于 2008 年 10 月升格为大学，提供高等国家文凭（HND）和 ICT 以及商业和工程领域的本科学位课程，主要由商业和计算学院与工程学院组成；苏丹谢里夫阿里伊斯兰大学成立于 2007 年，专注于伊斯兰历史与文明，阿拉伯语言，伊斯兰金融和伊斯兰法。它提供文凭、本科课程，硕士学位、博士学位课程；文莱多科技术学院在 2012 年正式成立，提供的课程与培训包括文凭（Diploma）课程以及高级文凭（Advanced Diploma）课程。

四、中国和文莱的关系

(一) 经贸关系

进入21世纪后,中文双边贸易额大幅上升。2008年4月、2011年4月、2013年3月和2016年4月,两国分别举行四次经贸磋商。据中方统计,2021年,中文贸易额28.5亿美元,同比增长46%。其中,中国对文出口6.3亿美元,同比增长35.2%;自文进口22.2亿美元,同比增长50.1%。2022年1—4月,中文贸易额9.4亿美元,同比增长10.9%。其中,中国对文出口2.2亿美元,同比增长12.9%;自文进口7.2亿美元,同比增长10.4%。中方从文进口的商品主要是原油,向文出口的商品主要为纺织品、建材和塑料制品等。两国在投资、承包劳务等方面的合作成效显著。截至2021年,我国在文累计签订工程承包合同额36.3亿美元,完成营业额42.6亿美元。2021年中国企业在文新签工程承包合同额5 251万美元,同比增长73.4%。两国签有《鼓励和相互保护投资协定》(2000年)、《避免双重征税和防止偷漏税的协定》(2004年)、《促进贸易、投资和经济合作谅解备忘录》(2004年)、《农业合作谅解备忘录》(2009年)、《"一带一路"建设谅解备忘录》(2017年)、《加强基础设施领域合作谅解备忘录》(2017年)、《共建"一带一路"合作规划》(2018年)等。

(二) 其他领域交流与合作

两国在民航、卫生、文化、旅游、体育、教育、司法等领域的交流与合作逐步展开,先后签署了《民用航空运输协定》(1993年)、《卫生合作谅解备忘录》(1996年)、《文化合作谅解备忘录》(1999年)、《中国公民自费赴文旅游实施方案的谅解备忘录》(2000年)、《高等教育合作谅解备忘录》(2004年)、《旅游合作谅解备忘录》(2006年)。两国于2002年和2004年分别签署了《中华人民共和国最高人民检察院和文莱达鲁萨兰国总检察署合作协议》和《最高法院合作谅解备忘录》。2010年3月,文莱皇家航空公司重开斯里巴加湾至上海航线。2013年10月,两国政府签署《关于海上合作的谅解备忘录》。自2003年7月起,中国对持普通护照来华旅游、经商的文莱公民给予免签证15天的待遇。2005年6月,两国就互免持外交、公务护照人员签证的换文协定生效。2016年5

月，文莱给予中国公民赴文落地签待遇。2018年，两国人员往来总数约6.13万人次，同比增长2.9%。其中，中国赴文游客5.22万人次，文莱来华游客0.91万人次。2020年为"中文旅游年"。2021年双方延续举办"文旅年"相关活动。

另外，2004年、2005年分别成立中国—文莱友好协会和文莱—中国友好协会。2013年、2018年，我国国内艺术团体两次赴文莱举办"欢乐春节"文艺演出。

第二节 "2035愿景"与文莱职业技术教育和培训国际化产教融合发展战略

教育是国家发展的基石，教师是基石的奠基者，是决定教育质量的关键因素，是教育的发展之基、竞争之本、提高之源，反过来，国家是教育发展的"保护伞"，国家发展战略对教育发展起决定性作用。21世纪的文莱职业技术教育的发展受"2035愿景"的影响较大，并以此为重要发展基础。"2035愿景"全称为《文莱达鲁萨兰国长期发展计划（2035年宏愿）》（Wawasan Brunei 2035，又称Brunei Vision 2035）。"2035愿景"系文莱2008年提出的国家宏观发展战略，该战略覆盖了文莱国内各领域的发展计划和目标，既是对以往经验的总结，又是以后将近30年工作的总体部署，更是对未来愿景的美好展望。在实施了将近6年的过程中，这一战略遇到了哪些困难和障碍？近两年又采取了哪些措施？了解这些情况，有助于更准确地把握文莱职业教育国际化产教融合发展现状、特点与未来发展趋势。

一、文莱职业教育国际化产教融合发展的"2035愿景"的背景分析

经济结构多元化是文莱经济发展和职业教育发展的根本问题。

众所周知，石油与天然气产业一直是文莱经济的主要支柱，也是文莱对工程机械产品、服务和相关人才需求最大的产业。然而，面对着油气资源总会枯竭的现实，早在20世纪80年代，文莱就敏锐地意识到需要实现经济结构多元化。从1980—1984年的第四个"国家发展五年计划"开始，在此后的每个五年计划中，

文莱都明确提出要摆脱对石油及天然气的过度依赖，强调经济发展多元化是必由之路。

不可否认的是，即使石油的增长能够持续至官方宣布的 20 年以上，国家财政的增长仍然属于不可持续的增长。经多年努力，文莱非油气产业在国民生产总值中的比重逐渐上升，非油气产业已占整个 GDP 的 32% 左右。文莱国民经济对油气产业的依赖已开始减少，其他产业在国民经济中比率已有所提高，文莱经济多元化的成果已初步显现，但文莱过分依赖石油和天然气的问题仍未能从根本上得到很好的解决，文莱单一经济结构未发生实质性变化。这也导致了文莱的经济发展往往受制于国际油价。从 2007 年开始，文莱的经济随着国际油价的大幅波动而起伏。

2007 年至 2008 年上半年，受各种因素的影响，国际市场油价节节攀升，并在 7 月 11 日创下每桶 147.27 美元的历史最高纪录。油价走高导致全球资金流向出现重大变化，文莱得以受益。然而，2008 年下半年开始的欧美金融危机，促使全球经济发展放缓。在金融危机的影响下，石油进口国的需求不断萎缩，2008 年下半年国际油价一路下滑，2008 年 12 月 19 日跌至每桶 33.87 美元，短短 5 个月跌幅超过 70%，创 4 年来油价最低水平。金融危机不仅通过影响经济增长抑制石油需求，同时也对石油石化生产造成巨大的资金压力，文莱也不例外。虽然依靠着此前所攒下来的资本，文莱经常项目和财政仍保持盈余状态，但是，文莱经济增长依然缓慢。在第八个发展计划（2001—2005）中，文实际 GDP 增长只有 2.1%，远远低于计划的 5%~6% 的目标，低于同期（2000—2004）全球 3.8% 的经济增长，也低于同期东盟的 5% 的经济增长速度。经济结构单一性带来的发展问题已是不争的事实。[①]

二、文莱职业教育国际化产教融合发展的"2035 愿景"的基本情况

（一）制订过程

在文莱苏丹授意下，2004 年，文莱成立了长期发展理事会，苏丹大弟、外

---

① 罗传钰. 文莱"2035 宏愿"评析 [EB/OL]. https://cari.gxu.edu.cn/info/1087/4469.htm. (2014-11-04). [2022-06-14].

交与贸易部长穆罕默德亲王任理事会主席,该理事会的主要任务是制订《文莱达鲁萨兰国长期发展计划(2035年远景展望)》。2008年1月19日,文莱首相府举行新闻发布会,公布《文莱达鲁萨兰国长期发展计划(2035年远景展望)》(以下简称"发展计划")。从计划的内容来看,"2035年愿景"只是计划的一部分。除此之外,其还包括"2007—2017年发展战略和政策纲要"和"2007—2012年国家发展计划"。

从"发展计划"的安排来看,这3部分可以视为3个阶段。其中,"2007—2012年国家发展计划"提出的是近期目标,"指出了未来6年文莱在宏观经济、政策实施、公共部门和财政、人力资源发展、工商业、初级资源发展、旅游、银行金融保险业、运输和交通、信息产业、电力、供水和排水、卫生、社会发展、环境、安全、科技创新和行政管理18个领域面临的问题和挑战,提出了具体应对建议";"2007—2017年发展战略和政策纲要"则提出了中期目标,"具体阐述了为保障2035年宏愿实现,文莱在今后10年在教育、经济、安全、机制发展、本地企业发展、基础设施建设、社会保障、环境保护等领域需要实施的8个战略方向和50个政策方向";"2035宏愿"则属于对未来20年的长期愿景。

(二) 未来愿景

文莱始终坚决地提高发展该国经济,使之成为一个具有良好教育、高等技能和完美公民的民族,一个具有高等生活水准质量的民族和一个具有生气勃勃持续发展经济的国家。因此,必须大力发展教育,包括大力发展职业技术教育。[①]

(三) 具体目标

为了更好地迎接挑战,文莱将未来愿景细化为三个具体目标,主要内容包括以下几点。

1. 具有良好教育、高等技能和完美公民的民族

文莱政府将根据最高的国际标准建立一流的教育体系,为每位市民和居民提供教育的机会,以让他们适应经济发展变化的需求。同时,文莱政府也会鼓励他

---

① Brunei Behind in Meeting Vision 2035 Goals [EB/OL]. http://www.bt.com.bn/2014/03/16/brunei-behind-meeting-vision-2035-goals. (2014-03-16). [2022-06-15].

们进行终身学习,以获得在其他方面(如体育和艺术等方面)的成就。

2. 具有高等生活水准质量的民族

文莱的人民值得拥有文莱政府所给予的最好的居住环境。在科学保护环境的同时,在全体人民的坚定支持下,结合联合国人类发展指数(the United Nations Human Development Index,UNHDI),文莱将给予人民高品质的生活和稳定的政治环境,并在2035年力争跻身全球前10强行列。

3. 具有生气勃勃持续发展经济的国家

持续高品质的生活需要文莱的经济增长能够适应国家人口增长的需要。无论是公共领域还是私人领域,文莱政府都将会为人民提供高质量的就业机会和经济机会。经济发展的目标是为了人民得以持续享受高品质生活。因此,文莱政府将力争在2035年文莱人均收入进入世界前十行列。

(四)核心价值观

在改变国内经济结构,发展国内经济的同时,文莱国内必须要有一个清醒的认识,即决定政局稳定、社会和谐与繁荣的核心价值观不能丢。在开展经济建设时,文莱国内上下必须围绕着"伊斯兰教、马来族和君主制"这一立国之本,坚持"宽容、怜悯和社会和谐"的传统价值导向。

(五)发展战略

为实现这些目标,文将实施由八大战略构成的国家战略部署,主要集中在以下几个方面。

(1)教育战略。在竞争日益激烈的知识型社会中使本国年轻人得以顺利就业并取得成功。因此,必须注重普通教育和职业技术教育两种类型教育的"两轮驱动",通过普及教育提升国民素质,可持续培养大量人力资源,进而提升人才竞争力。

(2)经济战略。针对油气行业之外的其他经济集群和下游企业,包括工程机械类集群及其产业链企业,加大国内外对这些行业、企业、产业的投资力度,从而为人民创造新的就业机会和商业机会。

(3)安全战略。根据文莱国防和外交努力,维护国内政治稳定和国家主权,增强对疾病和自然灾害的防控能力。

(4) 机制发展战略。围绕国内公共领域与私人领域,加强良好治理,提供高品质的公共服务,建立现代且务实的法律法规体系,减少官僚的"繁文缛节",推动行政程序的高效运行。

(5) 本地企业发展战略。增加本国中小微型企业的机会,通过提供更多的竞争优势,培育马来民族人民成为工商业领袖。

(6) 基础设施发展战略。政府将持续加大投资力度,并鼓励公私部门合作建设并保养世界一流的基础设施,尤其是在教育、健康和工业等行业、企业和产业,鼓励行业、企业和产业等投资教育、健康和工业领域。

(7) 社会保障战略。随着国家的繁荣,能够保证每位公民都能享受到应有的社保待遇。

(8) 环境保护战略。保证本国的自然环境和文化遗产得到合理的保护,并依据最高的国际惯例为本国人民提供健康与安全。

三、文莱职业教育国际化产教融合发展的"2035愿景"实施的主要障碍

(一) 缺乏良好的利商环境

不少外国投资者认为,文莱过滥的社会福利阻碍了企业家精神的产生,不利于文莱长期的发展。优裕的生活使得大多数文莱人并不愿意经商,更愿意前往政府或国有企业,这就使得文莱国家公务员的比例极高,占到了本土总人口的57%,超过了6万人。庞大的政府机构和运行成本,不仅助长了文莱散漫的国民情绪,更造成了行政程序拖沓,繁文缛节众多。相比邻国新加坡只有6%、马来西亚只有11%的公务员比例,文莱这种失衡的布局,带来的较低的发展项目执行率,也造成文莱经济增长缓慢。

根据世界银行发布的"2009年全球营商环境报告",在列入排名的181个国家和地区中,文莱在全球营商环境排名中下滑5位,跌至第88位。2014年,文莱的排名为第98位。2015年1月30日,世界银行及国际金融公司发布了以《监管效率与质量并重》为题的《2015年经商环境报告》(*Doing Business Report* 2015),由于该报告在评估方式和范围上做出了一些调整,文莱在报告所收录的

189个经济体中,排名下跌至第101名。在东盟成员国之中,文莱的排名为第6位。

在10项评估指标中,文莱的最新排名是:"经商环境便利度"指标第101位(下跌3位)、"开办企业"指标第179位(下跌3位)、"办理施工许可证"指标第53位(上升16位)、"电力支持"指标第42位(不变)、"财产登记"指标第162位(下跌3位)、"信用融资"指标第89位(下跌3位)、"少数投资人利益保护"指标第110位(下跌2位)、"纳税"指标第30位(不变)、"跨境贸易"指标第46位(上升1位)、"合同履行"指标第139位(下跌1位)、"破产解决"指标第88位(下跌2位)。

文莱工业及初级资源部经商环境指导委员会秘书处就该份最新报告评论说,正如今年报告的题目所显示,其评估的焦点已由过去的效率因素转移至法规基础设施的质量和服务效率的促进。在修订后的排名计算下,很多国家的排名形势有着颇大的改变,文莱也不能例外。另外,评论中还指出,事实上文莱的经商环境正在改善之中,并越来越靠近最佳表现和实践指数。自2007年以来,文莱在与领先国家的技术差距(DTE)的得分已由54.25逐渐提高至61.26。但是,受限于诸多不利因素,文莱的利商环境仍未达到政府有关当局定下的目标水平,自然也未符合苏丹的预期。

(二) 公共与私人领域间协作不足

要摆脱对油气行业的过度依赖,必须在其他行业,特别是第三产业行业中寻找出路。从上述的"2035愿景"中可以看到,文莱希望给国内中小企业更多的竞争机会,并培育出自身所希冀的马来族工商业领袖。然而,这个战略目标的实现,有着极大的难度。其中,最重要的原因就是公共与私人领域缺少协作。

通过分析文莱马来企业家联合会(Federation of Brunei Malay Entrepreneurs, PPMB)以及文中友好协会(Brunei - China Friendship Association, BCFA, 又称文中友协)等的调研材料可以发现,由于文莱人,主要是马来人的就业方向首选政府或国有企业,所以,商业、建筑业、工程机械行业等领域基本上都不是马来人,而是华人或其他种族。但是,这些中小微企业往往面临着极大的发展问题。

在私营企业，尤其是中小企业中，企业要么不得不提高个人待遇来留住本国的劳动人口，要么由于提供的薪资和福利无法与政府机关或国有企业相媲美，无法吸引本国劳动人口，而只能去招聘外来劳工，否则就要面临员工短缺的问题。除此之外，资金供给少，对投资者的权利保障也不够，私营企业的经营自主性不足，配套的基础设施进展缓慢，都给私营企业的发展带来了极大的困难。

（三）人力资源发展不够完备

如前文所述，文莱人普遍青睐政府或国有企业的岗位，而不愿意屈身于薪资与福利都无法比拟的私营企业，再加上政府对国民实施的高福利政策，即使不去工作，文莱人，尤其是马来人也能领取丰厚的失业救济金。这使得不少文莱人并不愿意积极去找工作，"择业而不就业"，甚至"宁可失业也不就业"的国民大有人在。据文莱经济计划发展局公布的数据显示，2014 年 7 月份，文莱 18 ~ 59 岁年龄段的失业人数从 11 469 人上升至 12 173 人，其中 35 ~ 39 岁年龄段的失业人数从 1 012 人增加到 1 402 人，18 ~ 19 岁年龄段的失业人数从 464 人增加到 598 人。

同时，在高等教育阶段，文莱也缺少较为合理的人才培养计划。例如，相比较于科学、工程等专业，许多学生更愿意选择"软科学"，也就是管理、金融、会计等专业。根据 2010 年的数据统计，学生在高级程度考试（GCE A – Level）继续选择科学（含生物、化学、物理）科目的人数仅为总人数的 26%，到 2020 年，这一比例也没超过 40%。而到了高等教育阶段，科学和技术专业毕业的学生更少，2011 年的比例仅为 34%，2012 年的比例为 33%，2020 年的比例也没超过 40%。另外，文莱人（特别是马来人）也不愿意去职业技术院校就读，导致职业技术类毕业生较少，技术类工种的缺乏带来了人才供需不平衡的问题，自然也影响到了"2035 愿景"的顺利实现。

四、文莱职业教育国际化产教融合发展的"2035 愿景"实施的完善措施

对于上述问题，文莱苏丹亦意识到了其严重性，近两年来督促政府采取了一些完善措施，主要包括以下内容。

(一) 从政府层面努力创造利商环境

在 2013 年和 2014 年的新年御辞中，文莱苏丹都特意加强了观念的引导，提到"要打造利商环境"。苏丹强调，文莱当前的目标已经变得非常明确，就是营造一个利商（Pro-business）的发展环境，让国内经济蓬勃发展，创造更多的就业机会。同时，苏丹还在 2014 年的新年御辞中特别指出，要加强公共与私人领域的合作，以共同提升国家的生产力与经济增长。为了实现"2035 愿景"，结合目前的国际环境和他国的最佳实践，文莱需要开展一系列措施，包括提高监管质量和监管改进速度、加快法律法规的现代化进程、敦促相关部门抓紧对公共领域与私人领域的整体改造、相关行业的进一步协作以及建立包括授权系统在内的责任框架。他表示"我们需要政府和私人领域彼此进一步的融合。我们需要改变我们对效率的传统观念，养成以结果为导向的理念"。

为了确保及时有效的执行结果，一方面，文莱政府已建立了一个监督和评估机制，确保统一政策措施，并确保各项目能够按照目标贯彻与完成；另一方面，总理办公室中还设立了新的部门，更好地对每个政府机构制定核心绩效指标，保证政府决策能够落到实处。此外，文莱也在加大对外资的引入力度，鼓励外资前来投资，希望能借此创造就业机会，促进本地中小微企业的发展。比如，在 2015 年年初，中国浙江恒逸石化集团与文莱签署协议，由该集团出资在 PMB 岛兴建占地 260 公顷的化工厂，该项目投产后需要其他配套服务，如计算机技术服务公司、运输和物流公司、维修公司等，为当地就业创造机会，而大量海外人员的涌入也会带动当地房地产租赁业、医疗及服务业的发展。同时，PMB 岛联合化工厂的建立也会购买小松、徐工等工程机械企业的相关工程机械产品和售后服务。

(二) 加强对年轻劳动者的培训和指导

为了加强国家能量与能力，支持更为强大的竞争性和在所有经济部门发展高端专业人员，文莱政府建立了一个人力资源发展基金。该基金的目标是确保普及教育与培训机遇以便发展更具有市场性的地方劳力，减少对外国劳力的依赖性。该基金支持特别针对年轻人和处于工作年龄阶段者的各种方案和计划。它还包括提供奖学金和根据工业需求的培训。

文莱政府还提出了若干个计划。

（1）技术和职业教育奖学金计划：对于那些获得普通程序考试（GCE O - Level）和高等程度考试（GCE A - Level）但经济困难的职业教育毕业生，计划为他们提供在地方私营机构或行业产业继续深造的机会；

（2）私营部门人力能量建设计划：该计划的目的是进一步加强该国私营部门，向雇员提供各种职业发展机遇，特别向没有经济实力者提供提高他们学历与专业资格的职业技术教育机遇；

（3）培训与就业计划：该计划的目的是促进青年人的发展方法，是提供涉及经验的实际职业教育培训与工作，提高其能力。

同时，针对年轻人就业问题，政府进行有针对性的服务。比如，向未能继续接受正规教育的年轻人和那些目前失业的年轻人提供职业技术培训与自我发展机会，向年轻人和雇主提供有关工作机遇的援助与磋商，向年轻人提供职业培训，提高其能力，以便成为今后成功的中小微型企业家。

"2035 愿景"是文莱未来发展的主要方向，但是，正如文莱经济发展局的执行主席 DatoPaduka Timothy Ong 所认为的那样，这个国家现在最大的困境是人们固有的生活习惯和态度，会影响国家转型的速度。尽管所有人都知道这点，但要改变这一切，在文莱却不是短时间就能做到的事。因此，"2035 愿景"的付诸实现仍然需要日后的多个"国家发展五年计划"加以细化，特别是通过教育来培养热爱文莱的人才去实现。

第三节 文莱职业技术教育与培训的现状分析

文莱是东南亚一个富裕的小国，尽管领土面积不大，但其国际化、产教融合的职业技术教育发展却很有特色。系统分析文莱职业技术教育体系，不同类别和层次职业技术教育机构的办学理念、学科定位、专业类别、课程设置以及文莱职业资格框架等，科学总结文莱职业技术教育的主要特点、办学主体与衔接通道，为进一步了解东盟其他国家职业技术教育及中国职业技术教育、工程机械产业等的国际合作与交流打下了坚实基础。

一、文莱职业技术教育与培训概论

文莱职业技术教育的发展历史很短，1970年成立的教授贸易和工艺的学校标志着技术教育部（Department of Technology Education，DTE）主管的职业技术教育系统的开端。此后，文莱职业技术教育在过去五十多年中不断发展壮大，并建立了更多的职业技术教育机构来满足该国日益增长的人力需求。2008年，文莱为适应经济全球化和教育国际化，提升本国教育国际化地位，制定了"文莱愿景2035"。文莱政府采取措施整治职业技术教育学生中途辍学，2012年8月2日，文莱经济规划发展局（JPKE）召开新闻发布会，宣布2012年技术职业奖学金计划启动。技术职业奖学金计划是经文莱苏丹陛下批准，旨在培育职业技术人员队伍，服务知识经济发展和现代产业发展。鉴于近期无故中途辍学者猛增，白白浪费政府资金，JPKE强调，奖学金申请者应珍惜继续深造的二次机会。同时，JPKE严正警告，无正当理由中途辍学者将会被勒令退还学费。2011年9月，约900人获此奖学金，2012年3月达1 000人。自2012年始，文莱职业技术教育开始改革和转型，2014年文莱发布了职业技术教育转型白皮书，旨在建立新的职业技术教育体系。改革后的职业技术教育发生的主要变化包括：成立新的职业教育机构"文莱技术教育学院（Institute Brunei of Technology Education，IBTE）"代替原来职业教育管理机构"技术教育部"（DTE），并将原来部分职业院校合并到该学院，作为该院管理下的分校区，负责特定领域的教育与培训工作。同时，文莱建立了新的职业技术教育资格框架，进行职业技术教育课程改革，增加学徒选择机会，进行职业晋升培训。

自2012年改革以来，文莱的职业技术教育培训体系日趋完善，职业学校、培训中心和技术学院是职业技术教育的主要机构。在义务教育阶段，文莱设立了专门的职业技术教育机构，为了让完成义务教育的学生顺利走向工作岗位，学生在义务教育阶段可以选修职业技术类课程，毕业时可参加职业资格考试获取职业技术类的普通中等教育证书。文莱中学阶段的职业技术类课程并不是专门性的职业技术教育，而是一种职业技术准备教育，其设立目的在于让青少年有更多了解和尝试职业技能的机会。

文莱中学后教育分为高等教育预科教育以及职业技术教育，职业技术教育主要由 IBTE 负责，按照年龄以及学习年限推算相当于中国的中等职业技术教育，完成两年的中等职业技术教育后可进入文莱多科技术学院继续学习，相当于中国的高等职业教育（Higher Vocational Education）。学生毕业时可获得不同水平的教育证书。不同培训项目所需的培训时间不尽相同，一般多为 1 年至 3 年半。文莱的职业技术教育和职业培训重视实习经验，在转型后的职业资格框架中，不同水平资格的获得也需要学员达到学习标准才能获得职业技术资格证书。

二、文莱公立职业技术教育机构发展情况

（一）文莱职业技术学校

2014 年 5 月 27 日，文莱职业技术学校（IBTE）由技术教育部和全国七所技术职业学校合并创建。IBTE 致力于为文莱达鲁萨兰国培养职业技术技能人才，致力于培养就业、创新、创业的劳动者和直接进入劳动力市场的毕业生，旨在通过职业技术教育推动国家经济发展和社会进步。该校所涵盖的专业领域包括能源、工程、农业和科学等。截至 2016 年，文莱职业技术学校共有教师 485 人，学生 3 906 人，其中男生数量为 2 346 人，女生数量为 1 582 人。2016 年，该校学生就业率（在毕业后 6 个月内找到工作的）达到 74.5%，其中对口程度为 74.8%，2017 年学生就业率达到 80%。到 2021 年，文莱职业技术学校教师已经达到 500 人左右，学生达到 5 000 人左右。

IBTE 的定位是承接以前文莱技术教育部（DTE）的职责，是文莱达鲁萨兰国的全职、学徒和兼职继续教育与培训（Continuing Education and Training，CET）在内的职业技术教育的主要提供者。其主要教学任务包括：通过优化整体学习环境培养符合劳动力市场期望的高技能和具有合格就业能力的毕业生，通过培养高素质的职业人才、专业人才、技术人才、技能人才、应用型人才等帮助学生获得国际公认的职业技术资格，实现"文莱愿景 2035"，通过开展各项活动并制定相关举措，达到文莱教育部四个战略目标。

文莱职业技术学校自成立以来，在课程、培训环境、学习机会、服务计划、职业教育目标等方面进行了综合改革，主要措施包括以下几方面。

(1) 课程改革。

2008年文莱教育部推出了"SPN21"计划,提出文莱所有学生将接受至少10年或11年的小学和中学教育,然后再继续进行教育和培训。IBTE对职业教育课程需要进行了重组和配置,加强了学生实践技能环节,课程以"能力本位"和"实践取向"为主,所提供的课程中理论部分内容占30%,实践部分内容占70%,其中55%的课程以工作场所中实际需要为取向。深化改革后的职业技术课程分为三个等级,在每一级达到标准后颁发证书,三级证书分别是工业技能证书(ISQ)、国家技术证书(NTEC)和高级国家技术证书(HNTEC)。持有HNTEC课程的毕业生所获得资格为"技术专员",而持有NTEC和ISQ证书的毕业生将获得"技术工人"资格。

ISQ项目的入学要求是考生应至少参加过9年的义务教育,最低年龄为16岁。ISQ课程时间为3个月至1年;NTEC全日制课程的周期是1~2年,最低要求为完成10到11年的中等教育并通过了相关学科的考试;HNTEC课程因为较多的理论与较高水平的培训,需要两年的时间,进入的标准是在NTEC学习结束后再获得该领域3个"O"水平的证书。综合改革后的职业技术教育主要课程内容如图8-2所示,由不同比例的课程内容模块构成。

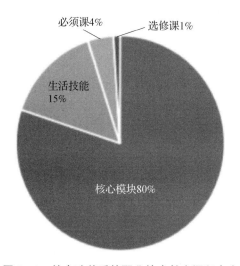

图8-2 综合改革后的职业技术教育课程内容

(2) 增加学员选择机会。

文莱参考德国等国家成功的职业技术教育经验，通过与相关行业部门合作，确定和引进了新的专业。IBTE 计划通过与行业的合作，在未来五年将目前的专业由 60 个扩大到 200 个。同时在学徒制中增加不同技术方向，为学员提供更多的职业选择，契合学员的兴趣。

随着经济的发展和社会的进步，很多学生希望继续追求大学学历。IBTE 虽然旨在培养职业技术教育人才，但同时也为表现良好的学员提供了进一步深造的机会。IBTE 通过实践和探索，让多达 25% 的毕业生有机会进入 IBTE 高级课程阶段的学习，这些学生毕业后有机会进入文莱理工学院继续学习，并获得文凭和学位。同时，IBTE 还提供继续教育与培训，通过提供短期课程、研讨会等优质培训丰富个体自身，使成年学习者能够进一步获得相关领域的职业知识和技术技能。

(3) 改进培训环境。

为了适应职业技术教育的转型，文莱需要更好的职业培训和技术教育环境。文莱教育部在规划 IBTE 长期发展时，将 7 所中等职业学校重新整合分为 2 个较大的"区域校区"，其中能够容纳 8 000 名学生，IBTE 的总部设在"中央校区"。中央校区学生数量为 4 000 人，分校区学生人数为 4 000 名。IBTE 的 7 个校区分别为 IBTE Sultan Saiful Rijal 校区、IBTE 杰夫博尔基亚校区、IBTE Nakhoda Ragam 校区、IBTE 苏丹博尔基亚校区、IBTE 农业技术园区、IBTE 商业校园、IBTE 机械校园。综合改革后校区的分布见表 8-1。

表 8-1 综合改革后文莱职业技术学校校区分布

校区\项目	名称	前名	地理位置
主校区	IBTE Sultan SaifulRijal 校区	Sultan Saiful Rijal 技术学院（MTSSR）	文莱—穆阿拉
	IBTE NakhodaRagam 校区	NakhodaRagam 职业学校（SVNR）	
	IBTE 机械校区	机械培训中心（PLM）	
	IBTE 商业校区	商学院（SP）	
分校区	IBTE 杰夫博尔基亚校区	杰夫博尔基亚工程学院（MKJB）	文莱—马来奕
	IBTE 苏丹博尔基亚校区	苏丹博尔基亚职业学校（SVSB）	文莱—穆阿拉
	IBTE 农业技术园区	瓦桑职业学校（SVW）	

(4) 新的服务计划。

为了更好地促进职业技术教育发展,IBTE 制订了新的服务计划。计划的目标包括:提高职业学校教学人员在职业技术教育中的地位,加强教师的奖励、补偿和认可机制,为教师提供更好的职业发展机会,加强系统内人员发展能力以及为教职员工营造支持性的工作环境。

(5) 确定职业教育关键指标。

为了支持"2014 年文莱技术教育计划",IBTE 制定了两项监测职业教育质量的关键绩效指标:一是在学生毕业半年后整体就业率达到 80%;二是学生毕业半年后雇主满意度达到 70%。2017 年,IBTE 对学生就业率以及雇主满意度进行了调查,就业率调查得到了 98% 的回复,雇主满意度调查得到了 30% 的回复。调查发现,职业技术院校毕业生的整体就业率为 63.7%,低于设定目标 KPI (Key Performance Indicator,关键绩效指标),雇主满意度为 96.5%,实现了通过职业技术教育培育职业教育人才的目标 KPI。[1]

(二) 文莱多科技术学院

文莱多科技术学院(Politeknik Brunei)旨在通过全面、优质的教育,培养学生的可持续发展能力。2008 年 10 月 18 日文莱达鲁萨兰国国王提出在文莱建立技术学院,为学生提供"高级国家文凭(HND)"。2012 年 1 月,该校正式开始招生,学校开设 9 门高级文凭(AD)课程,并尽可能与企业特别是制造业等实施产教融合,首批共有 401 名学生入学,截至 2017 年,该学院开设了 21 个专业,在校生人数达到了 1 550 名。到 2021 年,该学院开设了 30 个左右的专业,在校生约 2 000 名。根据文莱国家教育资格框架,IBTE 提供的课程与培训包括工业技能证书(ISQ)、国家技术证书(NTEC)和高级国家技术证书(HNTEC),分别属于国家资格框架的 2、3、4 级水平,而文莱多科技术学院则主要提供文凭(Diploma)课程以及高级文凭(Advanced Diploma)课程,属于 4 级和 5 级(图 8 - 3)。

---

[1] Syazana Ebil, Norazlina Othman, et al. Brunei TVET Transformation: The Development of the Institute of Brunei Technical Education's two Key Surveys [J]. The Online Journal For Technical and Vocational Education and Training in Asia, 2017 (8): 1 - 4.

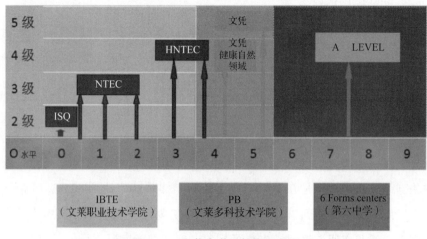

图 8-3 文莱中学后教育层次图

说明：ISQ—工业技能证书；NTEC—国家技术证书；HNTEC—高级国家技术证书。

文莱多科技术学院下设信息与通信技术学院，与信息通信企业实施产教融合、商业学院，与银行等商业机构实施产教融合、科学与工程学院，与工程机械行业等实施产教融合、卫生科学学院，与医疗机构等实施产教融合。以科学与工程学院为例，该院致力于通过优质教育为工程机械行业、行业、企业和市场等提供优秀科技类毕业生，包括向卡特彼勒、柳工等跨国工程机械企业提供合格人才。科学与工程学院于2012年1月首次招生，提供高级文凭课程，设科学技术、机械和工程等相关专业，共招收了百余名学生。以工程专业为例，该专业旨在培养工程行业需要的专业人士，包括工程设计、开发、销售和维修服务人员等。为了保证产教融合培养专业人才的质量，多科技术学院开发了比较完备的课程体系，以信息与通信技术学院的课程为例（表8-2），可以发现该专业3年的课程体系是比较完备和逻辑有序的。

（三）SEAMEO 区域职业技术教育与培训中心

SEAMEO（Southeast Asian Ministers of Education Organization，SEAMEO，东南亚教育部长组织）区域职业技术教育与培训中心（Vocational Technical Education and Training Center，SEAMEO VOCTECH）于1990年8月28日在文莱达鲁萨兰国成立，是东南亚教育部长组织（SEAMEO）25个中心和网络之一，该中心的主要职责是促成SEAMEO成员国的合作，解决技术职业教育和培训中的主要问题。

表8-2 信息与通信技术学院课程体系

时间		课程模块
第一年	第一学期	计算机数学
		计算机沟通技巧
		健康安全环境
		计算机系统结构
		信息系统纲要
	第二学期	马来伊斯兰君主制课程
		伊斯兰教育
		创业教育
		多媒体技术和创新
		网络基础设施
		基本互联网项目
		信息化导论
第二年	第三学期	系统分析设计
		项目应用
		最新技术
		信息系统管理
		用户体验设计
	第四学期	系统设计发展
		高级项目
		数据库设计与实现
		移动应用设计与发展
第三年	第五学期	项目管理
		毕业设计
	第六学期	实习
		丰富工作经验[②]

说明：丰富工作经验主要通过校企合作、产教融合等途径获得。

1. 东南亚教育部长组织 SEAMEO 概况

东南亚教育部长组织 SEAMEO 是一个区域性的政府间国际组织,由东南亚多国政府于 1965 年共同创建,旨在促进本地区国家间的教育、科学和文化合作。SEAMEO 的 11 个会员国为文莱、柬埔寨、老挝、印度尼西亚、马来西亚、缅甸、菲律宾、新加坡、泰国、东帝汶和越南。SEAMEO 还有 7 个联系会员国,即澳大利亚、加拿大、法国、德国、荷兰、新西兰和西班牙;3 个附属会员,即国际开放和远程教育协会、日本筑波大学以及英国文化协会。

SEAMEO 的最高决策机构是 SEAMEO 理事会,由 11 个东南亚国家的教育部长组成。SEAMEO 秘书处是理事会的执行机构。在过去的 40 年里,SEAMEO 在东南亚各地设立了 20 个专业机构,负责领导本地区人力资源开发并提供教育、卫生、环境、农业和自然资源等多个领域的专业知识。

(1) 战略目标。

①发展区域性的卓越中心。

②在 SEAMEO 的专业领域内提供具有相关性和针对性的项目,以解决全国性和区域性问题。

③加强启动和管理变革与发展以迎接全球化挑战的组织能力。

④确保财务状况持续健康。

⑤促进教育、科学和文化领域的研发工作,改进推广机制。

⑥促进会员国之间及其与其他相关组织的合作。

⑦成为东盟在推进教育、科学和文化方面的战略伙伴。

⑧推动制定协调一致的教育标准。

⑨成为推进教育、科学和文化的区域性领导者。

(2) 优先领域。

①教育:a. 21 世纪技能:品格教育、创业教育、信息与通信技术、语言与读写能力、科学技术素养;b. 教师和教育工作者持续的专业发展;c. 全民教育:基础教育、早期儿童保育与教育、紧急状态下的教育、终身学习、消除教育盲区、特殊教育;d. 可持续发展教育;e. 高等教育;f. 职业技术教育。

②文化:a. 考古与历史;b. 艺术与设计;c. 文化多样性与区域认同;d. 遗

产保护与文化管理；e. 传统与价值观。

③科学：a. 农业；b. 生物多样性与生物技术；c. 灾害管理；d. 食品与营养；e. 自然资源与环境管理；f. 预防保健、生殖健康教育与生存技能培养。

（3）SEAMEO 区域中心。

SEAMEO 设有 21 个专业机构，负责开展教育、科学和文化等领域的培训和研究项目。每个区域中心均设一个理事会，由来自 SEAMEO 各会员国的高级教育官员组成，理事会负责审核各自中心的运作和预算，并为中心制定政策和工作方案。这 21 个专业机构具体如下。

①SEAMEO 热带生物学区域中心（SEAMEO Regional Centre for Tropical Biology，SEAMEO BIOTROP）。该区域中心由印度尼西亚政府承办，其工作重点是森林、虫害和水生生物学。该中心协助提升 SEAMEO 各会员国识别本地区重大的生物学问题，特别是其中与热带生态系统可持续发展相关者，分清优先顺序以及分析这些问题并提出解决方案或替代方案的专业能力。

②SEAMEO 终身学习区域中心（SEAMEO Regional Centre for Lifelong Learning，SEAMEO CELLL）。该区域中心成立于 2011 年，由越南政府承办，负责开展终身学习领域的研究和培训，并为 SEAMEO 会员国提供一个开展终身学习领域教育政策发展的区域性平台。

③SEAMEO 历史与传统区域中心（SEAMEO Regional Centre for History and Tradition，SEAMEO CHAT）。该区域中心成立于 2000 年 12 月，由缅甸政府承办，通过研究、人力资源开发、教育和联系网络的构建，促进 SEAMEO 会员国在历史与传统研究领域的合作。

④SEAMEO 教育创新与教育技术区域中心（SEAMEO Regional Centre for Educational Innovation and Technology，SEAMEO INNOTECH）。该区域中心由菲律宾政府承办，负责发起与推广具有创新性的教育技术项目，以帮助 SEAMEO 会员国识别和解决共有或独有的教育问题并满足其预期需求。

⑤SEAMEO 语言教师与语言教育工作者进修区域中心（SEAMEO Regional Centre for Quality Improvement of Teachers and Education Personnel in Language，SEAMEO QITEP in Language）。该区域中心由印度尼西亚政府承办，负责为教师

和教育工作者提供进修课程与培训项目。中心设在雅加达，致力于推广提高语言教师和语言教育工作者素质的项目和活动。

⑥SEAMEO 数学教师与数学教育工作者进修区域中心（SEAMEO Regional Centre for Quality Improvement of Teachers and Education Personnel in Mathematics，SEAMEO QITEP in Mathematics）。该区域中心由印度尼西亚政府承办，负责为教师和教育工作者提供进修课程与培训项目。该中心设在日惹，致力于推广提高数学教师和数学教育工作者素质的项目和活动。

⑦SEAMEO 科学教师与科学教育工作者进修区域中心（SEAMEO Regional Centre for Quality Improvement of Teachers and Education Personnel in Science，SEAMEO QITEP in Science）。该区域中心由印度尼西亚政府承办，负责为教师和教育工作者提供进修课程与培训项目。该中心设在万隆，致力于推广提高科学教师和科学教育工作者素质的项目和活动。

⑧SEAMEO 食品与营养区域中心（SEAMEO Regional Centre for Food and Nutrition，SEAMEO RECFON）。该区域中心由印度尼西亚政府承办，旨在通过开展食品与营养方面的研究、教育、能力建设和信息分享，协助会员国提升人力资源素质。该区域中心设在雅加达，其前身"SEAMEO 热带医学与公共卫生网络社区营养区域中心（SEAMEO TROPMED Regional Centre for Community Nutrition，SEAMEO–TROPMED RCCN）"是 SEAMEO 热带医学与公共卫生网络的四个中心之一。

⑨SEAMEO 科学与数学教育区域中心（SEAMEO Regional Centre for Education in Science and Mathematics，SEAMEO RECSAM）。该区域中心由马来西亚政府承办，旨在协助 SEAMEO 会员国开发科学教育、数学教育和技术教育项目。

⑩SEAMEO 区域语言中心（SEAMEO Regional Language Centre，SEAMEO RELC）。该区域中心由新加坡政府承办，负责向 SEAMEO 会员国提供专业经验、培训场地和培训项目，以提高语言专家和语言教育工作者的技能。所开展的项目专注于语言教授与学习两方面的知识和教学法。

⑪SEAMEO 区域培训中心（SEAMEO Regional Training Centre，SEAMEO RETRAC）。该区域中心由越南政府承办，负责协助 SEAMEO 会员国，尤其是柬

埔寨、老挝人民民主共和国和越南，识别并解决其人力资源开发方面面临的共同困难。该中心的专长是教育管理。

⑫SEAMEO 高等教育与发展区域中心（SEAMEO Regional Centre for Higher Education and Development，SEAMEO RIHED）。该区域中心由泰国政府承办，在 SEAMEO 会员国高等教育领域能力建设方面扮演重要的角色。该中心主要工作是针对各会员国在高等教育政策规划、行政管理方面提出需求。

⑬SEAMEO 开放学习区域中心（SEAMEO Regional Open Learning Centre，SEAMEO SEAMOLEC）。该区域中心由印度尼西亚政府承办，通过推广和有效利用开放学习与远程教育，协助 SEAMEO 各会员国识别教育问题并寻找实现人力资源可持续发展的备选方案。

⑭SEAMEO 农业研究生学习与研究区域中心（SEAMEO Regional Centre for Graduate Study and Research in Agriculture，SEAMEO SEARCA）。该区域中心由菲律宾政府承办，通过人力资源开发项目和研究，以及相关推广活动，满足本地区农业与农村地区的需求。

⑮SEAMEO 特殊教育区域中心（SEAMEO Regional Centre for Special Education，SEAMEO SEN）。该区域中心由马来西亚政府承办，专长于满足不同类型的残疾儿童、天才和超常儿童的教育需求。

⑯SEAMEO 考古与美术区域中心（SEAMEO Regional Centre for Archaeology and Fine Arts，SEAMEO SPAFA）。该区域中心由泰国政府承办，致力于提高人们对文化遗产的认识与欣赏水平，推广并丰富本地区的考古和文化活动，加强考古和美术方面的专业能力，以增进 SEAMEO 各会员国之间的相互认知与理解。

⑰SEAMEO 热带医学与公共卫生网络（SEAMEO Tropical Medicine and Public Health Network，SEAMEO TROPMED）。SEAMEO TROPMED 共有三个区域中心，分别设在马来西亚、菲律宾和泰国的一所国立大学内。该网络的中央办事处位于曼谷，由泰国政府资助。该网络的总体任务是促进卫生事业、预防和控制热带疾病以及应对公共卫生问题。中央办事处协调各区域中心的方案和项目，并实施区域性的项目和活动。

⑱SEAMEO 热带医学与公共卫生网络马来西亚中心，即微生物学、寄生虫学

和昆虫学区域中心（SEAMEO TROPMED Regional Centre for Microbiology, Parasitology and Entomology, SEAMEO TROPMED Malaysia）。该中心设在吉隆坡医学研究所，负责开展疾病防治研究，提供专业化培训、诊断和咨询服务。该中心致力于改进卫生管理，并将其视为政府、私营部门、非政府组织、社区和个人的共同责任。

⑲SEAMEO 热带医学与公共卫生网络菲律宾中心，即公共卫生、医院管理、环境与职业卫生区域中心（SEAMEO TROPMED Regional Centre for Public Health, Hospital Administration, Environmental and Occupational Health, SEAMEO TROPMED Philippines）。该中心设在马尼拉的菲律宾大学公共卫生学院，负责开展公共卫生、农村医疗、医院管理、环境与职业卫生、卫生政策与管理等领域的研究与培训。

⑳SEAMEO 热带医学与公共卫生网络泰国中心，即热带医学区域中心（SEAMEO TROPMED Regional Centre for Tropical Medicine, SEAMEO TROPMED Thailand）。该中心设在曼谷的玛希隆大学热带医学系，负责提供热带地方病、寄生虫学、社区医学和预防医学等方面的培训。此外，该中心还在各种疾病的替代防治措施和健康生活方式的倡导方面开展研究，包括试用新型化疗处方及新疫苗。另外，该中心还为热带疾病患者提供临床护理。

㉑SEAMEO 职业技术教育与培训区域中心（SEAMEO Regional Centre for Vocational and Technical Education and Training, SEAMEO VOCTECH）。该区域中心由文莱政府承办，负责协助 SEAMEO 会员国提升职业与技术教育培训的管理。该中心致力于开发和开展有关职业与技术教育培训的项目，以满足社会经济、工业、商业及劳动力市场的地方性、全国性以及区域性需求。

（4）SEAMEO 秘书处。

设于泰国曼谷的 SEAMEO 秘书处是该组织的总部。秘书处由一名秘书长领导，他同时是该组织的法定代表人和行政首长。来自各成员国的专业人员和东道国的行政人员辅助秘书长的工作。

秘书处负责协调 SEAMEO 各区域中心的活动以及联系各会员国。秘书处的其他职责还包括：执行 SEAMEO 理事会的决策，开展 SEAMEO 理事会批准的工作方案,策划区域性教育项目建议书并研究其可行性,为 SEAMEO 争取资金支持,举办大会和研讨会。

(5) SEAMEO 与东南亚国家联盟(ASEAN)的关系。

SEAMEO 与 ASEAN 进行密切的合作。两个组织在促进东南亚地区的教育、科学和文化发展方面有着共同的关切。

早在 1977 年,SEAMEO 理事会就授权 SEAMEO 秘书处研究与 ASEAN 建立工作关系。这两个组织之间的信息交流,开始通过有关出版物以及 ASEAN 以观察员身份出席 SEAMEO 有关会议得以实现。

自 2006 年起,SEAMEO 秘书处与 ASEAN 秘书处开始同期召开"SEAMEO 高官会"和"ASEAN 教育高官会","SEAMEO 理事会大会"和"ASEAN 教育部长会议"也开始同期召开。SEAMEO 秘书处参与了《ASEAN 教育五年规划(2011—2015)》的编写工作。2011 年,SEAMEO 秘书处与 ASEAN 秘书处同意建立定期磋商机制,以取得更好的协调与合作。①

2. SEAMEO 中心的主要职能

SEAMEO 中心的主要任务包括为东南亚各成员国提供职业技术教育培训和产教融合服务等,提供研究咨询服务、信息传播服务、课程设计与开发和教学评估。

(1) 培训服务职能。SEAMEO 中心提供的培训主要包括区域培训和国内培训两个类别,其中区域培训主要为东南亚教育部长组织成员国提供跨区域的共同培训;国内培训包括帮助成员国制定职业技术教育与培训能力标准,开放职业技术教育与培训课程,提供符合工业需求和工作要求的课程开发服务,评估职业教育项目等。

SEAMEO 通过社区服务计划或由外部组织资助来满足目标受益人的需求,社区服务计划涉及当代教育、技术及发展趋势,问题和挑战等问题。外部资助计划由 SEAMEO VOCTECH 和合作组织联合提供,资助来自合作伙伴,以满足特定目

---

① 中国—东盟中心,SEAMEO 秘书处. 东南亚教育部长组织(SEAMEO)简介[EB/OL]. http://www.asean-china-center.org/2012-05/29/c_131617810.htm. (2012-05-29). [2022-06-05].

标受益人的需求。

（2）研究与咨询服务。SEAMEO 研究活动包括与国际组织合作和对职业技术教育与培训（TVET）问题进行合作研究，研究内容涵盖了职业技术教育与培训课程关系、国家资格框架、ICT 在教育中的整合以及 TVET 教师资格等内容。SEAMEO VOCTECH 的专家通常在 TVET 机构承担研究顾问工作。

（3）信息传播服务。SEAMEO 通过出版 SEAMEO VOCTECH Journal 的印刷版和在线版、SEAMEO VOCTECH 文摘以及在教育网络（EduNet）上发布培训材料、会议记录和专题出版物进行信息传播。

SEAMEO VOCTECH 网站也会定期更新，以分享中心的最新动态，当前的培训活动、计划及其他相关信息。

三、文莱私立职业技术教育机构发展情况

除了公立的中等和高等职业技术教育机构之外，文莱还有三所知名的私立职业技术教育机构，分别是科姆达学院、拉克萨马纳商学院以及 Micronet 国际学院。

（一）科姆达学院

科姆达学院（Kemuda Institute）是文莱达鲁萨兰国最早的私立高等教育机构之一。Kemuda 资源局于 1990 年首次正式成立，专门从事人力资源开发，随后于 2004 年成立 KEMUDA 学院（KIU）。该学院对学术研究及发展做出了重大贡献。2006 年正式成为英国国家计算中心（NCC）认证合作伙伴中心，随后该学院引进了许多新课程，成为当地和国际认可的核心学术课程。同年，文莱政府将该学院认定为为托福考试中心。

科姆达学院的办学目标是为本国学生提供优质教育、培养和教育与行业有关的技能、培养年轻人信息通信技术能力以及企业意识，为毕业生提供工作选择和面试建议方面的持续帮助与指导。该校毕业生获得文凭后可继续在学院或文莱技术学院（ITB）进行高等国家文凭课程的学习，获得高等国家文凭的毕业生既可进入文莱达鲁萨兰国立大学学习，也可以出国留学。

学院所提供的培训包括 NCC、BTEC、LCCI 以及 OUM。NCC 为英国国家计

算中心，提供的课程包括 3 级计算机文凭课程、4 级计算机文凭课程、4 级商业信息技术课程、5 级计算机课程以及 5 级商业信息技术课程。BTEC 为英国商业与技术教育委员会，旨在为学生提供所需的技能，以进入高等教育或直接就业、创业。

BTEC 课程包括 BTEC 5 级计算机与系统开发高级国家文凭（多媒体专业）、BTEC 5 级计算和系统开发高级国家文凭（系统开发与编程专业）、BTEC 5 级计算和系统开发高级国家文凭（网络与安全专业）、BTEC 3 级信息技术文凭、BTEC 2 级信息技术文凭、BTEC 2 级信息技术证书。LCCI – IQ 是伦敦商会工商业国际资格证书，在国际上受到广泛认可，该证书旨在提高学员技能，以进入大学或专业组织，每年都有超过 25 万、来自 120 个不同英联邦国家的学员利用该证书找到工作。

科姆达学院提供的课程包括皮尔逊 LCCI 1 簿记证书、皮尔逊 LCCI 2 级会计记录文凭、皮尔逊 LCCI 3 级会计文凭。OUM 为马来西亚开放大学课程，主要培训对象为成人，主要提供网络计算与信息技术学士学位（BITN）和信息技术与管理学士学位（BITM）的课程。

(二) 拉克萨马纳商学院

2003 年，拉克萨马纳（Laksamana College of Business）商学院成立，它是一个私立高等教育机构，旨在培养能够适应快速变化世界的学生。该学院的目标是培养学生的批判性思维能力、全球视野、诚信、忠诚等品质。

拉克萨马纳商学院主要提供商业以及计算机领域的学位课程，这两个专业获得了文莱国家职业资格委员会的认可。商业学位的学习周期为三年，第一年学生学习通识性课程，在接下来的两年中学生可选择商业营销、会计学、商业管理三门中的任何一门学习两年。在计算机领域，学生通过三年学习可以获得计算机科学学士学位。除此之外，拉克萨马纳商学院还提供高等教育预科课程、短期课程和皮尔逊商业、管理和计算机领域的培训项目。

(三) Micronet 国际学院

Micronet 国际学院是由文莱达鲁萨兰国教育部注册和批准的第一所私立学校，提供计算机应用软件培训，目的是提升员工 IT 知识和技能。该学院旨在通过促进高质量的教学和学习，为工业、商业培养优秀的专业和创业毕业生。学员提供的培训包括皮尔逊 BTEC 课程、NCC 课程培训和 SQA 项目课程三类。

皮尔逊 BTEC 课程旨在为学生提供进入高校学习或直接就业所需的技能。以国际二级信息技术证书为例，学员完成全日制 12 个月的学习通过考试后获得该证书，学员的入学要求具有 4 个 O 层级的证书或其他同等证书，所学习的课程分别为电脑硬件组装、基础数学、语言学习以及工作实践。

NCC 课程培训提供国家资格框架中的 3～5 级资格培训。以计算机 3 级文凭课程为例，学员学习时间为 9 个月，入学基本要求为 2 个 O 级证书，所学习的内容包括沟通技巧、数学技术、信息技术、计算机科学导论以及编程等。

SQA 项目为学员国家资格框架中的第 5 级、7 级和 8 级培训课程。以 5 级移动技术国家证书为例，学员通过 12 个月的全日制学习可获得证书。该项目的入学基本要求具有 4 个 O 级的证书，学习课程包括移动技术系统、移动技术媒体、移动设备项目开发以及基础电子学等。

四、文莱国家职业教育资格框架基本情况

（一）文莱国家职业资格框架的目标

为了应对国家对技术、技能、职业型、应用型人员日益增长的需求，文莱教育部提出了国家职业资格制度，该制度自 2012 年开始实施。在培养目标上，职业教育领域通过引进与 SPN21 相匹配的课程以及项目，旨在培养兼具技术、知识和创业精神的毕业生。在课程上，职业资格制度通过与市场接轨，将职业技术教育资格证书级别与市场需求相匹配，通过调研雇主、市场意见开发相应的课程。在培养结果上，该职业资格制度的实施，一方面为学生进入高校提供多种途径；另一方面促进职业教育学生国际化，学生获得的职业教育资格能够得到国际劳动力市场的认可。

（二）文莱国家职业资格框架的层次

文莱国家职业资格框架将职业教育资格划分为三个层次，分别是技术工人、技术员以及技术工程师。

1. 技术工人证书（技能资格/认证 SCs）

文莱技术工人证书基于 NVC/NTC 3 以及 NTC 2 两项国家职业资格，该证书由两个层级组成，分别对应中级国家职业技术资格（一年的学习获得）和高级国家职业技术资格（一年的学习获得）。取得该证书需要通过专门的课程以及技能训练，培训内容以市场需求为依据，具有实用性，在职训练也是其考核的内容。

2. 技术员（文凭和高级文凭）

技术员文凭基于 PND/ND 以及 HND，该文凭由两个等级组成，分别是普通文凭（两年）和高级文凭（三年）。这两个等级的培训内容都基于工作实际的需要，学生为了获得技术要求文凭必须要有三个月的实习经历。

3. 技术工程师（学位）

文莱职业资格框架针对该学位设计了一套多元的专业技术规则体系。在技术学位（Sandwich）中注明"技术"以反映职业资格的实践性，将其与学术型学位区分开来。要想获得技术工程师学位，学员需要通过 4 年的学习或培训，其中包括 1 年的企业实习。

文莱国家三级职业资格框架如图 8-4 所示。

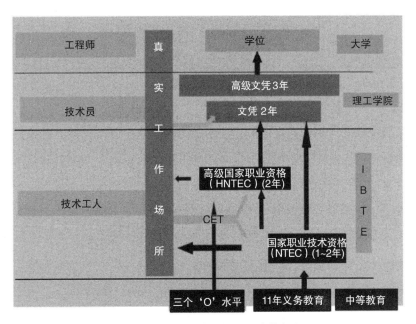

图 8-4 文莱国家三级职业资格框架

文莱国家职业资格框架共分为四个等级，各级资格基本要求都有差异和侧重点（表8-3）。①

表8-3　文莱国家职业资格与学历证书的对应关系

层级	基本要求
2级技能证书　NTEC	BC GCE "O"等级成绩达到E；或取得两个国际中等教育普通证书E级水平；或对应资格
3级技能证书　HNTEC	四个BC GCE "O"等级证书：两个C、两个E；或四个国际普通中等教育普通证书：两个C、两个E；文莱职业技术教育委员会在相应领域的2级证书；或相应资格
文凭（DIP）	四个BC GCE "O"等级成绩：全部为C；或四个C级国际普通中等教育普通证书；或取得文莱职业技术教育委员会要求的相应领域的三级证书：最低要求为GPA 2.0；或相对应的资格
高级文凭（AD）	BC GCE "A"等级证书：E水平+三个中高考"O"等级证书：C水平；或一个BC GCE "A"等级证书：E水平+3个C级国际普通中等教育普通证书；或取得文莱职业技术教育委员会要求的相应领域的文凭；或相应资格

（三）文莱国家职业资格框架与学位证书的对应关系

文莱国家职业资格体系参照和借鉴了英国国家职业资格框架，其中第一级是国家职业资格，即2级和3级技能证书相当于普通教育中大学预科和高等教育证书水平；第二级是国家职业资格，即文凭和高级文凭，相当于普通高等教育中副学士以及学士的水平；第三级是国家职业资格，即学位，相当于普通高等教育中硕士的水平。没有国家职业资格相当于普通高等教育中博士的水平。文莱国家职业教育资格体系与学历证书的对应关系见表8-4。

---

① Minstry of education. The National Education System for the 21st Century［EB/OL］. Brune：http：//www. moe. gov. bn/education－system/spn21.（2017－01－01）.［2022－06－15］.

表8-4 文莱国家职业教育资格体系与学历证书的对应关系

职业教育三级资格		学历证书
第一级	2级技能证书 NTEC	大学预科 A-level
	3级技能证书 HNTEC	高等教育证书
第二级	文凭（DIP）	副学士学位
	高级文凭（AD）	学士学位
第三级	学位（Degree）	硕士学位

第四节 文莱职业技术教育与培训和中国的国际合作的探索与实践

中文建交31年来，两国关系健康快速发展，政治互信日益深化，各领域合作持续深入，在地区和国际事务中保持密切沟通配合，树立了大小国家平等相待、互利共赢的典范。

一、中国官方机构和文莱职业技术教育的国际交流与合作

中国政府非常重视与文莱发展包括职业教育在内的全方位的交流与合作。2014年2月14日，时任中国驻文莱大使郑祥林应邀出席东南亚教育部长组织地区职业技术教育培训中心"提升教育机构的形象"培训项目闭幕式并致辞，应邀到文莱访问的中国教育国际交流协会和贵州省教育厅代表团参加了结业仪式。"提升教育机构的形象"培训项目为期10天，来自文莱等东盟国家的24名学员参加，包括理论教育和现场观摩，旨在促进有关国家职业技术教育机构的形象建设。"提升教育机构的形象"培训项目内容丰富、形式新颖，参与方亦努力推动行动计划在本国教育机构中的落实，以切实提高职业技术教育机构的形象和职业教育毕业生的社会认知度。结业仪式结束后，文莱地区职业技术教育培训中心同中国教育国际交流协会和贵州省教育厅代表团分别签署了教育合作备忘录，计划在中文、中国—东盟的职业技术教育合作等方面取得更大成绩。

中国新疆维吾尔自治区是第一、第二、第三产业工程机械化程度非常高的重要省区，全球主要工程机械产品（如卡特彼勒、三一重工、利勃海尔、柳工等）在新疆都设立了分部，在校企合作、产教融合培育和使用大型工程机械技术人才方面也具有丰富的经验。

二、中国高校和文莱职业技术教育的国际交流与合作

中国高校非常重视同文莱的青少年的交流工作，以加强国际理解、培养国际化理解人才。2014年，云南师范大学承办了"孔子学院总部/国家汉办2014汉语桥文莱中学生夏令营"活动，此次夏令营自7月18日开始、7月30日顺利结业，共历时14天。参加此次夏令营活动的14名营员为文莱中华中学高一年级学生及领队教师，且均为华裔，汉语水平较高，他们大多是第一次来到中国，来到云南师范大学参观学习，云南华文学院、汉语国际教育学院、职业技术教育学院等根据文莱中学生的语言水平、学习背景、学习条件等安排了内容丰富的语言课程和中华才艺课程，为营员们在语言和才艺方面的学习提供了良好的指导。在与昆明当地中学生的学习交流会上，中外学生积极热情地展示才艺，交流学习心得，了解中国和文莱不同的文化和风俗习惯，融洽互动加深了文莱学生与中国学生的感情。在昆明风景区，丰富多彩的文化体验活动让营员们深刻地感受到云南省独有的地质地貌特征、云南省少数民族文化的多样性及昆明市当地民俗文化的魅力，加深了他们对中国、对云南当地文化的了解、认识和热爱。

中国高校还注重与企业合作，同文莱技术教育学院等开展校企合作、产教融合交流。2017年12月1日，中国与文莱最大合资企业——恒逸实业（文莱）有限公司来兰州石化职业技术学院考察交流，举行兰州石化职业技术学院与恒逸实业（文莱）有限公司合作洽谈会，落实学校为公司多输送人才并与文莱职业教育达成新的合作等工作，为进一步落实校企合作、产教融合培养职业教育人才等相关事宜，双方还举办了专题交流研讨会，双方围绕专业设置、人才培养方案建设、为企业培养更多的专项人才、校企双方共同搭建良好的合作平台、深化产教融合等事宜进行了深入交流。双方一致认为校企合作、产教融合培养职业技术人才，一是确保不间断为企业输送优秀毕业生；二是在文莱本土化进程中，争取与

企业、学校、政府充分合作，学校积极发挥自身作用，将一系列的合作落到实处；三是加强国际化交流，积极吸引文莱学生到兰州石化职业技术学院交流学习，文莱企业、学校、政府能给予大力支持。统计显示，兰州石化职业技术学院2018届毕业生已有120名学生进入恒逸实业（文莱）有限公司工作。2020年8月19日，18名文莱技术教育学院学生接受中国与文莱最大合资企业恒逸实业有限公司的奖学金资助，前往中国兰州石化职业技术学院进行为期一年的培训。该联合培训项目是迄今为止文莱外资企业拥有的唯一一个职业技术教育海外培训项目。

"兰州石化职业技术大学文莱分院境外办学项目"是由文莱教育部、能源部和恒逸实业（文莱）有限公司、兰州石化职业技术大学校企政三方合作，通过国际化产教融合模式培养文莱当地石化专业人才的国际化办学项目。近年来，恒逸实业（文莱）有限公司联合兰州石化职业技术大学、浙江大学与文莱技术教育学院（IBTE）、文莱理工学院（PB）培养了一批文莱石化工程师、炼厂操作工、实验室技术人员和石化炼化工程机械操作人才。自项目启动以来，已有近150名学生接受资助，68名工程师走上恒逸公司工作岗位，受到文莱政府、企业和社会各界的充分肯定。2022年3月22日，兰州石化职业技术大学首次架起云端国际"网课"通道，扎实推进"文莱分院境外办学项目"，采用线上授课的方式，开展国际化职业教育人才培养的各项教学工作。学校组织召开了线上授课研讨会，对文莱学生及PB学院教师进行了线上授课软件使用的系统培训，与文莱PB学院研讨明确了线上英文授课任务及线上授课期间学生的管理工作。授课教师进行了线上预授课，帮助双方更好地适应国际化的线上授课模式，确保线上授课教学任务的顺利开展。各专业教师按照授课计划正常开展了文莱工业分析与检验技术专业开设的石油化工生产技术、油品分析和化工单元操作3门课程的线上教学。即使在春节期间，各专业教师依旧严格按照教学计划开展线上英文授课，通过网络平台积极与学生沟通，及时解答学生疑问，获得了文莱合作方的好评与肯定。为保障教师线上教学的效果和质量，兰州石化职业技术大学和文莱PB学院派专人同步进入在线课堂，协助完成在线教学工作。根据双方合作协议，文莱PB学院与兰州石化职业技术大学合作的石油化工技术和水处理技术专业均已完成招生，兰州石化职业技术大学认真部署，相关教学准备工作正在稳步开展，2022年下半年，各专业教师将进入文莱分院开展专业课程授课和带队到合作企业实习实训指导。

第五节　文莱职业技术教育与培训的发展趋势

进入21世纪以来，文莱教育部通过《文莱2012—2017年教育战略规划》，对职业技术教育做了较大幅度的改革和调整，但在转型过程中，仍面临着很多问题。在新冠疫情、局部战争、逆全球化等国际形势冲击下，随着文莱经济的下滑，职业技术教育毕业生的就业率也受到了一定程度的影响。文莱本国学生对职业技术教育仍存在一定的偏见，很多生产性岗位均雇佣外国工人。对于文莱的职业技术教育，目前亟待解决的问题是提升职业技术教育质量，保证学生的对口就业率和提高雇主的满意率。

此外，文莱职业技术学校的基础设施建设仍需要进一步改善，目前一些学校的硬件条件与工作现场和企业需求还有较大差距，随着职业技术教育学生数量的增加和不断提高的质量要求，职业技术学校的基础设施的投资需要与学生数量的增加保持同步。[①] 另外，职业技术教育教师的素质有待提高。文莱职业技术学校的教师大多毕业于普通高校，他们有丰富的理论知识，但是缺少实践经验，特别是缺乏在行业、产业和企业工作的实战经验。为了提高职业技术院校的教学效果，需要制订职业技术教育教师培养计划以及对在职人员进行再培训，帮助教师提升职业技术能力，增强企业实践经验以满足职业教育的要求，即努力成为"双师型"教师。

随着时代的发展，终身学习能力已经成为21世纪劳动者最重要的能力之一，如何能够培养学生终身学习能力是职业技术教育的重要目标。目前文莱的职业技

---

① Paryono. The Importance of TVET and its Contribution to Sustainable Development [A]. in GREEN CONSTRUCTION AND ENGINEERING EDUCATION FOR SUSTAINABLE FUTURE：Proceedings of the Green Construction and Engineering Education (GCEE) Conference 2017 [C]. Civil Engineering Department – Faculty of Engineering, Universitas Negeri Malang (UM)，Indonesia, 2017：1 – 10.

术教育通过实施"SPN 21"计划,为职业教育学生提供更多的职业技术教育和培训的选择,包括参加职业技术教育培训和行业、产业、企业实习实训,以此增加职业教育学生的就业竞争力,促进职业教育学生就业或创业。

为适应经济全球化的挑战,如前所述,文莱基于本国国情于 2008 年提出了"文莱愿景 2035",在该愿景中设了长期目标,即到 2035 年,文莱将成为具有良好教育、生活质量以及可以持续发展经济的国家。为此,文莱教育部提出对职业技术教育进行课程改革,职业技术学校提供的课程要能够满足行业、产业、企业和市场的要求,职业技术学校要与行业、产业、企业等密切合作以保证课程的相关性。未来将在国家相关部门建立具有多个指标的评估框架以保持职业技术课程的适切性。[①]

文莱教育部为了提高职业技术学校教师的职业能力,制订了职业技术学校初级教师培养计划,并对在职人员进行再培训和轮训,提升职业技术教师的企业、行业和产业实践经验。在职业技术学校教学过程中,强调职业教育学生终身学习能力的培养。帮助学习者通过各种媒体获取信息,让职业教育学生在生活中学会不断学习、在实训中学会不断成长。另外,文莱教育部还强调要增强职业技术教育的过程研究,建立职业技术教育的理论研究体系和实践训练体系,在提升职业技术教育领域的科研能力的同时提升其实践能力。

---

① 白滨,刘玉婷,李俊. 文莱职业技术教育的现状、特点与发展趋势 [J]. 职教论坛,2018 (4):157-165.

第九章 越南

第一节 越南概况

越南社会主义共和国（The Socialist Republic of VietNam），简称越南，国土面积为329 556平方公里。首都河内（Ha Noi），面积为3 340平方公里，2019年人口为805万，夏季平均气温28.9摄氏度，冬季平均气温18.9摄氏度。越南位于中南半岛东部，北与中国接壤，西与老挝、柬埔寨交界，东和南面临南海。海岸线长约3 260公里。越南地处北回归线以南，属热带季风气候，常年高温多雨。年平均气温约为24摄氏度，年平均降雨量为1 500~2 000毫米。北方分春、夏、秋、冬四季；南方雨旱两季分明，大部分地区5—10月为雨季，11月至次年4月为旱季。

一、越南的人口、民族和语言

据越南政府2021年的统计资料显示，越南总人口为9 826万，有54个民族，京族占总人口的86%，岱依族、傣族、芒族、华人、侬族人口均超过50万。越南的主要语言为越南语（官方语言、通用语言、主要民族语言）。

二、越南的经济发展

越南是社会主义国家，也是东南亚的发展中国家。1986年，越南开始实行革新开放。1996 年越共八大提出要大力推进国家工业化、现代化。2001 年越南共产党九大确定了建立社会主义定向的市场经济体制,并确定了三大经济发展重点,即以工业化和现代化为中心,发展多种经济成分、发挥国有经济主导地位,建立市场经济的配套管理体制。2006 年越南共产党十大提出发挥全民族力量,全面推进革新事业,使越南早日摆脱欠发达状况。2016 年越南共产党十二大通过了《2016—2020 年经济社会发展战略》,提出 2016—2020 年经济年均增速达到 6.5%~7%,至 2020 年,人均国内生产总值增至 3 500 美元。越南共产党第十三次全国代表大会(以下简称"越共十三大")1 月 25 日至 2 月 2 日召开,会议通过了越共十三大决议,描绘了未来 5 年越南发展新愿景,提出了越南经济社会发展计划和未来阶段的发展目标,力图再创"越南奇迹"。

自 1986 年革新开放以来,越南经济保持较快增长,经济总量不断扩大,三产结构趋向协调,对外开放水平不断提高,基本形成了以国有经济为主导、多种经济成分共同发展的格局。截至 2020 年,越南主要经济数据如下:国内生产总值为 3 430 亿美元,人均国内生产总值为 3 521 美元,国内生产总值增长率为 2.91%,货币名称为越南盾,消费品价格上涨指数为 3.23%。2022 年 5 月的汇率为 1 越南盾≈0.000 043 55 美元。

(一)资源

越南矿产资源丰富,种类多样,主要有煤、铁、钛、锰、铬、铝、锡、磷等,其中煤、铁、铝储量较大。越南有 6 845 种海洋生物,其中鱼类 2 000 种,蟹 300 种,贝类 300 种,虾类 75 种。越南森林面积约 1 000 万公顷。

(二)工业

2020 年,越南工业生产指数增长 3.36%,主要工业产品有煤炭、原油、天然气、液化气、水产品等。1994 年,卡特彼勒在越南指定了第一家分销商,此后,世界主要国家的工程机械企业开始陆续进入越南市场,销售工程机械产品,拓展工程机械市场,提供工程机械产品的售后服务等。

(三)农业

越南是传统农业国,农业人口约占总人口的 75%。耕地及林地占总面积的 60%。粮食作物主要有稻米、玉米、马铃薯、番薯和木薯等,经济作物主要有咖啡、橡胶、胡椒、茶叶、花生、甘蔗等。2020年越南农林渔业总产值占国内生产总值的比重为14.85%,其中农、林、渔业增长率分别为2.55%、2.82%、3.08%。

（四）服务业

近年越南服务业保持较快增长,2020年服务业占GDP比重为41.63%,增长率达2.34%。

（五）旅游业

越南旅游资源丰富,下龙湾等多处风景名胜被联合国教科文组织列为世界自然和文化遗产。近年来越南旅游业增长迅速,经济效益显著。2020年接待国外游客约383.7万人次,比2019年减少78.7%。主要客源国（地区）为中国、韩国、日本、美国、俄罗斯、马来西亚、泰国、澳大利亚、英国等。主要旅游景点有河内市的还剑湖、胡志明陵墓、文庙、巴亭广场,胡志明市的统一宫、芽龙港口、莲潭公园、古芝地道和广宁省的下龙湾等。

（六）交通运输

近年来,越南交通运输业经过重组,提高了服务质量,取得了较好的经济效益。2020年,越南运输业发展受阻,客运量约35.6亿人次,同期相比下降29.6%,货运量约17.7亿吨,同比下降5.2%。

（七）财政金融

2020年越南财政收支基本完成计划。2020年财政总收入1 307.4万亿越南盾,财政总支出1 432.5万亿越南盾。

（八）对外贸易

越南和世界上150多个国家和地区有贸易关系。近年来越南对外贸易保持高速增长,对拉动经济发展起到了重要作用。2020年的进出口总额为5 453.5亿美元,同比增长5.4%,其中出口额约2 826.5亿美元,同比增长7%,进口额达2 627亿美元,同比增长3.7%。

越南主要贸易对象为中国、美国、欧盟、东盟、日本、韩国,主要出口商品有原油、服装纺织品、水产品、鞋类、大米、木材、电子产品、咖啡,主要出口市场为欧盟、美国、东盟、日本、中国,主要进口商品有汽车、机械设备及零件、成品油、钢材、纺织原料、电子产品和零件,主要进口市场为中国、东盟、韩国、日本、欧盟、美国。

(九) 外国资本

外资的进入在引进先进生产技术和管理经验,推动经济增长,解决就业等方面起到了重要作用。截至 2020 年 12 月 20 日,新批准外资项目 119 个,协议金额达 3 180 万美元。

(十) 外国援助

1993 年,国际社会恢复对越南援助,2010—2015 年越南获得的官方发展援助(Official Development Assistance,ODA)和优惠贷款总金额约达 306.16 亿美元。①

三、越南的教育体系

越南已形成包括幼儿教育、初等教育、中等教育、高等教育、师范教育、职业教育及成人教育在内的教育体系,包括学前教育、基础教育和大学教育三个阶段。普通教育学制为 12 年,分为三个阶段:第一阶段为小学 5 年、第二阶段为初中 4 年、第三阶段为高中 3 年。2000 年越南宣布已基本实现普及小学义务教育目标。2001 年开始普及九年义务教育。全国共有 376 所高校,著名的大学有河内国家大学、越南河内师范大学、越南河内百科大学、胡志明市国家大学、越南顺化大学、越南岘港大学等。2000 年,越南宣布完成扫盲,并普及小学义务教育;2001 年,开始普及 9 年义务教育。近年来,部分国家政府和国际组织向越南提供援助,支持其发展教育事业,特别是农村和少数民族地区教育。截至 2015 年,在越南 63 个省、直辖市中,有 37 个省、直辖市达到普及 5 岁幼儿园教育水平;63 个省、直辖市普及适龄小学教育。2015—2016 年,共有幼儿园教师 23.1 万名,普通教师 82.9 万名,其中包括 36.5 万名小学教师、31.3 万名中学教师和 15.1 万名高中教师;全国幼儿园共有 390 万名儿童,小学共有 770 万名学生,中

---

① 中华人民共和国外交部. 越南国家概况 [EB/OL]. https://www.fmprc.gov.cn/web/gjhdq_676201/gj_676203/yz_676205/1206_677292/1206x0_677294/. (2021 – 12 – 02). [2022 – 03 – 05].

学共有 510 万名学生，高中共有 240 万名学生。截至 2015 年年底，全国共有 1 467 所专业学校，包括 190 所大专学校、280 所中专学校、997 家专业培训中心和近 1 000 个专业机构，有专业教师 4.06 万名。

在职业技术教育与培训方面，越南建立了比较完整的系统（图 9-1）。完成小学教育的学生可以参加职业技术培训学校为期 1~3 年的职业技术教育；完成初中学业的学生可以修读 3~4 年的职业技术教育，而高中毕业生则可以参加 1~2 年（对某些技术专业则需要 3 年）的职业技术教育。中等职业教育毕业生可以继续学习高等教育，但是他们通常需要进入 3 年的初级（或专科）大学（Junior Colleges）。初级大学着重于实践技能的学习与训练，专业主要为医科、管理和金融类，学生毕业后可获得副学士学位证书（Associate Degree，AD）。获得副学士学位的毕业生还可以继续学习 1~2 年，以获得学士学位。普通大学通常需要 4 年，工程、兽医、药剂和建筑学通常为 5 年，牙医和医药学则需要 6 年。

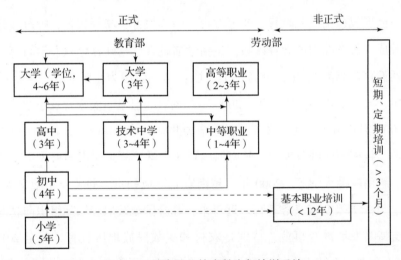

图 9-1　越南职业技术教育与培训系统

在地区和空间布局上，越南职业技术培训学校主要位于城镇，有些地区没有职业技能培训中心。所以，在越南边远地区和农村，很难通过提供职业技术或技能培训帮助人们提高在第一、第二、第三产业中的就业能力和收入水平。另外，自从 1998 年私立职业技能培训服务被政府批准以来，私立职业技术教育与培训有了较大的发展，目前在越南职业技术培训学校中占了较大比重。私立职业技术培训集中在低成本的领域,如信息技术通信、商业、语言等。越南政府依赖私立职业技术培训提供方吸收了大量的职业教育学生。根据《职教策略规划2020》,在越南接受私立职业技术培训服务的学生人数应从2015年的20%增长到2020年的40%。

四、越南的对外关系

越共十三大重申继续奉行独立、自主、和平、合作与发展、全方位、多样化外交路线,将维护国家和民族利益作为外交工作首要任务,强调党的统一领导和国家集中管理,提出以党际外交、国家外交和人民外交三大支柱构建全面现代的总体外交格局。

2021年,越南积极开展对外交往。同中国保持传统关系,同美国的关系发展迅速,同欧盟合作扩大,同日本、俄罗斯等本地区大国关系良好,同东盟成员国的合作加强,多边外交活跃。目前越南已与189个国家建交,并同20个国际组织及480多个非政府组织建立合作关系。

五、中国和越南的关系

(一)双边经贸关系和经济技术合作

1. 贸易

我国出口商品主要为机电产品、机械设备和面料、纺织纤维以及其他原辅料,从越南主要进口矿产资源和农产品等。2021年双边贸易额达到2 302亿美元,同比增长19.7%。其中,我国对越南出口1 379.3亿美元,同比增长21.2%;我国自越南进口922.7亿美元,同比增长17.6%。

2. 承包工程

截至2022年2月底,中国企业在越累计承包工程合同额716.8亿美元,完成营业额490.1亿美元,其中2022年1—2月新签合同额9.4亿美元,同比下降71.6%,完成营业额5亿美元,同比下降18.4%。

3. 投资

截至2021年12月底,中国对越直接投资存量159.3亿美元。

（二）其他领域交往与合作

中越关系正常化以来，两国在文化、科技、教育和军事等领域的交流与合作不断向广度和深度发展，党、政、军、群众团体和地方省市交往日趋活跃，合作领域不断扩大。双方还开展了社会主义理论研讨会和青少年交流活动。两国部门间签署了外交、公安、经贸、科技、文化、司法等各领域合作文件。两国空运、海运、铁路等均已开通。

第二节 越南职业技术教育与培训的战略和法规

一、越南职业技术教育与培训的战略

1993 年，在第七届越南共产党党员代表大会中央委员会第四次会议决议中，越南政府就提出了教育的主要目标是提高人民的基本知识、丰富人力资源和培养人才；在《教育发展策略 2001—2010、2011—2020》中，越南政府继续明确指出，一个高质量的人力资源队伍对于社会经济的高速、可持续发展十分重要，是提升工业化、现代化进程中的主要驱动力之一；在 2005 年的《教育法》中规定，教育的目标是"全面教育好人民，使他们拥有伦理、知识、健康、美学和专业，……塑造、培养国民素质、竞争力、社会能力，……教育发展是国家第一优先项，……须与社会经济发展需求联系在一起，与科技进步相联系，……须将教育与就业联系在一起"。[①] 2012 年，越南政府颁布了《职教发展策略规划 2011—2020》，设置了具体的目标、策略任务、方案以及实施、财政指导原则，内容涵盖职业教育管理、师资培训、资格证书框架、培训课程和教学内容、设施、质量保证、与企业（行业、产业等）和劳动力市场关联、国际合作等多个方面。规划提出要重视 5 个核心要素：提供合适的技术；开展更有效的技术教学；进一步改革职业教育体系的组织和管理体制机制；创造更均等化的职业技术培训机会；进一步促进基于企业的培训，扩大校企合作产教融合育人的比例，包括与工程机械企业、行

---

① 李建求."一带一路"沿线国家职业教育概览（上）[M]. 北京：商务印书馆，2018.

业、产业的合作和产教融合育人。

二、越南职业技术教育与培训的法规

《越南教育法》规定，职业技术教育与培训的法律保障方面的内容需着重于职业知识的学习、职业技能的培养、职业方法的掌握，以及按各职业要求提升技术熟练程度、提升教育教学质量；在教学方法上须综合实践技能的开发和理论教学，让学生可以按各专业的需求去实践和发展；职业教育课程上需反映职业技术教育与培训的目标，在知识、技能、过程、方法、广度、内容结构、情感、态度、价值观等方面设置标准；丰富培训方法和培训形式，为各科目、领域设立培训结果评估方法；确保可以与其他教育课程互通互认互换。在职业技术教育与培训管理上，基于职业高中教育课程审查委员会的认可，教育部与其他相关部门一起，设定职业教育高中课程的核心框架，包括课程结构、课程数目、课程时长、理论和实践的比例等，确保各科目和专业的育人目标得以实现，而职业技术学校可以依据核心框架确定各自的培训课程。在越南各省份，则由相应的负责职业技术培训的部门和其他有关部门一起为各培训层次定义了核心课程。

2006年，越南政府专门颁布了《职业培训法》，阐明政府的相关政策，包括：鼓励投资职业技术教育与培训网络和提升职业培训质量；通过更新职业教育课程、教学方法、人力资源开发、设备的现代化以及科研提升职业技术教育与培训的综合质量；建设几所世界级的职业技术教育与培训学校；依据用人单位需要设置专业；鼓励建立私立职业技术教育与培训学校；职业技术教育与培训机会平等，关注边远地区公民、特殊人群、农村人口等的职业技术教育与培训机会。

第三节 越南职业技术教育与培训的质量保障和发展趋势

一、越南职业技术教育与培训的质量保障

为了保障职业技术教育与培训的教学质量和人才培养质量，越南成立了相应的评估机构对职业教育学校和职业教育学生等进行监测评估，并负责起草相应的

政策文件。目前，已培训了 500 余名评估人员，对 50 余所职业技术院校进行了合格评估或审核评估。在国家资格证书方面，越南政府制定了比较严格的法律法规，由劳动部负责管理，确保实施的成效。职业教育总署须在教育培训机构的管理中，紧密联系国家技术标准，履行以下职责：制定、实施有关职业培训的策略、方案、方针政策以及管理框架；发布、实施职业培训的法律文件；设立培训的目标、内容、方法、课程；为培训者设立标准、层次、设施标准以及资格框架；管理培训的质量与实施；维护有关统计信息；组织师资、管理人员的培训；充分利用、管理有关资源，协调相关研究、技术活动和国际合作；监管有关法律事项，处理投诉、违法等事宜。

为了制定国家技术标准，越南劳动部已颁布了一系列原则，这些原则对于设立和实施一个国家标准的职业技术教育与培训系统十分关键，包括某个特定职业在各个层次的知识、技能、技术要求，以及标准的形式、内容，并规定了一个 5 级框架，每一级有最低的要求和核心条件，其中包括相关工作的范围、难度和复杂性；执行工作的灵活性和创造性；执行工作的协作性和责任。为了确保国家资格证书体系的顺利运行，必须明确各个企业、行业和产业参与人才培养的具体职责，包括工程机械企业、行业、产业等参与职业教育人才培养的权利和义务，即突出校企合作产教融合育人的重要性。为此，越南政府设立了国家技术标准开发委员会，将企业、行业协会、产业联盟等和相关政府部门联合在一起，探讨、分析各种工作、技术，制定技术标准和技能要求。目前，越南全国大约有 50 个标准开发委员会，有企业、行业、产业和商贸、交通、基建、农业、郊区发展及劳动等部门参与，比如工程机械产业中的柳工、卡特彼勒等工程机械企业就参与过职业技术教育与培训中的资格标准、人才培养等工作，并要求有关雇主、雇主联合会、劳工组织和技术专家学者参与职业技术教育与培训标准的制定。

二、越南职业技术教育与培训的发展趋势

20 世纪 80 年代以来，几乎与中国改革开放同步，越南开始实行政治、经济革新政策，其经济已取得快速的成长和发展，越南已从世界上最穷的国家之一转变为一个初级中等收入国家。自 1990 年以来，越南国民生产总值增长在全球属

于最快的国家之一，到 2000 年，年平均增长速度为 6.4%。尽管现在全球经济处于不稳定状态，越南经济却保持着小幅波动增长态势，这得力于其比较强劲的国内需求和以出口为导向的制造业，经济的增长促进了财富的积累、企业雇佣需求的变化以及持续的以技能为导向的技术变化，使大学毕业生在大部分领域都能找到就业机会，对产业发展做出了积极的贡献。除传统就业领域（如教育培训类、公共管理、服务等）之外，一些新兴发展领域的就业机会出现增长，如制造业、电力、煤气、水力等，其他如化工、电子、纺织、工程、机械、基建等企业、行业、产业等则需要更多掌握高端技术的人才。

20 世纪以来，越南职业技术教育与培训体系有了很大的进步，职业技术教育培训中心数量几乎增长了 10 倍，达到 1 000 余个，职业技术学校（包括职业技术中学、大学）的数量增长了好几倍，职业教育学生人数也翻了好几番。更重要的是，越南已经建成一个强有力的法律体系和政策框架，包括职业教育法律、职业教育策略规划，实施和开发了许多提升职业技术培训质量的政策措施，如技术标准、课程框架、学习评测、资格框架等；职业技术教育与培训的财政资助方面也拓宽了渠道，形成了多元筹融资渠道；非政府类职业技术培训机构成为一个国家职业教育系统的重要组成部分；中、高等层次的职业技术教育与培训设施已经遍布全国各地，并与包括三一重工、小松等工程机械企业在内的行业、企业和产业建立了实习实训基地；越南政府也采取了有力措施促进农业、边远地区的职业技术培训。越南过去二十年职业技术教育与培训系统尽管已经取得重大发展，但依然面对诸多问题和挑战，具体包括：快速的人口增长；边远地区失业率上升；经济社会领域不能提供足够的工作机会；经济结构的变化带来新的职业上的需求；国内、国际的劳动力迁移；融入地区、全球经济发展新格局等。

越南职业技术教育与培训系统依旧存在某些深层次的发展瓶颈，其中最突出的问题是企业、行业协会和产业联盟等对职业技术教育与培训的支持力度不够，以及职业教育学生获得的实践技能的有效性存在很大差异，即职业技术院校培养的毕业生与行业企业需要的工人之间存在较大差异，一边是职业教育毕业生"找不到合适工作"；另一边则是行业企业"招不到合适的毕业生"，问题主要在于缺少有实践技能特别是企业经历的"双师型"教师、对职业教育毕业生的实习实训质量的评价标准不高、对职业教育在校生培养成效的评测标准缺失或不完善等；职业技术教育与培训系统也缺少有效的管理和组织。越南《国家职教发展策略 2020》要求，职教体系要加强知识基础、协调管理、提升效能，政府将通过财政措施鼓励企业参与培训。根据《国家职教发展策略 2020》，越南已在九个方面采取行动，全面提升职业技术教育与培训系统的运行成效，其中包括职业技术培训管理上的创新；职教教师和管理人员的培训；优化国家职业资格证书框架；与行业企业等联合开发培训课程、教学资料；增加技术培训设施、实习实训设备；促进质量监测与保障体系建设；增强职业技术培训与就业市场、行业企业间的联系；提升职业培训的社会影响力；促进国际交流与合作，特别是与国际企业的合作办学与产教融合育人。[①] 越南《2011—2020 社会经济 10 年发展规划》明确指出，越南要把"促进技术发展，为现代工业和创新服务"作为三个突破方向之一，与"提高市场分析研究和基础设施开发"两个突破方向配合，从而把职业技术教育与培训摆在前所未有的发展高度。同时，越南也加大了对职业技术教育与培训的改革力度。

第四节　中国和越南职业技术教育与培训国际合作的实践探索

中国和越南是山水相连的友好邻邦。进入 21 世纪以来，中越关系保持良好的发展势头，成为全面战略合作伙伴。中国和越南的职业技术教育与培训合作不多，根据中国教育国际交流协会"双百旗舰计划"统计，2018—2022 年，中国职业院校与越南院校的合作项目中只有 3 个项目获得中国—东盟高职院校特色合作项目。

广西壮族自治区与越南接壤，广西壮族自治区的许多企业在越南的业务近年来也不断增长，如柳工、东风柳汽、玉柴等。其中，东风柳汽在越南拥有较完整的经销网络，建立了 5 个 4S 店，商用车销售市场占有率位居前列。因此，广西壮族自治区的职业院校在为数不多的中越职业教育合作中的表现较为突出。

---

① 李建求. "一带一路"沿线国家职业教育概览（上）[M]. 北京：商务印书馆，2018.

一、广西体育专科学校与越南院校合作探索

广西体育专科学校 2010 年与越南河内体育师范大学开展合作，多年来，两校在人才培养、师资培训、学生交流等方面开展了诸多实质性合作，两校领导多次成功互访。目前，两校就科研成果转换、中越运动医学中心建设等合作内容正在进行深入的探讨。2022 年 6 月，广西体育专科学校联合越南河内体育师范大学、泰国国家体育大学清迈校区举办了"2022 年中越泰大学生线上运动会暨体育文化展示"活动。本次活动由体育文化展示、大学生体育竞赛两部分组成。活动期间，中越泰三校选手们进行了舞狮、剑术、泰拳等展演项目。在竞赛环节，三校本着"增进交流、友谊第一"的原则，组织开展了跳远、立定跳远、定点投篮三个项目的比拼。线上运动会是国际竞技比赛的一种创新，也是各国高校间进行交流合作的重要平台。

二、柳州职业技术学院探索与越南合作实施中国现代学徒制人才培养

东风柳汽在柳州拥有研发、生产、销售和管理的全价值链产业基地，公司商用车涵盖牵引车、载货车、自卸车、专用车、纯电动物流车、纯电动环卫车等系列产品，乘用车涵盖 MPV、SUV、轿车、纯电动 MPV 和纯电动轿车等系列产品。东风柳汽在海外拥有近 200 个营销服务网点，产品远销东南亚等近 40 个国家和地区，2021 年 11 月柳汽商用车出口越南突破 5 000 辆，连续多年保持出口销量领先。2022 年 7 月 5 日，东风柳汽—柳职院产教融合基地开业仪式在柳州职业技术学院官塘校区举行，未来两年，柳州职业技术学院将以此平台为基础，为东风柳汽定制化培养汽车销售人才，同时为东风柳汽全球经销商提供 70 场直播培训。东风柳汽和柳州职业技术学院开展产教融合校企合作，将借助东风柳汽的全球销售网络特别是东盟销售服务网络，为东风柳汽发展提供全产业链高素质技术人员和技能人才，在助力东风柳汽发展壮大的同时，也助力柳州市汽车产业升级转型和国际化，逐步将东风柳汽—柳职院产教融合基地模式拓展到东南亚。

在柳州职业技术学院与东风柳汽共建产教融合基地前，柳州职业技术学院就已经开始了为企业在海外培养人才的探索。2021 年 12 月，柳州职业技术学院与

越南富寿农林理工学院签约，通过 2+1 模式开展联合办学合作。在柳州职业技术学院 1 年的学习期间，学校将安排学生到柳州国际型企业实习，探索工学交替的中国现代学徒制人才培养。学生毕业后，学校还可推荐他们到柳工、东风柳汽等公司在越南的经销商体系工作。合作项目内首批学生招募已经启动，2023 年，越南学生将正式到柳州职业技术学院开展中国现代学徒制人才培养。

第十章 老挝

第一节 老挝概况

老挝人民民主共和国（The Lao People's Democratic Republic），简称老挝，国土面积23.68万平方公里。首都万象（Vientiane），2020年人口94.85万。老挝年平均最高气温31.7摄氏度，平均最低气温22.6摄氏度。老挝是位于中南半岛北部的内陆国家，北邻中国，南接柬埔寨，东临越南，西北达缅甸，西南毗连泰国。湄公河在老挝境内干流长度为777.4公里，流经首都万象，作为老挝与缅甸界河段长234公里，老挝与泰国界河段长976.3公里。老挝属热带、亚热带季风气候，每年5—10月为雨季，11月至次年4月为旱季，年平均气温约26摄氏度。老挝全境雨量充沛，年降水量最少为1 250毫米，最大达3 750毫米，一般年份降水量约为2 000毫米。

老挝实行低工资制，职工退休后可领取基本工资的80%，其医疗卫生事业逐年发展，国家职工和普通居民均享受免费医疗。老挝人均预期寿命约66岁。截至2020年年底，全国有中央医院5所，省级医院17所，县级医院135所，制药工厂8所，公共卫生研究院11所；拥有病床数1.2万余张，医生约2万人，国家健康保险基金已覆盖全国。

一、老挝的人口、民族和语言

2020年，老挝政府统计其总人口为727万，其中华侨华人约7万多人。老挝有50个民族，分属老泰语族系、孟—高棉语族系、苗—瑶语族系、汉—藏语族系，统称为老挝民族。老挝居民多信奉佛教，官方语言为老挝语。

二、老挝的经济发展

老挝经济以农业为主，工业基础薄弱。1986年起推行革新开放，调整国民经济结构，即农林业、工业和服务业相结合，优先发展农林业；取消高度集中的经济管理体制，转入经营核算制，实行多种所有制形式并存的经济政策，逐步完善市场经济机制，努力把自然和半自然经济转为商品经济；对外实行开放，颁布外资法，改善投资环境；扩大对外经济关系，争取引进更多的资金、先进技术和管理方式。1991年至1996年，老挝国民经济年均增长7%。1997年后，老挝经济受亚洲金融危机严重冲击。老挝政府采取加强宏观调控、整顿金融秩序、扩大农业生产等措施，基本保持了社会安定和经济稳定。2019年国内生产总值约190亿美元，人均2 765美元。受疫情影响，2020年老挝国内生产总值增速下滑，约为197亿美元，同比增长3.28%，人均2 642美元。老挝货币名称是基普，2022年5月汇率为1老挝基普≈0.000 080 71美元。

（一）资源

老挝有锡、铅、钾盐、铜、铁、金、石膏、煤、稀土等矿藏，迄今为止得到开采的有金、铜、煤、钾盐、煤等。老挝水利资源丰富。2019年老挝森林面积约1 940万公顷，全国森林覆盖率约80%，出产柚木、花梨等名贵木材。

（二）工业

老挝2020年工业增长率为6.8%。主要工业企业有发电、锯木、采矿、炼铁、水泥、服装、食品、啤酒、制药等及小型修理厂和编织、竹木加工等作坊。

（三）农业

老挝2020年农业增长率为2.3%。农作物主要有水稻、玉米、薯类、咖啡、烟叶、花生、棉花等。全国可耕地面积约 800 万公顷，农业用地约 470 万公顷。

（四）服务业

老挝服务业基础薄弱，起步较晚。执行革新开放政策以来，老挝服务业取得很大发展。2020 年服务业增长率为 1.6%。

（五）旅游业

老挝琅勃拉邦、巴色县瓦普寺、川圹石缸平原已被列入世界文化遗产名录，著名景点还有万象塔銮、玉佛寺、占巴塞的孔帕平瀑布，琅勃拉邦的光西瀑布等。革新开放以来，旅游业成为老挝经济发展的新兴产业。近年来，老挝与超过 500 家国外旅游公司签署合作协议，开放 15 个国际旅游口岸，同时采取加大旅游基础设施投入、减少签证费、放宽边境旅游手续等措施，旅游业持续发展。2013 年 5 月，老挝被欧盟理事会评为"全球最佳旅游目的地"。2017 年，老挝共接待游客 423.9 万人次，2018 年接待 410 万余人，前三大游客来源国为泰国、越南和中国。2019 年为中老旅游年，全年中国赴老游客 100 万人次，同比增长 25%。受新冠肺炎疫情影响，2020 年共接待游客约为 98 万人次，同比约减少 80%。

（六）交通运输

老挝是东南亚唯一的内陆国，主要靠公路、水运和航空运输，国内仅有首都万象至老泰边境 3 公里铁路。中老铁路于 2015 年 12 月奠基，2016 年 12 月全线开工，截至 2021 年 5 月，中老铁路隧道全线贯通，2021 年年底建成通车。老挝段湄公河可以分段通航载重 20~200 吨船只。老挝公路总里程约 4.7 万公里，承载 80% 客货运量。2020 年 12 月，中老合作建设的万象—万荣高速公路正式建成通车，全长 111 公里，标志着老挝结束没有高速公路的历史。

截至 2021 年老挝国际航班主要有：万象市往返昆明、广州、重庆、南宁、海口、长沙、曼谷、清迈（泰）、金边、暹粒（柬）、河内、吉隆坡、新加坡、首尔；琅勃拉邦往返海口、成都、曼谷、清迈、乌隆（泰）、暹粒、河内、景洪、胡志明市；巴色往返曼谷、暹粒；沙湾拿吉往返曼谷。万象瓦岱、琅勃拉邦、沙湾那吉和巴色等机场为国际机场。

(七)对外贸易

老挝与50多个国家和地区有贸易关系,与约20个国家签署了贸易协定,中国、日本、韩国、俄罗斯、澳大利亚、新西兰、欧盟、瑞士、加拿大等30多个国家(地区)向老挝提供优惠关税待遇。主要外贸对象为泰国、越南、中国、日本、欧盟、美国、加拿大和其他东盟国家。2012年10月,老挝正式加入世界贸易组织。2019年老挝进出口贸易额为116亿美元,其中出口58.6亿美元,前三大出口目的地国分别为泰国、中国和越南,进口57.4亿美元,前三大进口来源国分别为泰国、中国和越南。2020年老挝进出口贸易额为93.84亿美元,同比减少19%,其中出口43.09亿美元,进口50.75亿美元。

(八)外国资本

1994年4月21日,老挝国会颁布新修订的外资法,规定政府不干涉外资企业事务,允许外资企业汇出所获利润;外商可在老挝建独资、合资企业,享五年免税优惠。2004年,老挝继续补充和完善外商投资法,放宽矿产业投资政策。由于暂停审批新的矿业、橡胶及桉树种植特许经营项目政策等原因,2015—2016财年,老挝吸引外资12.7亿美元。2001—2018年,老挝吸引外资总额累计为346.41亿美元。2018年,老挝吸引外商直接投资41亿美元,外资企业数量达474家,其中12个经济特区吸引投资额约为16亿美元。占投资比例最大的为水电等基础设施投资、矿产业和农业。

(九)外国援助

主要援助老挝的国家和组织包括日本、瑞典、澳大利亚、法国、中国、美国、德国、挪威、泰国及亚洲开发银行、联合国开发计划署、国际货币基金组织、世界银行等。外国援助主要用于公路、桥梁、码头、水电站、通信、水利设施等基础建设项目。

三、老挝的教育体系

老挝经济相对其他东盟国家而言比较落后,教育事业发展比较缓慢,且存在教育投入不足、优秀师资不足、①职业技术教育入学率低、教育不公平、人才培养质量不高、毕业生就业待遇不高等问题。自1988年推行革新路线以来，老挝社会稳定，经济发展较快。进入21世纪以来，老挝在教育领域进行了多项改革。2004年12月，老挝政府内阁会议通过了《全民教育法案》，明确规定了基础教育的范畴，包括学前幼儿教育与发展、小学教育、初中教育、青少年与成人扫盲、残疾人技艺培训等；2006年3月，老挝政府颁发了具有指导性意义的《国家教育体制改革法案》，该法案主要包括重新制定国家教育体制革新战略、改革教育结构和体制等六方面内容。老挝学制分为小学五年、初中三年、高中四年。老挝现有5所大学，学生4.5万人，教师3 905人。位于首都万象的老挝国立大学前身为东都师范学院，1995年6月与其他10所高校合并设立国立大学，有8个学院。老挝南部占巴塞省、北部琅勃拉邦省的国立大学分校相继独立，被正式命名为"占巴塞大学"和"苏发努冯大学"。另有直属卫生部的医学院。各类专业学院159所（主要为私立学院），学生7.7万人，教师6 265人。

老挝教育系统主要由学前教育、小学教育、中学教育和高等教育组成（图10-1）。根据现行学制，老挝小学为5年（义务教育）、中学为7年（初中4年和高中3年）。高中学业毕业可以获得职业技术教育证书或技能培训证书（为期半年到三年，分为1~4级）。高等教育包括普通高等教育、职业高等教育和技师高等教育，中等教育包括普通高中和职业高中教育，学生完成高中阶段学业，通过毕业考试可以获得中学文凭或通过高考进入大学学习；职业学校为初中毕业生提供为期6个月到3年的课程或培训，学生修完3年学业可获职业技术教育证书或技能培训证书（为期6个月到3年，分为1~4级）。高等教育包括普通大学和职业教育，其中普通大学包括专科、本科以及研究生教育，学制2到10年；职业技术教育包括文凭和证书教育，文凭教育有大专和本科学士学位两个层次，可通过全日制和继续教育或培训完成学业，成为对经济社会发展有用的人才。

---

① 林远辉. 当代老挝教师教育的发展状况[J]. 世界教育信息，2008（8）：41-43.

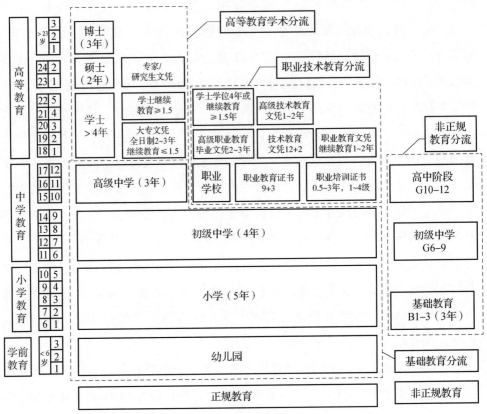

图 10-1 老挝教育系统

经过加大投入并推动多项革新,老挝在教育方面取得了一系列成效。2011年,教育经费预算占国家总预算的17%、国内生产总值的3.2%,但老挝教育经费很大程度上依赖于外来资助,各阶段的外来资助总额高达29 000亿基普。根据2017年8月24日老挝《巴特寮报》报道,老挝政府投入18 680亿基普加快推进农村边远地区道路、电力、水利、卫生和教育等基础设施建设,促进农村发展与减贫,实现计划于2020年摆脱最不发达国家行列的发展目标。经过五年来的努力,老挝各方面仍处于最不发达国家行列,老挝教育发展水平仍落后于东盟各国的平均发展水平。

老挝政府积极与中国合作,推进教育发展,共建老挝孔子学院。

(一)老挝国立大学孔子学院与泰国玛哈沙拉坎大学孔子学院

2020年10月30日,老挝国立大学孔子学院举办"孔子学院日"活动,庆祝老挝国立大学孔子学院成立10周年。老挝国立大学孔子学院成立10多年以来，从无到有、从小到大，不断发展壮大，为老挝汉语人才培养和中老文化交流做出了积极贡献。孔子学院在发展的同时，还利用自身优势，帮助当地学校和机构开设汉语课程。多年来，孔子学院中老双方几任院长传递接力棒，发展了多个汉语教学点。孔子学院每年向教学点指派汉语教师、赠送教材、培训本土汉语教师及开展文化交流活动，获得了丰硕成果。2019年2月，经孔子学院总部和老挝教育部门批准，将其中4个教学点发展为第一批下设孔子课堂。目前，孔子课堂正在加紧修缮专用教室、办公室以及教师宿舍，添置教学设备，准备迎接新学期。

泰国玛哈沙拉坎大学孔子学院与老挝国立大学孔子学院联合举行了2021年本土汉语教授在线培训，来自两国的本土汉语教师及中文专业、中文教育专业学生共300多人参加了培训。这两所孔子学院都是与广西民族大学合作共建的。2021年，两所孔子学院创新教学方式，将教学活动从线下搬到了线上。据广西民族大学相关人员介绍，仅老挝国立大学孔子学院一所学校今年就培训了各类学员超过6 000人。2021年7月30日，该孔子学院获准独立开设中文师范本科专业，成为全球第一家独立开设汉语师范本科专业、独立招生培养管理并颁发本科学历学位证书的孔子学院。

（二）苏发努冯大学孔子学院

2018年7月14日，苏发努冯大学孔子学院第一届理事会第一次会议在老挝琅勃拉邦省苏发努冯大学召开。会议听取并审议通过了《苏发努冯大学孔子学院理事会章程》《苏发努冯大学孔子学院财务管理办法（暂行）》《苏发努冯大学孔子学院启动准备阶段预算使用情况报告》《苏发努冯大学孔子学院2018年下半年（9—12月）拟开展活动计划和项目报告》。本届理事会为苏发努冯大学孔子学院的发展指明了方向，确定了目标，制订了计划，为该校孔子学院的迅速发展奠定了良好基础。在昆明理工大学和苏发努冯大学的共同努力下，孔子学院快速成长发展壮大，为传播中老文化、沟通中老心灵、促进中老合作伙伴关系和世界文明多样性做出应有贡献。2022年1月24日，中国昆明理工大学与老挝苏发努冯大学在"云端"联合召开老挝苏发努冯大学孔子学院第三届第一次理事会。会议通过了理事会成员变更事项，听取并审议通过了《2021年老挝苏发努冯大学孔子学院工作汇报》《2021年项目运行经费决算》《2022年老挝苏发努冯大学孔子学院工作计划》及《2022年项目运行经费预算方案》。

四、中国和老挝的关系

（一）经贸关系

中老经贸关系发展顺利，近年来，中老双边经贸合作不断深化，目前我国是老挝第二大贸易伙伴和第一大出口国。2021年双边贸易额为43.5亿美元，其中我方出口16.7亿美元，同比增长11.9%，进口26.8亿美元，同比增长28.2%。2022年1至4月双边贸易额为18.3亿美元，同比增长19.4%，其中我方出口6.6亿美元，同比增长11.8%，进口11.7亿美元，同比增长24.3%。我方主要进口铜、木材、农产品等，主要出口汽车、摩托车、纺织品、钢材、电线电缆、通信设备、电器电子产品等。2015年12月2日，中老铁路开工奠基仪式在万象举行。2016年12月25日，中老铁路全线开工仪式在琅勃拉邦举行。该项目已于2021年12月3日竣工通车，习近平总书记同通伦总书记共同出席通车仪式。中国企业于20世纪90年代开始赴老投资办厂，目前是老挝最大投资国。投资领域涉及水电、矿产开发、服务贸易、建材、种植养殖、药品生产等。截至2022年2月，我方对老挝各类投资累计132.7亿美元，主要投资领域包括水电、矿产、农业、房地产、园区开发等。老方累计对华投资额为5 700万美元。中国在力所能及的范围内，采取无偿援助、无息贷款或优惠贷款等方式向老方提供援助，领域涉及物资、成套项目援助、人才培训及技术支持等。主要项目有：玛霍索综合医院、地面卫星电视接收站、南果河水电站及输变电工程、老挝国家文化宫、琅勃拉邦医院及扩建工程、乌多姆赛戒毒中心、老挝地震台、昆曼公路老挝境内1/3的路段、万象凯旋门公园、老挝国家电视台三台、老北农业示范园、国家会议中心、万象瓦岱国际机场改扩建等。

（二）其他领域交流与合作

中老两国在文化、教育、卫生等领域交流与合作发展迅速。1989年以来，中老双方先后签订了文化、新闻合作协定及教育、卫生和广播影视合作备忘录。

两国文艺团体、作家和新闻记者往来不断。双方于 1990 年开始互派留学生和进修生。老挝是我国对外提供奖学金人数最多的国家之一。两国青年团交往密切，2002 年以来我国先后选派了 10 余批，共 100 多位优秀青年志愿者赴老挝从事汉语教学、体育教学、医疗卫生、网络技术、农业技术、经济管理、社会发展等方面的志愿服务。老挝分别于 1992 年、1999 年在昆明、香港特别行政区设总领事馆。2009 年在南宁增设总领馆。2010 年在云南景洪增设领事办公室。2013 年 12 月，我驻琅勃拉邦总领馆开馆。2014 年 1 月，老挝驻上海总领馆开馆。7 月，老挝驻广州总领馆开馆。2017 年 12 月，老挝驻长沙总领馆开馆。

第二节 老挝职业技术教育与培训的战略与法规

一、老挝职业技术教育与培训的战略

革新开放以来，老挝经济有了快速增长，但主要属于资源消耗型，国家经济还是以低产能的农业经济为主。根据世界银行 2010 年对老挝的企业调查结果显示，技能型劳动力短缺和低产能是产业发展的主要约束因素。以近年来发展较快的旅游业和服务业为例，英语能力欠缺、缺少旅游及相关职业技术教育，限制了旅游和服务类企业、行业与产业的持续发展。与此同时，对就业人口和技术技能依赖度较高的企业、行业、产业发展滞后又影响了技术人才的培养和发展，如 2009 年纺织行业遭遇金融危机重创，技能型劳动力不断转移至泰国，目前劳动力保留率很低。

根据老挝第 8 个五年计划（2016—2020），五年内年均 GDP 增长率不低于 7.5%，到 2020 年，老挝人均 GDP 达到 3 100 美元。为了实现 GDP 增长目标，老挝政府努力实现到 2020 年农林业年均增长率达 3.2%，占 GDP 总量的 19%；工业年均增长率 9.3%，占 GDP 的 32%；服务业年均增长 8.9%，占 GDP 的 41%。此外，到 2020 年，老挝政府努力使贫困率下降到 15%，小学教育覆盖率达 99%，15 岁及以上年龄段文盲率降到 5%。近十年来，老挝经济逐渐转向非资源型产业，包括农业、基础设施、制造、旅游等产业，政府也越来越重视发展职

业技术教育与培训系统。一是从财政资金上加大了投入；二是制定了和促进职业技术教育与培训发展相关的法律和战略计划。2011—2016 年期间，根据老挝教育发展框架，政府对职业教育支出投资从 2011—2012 财年的 540 亿基普上升到 2015—2016 财年的 1 394 亿基普。此外，老挝教育部门对职业技术教育与培训的投入也成倍增长，从 2010—2011 财年的 750 亿基普增至 2014—2015 财年的 1 290 亿基普。2007 年 6 月，老挝总理批准了"2006—2020 年技术职业教育与培训发展战略计划"，并成立了一个跨部门小组，制定了"职业技术教育与培训计划的发展总体规划"，对职业技术教育与培训体系进行了重新设计。从实施主体上来看，鼓励政府机构、社会组织、培训机构和企业、行业、产业等提供各类职业技术教育与培训；从学习形式上来看，其中包括短期课程（6 个月以内）、技术课程（6 个月至 3 年）、证书课程（2～3 年）、文凭课程（2～3 年）。培训项目包括全职、兼职或工作实习（双重培训课程）。

2010 年，老挝《职教和技能开发总理法令》制定了更多详细的措施，政府加大了对职业教育系统的支持，包括政策、经费、外来援助等。老挝政府对职业技术教育与培训系统的改革涵盖各个领域，如恢复 9＋3 职业教育课程、提高课程竞争力、建立质量保障系统、普通中学教育职业化等。具体主要包括以下几个方面：改革职业教育管理体系，包括横向的各职业教育管理部门间的合作以及纵向的中央和地区管理层间的合作；突出职业教育地位，促进职业教育协同发展。在行业、地区发展计划中体现职业教育系统的重要性，将职业教育政策与其他政策紧密关联；畅通职业教育路径，提高职业教育入学比率。加强宣传和引导力度，鼓励学生接受职业教育，扩大中学阶段职业教育比例，促进低、中、高阶段职业教育体系发展；建立多元化职业教育服务，扩大职业教育参与度，包括在正式教育体系中开设学徒项目，为退学学生提供学习机会；在非正式教育计划中融合技能培训内容，丰富社区学习内容；促进雇主的参与，鼓励他们提供技能培训；加快建立国家资格证书框架；发展私立职业教育与培训。从层次、地域等方面系统设计，建立公私职业教育协同发展、分工协作的职业体系，共同纳入职教质量保障系统；加大财政支持和经费扶持力度，促进职业教育持续发展；提高职业教育师资地位和待遇。

截至 2021 年，经过老挝政府、企业、行业协会、产业联盟等各方面的共同努力，职业技术教育与培训体系的学生数量有了较大幅度的提高，尤其是在私立学校和高等教育阶段，而中学阶段的学生人数仍旧有限，且资格证书类的学生数量大量减少，招收学生数量有一定幅度波动。

二、老挝职业技术教育与培训的法规

老挝重视发展职业技术教育与培训事业，在政府主导和各方配合下制定了一系列法律和法令来保障教育事业的发展和学生接受教育（包括职业技术教育）的权利与义务。老挝有关职业技术教育与培训的法规主要包括以下几个方面。

（一）老挝教育法

2000 年 4 月 8 日，老挝政府颁布了《老挝教育法》，2007 年，又对《老挝教育法》进行了修订，以满足国家社会经济发展的新要求。《老挝教育法》修订版本规定，所有个人和组织都有投资和促进教育的义务，并将中等教育的年限从 3 年增加到 4 年。该法还规定，老挝政府有义务扩大中等教育，为老挝公民掌握基本知识和职业技能或进修深造等创造基本条件。老挝政府还应根据就业市场和老挝公民就业的需要，认真规划职业技术教育与培训的发展战略，因为职业技术教育与培训的发展必须得到政府有关部门的支持以及国有和民营企业等的参与，特别是通过校企合作产教融合能更有效地培养职业技能人才。

（二）老挝劳动法

2006 年 12 月 27 日，老挝全国人民代表大会通过了《关于劳动法修改法的决议》（以下简称《决议》），于 2007 年 1 月 16 日生效。《决议》规定企业应上缴利润的 1%，工人应上缴收入的 1.5%，建立由劳动和社会福利部（简称劳社部）管理的国家技能开发基金。该《决议》成为 2008 年《职业技术教育与培训计划的发展总体规划》和《2010 年职业教育法令》的重要基础。

（三）第 0922 号、第 0923 号和第 0924 号法令

2001 年 7 月 17 日，老挝全国人民代表大会通过了第 0922 号、第 0923 号和第 0924 号法令，规定了高等教育学分制度、教学的组织、课程结构、学习期限、

高等职业文凭及相关事项、学士和硕士课程等的具体要求。

（四）职教和技能开发总理法令

2010年1月22日，老挝政府颁布了《职教和技能开发总理法令》，明确了教育部职业教育体系和劳动与社会福利部技能开发体系之间的界限及各自目标，规定了各部门须围绕职业技术教育与培训进行广泛交流和深度合作，明确定义了职业技术教育与培训的核心功能，明确规定了职业技术教育的经费、体系、质量监测与保障等问题，还提出了提高职业技术教育与培训事业发展的具体措施，是确保老挝关于职业技术教育与培训事业发展最为重要的国家法令。

第三节　老挝职业技术教育与培训的质量保障和发展趋势

一、老挝职业技术教育与培训的质量保障

（一）职业技术教育与培训质量保障

为了提升职业技术教育与培训工作的质量，使之符合东盟等区域和国际标准，老挝于2010年颁布教育总理法令，制订了详细的职业技术教育与培训质量保证战略计划，其中考试、评估、教育竞赛和国家资格框架等六大内容和职业技术教育与培训密切相关，职业技术教育相关规定确立了职业技术教育与培训机构的质量标准，自我评估、内部评估和外部评估机制，而且规定在每个学校和培训机构成立质量监测保证部门。另外，计划还规定由职业技术教育院校（机构）的院长和职业教育部门组成评估小组。同时，在教育标准和质量保障中心之下建立职业教育质量认证委员会。教育标准和质量保障中心有权对学生进行测试和评估，并为各类型和层次的职业技术教育与培训制定质量保证程序和标准。该中心曾获联合国教科文组织资助，开发职业教育与培训质量保障手册。自1993年以来，该中心在课程、教学/学习方法和学习成果几个方面制定了成人教育质量保证标准。除职业技术教育与培训质量监测和保障机制之外，老挝职业教育与发展研究院（Vocational Education Development Institute，VEDI）还开发了国家职业证书框架（National Vocational Qualification Framework，NVQF），用于认定职业教育

学生的职业教育水平，也可以供工程机械企业等用人单位招聘参考。

（二）职业技术教育资格框架

老挝职业技术教育资格框架共由5个高中教育阶段职业教育证书和5个高等教育阶段职业教育文凭构成，包括：①高中教育阶段职业教育证书（Vocational Education Certificate，VE）（初中毕业后，完成3年职业技术教育正规课程，可以获得该证书）；综合职业教育与培训（IVET）一级证书；综合职业教育与培训（IVET）二级证书；综合职业教育与培训（IVET）三级证书；综合职业教育与培训（IVET）四级证书。②高等教育阶段职业教育文凭。共有4个毕业证书和1个本科学位证书课程，具体包括技术教育毕业文凭（Technical Education Diploma，TE）[高中毕业（或获取VE证书）后，完成2年职业教育正规课程]；职业教育毕业文凭（Vocational Education Diploma，VE）[持有综合职业教育与培训（IVET）四级证书，完成1~2年职业教育培训课程]；高级技术教育毕业文凭（High TVE Diploma，HTD）（高中毕业后完成2~3年职业教育正规课程，或持有中等职业教育文凭，并通过1~2年正规课程或培训课程）；高级职业教育毕业文凭（High TVET Diploma，HTD）（持有中等职业教育文凭，完成2~3年职业教育正规课程）；学士学位证书（Bachelor Degree，BD）（持有高级技术教育毕业文凭，完成1.5年以上正规课程或培训课程的学习）。

此外，老挝职业技术教育与培训系统的职业教育学生获得的各类职业资格证书或文凭，基本可以与普通教育体系互通互认，普通职业"十字交叉通道"为职业教育学生在普通职业体系内学习提供了灵活的换道保障。为保障学术与职业证书之间的平衡，老挝初步建立了一个相对完整的国家证书框架。根据老挝职业教育与发展研究院制定的方案，证书框架涵盖技术培训、职业教育和高等教育3个部分，分8个级别，其中：1~4级为资格证书层次，5~6级为毕业证书和高等毕业证书层次，7级为学士学位证书层次，8级为更高学位层次。

二、老挝职业技术教育与培训的发展趋势

老挝政党有发展规划，老挝人民有发展的愿望，决定了老挝职业技术教育与培训事业有较大发展空间。统计显示，老挝65%以上的人口都在25岁及以

下，具有巨大的就业市场，对这些就业人口进行职业技术培训能明显促进老挝经济社会持续快速发展。与此同时，老挝全国71%的劳动力都从事农业劳动（但农业年增长率仅为3%），7%的就业人口集中在工业领域，22%的劳动力从事服务业领域。目前老挝经济增长、社会发展的最大阻碍是技术人员和产业工人等的缺乏以及产业结构不合理，因此，通过职业技术教育与培训提高就业人口的技术水平和职业技能，有助于促进第一、第二、第三产业合理发展，进而推动国家经济社会的持续发展，所以，大力发展职业技术教育与培训是老挝政府的一项重要工作。

1. 带动和促进职业技术教育与产业转型和经济发展的互动共生

老挝是农业型国家，工业主要依靠矿业、水利、基建、工程等行业，服务业也较为落后，且经济增长属于粗放型增长模式。中央和地方政府在制定行业、产业发展规划时要将职业技术教育与培训纳入其中，实现行业、产业发展与职业技术教育同步规划、同步实施、同步辐射；同时建立校企合作产教融合育人体制机制，使职业技术院校人才培训与产业转型升级对接，通过人才素质的提升和职业工人队伍的扩大，促进单一型经济向集约型经济转变。

2. 加强立法工作保障职业技术教育与培训地位

老挝政府比较重视职业技术教育与培训工作，但老挝社会对职业技术教育与培训接纳度不高。2010—2011年，老挝职业技术教育年鉴报告指出"2010—2011年的职业教育毕业生仅有18 121人。其主要原因是老挝社会普遍认为职业教育是劳动者的工作，家长不愿意送孩子上职业学校，更喜欢送到私立高校或公办大学"。因此，应当以立法的形式，明确职业技术教育与培训的整体地位，保障职业技术教育与培训工作在资源分配、教师待遇、资格证书、学生就业等方面的地位。

3. 重构职业技术教育与培训的现代化管理机制

老挝职业技术教育与培训现行管理机制由横向部委以及纵向中央和省级政府共同管理，从其横向主要运行机构——国家培训委员会的运行来看，该委员会并非权力部门，且不掌握资金等核心资源，对职业技术教育与培训相关机构影响力有限；从纵向上看，当前没有适当的管理体系来协调中央和省政府对于职业技术教育与培训的现代化管理，对职业技术教育与培训统一监督比较疲软。此外，尽管老挝对职业技术教育与培训系统进行了多次改革，但主要限于正式的职业技术教育与培训系统，教育部体系职业技术教育与其他部门及其职教子系统之间联系比较薄弱。① 因此，需通过重新定义或加强现有管理机制，对全国职业技术教育与培训系统进行梳理和统一监管。

第四节　中国与老挝职业技术教育与培训国际合作的实践探索

老挝政府积极引入国外优质教育资源，特别是优质职业技术教育与培训资源，来发展和壮大本国教育系统，老挝不仅与中国政府、普通高校和企业等合作共建老挝苏州大学，还积极与中国政府、职业技术院校和企业等合作探索职业技术教育与培训国际化产教融合育人实践。

一、老挝苏州大学的应用型国际化产教融合发展的实践探索

老挝苏州大学是中老两国教育成果合作的典范。2006年，作为江苏省与老挝政府开展体育及经贸合作的延伸，苏州大学（以下简称"苏大"）应邀参与老挝"万象新城"的高等教育建设工作。经实地调研论证后苏大发现，老挝高等教育整体规模较小、水平较低，缺乏研究生教育，教育教学和人才培养质量整体不高，无法满足经济社会发展的客观需求。在此背景下，苏大决定把握机遇，在老挝创办一所涵盖从本科至博士、在东南亚具有一流水平的综合性大学。自2008年以来，苏州大学与老挝高层领导人多次互访，积极沟通、磋商老挝苏大的创办事宜。经过不懈努力，老挝苏州大学分别在2009年1月和2011年6月获得老挝政府和中国教育部的设立批文，成为中国政府批准设立的第一所境外大学，也是老挝政府批准设立的第一所外资大学。从2012年起招收首届学生并正式开课至今，老挝苏州大学已招收十届本科生，基于老挝对人

---

① 李建求．"一带一路"沿线国家职业教育概览（上）[M]．北京：商务印书馆，2018．

才的需求情况，开设有国际经济与贸易、国际金融、中国语言、计算机科学与技术等多个应用型、技术型本科专业。老挝苏州大学由苏州大学与中资企业先锋木业有限公司以校企合作方式建设。2013年3月9日，老挝苏州大学在老挝首都万象市举行了新校园建设开工仪式，苏州先锋木业集团公司董事长兼老挝苏州大学副董事长俞雪元、老挝苏州大学常务副校长闻曙明和副校长汪解先、老挝教育部门相关领导等出席。位于老挝万象新城的校园采用分期建设模式，首期工程共投资5 000万元，按照1 000名学生规模建设，校舍建筑面积共1.5万平方米。2015年，占地面积75亩的第一期校园基本建设完成，第二期校园基本建设为275亩，最终校园总面积将达1 500亩。① 新校区建成后，学生逐步过渡到"2+2"的培养模式，并将努力实现教师的本土化，经过10~20年的建设，最终实现5 000名在校生的目标。

二、中国院校、企业与老挝合作办学搭建鲁班工坊建设平台

柳州城市职业学院与老挝开展了较为深入的合作。2019年，学校与老挝少占古树茶资源开发股份公司和老挝野生古树茶资源开发有限公司合作，"中国—老挝茶艺人才培养基地"在柳州城市职业学院成立。双方将合作进行茶艺人才培养基地建设、校本教材开发、线上线下课程、互派教师和专家以及针对产教融合等合作内容进行洽谈，开展茶艺人才培养合作。

2021年9月27日，2021中国—东盟职业教育联展暨论坛在广西壮族自治区南宁市盛大开幕，柳州城市职业学院、东风柳州汽车有限公司、老挝甘蒙省职业技术学院院长、老挝辉达汽车股份有限公司在线上共同完成云签约，2022年，该项目获批为全国首批有条件立项鲁班工坊项目。

三、中国院校与老挝合作开展农业培训

农业是老挝国民经济的支柱产业，为帮助老挝改进农业技术，广西农业职业

---

① 本报. 苏州大学与企业合作国外办学 老挝苏州大学办学成果受关注［N］. 中国教育报，2013 – 01 – 08（第001版）.

技术学院和老挝农林与农村发展研究院合作，共建"中国（广西）—老挝农作物优良品种试验站"。从 2013 年起，试验站一共试种了 270 多个农作物品种，筛选出适合老挝种植推广的就有 67 个，在当地示范推广作物种植面积 4 万多亩。试验站还举办了 30 多期培训班，为老挝培养农业技术人员，共累计培养了农技人员近 1 600 人次，还推荐了近百名老挝农业技术人员和学生到广西大学、广西农业职业技术学院学习深造。

第十一章
缅 甸

■ 第一节 缅甸概况

缅甸联邦共和国（The Republic of the Union of Myanmar），简称缅甸，国土面积 676 578 平方公里，首都为内比都（Nay Pyi Taw）。同缅甸有外交关系的国家将使馆设在仰光。缅甸重要节日包括独立节（1 月 4 日）、建军节（3 月 27 日）、泼水节（4 月中旬）。缅甸位于中南半岛西部，东北与中国毗邻，西北与印度、孟加拉国相接，东南与老挝、泰国交界，西南濒临孟加拉湾和安达曼海；海岸线长 3 200 公里。缅甸属热带季风气候，年平均气温为 27 摄氏度。

一、缅甸的人口、民族和语言

2020 年 4 月，缅甸政府公布统计数据，全国总人口约为 5 458 万。缅甸共有 135 个民族，主要有缅族、克伦族、掸族、克钦族、钦族、克耶族、孟族和若开族等，缅族约占总人口的 65%。缅甸官方语言为缅甸语，各少数民族均有自己的语言，其中克钦、克伦、掸和孟等民族有文字。

二、缅甸的经济发展

缅甸自然条件优越，资源丰富。1948 年独立后到 1962 年实行市场经济，1962 年到 1988 年实行计划经济，1988 年后实行市场经济。2016 年 7 月，缅政府颁布"12点国家经济政策",10月18日,《投资法》经总统廷觉签署正式生效。2019年,缅甸国内生产总值760亿美元。截至2020年6月,缅甸外资累计已达860多亿美元。缅甸的主要贸易伙伴是中国、泰国、新加坡、日本、韩国。缅甸货币名称为缅甸元。在汇率方面,2022年5月,1缅甸元≈0.00054美元。

(一)资源

缅甸矿产资源主要有锡、钨、锌、铝、锑、锰、金、银等,宝石和玉石在世界上享有盛誉。缅甸商务部数据显示,2018/2019财年缅甸出口矿产品14.7亿美元,石油和天然气在内陆及沿海均有较大蕴藏量。截至2013年6月,探明煤储量逾4.9亿吨,探明大陆架石油储量达22.73亿桶,天然气8.1万亿立方英尺[①],共有陆地及近海油气区块77个。缅甸水利资源丰富,伊洛瓦底江、钦敦江、萨尔温江、锡唐江四大水系纵贯南北,水利资源占东盟国家水利资源总量的40%,但由于缺少水利设施,这些水利资源尚未得到充分利用。

(二)工业

缅甸主要工业有石油和天然气开采、小型机械制造、纺织、印染、碾米、木材加工、制糖、造纸、化肥和制药等。

(三)农林牧渔业

缅甸农业为国民经济基础,可耕地面积约1 800万公顷,农业产值占国民生产总值的四成左右,主要农作物有水稻、小麦、玉米、花生、芝麻、棉花、豆类、甘蔗、油棕、烟草和黄麻等。缅甸自然资源与环境保护部的数据显示,截至2015年,缅甸森林覆盖率为45%。

(四)旅游

缅甸风景优美,名胜古迹众多,主要景点有世界闻名的仰光大金塔、文化古都曼德勒、万塔之城蒲甘、茵莱湖水上村庄以及额布里海滩等。缅甸政府大力发展旅游业,积极吸引外资,建设旅游设施,较著名的酒店有仰光的喜多娜酒店、茵雅湖酒店、苏雷香格里拉酒店、皇家公园酒店,内比都的妙多温酒店、丁格哈酒店、阿玛拉酒店,曼德勒的喜多娜饭店、曼德勒山酒店,蒲甘的丹岱饭店、蒲

---

① 1立方英尺≈0.028立方米。

甘饭店等。

（五）交通

缅甸交通以水运为主，铁路多为窄轨。主要港口有仰光港、勃生港和毛淡棉港，其中仰光港是缅甸最大港口。国内大城市和主要旅游景点均已通航。主要航空公司有缅甸航空公司、缅甸国际航空公司、曼德勒航空公司、仰光航空公司、甘波扎航空公司、蒲甘航空公司、亚洲之翼航空公司、金色缅甸航空公司等。缅甸的主要机场有仰光机场、曼德勒机场、内比都机场、黑河机场、蒲甘机场、丹兑机场等，仰光、内比都和曼德勒机场为国际机场。

（六）金融

缅甸有五家国有银行，分别为缅甸中央银行（1948年成立，前身为缅甸联邦银行，1990年改称中央银行）、缅甸农业银行（1953年成立）、缅甸经济银行（1967年成立）、缅甸外贸银行（1967年成立）和缅甸投资与商业银行（1989年成立）。从1992年起，缅甸允许私人开办银行，近年来开始允许外国银行在缅设立代表处。主要私人银行有19家：妙瓦底银行、甘波扎银行、合作社银行、伊洛瓦底银行、亚洲绿色发展银行、佑玛银行、环球银行和东方银行等。目前已有中国工商银行、越南投资与发展银行等20余家外国银行在缅设有代表处。1993年起，外汇券在缅甸流通，缅币对外汇券汇率与缅币对美元汇率基本相同，截至2012年12月31日，缅甸发行流通的外汇券价值3 092万美元。2013年3月20日，缅甸联邦议会通过取消外汇券的议案。

（七）对外贸易

2018/2019财年缅甸对外贸易额为351.47亿美元，其中出口170.6亿美元，进口180.87亿美元。缅甸主要出口产品为天然气、玉石、大米等，主要进口产品为石油与汽油、商业用机械、汽车零配件等。

三、缅甸的教育体系

缅甸政府非常重视发展教育和扫盲工作，全民识字率约为94.75%。缅甸教育系统由初等教育、中等教育、高等教育三级体系组成（图11-1）。缅甸教育具体包括学前教育、小学教育、初中教育、高中教育（含职业技术教育）和高等教育五个阶段。学前教育包括日托幼儿园和学前学校，招收3～5岁儿童；缅甸实行小学义务教育，基础教育学制为10年，1～4年级为小学，5～8年级为普通初级中学，9年级和10年级为高级中学；高等教育学制3～6年不等。虽然缅甸小学教育基本上实现了全民普及，但初中、高中、大学和职业技术教育领域等发展明显滞后。截至2011年，缅甸初高中教育的普及率仅为58%，职业技术教育和大学教育的普及率更低。普通高校本科自2012年起由3年制改为4年制。现有基础教育学校40 876所，大学与学院108所，师范学院20所，科学与技术大学63所，部属大学与学院22所。著名学府有仰光大学、曼德勒大学等。缅甸共有福庆语言与电脑学校孔子课堂、福星语言与电脑学苑孔子课堂、东方语言与商业中心孔子课堂3所孔子课堂。

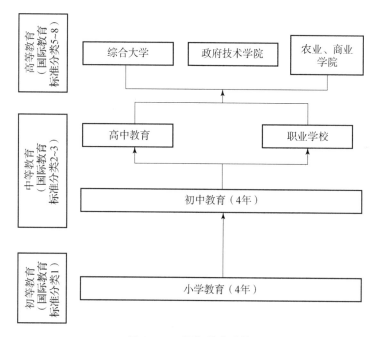

图11-1 缅甸教育系统

缅甸古代教育时期以寺庙教育为主，女童鲜有接受教育的机会，但即使在缅甸现代教育发展起来以后，寺庙教育仍作为缅甸教育的重要特色，在缅文中，学校与寺庙的发音为同一个词。因为缅甸有大量的佛教信徒，全国建有众多的佛塔，为寺庙教育提供了便利条件，学生入学前需先入寺学习。寺庙不仅成为人们进行宗教仪式的地点，也提供一些基础文化教育与技术技能课程，如钟表维修、自行车修理、摩托车修理、缝纫机操作等职业技能培训。1948年缅甸独立后，政府开始积极推动教育体制机制改革，逐步实施9年义务教育，逐步扩大受教育者范围。为了发展教育，缅甸政府主要从三个方面进行改革：一是扩大职业技术教育办学规模，积极增设多种类型的职业技术学校。新教育制度改革推行后的20余年时间里，技术、农业和职业学校从当初的19所，增长到20世纪80年代初的95所，职业技术学校教师和职业教育学生数量也获得了大幅度的增加；二是通过在普通教育中开设职业技术教育类课程，增加普通教育学生学习职业技术教育基础知识和技能的多元途径与多样机会，切实提高职业技术教育的影响力和覆盖范围；三是为地方院校的毕业生提供多样化的路径选择，既可以升入级别更高的学校继续学习，也可以选择通过技术资格考试获得资格证书，进而走向社会系统提供的各种就业岗位，以期大幅度拓宽学生职业生涯发展通道。

自20世纪末期以来，缅甸政府努力推动教育发展，成立了专门的教育委员会，不定期发布教育发展专项规划，如1990年的"全民教育"计划、"2001—2030教育发展计划"等，初步建立起了满足知识经济时代和学习型社会特点的教育体制机制。2011年，政府在全国范围内开展扫盲运动，2015年全国识字率提高到95.5%。另外，为满足社会对技术人才和产业工人等的需求，缅甸积极扩大职业技术教育规模，投资新建了更多的职业技术学校，并放宽职业教育学生入学年龄限制。从2020年以来，尽管缅甸新政府与外国和国际组织等合作进行多方面的教育改革，但缺乏足够数量、受过较高层次教育、掌握现代技术技能的劳动力阻碍了缅甸经济社会的发展速度，影响了缅甸脱贫致富奔小康、建设工业化现代化国家的步伐。

四、中国和缅甸的关系

（一）经贸关系

中缅经贸合作取得长足发展，合作领域从原来单纯的贸易和经济援助扩展到工程承包、投资和多边合作。双边贸易额逐年递增。我国对缅甸主要出口成套设备与机电产品、纺织品、摩托车配件和化工产品等，从缅甸主要进口原木、锯材、农产品和矿产品等。为扩大从缅甸的进口，我国先后两次宣布单方面向缅甸共计 220 个对华出口产品提供特惠关税待遇。中国为缅甸第一大贸易伙伴。根据中国商务部数据，2017 年，中缅双边贸易额 135.4 亿美元，同比增长 10.2%，其中中方出口额 90.1 亿美元，同比增长 10.0%；进口额 45.3 亿美元，同比增长 10.5%。2018 年，中缅双边贸易额 152.4 亿美元，同比增长 12.6%，其中中方出口额 105.5 亿美元，同比增长 17.1%；进口额 46.9 亿美元，同比增长 3.5%。2019 年，中缅双边贸易额 187 亿美元，同比增长 22.7%，其中中方出口额 123.1 亿美元，同比增长 16.7%；进口额 63.9 亿美元，同比增长 36.2%。2020 年 1—6 月，中缅双边贸易额 84.8 亿美元，同比减少 5.3%，其中中方出口额 55.8 亿美元，同比减少 4.5%；进口额 29 亿美元，同比减少 7%。

（二）其他领域交流与合作

中缅两国山水相连，文化交流源远流长。据史料记载，中缅两国的友好交往始于汉代。盛唐时期，缅甸骠国王子率领乐工曾访问中国古都长安。著名诗人白居易为之感动，写下了千古绝唱"骠国乐"。中华人民共和国成立后，中缅两国的友好关系不断发展，在文学、艺术、电影、新闻、教育、考古、图书等领域内进行了广泛的合作与交流。2004 年，中缅签署了《中华人民共和国教育部与缅甸联邦政府教育部教育合作谅解备忘录》。2011 年 11 月 6 日至 12 月 24 日中国佛牙舍利第四次巡礼，赴缅甸内比都、仰光、曼德勒等地接受供奉。2011 年 12 月，双方续签了《中华人民共和国国家体育总局与缅甸联邦共和国体育部体育合作协议》。2013 年，中方援助缅甸主办东南亚运动会，为开闭幕式提供技术支持，取得了圆满成功。2020 年 9 月，为纪念缅甸电影诞生 100 周年及中缅建交 70 周年，中方向缅方赠送进行了数字化修复的缅甸电影《鄂巴》。

第二节 缅甸职业技术教育与培训发展概述

职业技术教育培育的职业技能人才是支撑缅甸经济发展、社会进步的重要人才力量之一。缅甸职业技术教育与培训的发展在教育发展的历史长河中，留下了一道印记，从萌芽阶段发展到现代职业教育阶段，虽然还存在着很多的问题，但也取得了一定的成就，而缅甸政府也会在不断地探索中促进其发展，最终建立适合缅甸国情的职业技术教育模式和培训体系。

一、缅甸职业技术教育与培训发展的阶段

缅甸职业技术教育与培训经历了三个发展阶段：古代缅甸的职业技术教育与培训、职业技术教育与培训萌芽阶段、现代缅甸的职业技术教育与培训。

（一）古代缅甸的职业技术教育与培训

古代缅甸是一个宗教与教育合二为一的年代，教育从属于宗教，真正的教育尚未成型，教育中没有近代自然科学和人文科学知识的分野。因此，职业技术教育仅仅存在着一些零零散散的职业技术课程或培训，如传统医药、天文历法和小手工业等，多采用师徒制，徒弟多接受师傅的培训。

（二）缅甸的职业技术教育与培训萌芽阶段

职业技术教育萌芽阶段建立了一些专科学院，但在职业技术教育发展过程中仍然存在着诸多有待解决的问题。具体地说，进入20世纪后，缅甸陆续开设了一些专业性学院，如医学院（1907年）和工程学院（1913年），但是受到当时简陋教学设施、必要条件缺乏等的限制，要成为医师和工程师，还必须花费重金去印度或英国等进行正规的职业培训。但实际上，很少有缅甸学生能够承受昂贵的出国学习、生活和培训等费用，因而缅甸的职业技术教育和培训难以得到进一步的发展。自1918年以来，缅甸的中等职业技术教育获得了较大的发展，如技工学校（在伊盛）、纺织学校（在阿摩罗补罗）、漆工学校（在勃固）、林业学校（在彬文那）、工艺美术学校（在仰光）、卫生学校和护士学校（在仰光）等高职专科院校在这一时期内陆续开设，职业理论教育与职业培训开始结合。

缅甸于1974年通过了《缅甸联邦技术、农业和职业教育法》，明确提出职业技术教育的总目标及具体的方针。在法律的保护下，缅甸的技术、农业和职业学校得到了快速的发展，职业技术学校规模有所扩大，职业培训有所加强。

（三）现代缅甸的职业技术教育与培训

根据缅甸的国家政策，现代职业技术教育以在工业、农业和畜牧业等部门中发展现代技术、训练专业人员、熟练技术人员等为目标。在此目标指引下，缅甸

政府积极采取措施，持续兴建职业技术学校，大力发展职业技术教育与培训事业。传授职业技术科目的学校有高等教育司管辖的职业技术学校，也有技术、农业和职业教育司管辖的职业专科学校。缅甸政府加大了对职业技术教育与培训经费的投入额度，并随着工、农、商、医、服务等行业的发展而发展，大多归教育部工农职业教育局管理，主要采用的是双管齐下的发展方法，积极开办各种职业类型的学校，还在基础教育一级普通中学的正规课程中设置职业科目，同时，积极建立相应的职业培训体系、基地，提升职业教育学生的培训质量。

二、缅甸职业技术教育与培训发展现状

（一）缅甸职业技术教育与培训的新发展

缅甸是一个发展中国家，从 20 世纪 70 年代以来，其结合本国职业技术教育与培训的实际情况，吸取别国发展职业技术教育与培训的有益经验，职业技术教育与培训事业取得了一定成果。缅甸积极发展农业教育和职业技术教育，努力在各地区开办职业技术与培训学院，加速培养中高级职业技术人员。为了提高全民的高等教育水平，缅甸不少大学校长亲自负责领导开设大学函授课程。

缅甸教育部以基础教育系统中"前职业化"的形式来强化教育与社会和职业的相关性，重构职业技术教育与培训结构。根据 Southeast Asian Ministers of Education Organizations 的研究报告，自 1997 年起，缅甸教育部将技术学校、农业学校、职业学校、职业培训中心和研究所等的职责直接从教育部分散到 11 个不同的政府部门，职业教育学校类型达到 12 种（表 11-1），以实现职业技术教育与培训的成本效益（Cost-Effective）、实践性、实用性的动态均衡。同时，缅甸改革了基础教育的定位，推动普通教育职业化，即通过在普通教育课程中引入多种社会和职业能力以及职业意识，包括丰富特别的专项职业技术教育路径，来提升基础教育的质量和专项职业技术教育与培训的水准。

表 11-1　1997 年缅甸职业技术教育学校统计表

序号	学校类型	招生对象	数量
01	国家农学院	普通高级中学毕业生或农业高级中学毕业生	7

续表

序号	学校类型	招生对象	数量
02	农业与畜牧业高级中学	普通初级中学毕业生	13
03	工业技术中学	普通初级中学毕业生	17
04	工业技术专科学校（大专）	普通高级中学毕业生或工业高级中学毕业生	7
05	渔业学校	普通初级中学毕业生	2
06	商业学校	普通高级中学毕业生	3
07	机器维修护理学校	普通初级中学毕业生	2
08	手工艺学校	普通初级中学毕业生	11
09	家政学校	普通初级中学毕业生	6
10	教师培训学院	普通高级中学毕业生	5
11	教育培训学校	普通初级中学毕业生或符合规定的在职职工	14
12	夜校	普通初级中学毕业生或符合规定的在职职工	34

（二）缅甸职业技术教育与培训的法规和政策

缅甸独立后，百废待兴、百业待举，政府顺应形势需要制定教育政策，决定实行小学义务教育，加强职业与技术教育。1952年8月，根据联合国教科文组织赴缅教育考察报告和缅甸教育代表团赴英国、美国、墨西哥、加拿大和巴基斯坦等国考察的情况，缅甸政府制订了《国家繁荣教育计划》，强调要求大量培养各类技术人才和行政管理人才，增设各类学校，出版符合学校新教学大纲要求的教科书、教辅材料等，以适应国家经济发展、社会进步的多样化需要。1956年，缅甸根据经济结构调整的要求，拟订了第二个《四年教育计划》（1956—1960年），开始逐步从原有大学单轨制走向工业、农业和职业教育多元化发展的多轨制新教育体系，尤其强调提高师资水平和教学质量的重要性。1960年，缅甸政府更迭，重新起草了第三个《四年教育计划》（1961—1965年）。1962年3月，新政府势力上台执政后，对教育制度进行了改革，加强了职业技术教育与培训，提出了普及基础教育、鼓励接受中等教育等教育目标。1974年，缅甸政府宣布了新教育制度，即《教育政策》。《教育政策》包括五方面的主要内容：①基础教育；②技术、农业和职业教育；③高等教育；④教育科学研究；⑤总则。

在职业技术教育与培训方面，包括在产教国际化融合发展方面，缅甸政府也出台了特别的政策法规。1974年，缅甸职业教育技术教育委员会制定了职业技术教育法，并于1989年进行了修订且沿用至今。目前，缅甸的技术和职业教育开展的各项活动都是基于这个现有的法律之上。其中提及技术、农业和职业教育的主要目标包括：①培养工业建设需要的技术人才和手工艺工人，包括会熟练使用三一、徐工、潍柴雷沃重工、中联重科等的压路机、摊铺机、平地机、装载机、工程起重机、混凝土机械、建筑起重机、高端矿用挖掘机等工程机械的职业技术工人；②培养农业技术人才和手工艺人才，把现代化技术广泛地应用于国家的农业发展，包括会熟练使用东成DCA、中联重科、迪放等的电钻、电锤、电锯、农耕王拖拉机、收割机、播种机等五金机械、农机；③根据需要开展与缅甸国家的政治、经济和社会制度相适应的职业技术教育与培训。从1990年起，缅甸实行"全民教育"计划，在该项教育计划中，指出为全社会提供更多的职业技术教育与培训机会，允许非政府组织及个人参与发展职业技术教育与培训领域，放宽了职业技术教育与培训机构的办学限制，大力支持开办各类职业技术教育学校与培训机构，开设职业技术教育与培训课程。同时，缅甸政府还非常重视边疆地区的职业技术教育与培训，通过丰富财政拨款的形式、筹资兴教的渠道，使边疆地区的人民具有一定的农业、手工业、畜牧业、服务业等各方面的生产知识、技能、方法、情感、态度与价值观，以更好地获得生存和发展自身，特别是针对一些妇女提供专门的职业技术教育与培训课程，值得肯定的是，结合多期的妇女家政培训班，创立生产合作社，使妇女享有就业公平权，享有国家的发展福利，体现了缅甸社会的多方面进步。

（三）**缅甸职业技术教育与培训的类别及招生**

缅甸职业技术教育与培训总体包括两种类型：正式教育体系中的职业技术教育和正式体系之外的培训和职前职后教育（就业前培训和在岗培训）。前者是指在未成年时期由教育部主要负责，囊括基础教育前后的职业技术教育；后者是指脱离正式教育体系之外的一些社会机构组织的某一类型职业技术教育，包括各种类型的职业培训班、职前培训和在岗培训（职后教育）等。

缅甸职业技术教育按其水平可以为分两种类型：第一，中等职业技术教育，该阶段为初级中学毕业生提供农业学院与高中教育、职业教育和技术贸易学校就读的机会，以便今后更好地求职就业和生存生活。第二，高级职业技术教育，该阶段招生对象为初中（高）毕业生，他们可以参加技术研究所为期两年的课程，成绩合格可以获得政府技术研究所（AGTI）颁发的学位（副学士学位），而技术学院和大学也提供为期两年的项目，只要成绩合格同样可以获得 AGTI 学位。

（四）缅甸职业技术教育与培训的课程设置

缅甸主要有三种定期的职业技术教育与培训课程：全日制研究课程和两种非全日制课程。其中，全日制研究课程由缅甸职业技术教育部下属的 10 个教育机构来提供，包括大专水平、中学一级和短期课程。根据 Southeast Asian Ministers of Education Organizations 的研究报告，缅甸初级中学教育阶段不同学科、不同年级的周教学计划是不同的（表 11 - 2）；非全日制课程包括 5 个月的贸易夜校及 3 年的工程技术夜校的课程，其中工程技术夜校的课程是为提升国家机构的技术人员的工程技术理论知识而设置的。根据 Myanmar UNEVOL Centre 的统计，2003—2004 年度国家技术研究所（GTIS）各课程招生人数是有差别的，其中电机工程（能源）的招生人数最多（表 11 - 3）。

表 11 - 2　20 世纪 90 年代末缅甸初级中学教育每周课程时间表

指标	各年级周教学计划			
学科	6 年级	7 年级	8 年级	9 年级
缅甸语	5	5	5	5
英语	6	6	6	6
数学	7	7	7	7
社会课	6	6	6	6
科学课	4	4	4	4
生活技能	1	1	1	1
道德教育	1	1	1	1
职业教育	1	1	1	1

续表

指标	各年级周教学计划			
学科	6年级	7年级	8年级	9年级
美育	1	1	1	1
活动课	1	1	1	1
总周计划时间	35	35	35	35
每节课为45分钟				

表11-3 2003—2004年度国家技术研究所（GTIS）各课程招生人数表（部分）

课程类型	招生人数			
	男	女	总计	占招生总数的百分比/%
土木工程	797	892	1 689	16.1
电机工程（能源）	1 353	809	2 162	20.6
电机工程（电机和通信）	794	694	1 488	14.7
机械工程（能源）	1 632	303	1 935	18.5
采矿工程	22	—	22	0.2
机械电子	382	156	538	5.1
信息技术	207	424	631	6.0
食品化学	19	56	75	0.7
塑料橡胶	28	36	64	0.6
建筑学	33	115	148	1.4
纺织学	33	48	81	0.8
石油	86	—	86	0.8
冶金学	48	24	72	0.7
生物沼气	119	54	173	1.7

(五) 缅甸职业技术教育与培训的师资情况

1978 年，缅甸职业技术教育师生比为 1∶8。10 年后，师生比发展到 1∶4，从中可见缅甸职业技术教育发展的快速性，但是在缅甸不同的职业技术学校，其教师分不同的职称、级别和类型，对不同类型教师的资格认证也有不同的晋级要求（表 11-4）。

表 11-4　缅甸技术、农业和职业教育教师分类及认证要求

教师类型	教师认证要求
讲师	学士，至少 5 年教学实践经验
副讲师	学士，无实践经验，政府技术学院毕业生，至少 10 年教学实践经验
教师	政府技术学院毕业生，至少 3 年教学实践经验
助教	政府技术学院毕业生
技术辅导员	车间熟练工人和实验室实验人员

(六) 缅甸职业技术教育与培训的资金来源

缅甸新政府上台后，为了促进国家经济发展和社会进步，应对经济全球化和教育国际化的不确定性挑战，重视加大对教育的投入，无论是总统还是其他党派的领袖，均在不同场合要求加大对教育的投入（表 11-5），以提高国民基本素质，储备人力资源，服务国家的发展。

表 11-5　缅甸教育投入情况一览表

时间	教育投入的金额
独立前	约 600 万缅甸元
独立初期	3 000 万缅甸元
1962—1963 年度	15 200 万缅甸元
1972—1973 年度	35 260 万缅甸元
1980—1981 年度	74 100 万缅甸元
2012—2013 年度	6 170 亿缅甸元
2015—2020 年度	约 8 000 亿缅甸元

另外，进入 2020 年后，缅甸政府计划向教育领域投入更多经费，以提升教育国际化水平，从而与其他东盟国家以及国际社会实现教育接轨。不可否认的是，加大对教育领域的投入无疑为其职业技术教育与培训提供了物质保障和经费支持。同时，在缅甸技术、农业和职业教育司所属各校中，主要由政府拨款办学、学生免费上学，还为大批学生提供助学金。在技术学院中，60%的学生每月可得 60 缅甸元助学金；在技术高中，学生每月可得助学金 50 缅甸元；在农业高中，学生可享受免费住校和就餐等待遇。总之，一般情况下，缅甸职业技术学校的学生每人每月可得助学金 25～40 缅甸元，包括个别企业提供的奖助学金等。缅甸政府通过向职业技术教育与培训领域的投资倾向，特别是免学费、免住宿费、包餐费等多样化措施吸引更多城市弱势阶层家庭子女和农村家庭子弟进入职业技术学校就读，为国家经济社会发展储备更多规格严格、功夫到家的职业技术人才。

三、缅甸职业技术教育与培训发展的问题

缅甸政府比较重视发展职业技术教育和培训，也出台了相应战略规划和法律、法规、政策等以大力发展职业技术教育和培训事业，但仍面临着一些发展问题，需要进行专题分析和系统解决。

缅甸普通教育中的有效职业技术化目标并未在这个国家的绝大多数初中和高中得到充分实现。换句话说，初中和高中并没有针对部分学生实施职业技术教育、未全面开设职业技术教育课程，绝大部分初中生和高中生也不会首选到职业技术教育学校学习作为职业发展的方向。职业技术教育机构和相关培训组织等因办学设施、实训条件、产教合作平台有限或部分中学生兴趣的缺乏而受到束缚，导致职业技术教育和培训效果不显著。另外，缅甸职业技术教育和培训长期受到财政投入不足的制约。缅甸经济发展社会进步对改善劳动力市场中的技能工人数量和质量等提出了更多要求，为此就必须增加缅甸职业技术教育与培训的财政预算分配，但是这在短期内难以实现，因为缅甸近年来国内生产总值的下降可能使教育的公共经费支出陷入困境。同时，缅甸职业技术教育和培训过程中的实证研究和系统研究比较缺乏，从国内外相关文献分析来看，缅甸相关学者几乎没有进

行任何实证研究以评价 TVET 的有效性与影响力,缺乏比较准确、可靠的数据来帮助确定并改进所提供的职业技术教育与培训中效率低下的影响因素。在中等教育水平上,虽然缅甸农业学校和学院的数量在不断扩大,但相比于技术学校和学院的入学人数,这些学校的入学人数在递减,这也从侧面说明即使是愿意接受职业技术教育的中学生对职业技术教育的领域也是有选择的。

此外,缅甸政府对职业技术教育与培训机构的监管和职业技术教育信息系统的建设方面还处于初步建立和发展阶段,各方应重点关注诸如职业技术教育与培训教师队伍建设和职业教育学生人数等问题,而不仅仅是职业教育学生的教育、学习和实训效果。相关资料显示,缅甸目前还没有建立起明确的职业技术教育与培训标准或资格框架等来帮助职业技术教育与培训工作者、教师、家长和社区评估职业技术教育发展质量。[①] 虽然有一部分产教融合项目进行了一系列监测和评估活动,可以据此提供一些职业技术教育与培训学校、企业、行业和产业等的数据来源。然而,在缅甸政府中央一级还没有一个整合的职业技术教育与培训系统可以将产教融合信息等归一化,从而智能监测产教融合项目的实施进展。

四、缅甸职业技术教育与培训发展的对策

针对职业技术教育落实不到位问题,需要在中学基本教育一级设置专门的职业技术科目和职业技术教育课程,保证足够的职业技术教育学时。缅甸政府应根据其经济发展重点方向转变职业技术教育的发展方向,一方面利用远程教育技术为职业教育学生构建良好的适时学习环境;另一方面要将地区技术学院的快速发展作为推进校企合作、产教融合的辅助,继续扩展技术、农业和职业教育的发展规模。另外,缅甸还要充分利用双管齐下的职业技术教育管理方法,一方面通过国际化"引进来"策略,积极进行职业技术教育学术交流,引进国外职业技术教育与培训的先进经验和成功做法;另一方面通过民族化"走出去"策略,积

---

① Department of Foreign Affairs and Trade of Australian Government. Myanmar Education Quality Improvement Program (MY – EQIP) [EB/OL]. http://dfat.gov.au/about – us/business – opportunities/tenders/Documents/revised – draft – design – myanmar – education – quality – improvement – program.pdf. (2017 – 02 – 03). [2022 – 06 – 21].

极将职业技术教育师生交换到国外职业技术院校或企业去实习深造。

另外，为了保障缅甸职业技术教育和培训的质量，根据《教育法》的要求，缅甸政府建立了国家教育政策委员会、国家认证和质量保障委员会，以指导缅甸的教育改革和发展，包括职业技术教育的改革和发展，并以系统衡量国家质量标准为基础，形成新的质量监测保障体系。2016年10月，缅甸政府成立了国家教育政策委员会，对国家教育目标、政策和规划制定给予审查和指导，包括对职业技术教育的目标、政策和规划等进行指导和监控。2017年1月，缅甸政府成立了国家认证和质量保障委员会，其主要职能包括建立国家教育标准框架，确定标准和建立质量监测保障体系。国家教育政策委员会、国家认证和质量保障委员会均为独立于缅甸教育部之外的教育治理组织，这种相对独立性可以有效保证教育系统不会经常受到教育部等行政权力的直接干扰。此外，缅甸议会两院都有由议会议员组成的教育促进委员会，其核心职责是向联邦政府提供教育法律实施方案与建议，① 做好不同教育政策之间（包括普通教育、职业技术教育之间）的协调，并为教育政策方案的执行提供专业指导。

第三节 缅甸职业技术教育与培训的战略和法规

为了加快职业技术教育专业化、国际化、实用化，通过产教融合培养更多职业技术人才，缅甸政府非常重视职业技术教育与培训的战略规划和法规制定。

一、缅甸职业技术教育与培训的战略

缅甸宪法赋予了每个缅甸人都平等地享有受教育的基本权利。教育的目的是培养学生具备国家经济发展和社会建设等所需要的科学技术知识、技能、方法、价值观等。缅甸职业技术教育与培训的核心使命和长远目标是提高公民的国家建设能力并持续培训合格的具有国际化意识的技术人员、熟练工人和掌握实践知识

---

① Bin Bai, Qinchen Wu. Technical and Vocational Education and Training in Myanmar [A]. B. Bai, Paryono (eds.). Vocational Education and Training in ASEAN Member States, Perspectives on Rethinking and Reforming Education [C]. Singapore: Springer Nature Singapore Pte Ltd, 2019: 133–153.

的专业型人才，推进国家的农业、工业、服务业等的发展和社会进步。

　　为了达成上述使命和目标，缅甸政府颁发了《国家教育战略规划（2016—2021年)》（表11-6），规划中指出高质量的职业技术教育与培训能帮助缅甸获得足够数量和质量的熟练技术人员及有比较竞争力的劳动力资源，以此促进产业发展、经济发展和社会发展。缅甸政府深知提高国民受教育水平和拥有大量合格技职人才的重要性，因为人力资源对经济社会可持续发展和国际化等至关重要。从2021—2035年，缅甸未来在农业、林业、畜牧业、渔业、副业、能源、基础设施、制造业、新基建、工程机械、旅游业、能源业、交通运输业、外贸业等都需要大量数量的技术或技能人才。为了满足各行各业对职业技术人才的长期大量需求，缅甸要求职业技术教育与培训系统需要为职业教育学生安全提供知识与技能、过程与方法、情感、态度与价值观、能力与素养等全方位的终身教育服务，以帮助他们实现其职业生涯发展需求并促进经济社会可持续发展。同时，还需要为在欠发达组织寻求就业和在自营机构就业的公民提供他们需要的职业技能培训，① 以帮助他们在国内更好地就业或在国外获得更好的职业发展待遇。

表11-6　缅甸《国家教育战略规划（2016—2021年)》战略及预期目标

战略	预期目标
战略Ⅰ：扩大职业技术教育与培训的范围，包括种族和弱势群体以及残疾人等各种目标群体	增加大多数职业教育学生获得职业技术教育与培训的机会； 为农村地区提供更多职业技术教育与培训的机会； 为边疆地区提供更多职业技术教育与培训的机会； 为职业教育学生提供更多不同职业技术教育水平之间衔接的机会； 为职业技术教育与培训的学生提供更多的奖学金和奖学金计划； 为职业教育学生接受高等教育特别是职业高等教育提供更多上升通道

---

① The Government of the Republic of the Union of Myanmar Ministry of Education. National Education Strategic Plan 2016 - 21 [R]. Kuala Lumpur：2016：21 - 23.

续表

战略	预期目标
战略Ⅱ：提升职业技术教育与培训的质量和相关性	加强对职业技术教育与培训机构的治理； 加强职前和在职教师培训，发展与能力标准一致的教学能力； 确保职业教育毕业生达到行业、产业、企业要求的技能和水平； 开发符合区域经济发展和当地需要的职业技术教育课程； 确保职业教育毕业生达到国家技能标准，部分达到世界职业技能标准
战略Ⅲ：加强职业技术教育与培训的管理	在国家职业教育委员会协调下，各部门之间以及政府与私营部门之间进行更好的合作； 建立有助于预算流动的财务管理系统，各部门进行有效的财务管理； 改进基于数据收集、分析、报告和循证决策的职业技术教育与培训管理系统，加快校企合作产教融合进程； 高级政府官员和行业、企业、产业代表使用研究数据制定政策和方案； 运用公私合营制方案改善职业技术教育的准入条件、质量保障和退出机制

二、缅甸职业技术教育与培训的法规

法律法规是教育发展的重要保障，对职业技术教育与培训尤其如此，因为教育部门在整个政府部门系统里属于相对弱势部门，虽然政策措施上说优先发展教育，但在实际操作中往往让位于经济产业发展、让位于追求直接生产总值。1974年，缅甸职业技术教育委员会制定了《技术、农业和职业教育法》，1989年进行了大范围修订，其中明确规定，由科学技术部职业技术教育司掌管职业技术教育发展及职业教育培训等的具体事务，并规定了职业技术教育司的工作职责和业务范围，明确缅甸职业技术教育培养目标是培养具有爱国精神，掌握适应未来政治、经济和社会发展的专业型、应用型、技术型、技能型、技职型人才，以及工业和农林牧副渔业等行业、产业、企业发展所需要的熟练技术人员。[①] 从实践来看，《职教法》已成为缅甸各项职业和技术教育与培训活动顺利开展的依据及前提，为缅甸职业技术教育与培训顺利开展"保驾护航"。

2014年，缅甸政府修订了《缅甸联邦共和国教育法》，明确将公共教育划分为初等教育、职业技术教育和高等教育，以及正规教育、非正规教育和自学教育。《教育法》规定国家教育的主要目标是培养学习者成为能够传承缅甸民族语言、文学、传统、风俗，珍视历史文化遗产和推动生态环境可持续性发展的公民；加强人力资源开发，为促进经济发展社会进步做好准备，进而提高人民的生活水平；提高符合最新国际标准的教育、教学、学习、实习环境，通过技术信息和通信信息等现代化手段改进教育教学、学习体验、实习实训和研究研发；通过接受教育，帮助学习者能够在自己的爱好、兴趣、特长等领域表现出色，实现其职业生涯规划目标，取得职场成功，成为对社会和国家有用的公民。

近年来，随着缅甸政治、经济、社会情况等的变化，特别是职业技术教育与培训事业的发展变化，缅甸教育部正在根据世情、国情、教情等修订《工业和职业教育法（1978年）》，重新起草《技术职业教育和培训法案》，[②] 并争取尽早颁布，以更好地让职业技术教育为缅甸的国家战略和国际倡议服务。

第四节　缅甸职业技术教育与培训的质量保障和发展趋势

一、缅甸职业技术教育与培训的质量保障

根据《缅甸教育法》的要求，缅甸建立了国家教育政策委员会与国家认证和质量保障委员会，以指导缅甸的教育改革与可持续发展，并以系统衡量国家教

[①] 钟智翔. 缅甸概论 [M]. 广州：世界图书出版广东有限公司，2012.
[②] 李建求. "一带一路"沿线国家职业教育概览（上）[M]. 北京：商务印书馆，2018.

育质量标准为基础，形成新的质量监测保障方法和网络。2016年10月，缅甸成立了国家教育政策委员会，对国家教育目标界定、教育政策制定和教育规划研制等进行指导与审查，包括职业技术教育与培训的目标、政策、规划等。2017年1月，缅甸成立了国家认证和质量保障委员会，其核心职责主要包括建立国家教育标准框架、确定标准和建立质量保障体系网络，具体包括职业技术教育的标准、框架和质保等。缅甸国家教育政策委员会、国家认证和质量保障委员会都是独立于缅甸教育部之外的教育管理机构，也有管理职业技术教育与培训的权限。此外，缅甸议会两院也有由议会议员组成的教育促进委员会，其主要职责是向缅甸联邦政府提供包括职业技术教育在内的教育法律实施的具体方案和执法建议，做好不同职业技术教育政策、职业技术教育规划之间的沟通协调，并为职业技术教育政策、职业技术教育规划的执行和成效评估等提供专业指导。概而言之，缅甸政府对职业技术教育与培训机构的监管和教育信息系统的建设方面还处于初步建立和发展阶段，重点关注诸如职业技术教育与培训系统的教师队伍建设和职业教育学生人数等问题，而不仅仅是理论教学与实习训练成果。到2021年，缅甸政府还没有完全建立明确的职业技术教育与培训标准或框架来帮助职业技术教育与培训管理者、教师、家长、社区等评估职业技术教育与培训的运行质量，虽然有部分职业技术教育与培训项目进行了一系列质量监测与评估活动，可以据此提供一些数据来源，但是在缅甸中央一级还没有一个整合的职业技术教育与培训数据化系统可以将职业教育信息自动化整合起来，持续跟踪监测职业教育项目实施的进展和成效。

二、缅甸职业技术教育与培训的发展趋势

缅甸作为东盟的一个中型国家，尽管劳动人口相对较多，但许多年轻人缺乏接受正规教育的机会和拥有比较熟练的英语听说读写能力，而且在缅甸的大中型公司目前面临熟练工人短缺的问题，尤其是比较缺乏信息技术、电信、会计、金融、自动化、控制等方面的专业技术人才。从缅甸职业技术教育本身的发展情况来看，缅甸独立后到1988年才开始实施改革开放政策，国家经济实力不足等因素也会影响缅甸职业技术教育与培训事业的发展。总体而言，缅甸职业技术教育

还存在办学经费不足、办学规模较小、经费投入不够、资源分配不均衡等瓶颈问题。在经济全球化和逆全球化的大背景下，随着科学技术的快速发展和行业产业的快速迭代，人工智能技术等已经改变了人们的教育模式、学习模式、实训模式、工作模式等，导致职业技术人员供给与需求、技能与培训、过程与方法、态度与价值观等方面出现了不匹配、不协调现象。从作为供给方的职业技术教育与培训现状分析，职业技术教育与培训主要存在基础设施不足、师资力量短缺、产教融合深度不够等问题，短期内难以提供充足的职业技术教育与培训资源，而且行业、企业、产业和职业技术教育与培训机构之间的关系不太友好，职业技术教育与培训的发展缺少充分有效的理论指导与实践参与，这些都是缅甸未来职业技术教育与培训必须在发展过程中解决的问题。

分析发现，对于一些缅甸年轻人来说，拥有大学毕业证书并不意味着能找到工作，有数据显示，缅甸有 70% 的年轻人对职业技术教育感兴趣。Diinsider 合作伙伴、缅甸社会企业 PJW 创始人 Ko Win Ko Ko Aung 比较了职业技术教育和普通高等教育，发现职业技术教育毕业生相比普通高校毕业生更能找到动态匹配的工作岗位。进入 20 世纪以来，Diinsider 举办了为期 3 年的缅甸社区发展基金试点项目，与当地机构（职业技术院校、技能培训机构、企业、行业协会、产业联盟等）合作，通过为当地民众提供职业培训、小额信贷和市场渠道等，促进职业教育人才与区域经济社会发展需要的结合，包括在印刷包装机械工程行业、新基建机械工程产业等，第一、第二、第三产业发展持续提升缅甸克钦邦民众的经济实力和生活水平。缅甸职业技术院校课程应以学生为中心、以学习为导向、以能力为标准，提升在校职业技术教育质量和在校生实习实训质量。同时，缅甸政府还计划推行全民职业技术教育与培训，鼓励各方建立民办职业学校、提供职业培训，通过质量监测评估网络保障非正规职业技术教育与培训的质量。另外，缅甸政府应结合新时代发展需要，加大职业技术教育与培训投资力度，充分利用网络学习、多媒体设施等改善职业教育、学习条件，加大与工程机械企业、行业和产业等的合作力度，提高职业教育生实习实训成效。

在未来高质量发展职业技术教育与培训的过程中，缅甸政府一方面要加强职业技术教育立法和管理改革，另一方面要增加职业技术教育的受教育机会和职业上升空间。缅甸政府已经认识到职业技术教育与培训对于培养熟练劳动力的重要性，开始逐步推进国家职业技术教育与培训政策改革。具体地说，在教育部门，修改和实施影响缅甸经济发展社会进步的有关规则和条例，以实现东盟经济共同体的发展目标。缅甸政府从2012年开始对教育部门进行全面的审视，到2014年重新修订了《国家教育法》，使之成为职业技术教育与培训改革的法治基础和法律保障。在缅甸职业技术教育与培训改革的过程中，特别是在推进校企合作产教融合方面，缅甸政府建立了一系列机构，包括缅甸职业技术教育政策执行委员会、职业技术教育质量保障委员会、国家技术标准局、国家技能发展局、国家产教融合委员会和国家资格框架等。[①] 同时，随着缅甸经济改革的深化和社会开放的扩大，社会各方面都需要培养更多的高度熟练的、有纪律的人力资源，教育管理部门将通过为未来的职业教育学生提供激励手段来扩大职业技术教育与培训的发展规模。缅甸政府发展职业技术教育与培训的激励措施主要包括为职业教育学生提供免费住宿、学费和毕业后推荐就业等机会，包括产教融合订单培养班。另外，缅甸将举办更多的职业技术教育与培训课程，以获得职业技术教育文凭、学位和专业证书等。而且，缅甸还将继续加强职业技术教育与普通高等教育之间的联系，逐步形成职业技术教育与普通教育之间的"立交桥"，使更多的职业技术教育毕业生可以继续学业，包括接受普通高等教育和高等职业教育的机会。2020—2030年，缅甸政府其他职业技术教育与培训改革项目重点集中在促进青少年就业的职业技术教育以及培训理念的建立等方面。

总之，缅甸中央政府对职业教育发展非常重视，为积极推进2016—2021年国民教育战略计划的落实，缅甸联邦教育部和职业教育司做出了多方面的努力。缅甸于1988年后期开始经济改革，实行市场经济。从那时起，外国企业就纷纷到缅甸投资，目前共有49个国家来缅投资，截至2018年11月外国投资额共计约775.88亿美元。其中投资额最高的就是中国，第二是新加坡。在不同领域的投资中，石油天然气领域是投资额最多的领域，再就是电力领域，这些是工程机械产

---

① Cho Tin Tun Kirkpatrick. Myanmar Technical and Vocational Education Training System and Policy Reform [J]. Myanmar's Integration with the World, 2017 (7): 149-155.

品使用最广泛的领域。缅甸投资委员会发布的鼓励投资领域中，就包括了职业教育。在颁布的投资法中，第7条政策明确了，对于可以提供很多就业机会的项目和提高公民的职业技术水平的职业学校项目表示热烈欢迎。2017年2月24日，缅甸国务资政昂山素季参加了教育部对2016—2021年国民教育战略计划的首次宣讲仪式。为了实现缅甸国民教育战略计划的目标，教育部还制定了9个教育改革的战略方针，其中之一就是专门针对职业教育。在教育改革的战略方针中，重点是在职业教育管理制度的基础上，着重以提供人力资源市场所需求的实用技术知识、为对职业教育感兴趣的学生创造更多的学习机会并保证其可以顺利毕业为目标。关于职业教育改革，有三个主要目标：一是为残疾人员及受教育机会少的人员提供更多学习技术的机会；二是提高职业教育水准，更加符合人力资源市场的需求；三是建立更科学合理的职业教育模式。在落实第一目标相关事项的过程中，需要增加建设教室、实训基地、教职工宿舍和学生宿舍，增加开办职业教育学校的数量，增加开办长期和短期培训班的数量。根据当地人民的需求，增加多行业培训，开办夜校研修文凭的培训班，还提供了很多助学金。在落实第二目标相关事项的过程中，需要对校长和管理人员进行校园管理的培训，对教师也要进行教学方案和课程计划方面的培训，每年举办实操水平的比赛，积极落实学校与工厂、实训基地联合的校企合作模式。政府科技学校进行教材更新以推进学前教育+12年的教育制度改革。为了提高职业教育水准，缅甸政府还努力出台职业教育学校教学质量标准框架。在落实第三目标相关事项的过程中，为了能够出台新的《职业教育法》，政府开展了一系列与相关组织团体的沟通讨论。缅甸与欧盟、亚开行、德国复兴信贷银行、瑞士技术合作基金会、日本协力机构、韩国协力机构等一些机构合作，针对职业教育领域的发展，也在积极推进中。目前，缅甸通过政府职业教育网，整理汇总了与职业教育、技术培训相关的知识，并与政府的一些大学、学院学校一起，为民众提供服务，开展宣传与培训。此外缅甸还与联合国教科文组织和德国技术合作公司等组织合作，完成了缅甸职业教育与技术培训制度综合研究报告。为了促进私营领域的发展，政府与私人合作共同成立了基层人力资源发展建设委员会，并在仰光、曼德勒、勃生、马圭、腊戌、毛淡棉、孟林、帕安、卑缪和勃固等地举办多场研讨会，以调研收集各方需求。在与中国的合作发展方面，中缅、缅中各类友好合作组织参与是基础。同时，缅甸也包括在东盟—中国职业教育合作的各种安排之中，其中有中国向缅甸捐赠教学及学习用品、安排缅甸学生到中国学习等内容，从而助力中缅双方不断深入合作。

第五节 中国与缅甸职业技术教育与培训国际合作的实践探索

缅甸是中国工程机械产业的新市场、新战场，中缅贸易下，中国工程机械产品大量进入缅甸市场也为缅甸职业技术教育与培训国际化融合发展提供新机遇、新挑战。

一、缅甸工程机械产业的发展情况

缅甸自然条件优越、资源丰富，工程机械产品大有用武之地。世界银行在2018年发布的一系列政策报告中称，缅甸经济有很大的发展潜力，未来5年将有望保持年均7%~8%的增长率。中国为缅甸第一大贸易伙伴、第一大进口来源地和第二大出口市场。2016—2017财年，缅甸与中国双边贸易额达到94.46亿美元，其中缅甸对华进口额为51.55亿美元。

（一）缅甸工程机械产业市场发展现状

缅甸是东南亚诸国中地上、地下矿藏最丰富的国家之一，但又是勘探和开采程度最低、矿业投资机遇最多的国家，所以对卡特彼勒、小松、徐工、三一重工、柳工等各类工程机械产品有较大需求。随着缅甸经济制裁的解除与市场的逐步开放，缅甸政府大力推进国内资源的勘探、开发和利用，推动当地的基础设施工程以及建筑工程建设，经济发展特别是工业需求对工程机械来说是很好的潜在市场，但缅甸当地工业化水平较低，工业类职业技术人才较少，工程机械产品和售后服务等大多依赖进口。另外，作为农业大国，缅甸目前使用的农机设备却多以进口装配为主，如约翰·迪尔、中联重科等。对比其他农业发达国家，缅甸的农机产品在农作物种植至收成的各阶段的使用率还未广泛普及，据统计，2015年缅甸可耕作面积为1 606 329英亩[①]，其中已实现农业机械化耕作面积为56 284

---

① 1英亩≈4 046.9平方米。

英亩，农业现代化面积占比约为 3.5%，且农机产品的种类不够多，阻碍了缅甸农产品多样化的发展。

（二）缅甸工程机械产业产品的发展机遇

2017 年，缅甸政府为了促进缅甸建设发展，开始放宽工程机械和车辆等工业品进口政策，首先放宽了一些全新的工程机械的进口展示，例如拖车、推土机、挖掘机、收割机等。缅甸商贸部相关人士介绍说，关于重型工程机械的进口、销售和维修，政府将给予更多的操作灵活性和保护措施。另外，当前缅甸建筑行业发展迅速，对于各种五金机械的需求也随之急速上升。虽然缅甸市面上工程机械产品种类繁多，其中不乏一些欧美知名品牌，如沃尔沃、斗山、日立等，但这些产品价格较高且运输成本大，相比之下，物美价廉的中国工程机械产品更受缅甸客户欢迎，比如徐工、柳工、龙工、中联重科、三一重工、厦工等。根据海关总署数据统计，2017 年第一季度，在规模上东盟是中国工程机械产品出口的第一大市场，出口 7.7 亿美元，占比约为 20%。此外，在农机产品方面，相比美国约翰·迪尔、意大利凯斯纽荷兰、日本久保田、日本洋马、美国爱科、德国克拉斯、德国芬特、意大利赛迈·道依茨·法尔、加拿大麦赛福格森等公司的农机产品，中国农机具有机型成熟、经济实惠、物美价廉等优点，如中国潍柴雷沃、大疆农业、中联重机、东方红、沃得农机、常发、五征等公司的农机产品，在缅甸非常受欢迎，市场份额约占 80%。相对于美国与欧洲的农机、木工机械加工设备、修路设备、建筑设备、矿业设备等，中国产品不仅在价格上有优势，而且因为同处于亚洲地区，中国的产业技术与管理经验也更符合缅甸现阶段工农业的发展需求。相关统计也显示，在东盟 10 国中，中国农机产品、工程机械产品等对缅甸的出口增长率是最高的，由此可见缅甸工农业工程机械产品的市场潜力巨大。缅甸政府也十分重视农业尤其是稻米的生产与发展，为鼓励农民种田积极性和促进农业发展，一方面积极开展组织农场工人学习操作农用机械；另一方面加大水利基础设施的建设力度，调整农业的收支分配政策，免除了农机、良种、化肥、农药等的进口关税，并允许农耕者以土地使用权为担保，购买价格较高的农机产品时可使用 5~10 年分期付款，以便提高农业产量与丰富农作物种类。总体来说，工程机械、五金机械、农机等产品未来在缅甸的需求都是有增无减,未来工程机械企业如能结合当地市场偏好与自身产品优势,必能成功抢占缅甸大好商机。

2019年11月22日,由中国商务部主办、外贸发展局承办、中国贸促会化工分会协办的中国农业物资技术和工程机械(缅甸)品牌展在缅甸仰光开幕,该展会向缅甸民众和企业、行业、产业、职业技术院校等展示中国优势农业物资技术和东方红(一拖)、雷沃阿波斯、东风农机、中联重机等农业工程机械产品,展会为期3天,于11月24日闭幕,同期举办中缅农业发展论坛等活动,为中缅农资企业、农林技术院校等共通、互动与合作提供更加便捷的服务平台。展会吸引了来自中国山东、云南、广东、浙江等地区的48家农资、农业工程机械企业集中亮相,展馆设置了农药化肥等农资展区、农业机械与设备展区、工程机械展区共76个展位,集中展示了适合缅甸需求的中国优势农业物资技术和农业工程机械,品类涵盖肥料、农药、农用无人机、智能包装设备、农机、工程机械等,展出面积达3 000平方米。本次展会是中国商务部为深化中缅全面战略合作伙伴关系、共建"一带一路"和中缅经济走廊、促进中缅农资和工程机械品牌加深合作举办的展会,以举办本次展会为契机,继续在各方支持下,积极为深化双边经贸合作搭建平台,助力中缅企业与中缅职业技术院校全方位合作走深走实。

二、中国主要工程机械企业对缅甸的贡献

缅甸自然条件优越,资源丰富,为东南亚区域第三大工程机械产品市场,作为"一带一路"沿线重点国家,缅甸也是中国工程机械企业与美欧日同类企业开展竞争、推进国际化战略的海外重点市场。随着缅甸2010年开始进行一系列改革,缅甸社会经济发展实现了快速发展。在国际社会取消对缅甸经济金融制裁的背景下,缅甸外资投资日渐增多,当地基础设施建设也迎来了高潮。作为"一带一路"沿线的重要国家,缅甸同中国的联系不断加强,双方共同促进中缅铁路、公路和电力等的互联互通,强化基建合作和校企合作。2017年开始,中国工程机械企业加大了在东南亚市场开拓的力度,面对缅甸这一潜力巨大的市场,中国工程机械企业正在进行着全面的布局,特别是三一路机设备助力缅甸经济动脉畅通、徐工为缅甸基础建设做出贡献等。

1. 三一路机设备助力缅甸经济动脉畅通

缅甸仰光—曼德勒高速公路升级改造工程由缅甸知名道路施工企业东方高速承建，修建此道路所使用的机械设备全部来自三一，三一研发生产的压路机、摊铺机、平地机共计 9 台设备亮相剪彩仪式。2017 年工程竣工仪式在缅甸首都内比都举行，缅甸建设部长吴温楷出席仪式，他对由三一设备修建的高速公路质量给予了充分肯定。目前东方高速公司已拥有三一设备约 100 台，对于三一产品，他们充满了信心，未来还将在更多的项目中与三一开展合作。目前，三一在缅甸拥有 4 个服务网点，近 700 台各型设备，在缅甸仰光国际机场、缅甸曼德勒国际机场、云南瑞丽到缅甸曼德勒的高速公路等重点工程建设中，都使用了大量的三一设备。另外，缅甸职业技术院校也开设有三一班或使用三一设施设备作为实习实训操作平台。

2. 徐工为缅甸基础建设做出贡献

2017 年，缅甸工程机械协会在首都内比都举办了新办公楼的落成仪式，徐工集团作为中国工程机械行业的代表，受邀参加了此次仪式。期间，缅甸时任总统吴廷觉及随行人员参观徐工展示区域，了解了徐工在缅甸的发展情况与取得的业务成果，肯定了徐工近年来对缅甸基础设施建设做出的贡献，并高度赞赏徐工设备的优秀品质，同时鼓励徐工再接再厉，抓住好时机，做出更好成绩。在缅甸市场，徐工很早就实现落地，是当地市场知名度较高的国外工程机械品牌之一，并与当地市政、建筑、交通、教育等行业都保持良好的合作关系，2016 年 5 月，徐工还被吸纳为缅甸国家工程企业协会荣誉会员。近年来，随着在产品和技术创新能力上的提升，徐工全面服务于缅甸的基础设施建设，并借助鲁班工坊等捐赠部分设施设备给缅甸职业技术院校用于培养缅甸工程机械人才，为中缅人民友谊铸造坚实基础。

3. 中联重科首个海外全系列产品维修中心在缅甸成立

2016 年 7 月，中联重科首个海外全系列产品维修中心在缅甸仰光正式揭牌成立，该中心由中联重科授权上海维得工程设备有限公司（以下简称"上海维得"）建立，主要为缅甸工程机械客户提供更完善的服务，创造更优厚的价值。中联重科在缅甸开设的特约维修服务中心，主要提供包含工程起重机、混凝土机械、建筑起重机、基础施工等设备产品销售、备件供应和维修服务，涵盖目前中联重科在缅甸的所有主力机型。作为中国工程机械的重要出口国，缅甸对于中联重科工程机械产品的海外拓展及全球布局，具有举足轻重的作用。近年来，中联重科工程起重机、路面机械、建筑起重机、混凝土设备等产品在缅甸市场销售逐年稳步上升，取得良好的市场占有率，也获得了缅甸客户的高度认可。中联重科缅甸维修中心还面向缅甸职业技术院校开放，允许缅甸职业技术院校师生参观考察、了解学习、上手操作等。

4. 潍柴在缅甸输出"潍柴制造"

缅甸是潍柴布局海外业务的重要一站，自潍柴与缅甸方面签署技术输出协议以来，一批批潍柴人带着成熟可靠的"潍柴制造"，陆续抵达当地。缅甸工业基础薄弱，基本不具备自主生产柴油机的能力，按照协议规定，潍柴向缅方输出柴油机制造技术，缅甸职业技术院校师生和毕业生也能观看学习。2014年首批当地组装的发动机成功配套在缅甸组装的卡车上；2015年年底，完成200套柴油机CKD件的组装；2016年6月，首台气缸体气缸盖在缅甸工厂下线并试车成功，缅方逐渐掌握关键零部件的制造工艺。随着工作的顺利推进，缅甸项目成为潍柴耕耘"一带一路"国家又一新模式的尝试——技术许可输出。

5. 山东临工产品助力缅甸国家综合发展计划

2015年3月，山东临工在缅甸第二大城市曼德勒举行客户活动，面向缅甸市场推出系列产品。山东临工通过缅甸当地成熟的建筑工程设备经销商——Win Strategic 有限公司为用户提供轮式装载机、挖掘装载机、平地机和压路机等系列产品。山东临工缅甸销售支持主管 Anthony Neo 认为，在产品上市活动上，山东临工产品吸引了众多建筑、农业和采矿领域的客户，经销商对山东临工的市场前景很乐观。山东临工已经在产品上市前为 Win Strategic 的销售人员和技术人员提供了产品培训服务，确保客户可以方便地获得备件，这些销售人员和技术人员接受过缅甸职业技术教育或培训，拥有一定的职业知识、技能、方法、情感和价值观。

6. 中国龙工积极拓展缅甸市场完善市场布局

2015年6月，中国龙工与其缅甸代理商 Greater Man 公司在仰光 NOVOTEL

酒店联合召开发布会，正式宣布共同开发缅甸的工程机械市场，发展缅甸的工程机械产业。Greater Man 公司 CEO Mr. Win 十分认同龙工的发展理念，他在发言中表示要努力深耕缅甸工程机械市场，全力推广龙工品牌，并在销售、服务和配件供应等方面不断满足新老客户的个性需求，让"龙工黄"成为缅甸用户喜欢的首选产品。同时，中国龙工努力与缅甸职业技术院校开展产教融合，提供相关模拟训练设施设备，培养培训能熟练使用龙工工程机械产品的技术人员。

7. 雷沃加强与缅甸工程机械终端客户交流

2019 年 6 月 27 日下午，雷沃集团青岛厂区迎来了缅甸工程机械终端客户参观团，25 名缅甸客户（包括缅甸职业技术院校毕业生等）兴致勃勃地开启了雷沃工程机械探秘之旅。雷沃在展示区安排了挖掘机和装载机等主力工程机械产品供参观体验，在发车区，一台台设备整装待发。在样机区，雷沃 H 系列装载机和高端矿用 FR480E-HD 挖掘机引起了客户极大兴趣，在工作人员的讲解下，高效、安全、低油耗、低噪声等特点深深地吸引了到场客户，硬朗的外观、良好的产品配置以及优越的产品性能等令缅甸客户赞不绝口，客户们对现场样机仔细查看，不时与工作人员攀谈交流，探寻其优异性能背后的奥秘。随后，缅甸客户们参观了雷沃构件车间和总装车间，现场感受了雷沃工程机械产品群的魅力——自动化的生产线、先进的生产设备、整洁有序的生产现场和过程控制令客户们对雷沃工程机械产品信心倍增。交流会上，时任雷沃工程机械集团副总经理、海外营销公司总经理朱志代表公司向缅甸客户们介绍了雷沃公司的发展历程和国际化进程，并介绍了雷沃工程机械海外业务布局和战略规划，特别是在缅甸的主营工程机械产品和回收售后服务。最后双方进行了业务研讨和交流，期间，工程专家就工程机械产品的设计研发和质量控制等客户关心的问题做了交流介绍。为抓住机遇，深耕缅甸工程机械市场，作为缅甸市场品牌推广建设和产品推介活动的一部分，本次终端客户雷沃行活动，在缅甸工程机械市场逐步构建起雷沃品牌形象，扩大了客户基础，进一步提高了雷沃品牌在当地的知名度和客户的忠诚度，增加了经销商和终端客户对雷沃工程机械产品的信心。雷沃工程机械产品还通过与缅甸职业技术院校及其毕业生的联系，持续贴近终端用户，了解用户需求，为用户提供更优质的工程机械产品与服务。

三、缅甸职业技术教育与培训国际化产教融合发展情况

缅甸政府比较重视国际交流与合作，在职业技术教育与培训方面也努力推动职业技术院校与企业、行业、产业的国际化融合发展，具体工作包括以下内容。

（一）缅甸职业技术教育与培训的学术研究国际化

2022年3月24日，中国—东盟职业教育研究中心缅甸职业教育研究所落户广西经贸职业技术学院，该研究所是中国—东盟职业教育研究中心经广西壮族自治区教育厅同意成立的10个研究机构之一，发展目标之一是加强与缅甸职业教育理论界和实践界等的合作与交流。中国—东盟职业教育研究中心缅甸职业教育研究所根据职责要求，要围绕缅甸职业技术教育改革与培训发展等情况开展职业教育政策、职业学校办学、产教融合、职业教育学生培养等方面的专题研究，组织开展中国—东盟职业技术教育与培训相关项目、活动及会议论坛等，深化职业技术教育国际化办学内涵，提升中国广西和缅甸职业技术院校的国际影响力。

（二）缅甸积极与中国开展职业技术教育与培训合作

在职业技术教育与培训领域，缅甸政府努力与中方有关职业技术院校、企业、行业和产业等加强职业技能培训合作。2018年9月13日，缅甸劳工部长登瑞在首都内比都表示，缅甸劳动力资源潜能相对丰富，但职业技能教育与培训相对缺乏，特别是在校企合作、产教融合培养职业技术人才方面，愿与中方有关职业技术院校、行业企业等加强在这一领域的全方位合作。登瑞在会见中国"一带一路"国际合作发展基金管理委员会副主任崔耀祖时说，缅甸对于技能型劳务人员的需求非常大，而当前缅甸国内职业技能教育与培训机构规模和数量有限，发展职业技能教育与培训是一项利国惠民的举措。崔耀祖表示，希望在"一带一路"框架下，同缅方共同开展职业技能教育和培训，借助中国职业技术教育产教融合经验大力发展缅甸职业教育产业，建立规范化、现代化的职业技能培训与教育体系，为缅甸青少年提供一个科学、系统的技能教育与培训平台，这不仅能扩大缅甸技能教育与培训的产业规模，更有利于提升缅甸青少年的技能水平与自身

价值,① 促进校企合作产教融合。此外,缅甸教育部长妙登季也与崔耀祖就职业技术培训与教育合作等进行了广泛交流,双方讨论了中缅职业技术教育与培训的合作问题。

(三) 中国助力缅甸职业技术教育与培训产教融合发展

中国也积极利用自身职业教育资源和产教融合平台援助缅甸,帮助其在各方面发展职业技术教育与培训、推进产教融合育人进程。2021 年 12 月 8 日,中国援建缅甸曼德勒工业培训中心升级改造项目启动仪式在曼德勒举行。该升级项目计划工期 26 个月,项目内容包括新建、改建、扩建培训厂房,提供专业培训设备设施和教材教参,培训缅方职业技术学院、相关行业企业产业等的师资和学员等。当前,缅甸第一、第二、第三产业领域发展仍面临熟练工人短缺、技术工人不足、人力资源开发不够等问题。中国援建缅甸曼德勒工业培训中心升级改造项目契合缅甸各方面发展需要,② 项目升级后缅甸职业技术院校,包括工程机械在内的各产业、行业、企业等的学员们可以在培训中心学习、实习、实训,从而更好地支持缅甸工业产业人才培养,助力缅甸工业产业发展。

中缅双方积极合作发展国际化职业技术教育,特别是共同建立职业教育校企合作、产教融合基地。中文 + 职业技术教育出海是解决"一带一路"沿线国家本土专业技术人才培养的最好方式,对这些潜在职业技术人才的教育和培训,又可为中国和东盟各国的职业技术教育发展提供机遇,也能为汉语和中国文化的传播提供新机遇。2021 年 6 月,国际中文教师 + 缅甸仰光职业技术学院(缅甸基地)正式举行签约仪式,相约进一步推动国际中文教育和中缅文化合作交流,跟随"一带一路"的发展机遇,共同打造职业教育人才培养方案和研发职业教育语言文化课程体系,制定科学合理的培训方案,逐步解决"一带一路"沿线国家本土专业技术人才培养等问题。2022 年 7 月 6 日,中缅职业教育国际合作基地暨 ICA 国际中文教师缅甸考试/实习基地正式挂牌成立,挂牌仪式由缅甸仰光职

---

① 车宏亮,庄北宁. 缅甸表示愿与中方加强职业技能培训合作 [EB/OL]. http://www.gov.cn/xinwen/2018 - 09/14/content_5321933. htm. (2018 - 09 - 14). [2022 - 06 - 28].
② 中央广播电视总台. 中国援缅甸曼德勒工业培训中心升级改造项目正式启动 [EB/OL]. https://news.cctv.com/2021/12/08/ARTIHBEJhB8Ey3CTws5tND8k211208. shtml. (2021 - 12 - 08). [2022 - 06 - 29].

业技术学院、中国市场学会、中国市场学会国际教育交流工作委员会、安徽国际商务职业学院和西安航空职业技术学院等联合举办。安徽国际商务职业学院、西安航空职业技术学院分别与缅甸仰光职业技术学院现场签约，成立安徽国际商务职业学院缅甸分院、西安航空职业技术学院缅甸分院。

四、中缅聚焦标志性工程加快职业技术教育与培训产教融合发展

中缅双方还借助标志性工程加快缅甸职业技术教育与培训、产教融合培养职业技能人才等工作。

（一）中缅油气管道建设历程

中缅油气管道是继中亚油气管道、中俄原油管道、海上通道之后的第四大能源进口通道，它包括原油管道和天然气管道，可以使原油运输不经过马六甲海峡，从西南地区输送到中国。中缅原油管道的起点位于缅甸西海岸皎漂港东南方的微型小岛马德岛，天然气管道起点在皎漂港。中缅油气管道项目作为中缅两国建交60周年的重要成果和结晶，得到了中缅两国领导人及政府有关部门的高度重视和大力支持。2009年12月，中国石油天然气集团公司与缅甸能源部签署了中缅原油管道权利与义务协议，明确了中石油作为控股方的东南亚原油管道有限公司在中缅原油管道建设运营上所承担的权利和义务。协议规定，缅甸联邦政府授予东南亚原油管道有限公司对中缅原油管道的特许经营权，并负责管道的建设及运营等。东南亚原油管道有限公司同时还享有税收减免、原油过境、进出口清关和路权作业等相关权利。协议还规定，缅甸政府保证东南亚原油管道有限公司对管道的所有权和独家经营权，保障管道安全，它包括原油管道和天然气管道，可跨越马六甲海峡，对保障能源安全有重大意义。中缅油气管道境外段（缅甸段）和境内段（中国段）分别于2010年6月3日和9月10日正式开工建设。2013年5月30日，中国第四条能源进口战略通道中缅油气管道全线贯通，海上进口原油和缅甸天然气资源绕过马六甲海峡输送至国内。中缅天然气管道干线全长2 520公里，其中缅甸段793公里，国内段1 727公里。管道均起于缅甸皎漂市，从云南省瑞丽市进入其他省市。中缅油气管道项目建成后，中国西南地区将新增炼油能力2 000万吨/年，年产成品油1 277万吨，其中汽油310万吨、柴油

840万吨、煤油127万吨，配套的乙烯工程规划建设年产乙烯100万吨、合成树脂153万吨、基本有机原料177万吨装置。2013年7月28日，由中国、缅甸、韩国、印度四国六方投资建设的中缅天然气管道（缅甸段）开始向中国输送天然气，这标志着经过3年建设的中缅油气管道跨国项目取得重要成果。8月3日，中缅天然气管道瑞丽—禄丰段一次投产成功，此次投产的禄丰—贵港段为中缅天然气管道末段，全长1 121公里，于10月13日开始投产。10月18日来自缅甸的天然气在贵阳点燃，20日上午11时左右，缅甸天然气抵达中石油西南管道公司贵港输气站，天然气燃烧形成的橙色火焰飘扬在管道顶端，这标志着中缅天然气管道全线贯通。截至2021年1月29日早6时，已累计向中国输气40亿立方米。同时，也为缅甸下载了1.5亿立方米。2015年1月30日，经过近5年建设的中缅原油管道工程，在缅甸皎漂马德岛举行试运行仪式，马德岛港同时正式开港。中缅天然气管道工程于2016年荣获"中国石油优质工程金奖"，并问鼎中国工程建设领域最高奖项"鲁班奖"。2017年3月27日，中缅输油管道闲置两年后重新开通。2021年7月8日，中缅油气管道配套的千万吨级炼厂（中石油云南石化）累计加工原油突破4 000万吨，为中国能源安全做出了越来越大的贡献。

（二）中缅油气管道建设助力缅甸职业技术教育与培训产教融合发展

中缅油气管道项目是由中、缅、韩、印四国六方共同出资建设的国际化合作项目，中缅油气管道项目的建成，解决了缅甸天然气下游市场难题，实现了出口创汇，同时为缅甸带来国家税收、30年的投资分红、路权费以及培训基金等在内的可观经济收益，还拉动了缅甸职业技术教育与培训的发展。马德岛港是缅甸第一座现代化的大型国际原油港口，中缅油气管道是缅甸最现代化的油气工程，该工程的建设，直接加快了缅甸职业技术教育与培训的发展，为缅甸引入了大量工程机械，还培训和使用了成千上万的熟练工人与职业技术人员。截至2019年1月31日，中缅油气管道项目累计为缅甸贡献直接经济收益20 975万美元，项目用工累计超过290万人次，施工高峰期在当地用工达6 000多人次，参与施工的工程机械上万台套。在中缅油气管道施工阶段高峰期，缅甸当地用工达到6 000多人，先后有220多家缅甸企业参与工程建设，随着马德岛港项目的进一步推进、员工本地化、国际化水平不断提高,项目现有当地雇员800余人,占员工总数的比例为72%。此外,公司注重在当地青年人才中培训职业工人和技术人员,并为缅籍员工量身定制岗位培训计划,为当地培养了一批能源专业及相关专业职业技术人才。中缅油气管道这条从印度洋直通云贵高原,长达2 520公里的能源动脉,为缅甸社会经济发展注入了清洁能源。项目不仅拉动了缅甸基础设施建设、创造了新的就业机会、加速了管道沿线城市化进程,还为缅甸油气管网的发展打下基础,有助于扩大缅甸能源行业规模,实现其可持续发展。

具体地说,中缅原油管道工程(缅甸段)由中石油集团、缅甸国家油气公司共同出资建设。工程于2010年6月正式开工建设,2014年5月30日全线工程机械完工具备投产条件。管道全长771公里,缅甸境内下载点前设计输量2 200万吨/年,全线采用常温密闭输送工艺,设置工艺站场5座,分别为马德首站、新康丹泵站、曼德勒泵站、地泊泵站、南坎计量站。马德岛位于缅甸若开邦皎漂市东南部,岛上建设的主要工程包括30万吨级原油码头、工作船码头、65万方①水库、38公里航道、120万方原油罐区以及马德首站、中缅天然气管道阀室等。在油气管道的各个建设工地,卡特彼勒、小松、徐工、三一重工、中联重科、沃尔沃建筑设备、日立建机、利勃海尔、斗山工程机械、山特维克、杰西博、柳工、中国龙工、厦工等的工程机械产品发挥着巨大作用。东南亚管道公司与各股东一道,积极开展在缅公益事业,履行国际公司社会责任。截至目前,中石油和SEAGP、SEAOP两个合资公司,累计向管道沿线捐助2 000万美元,实施社会公益项目111项,涵盖了医疗卫生、教育、供电、供水等多个方面。其中,马德岛水库项目,解决了岛上居民喝水难、用水难的问题。为岛上各村修路、建学校、建通信塔、捐渔网和安电表,马德岛基础设施不断改善,岛民生活发生了非常大的变化,得到了当地人民的支持和拥护。项目还积极促进当地用工、教育、就业及培训,自中缅管道项目启动至今,缅甸当地累计用工达到290万人次/工日,共有226家缅甸企业参与项目建设。在马德岛、彬乌伦两地建设职业技术教育与培训中心,以不断满足当地员工和职业学校毕业生等的培训需求。随

---

① 1方=1立方米。

着项目的进一步开展，公司遵照缅甸外商投资法规定，继续加大当地员工的技能培训力度，不断提高本土化用工比例，SEAGP、SEAOP 还选派优秀缅籍员工出国到职业技术院校参加培训深造。

（三）河北石油职业技术学院培训中缅油气管道（缅甸段）国际工程项目管理高级监理

2011 年 1 月 11 日，为把油气管道工程建成绿色工程、安全工程，中缅油气管道（缅甸段）国际工程项目管理高级监理培训班在河北石油职业技术学院举行开班典礼，此次培训为期 15 天，共有来自缅甸朗威公司和兴油公司的 133 人参加。培训内容包括重大管道项目监理案例剖析；中缅油气管道工程焊接规范、工艺评定及焊接规程；中缅油气管道工程监理规划；中缅油气管道工程监理细则；管道防腐；国际工程项目 HSE 管理；管道工程项目关键技术等。

可以说，中缅标志性工程持续为缅甸工业发展培养专业人才与技术人员。在曼德勒运营中心站控室，来自总调控中心的电话指令响起，缅甸员工台古奈边回答边熟练地抓起对讲机与设备，与同伴进入场站监护管道装置操作。2012 年从马圭工程大学机械专业毕业后，台古奈应聘到中缅油气管道项目，曾 3 次到中国有关院校（包括职业技术学院）接受培训。他在大学学的理论知识多，实际操作少，公司送他到中国学习，极大地提高了他的实际操作技能。目前，台古奈在曼德勒运营中心担任站控调度，负责实施调度指令，执行电脑操作、阀门、设备巡检等任务。和台古奈一样，坎亚也是 2012 年到中国学习的 60 名缅甸员工之一，毕竟两国在职业技术上差距不小，缅甸产业工人到中国职业技术院校学到的知识更深入，在其他方面缅甸都要向中国学习。另外，中缅油气管道项目十分重视属地人才培养，不断提升当地员工在管理、专业技术等岗位的比例，为缅甸能源工业培养了不少人才。项目方除了选派大学生到仰光大学和中国西南石油大学学习油气技术，还培训了焊工、电工、特车操作人员近百人，目前属地员工有 915 人，占项目员工总数的 80% 以上。缅甸电力与能源部副部长吞奈赞扬了中缅油气管道项目为培养属地员工所付出的努力，他说："提升当地员工的技术水平，同电力与能源部加强技术交流，将有利于缅甸油气工业的未来发展。"

五、中国职教力量助力缅甸职业技术教育与培训的产教融合发展

（一）缅甸云华职业学院

缅甸云华职业学院是云南师范大学与缅甸曼德勒恩瓦教育培训中心合作共建的学校。2017年9月，缅甸云华职业学院招收第一届学前教育专业的学生，招收两个班约80人，按照师范类专科培养，学制3年。此外，学院还面向缅甸在职幼儿教师组织开展短期职后培训。2019年3月29日，缅甸云华职业学院第二届理事会在缅甸曼德勒顺利召开。在与会双方交流、讨论的基础上，云南师范大学总结到，2017年9月云华职业学院首个学前教育专业顺利开学以来，中缅双方齐心协力、合作顺利，学院的各项工作进展良好、成绩凸显，希望双方不断拓展师范生教学内容，促进师范教育发展和教学质量的提高。在下一步的工作中，云南师范大学将加大对缅甸云华职业学院的支持力度，充分发挥云南师范大学教师教育、华文教育、汉语国际教育等学科特色和优势，为缅甸培养更多适应社会发展的技能型人才，为促进中缅友好合作提供人才支撑。

（二）澜湄国际职业学院

2019年4月23日，澜湄国际职业学院（缅甸万宝分院）成立签约仪式在仰光举行，云南民族大学和万宝矿产（缅甸）铜业有限公司联合在缅甸实皆省蒙育瓦市建立澜湄国际职业学院（缅甸万宝分院），旨在为当地职业技术院校毕业生技术员、产业工人、村民等提供高水准的职业技能培训，标志着中缅职业教育合作升级，也是促进中缅两国之间教育文化合作的重要助推器。万宝矿产（缅甸）铜业有限公司拥有徐工、柳工、三一重工、中联重科、卡特彼勒、小松、沃尔沃、斗山等公司的工程机械产品或零部件，长期致力于将缅甸蒙育瓦铜矿打造成为中缅合作的产业示范项目，积极为中缅合作不断深化、中缅友谊不断巩固做出贡献。

（三）中缅经济文化交流中心内比都职业教育学校项目

1. 中缅中心作"红娘"推进缅甸职业教育项目合作

2020年3月21日，在中缅经济文化交流中心（以下简称"中缅中心"）和"投资洽谈会"组委会主办的"中缅投资洽谈会"上，缅甸金耀集团介绍了金耀

集团的业务情况并着重介绍了缅甸职业教育项目，期待与中国企业投资合作。围绕缅甸职业教育项目，中缅中心作为"红娘"为金耀集团对接了中国的一家央企和一家上市公司作为职业教育领域的合作伙伴；中装建设、中国职业教育社、中华同心温暖工程基金会（从事教育培训的公募基金会）在"中缅投资洽谈会"活动后与中缅中心联系对接，探讨推进缅甸职业教育领域的交流和合作。3月26日，中缅中心、金耀集团、中装建设就缅甸职业教育项目合作召开了电话会议。金耀集团是缅甸知名的华裔企业，业务涉及矿产、地产、制造、贸易、珠宝、教育、餐饮等行业。金耀集团中国代表周其建介绍了拟开展职业教育项目的计划，他认为缅甸职业教育是一个持续快速发展的朝阳产业，金耀集团已经规划了总占地100英亩的职业教育产业园，以建设缅甸职业教育学院。为此，金耀集团已经做出了相关计划书，希望与中国企业合作。中装建设是中国建筑装饰行业的领军企业之一，年营业额超过50亿元。中国建筑行业的从业人员在1 600万人以上。中装建设重视并看好职业培训和教育，参与主办了很多职业技能方面的比赛活动，也是有关职业技能证书认证的具体实施单位之一。中装建设首席战略官熊兆宽介绍了中装建设发展职业教育的规划，表示愿意与缅甸企业和机构携手发展。熊兆宽表示，中缅关系进入新时代，中缅共建命运共同体，中缅合作进入黄金时期，中缅中心是中缅沟通交流的重要渠道和平台，获得中缅两国政府有关方面的支持，在中国企业界有着广泛的影响力和资源动员能力，中缅中心应联合中装建设、金耀集团牵头成立"中缅职业教育产业发展联盟"，推动建设"中缅职业教育产业园"，并努力协调中缅有关政府部门，争取两国政策的支持，推进项目落地。为了持续推动中国的企业关注、参与中缅职业教育产业，聚合更多的资源抱团发展，中缅中心将联合中装建设、金耀集团在4月下旬举办线上"中缅投资洽谈会中缅职业教育产业发展联盟"活动。

2. "中缅投资洽谈会"创造缅甸职业教育投资机会

2020年4月29日，"中缅投资洽谈会"在新浪财经成功举办。此次线上活动，由中国国际投资贸易洽谈会组委会和中缅经济文化交流中心（以下简称"中缅中心"）主办，得到了缅甸联邦共和国驻华大使馆的大力支持，联办单位内欧基金会、中智大学、北京大公网科技有限公司；战略合作单位缅甸金耀集团、深圳市中装建设股份有限公司、蓝帆医疗股份有限公司；协办单位天莱香牛食品有限责任公司、博圣酒业酿造有限责任公司；媒体合作单位新浪财经、澜湄国际卫视。本次活动聚焦缅甸职业教育领域的投资合作发展机会，邀请了缅甸驻华大使馆、缅甸教育部和中缅有关企业参与，梳理缅甸职业教育现状、投资政策、投资机会和项目推介，而且中缅中心还联合有关机构和企业发布了成立"中缅职业教育产业联盟"的倡议书。

第十二章
柬埔寨

第一节 柬埔寨概况

柬埔寨王国（the Kingdom of Cambodia），简称柬埔寨（Cambodia），位于中南半岛，西部及西北部与泰国接壤，东北部与老挝交界，东部及东南部与越南毗邻，南部则面向泰国湾。国土面积约18万平方公里。首都金边。柬埔寨古称高棉，是一个历史悠久的文明古国，早在公元1世纪就建立了统一的王国。

一、柬埔寨的人口、民族和语言

根据中华人民共和国外交部官网2021年3月更新信息显示，柬埔寨总人口约1600万，其中高棉族占总人口的80%，华人华侨约110万。柬埔寨贫困人口占总人口的25%。柬埔寨的民族包括高棉族、华族，官方语言为柬埔寨语（又称"高棉语"）。

二、柬埔寨的经济发展

柬埔寨是传统农业国，经济以农业为主，工业基础薄弱，工程机械产业、行业和企业均不发达，主要依赖外援外资。柬埔寨实行对外开放和自由市场经济政策。其政府执行以增长、就业、公平、效率为核心的国家发展"四角战略"（即农业、基础设施建设、私人经济、人力资源开发）。2016年7月1日，世界银行宣布柬埔寨正式脱离最不发达国家，成为中等偏下收入国家。截至 2017 年 12 月，柬埔寨银行存款总额同比增长 23.4%，增至 189.57 亿美元，约占 GDP 的 86%。银行贷款总额同比增长 20.4%，增至 199.77 亿美元，约占 GDP 的 90%。银行总资产同比增长 21.8%，增至 331.65 亿美元，约占 GDP 的 150%。2017 年，柬埔寨国内生产总值 222.8 亿美元，对外贸易总额 238 亿美元。2018 年 7 月 8 日，柬埔寨国家银行报告显示，国内银行流动资产已增至 310 亿美元，贷款额达 170 亿美元，存款额 190 亿美元。银行业的流动资产比 1998 年增长了 73 倍，2015 年起已从低收入国家进入中等偏低收入国家行列。柬埔寨现有 39 家商业银行、15 家专业银行、7 家拥有存款资格的小额信贷机构和 66 家普通小额信贷机构。2018 年经济增长率约为 7%。2020 年经济增长率为 -1.9%，国内生产总值 267.05 亿美元，人均 1 683 美元，通胀率 2.8%。柬埔寨货币为瑞尔，在汇率方面，1 柬埔寨瑞尔≈0.000 24 美元。

（一）工业

柬埔寨工业被视为推动柬国内经济发展的支柱之一，但基础薄弱，门类单调。1991 年年底实行自由市场经济以来，国营企业普遍被国内外私商租赁经营。工业领域为 50 万名柬国国民创造就业机会。2012 年全年，柬埔寨出口服装 46 亿美元，同比增长 8%，占当年出口比重的 83.7%，主要出口市场为美国、欧盟、加拿大、日本、韩国和中国。制衣业继续保持柬工业主导地位和出口创汇龙头地位，是柬重要的经济支柱。全国共有 630 多家制衣厂，较 2012 年增加 150 家，同比增长 31.2%，雇佣工人 35 万人，其中 91% 为女工。工程机械产业属于柬埔寨的弱势产业，大中型工程机械企业缺乏，大型工程机械产品主要靠进口解决，小微型工程机械产品部分自主生产部分进口，整个产业产值不到 10 亿美元。

（二）农业

农业是柬埔寨经济第一大支柱产业，大中型农业工程机械产品也是靠进口解决。农业人口占总人口的 85%，占全国劳动力的 78%。柬埔寨可耕地面积 630 万公顷。2012 年，全年全国水稻种植面积 297.1 万公顷，同比增加 20.4 万公顷。稻谷产量 931 万吨，同比增长 6%，每公顷产量 3.13 吨。除满足国内需求外，剩余 475 万吨稻谷，可加工成约 300 万吨大米供出口。天然橡胶种植面积 28 万公顷，产量为 6.45 万吨，同比分别增长 31% 和 26%。渔业产量 66.2 万吨，同比增长 13%。柬政府高度重视稻谷生产和大米出口，2015 年提出百万吨大米出口计划的号召，不但提升了本地农民的积极性，也让众多投资者更热衷于投入农业、利用先进的管理技术改良稻种、建立现代化碾米厂。

（三）旅游业

2000 年以来，柬埔寨政府大力推行"开放天空"政策，支持、鼓励外国航空公司开辟直飞金边和吴哥游览区的航线。2002 年，柬政府加大对旅游业的资金投入，修复古迹，开发新景点，改善旅游环境。旅游业的快速发展带动了与其相关产业的发展，2009 年柬服务业产值占 GDP 的 37.7%，远高于柬工业产值，其中交通运输占 GDP 的 7.3%，零售和批发占 8.8%，酒店餐饮业占 3.8%，住宅投资占 6.3%，医疗和教育占 1.8%，金融保险及不动产占 1.4%，其他服务业占 8.3%。2012 年，柬埔寨共接待外国游客 358 万人次，同比增长 24.4%。前五大外国游客来源国分别是：越南（76.3 万人次）、韩国（41.1 万人次）、中国（33.4 万人次）、老挝（25.4 万人次）和泰国（20.1 万人次）。旅游收入达 22.1 亿美元，同比增长 11.1%，约占 GDP 的 14.2%，直接或间接创造了约 35 万个就业岗位。东盟国家来柬游客人数增势明显，达 151.4 万人次，占接待外国游客人数的 42.2%，同比增长 37.5%。柬埔寨沿海地区逐步成为继吴哥景区之后又一重要的旅游目的地，在柬旅游业发展中扮演重要角色。2012 年，沿海地区接待外国游客 27.8 万人次，同比增长 44.1%，尤其是西哈努克省共接待外国游客 21.3 万人次，同比增长 38.3%；接待国内游客 65.8 万人次，同比增长 17.8%。自 2011 年 7 月柬沿海四省被纳入世界最美海滩俱乐部以来，柬政府高度重视沿海各省旅游业的发展，努力推动国内旅游链条延伸，开展了"清洁、绿色"为主题的清洁旅游城市竞赛和"一名游客一棵树"等活动，制定了 2015 年实现"无废弃塑料袋海滩"的目标，积极宣传推介旅游项目，加强沿海区域管理法等相关法律法规的执行力度，禁止污染项目进入，改善旅游设施，成立旅游监督队伍，提高旅游质量。据柬埔寨旅游部统计，外国游客赴柬人数 2019 年前 10 个月达到 529 万人次，同比增长 9.7%。其中中国游客超过 200 万，和 2018 年同期相比增长 24.4%。柬埔寨旅游部推出《暹粒省旅游发展总体规划》和《2019—2020 年短期行动计划》，重点发展洞里萨湖、荔枝山及周边地区，打造更多旅游新名片，延长游客停留时间，提升柬埔寨旅游业的竞争力。

（四）交通运输

柬埔寨以公路和内河运输为主。主要交通线集中于中部平原地区以及洞里萨河流域，北部和南部山区交通闭塞。公路：截至 2013 年，全国公路总长约 1.5 万公里。最主要的公路有四条：1 号公路（金边至越南胡志明市），4 号公路（金边至西哈努克港），5 号公路（金边经马德望至泰国边境），6 号公路（金边经磅同、暹粒至吴哥古迹）。大中型公路货物运输车辆、矿山运输车辆、木材运输车辆等主要靠国外进口。水运：内河航运以湄公河、洞里萨湖为主，主要河港有金边、磅湛和磅清扬。雨季 4 000 吨轮船可沿湄公河上溯至金边，旱季可通航 2 000 吨货轮。西哈努克港为国际港口。铁路：截至 2013 年，全国有两条铁路：金边—波贝，全长 385 公里，可通曼谷；金边—西哈努克市，全长 270 公里，是交通运输的大动脉，但铁路年久失修，运输能力较低。空运：柬主要航空公司有暹粒航空公司、吴哥航空公司。其有金边—曼谷、金边—胡志明市、金边—万象、金边—吉隆坡、金边—新加坡五条国际航线。外方航空公司在柬的主要航线有：金边—曼谷、金边—广州、金边—香港、暹粒—曼谷、金边—上海、金边—新加坡、金边—台北、金边—高雄、金边—胡志明市、金边—万象、金边—普吉等航线。柬埔寨有金边国际机场和暹粒机场两个国际机场，西哈努克港、马德望、上丁等机场为国内机场，有定期航班通行，可起降中、小型飞机。

（五）对外贸易

2003 年 9 月，柬埔寨加入世界贸易组织。2015 年，柬埔寨对外贸易总额达 205.34 亿美元，同比增长 12.6%。其中，出口 89.9 亿美元，同比增长 16.7%；进口 115.44 亿美元，同比增长 9.6%。柬埔寨主要出口产品为服装、鞋类、大米、橡胶和木薯等，主要进口产品为服装原材料、建材、汽车、燃油、工程机械、食品、饮料、药品和化妆品等，主要贸易伙伴为美国、欧盟、中国、日本、韩国、泰国、越南和马来西亚等。

（六）外国资本

柬埔寨实行自由经济政策，所有行业都对外开放，鼓励外商投资。1994年柬埔寨国会通过投资法。外商投资方式有独资、合资、合作和租赁四种，生产性企业可由外商独资，贸易性企业不允许外商独资。柬政府还出台了一系列法律法规，同投资商建立了定期磋商和对话机制。2013年，外国投资16.47亿美元，占总投资的33.2%，同比增长19.3%。农业领域投资11.3亿美元，同比增长102.79%；工业和手工业领域投资11.1亿美元，同比下降25.71%；旅游领域投资1.06亿美元，同比下降84.67%；基础设施建设领域投资26.2亿美元，同比增长10.51%。前五大外资来源国分别为中国、越南、泰国、韩国和日本，投资额分别为4.36亿、1.01亿、0.72亿、0.29亿和0.26亿美元，分别占柬吸引外资总额的26.6%、6.1%、4.37%、1.76%和1.59%。

（七）民生

柬埔寨实行低工资制制度，城乡贫富悬殊、两极分化现象严重。政府普通公务员、军警的平均月工资为70～100美元，外资工厂工人月工资为100～120美元。柬埔寨物价平稳，市场消费价格指数为121%。全国共有121家国家医院，521家医疗中心。农村缺医少药，医疗设施较差。摩托车是百姓的主要代步工具。据柬邮电部2019年统计数据显示，柬埔寨每100人拥有150部手机。

三、柬埔寨的教育体系

柬埔寨教育历史较长，但现代教育史较短，自20世纪90年代后期以来，联合国教科文组织、国际劳工组织、世界银行、亚洲开发银行等国际组织和国际社会开始援助和支持柬埔寨发展教育事业。从20世纪开始，柬埔寨教育法规、教育制度、教育理念和教育行动越来越多地受到国际组织和欧美教育制度的影响。

为适应国家政治环境变迁和社会经济发展需要，柬埔寨的国家教育制度和学校教育制度（以下简称"学制"）历经变革。1975年以前，基础教育（小学、初中、高中）是"733"学制，1979年改为"433"学制，1986年变为"533"学制，1996年变更为"633"学制，与世界大部分国家的正规学制相同。柬埔寨学前教育发展非常缓慢。柬埔寨的国民教育体系主要包括高等教育、中等教育和初等教育三个部分（图12-1）。柬埔寨正规的学术教育历史悠久且教师、毕业生地位较高，相比之下受到更多群众关注；职业技术教育从20世纪60年代开始发展，而非正规教育21世纪初才开始出现。

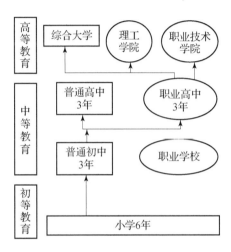

图 12-1 柬埔寨国家教育制度系统

柬埔寨从20世纪60年代开始缓慢发展属于普通教育范畴的高等教育体系，21世纪初获得世界银行数百万美元的资助后才开始受到一定关注。21世纪初，世界银行给柬埔寨职业技术教育与职业教育培训提供了3 000多万元的资助和贷款，帮助柬埔寨加快职业技术教育与职业教育培训的发展速度。柬埔寨在教育事业发展上投入大量资源，2010年以来全国教育预算的增长超过20%，其教育重心放在发展初等教育和中等教育上，以尽快实现国家根据联合国《千年发展目标》（Millennium Development Goals，MDGs）制定的发展目标和全民教育的发展目标。21世纪以来，为促进教育事业健康发展和可持续发展，柬埔寨教育、青年与体育部（Ministry of Education，Youth and Sport - Cambodia，MoEYS，负责促进和规范柬埔寨教育、青年和体育发展的政府部门）相继出台了两份重要的教育政策文件，分别是《教育战略规划》（Education Strategic Plan，ESP）和《教育事业支持计划》（Education Sector Support Program，ESSP），明确了中短期国家教育的行动计划与实施策略。① 21 世纪以来,柬埔寨政府还兴建了一批学校,职业技术教育和高等教育两种不同类型的教育都得到大力发展,特别是建立了比较完整的职业技术教育体系,包括职业学校(初中教育)、职业高中(高中教育)、职业技术学院和理工学院(专科和本科教育、研究生教育等)等。尽管柬埔寨在教育事业发展上做出了巨大努力,但大量农村地区的青少年、成年人依然没有接受过教育,特别是乡村中小学生和女生未能接受良好的基础教育、高等教育。

经过近 160 余年的曲折发展,柬埔寨教育的城乡差异和性别差异依然比较显著。目前,柬埔寨实行 9 年制义务教育。柬埔寨国家教育体系包括小学(1~6 年级)、初中(7~9 年级)、高中(10~12 年级)、大学及职业教育机构(3~8 年不等),基本与中国学制类似。柬埔寨政府比较重视教育,持续兴建各级各类学校。据柬埔寨教育部统计,2014 年,柬埔寨全国有 63 所大学,其中 18 所公立大学,45 所私立大学,学生人数 11 万余名。② 到 2018 年,柬埔寨全国共有 2 772 所幼儿园,138 038 名入园儿童;6 476 所小学,学生人数 2 326 152 名;1 321 所中学,学生人数 898 594 名。柬埔寨小学入学率,尤其是城市小学的入学率比农村高,但初中入学率为 40%,高中仅为 10%;全国建立了 105 所大学,其中公立大学 39 所、私立大学 66 所、职业技术教育与职业教育培训机构 325 家,其中包括 56 家为公立职业技术教育与职业教育培训机构,部分高校开设了工程机械专业或研究方向。另外,中国与柬埔寨长期开展教育国际交流与合作,中国国家汉办、孔子学院总部、有关高校与柬埔寨有关高校合作共建了柬埔寨皇家科学院孔子学院、国立马德望大学孔子学院、柬华理工大学孔子学院 3 所孔子学院。

柬埔寨主要普通高校和职业高校包括柬埔寨金边皇家大学(Royal University of Phnom Penh, RUPP)、柬埔寨金边皇家艺术大学(Royal University of Fine Art, RUFA)、柬埔寨皇家农业大学(Royal University of Agriculture, RUA)、国立马德望大学(University of Battambang, UBB)、柬华理工大学、皇家管理大学、皇家法律与经济大学、皇家教育学院、皇家商业研究所、普雷克皇家农业学院、柬埔

---

① 杨文明. 柬埔寨职业教育现状与发展趋势[J]. 深圳职业技术学院学报,2018(1):54-62.
② Khieng Stohy, Srinivasa Madhur, Chhem Rethy. Cambodia Education 2015 Employment and Empowerment [M]. Phnompenh: Cambodia Development Resource Institute, 2015:49-51.

寨王家学院、柬埔寨理工学院、私立柬埔寨大学（UC）、私立柬埔寨诺顿大学（NU，开设了工程硕士项目 MA Eng）、私立建设光明大学（Build Bright University，BBU）、柬埔寨科技大学（Cam Tech）、赫马拉克大学（Khemarak University，KU）、柬埔寨贝尔太国际大学、IIC 理工大学、高棉技术与管理学院、柬埔寨林国荣创意科技大学、柬埔寨阿斯塔拉大学、伊库特—科尔皇家行政学院、普提萨斯特拉大学、柬埔寨西部大学、帕拉贡国际大学、柬埔寨湄公河大学、国际大学、亚欧大学、经济金融学院、大学与教育—健康与食品科学学院、金边美国大学、卡梅德商学院、斯维良大学、管理与经济大学、万达研究所、南洋大学、金边国际大学、吴哥大学、梅奇大学、柬埔寨专业大学、人力资源大学、柬埔寨生命大学、杜威国际大学、班哈杰大学、东亚管理大学、西哈努克拉贾佛教大学、高棉技术与管理学院、吴哥海马拉大学、钦拉大学、磅湛国立农业学校、卡西米尔大学、赫马拉克大学等。

四、中国和柬埔寨的关系

（一）经贸关系

中柬签署双边自贸协定已于 2022 年 1 月 1 日起生效，这是柬对外签署的首个双边自贸安排。据中国商务部统计，2021 年中柬双边贸易额 136.7 亿美元，同比增长 43.1%。其中中方出口额 115.7 亿美元，进口额 21 亿美元。2022 年 1—3 月，中柬双边贸易额 37.5 亿美元，同比增长 39.2%。其中，中国对柬出口 32.8 亿美元，自柬进口 4.7 亿美元。截至 2022 年 3 月，我国企业在柬埔寨累计签订承包工程合同额 361.9 亿美元，完成营业额 222.1 亿美元。其中，2021 年新签订工程承包合同额 33 亿美元，完成营业额 26.8 亿美元。2022 年 1—3 月，新签订工程承包合同额 2.7 亿美元，完成营业额 3.8 亿美元。2022 年 1—3 月，我国对柬埔寨非金融类直接投资 2.1 亿美元。

（二）其他领域交流合作

中柬两国在政党、议会、军事、文化、教育等方面交往与合作密切。双方迄今已经签署《中柬引渡条约》《中柬文化合作协定》《中柬互免持外交、公务护照人员签证协定》以及文物保护、旅游、警务、体育、农业、水利、建设、国土资源管理等领域的合作谅解备忘录。柬埔寨已经在广州、上海、香港特别行政区、昆明、重庆、南宁、西安、海口、济南设立总领馆。我在柬埔寨暹粒省、西哈努克省设有领事办公室。①

第二节　柬埔寨职业技术教育与培训发展概述

为实现柬埔寨在2030年成为中高等收入国家、2050年成为高等收入发达国家的战略目标，柬埔寨力图建立起一套针对性强、灵活度高的职业技术教育与培训系统和管理体系，使青年人具备劳动生产所必需的知识和技能。据联合国统计数据表明，柬埔寨每年约有30万年轻人进入就业市场，预计未来这一数字将增加到40万。与许多东盟国家一样，柬埔寨将青少年熟练劳动力的培养看作经济发展的重要基础，为充分开发人力资源，柬埔寨大力发展职业技术教育和职业教育培训体系。柬埔寨职业技术教育与培训体系由中等职业技术教育（职业学校、职业高中等）和高等职业技术教育（职业技术学院、理工学院等）组成，私立职业技术教育机构和职业教育培训机构比例高于公立职业技术教育机构与职业教育培训机构。柬埔寨职业技术教育机构和职业教育培训机构在经费方面投入不多，较为依赖国外政府组织和非政府组织资金、技术和人力的援助。柬埔寨职业教育以正规教育与非正规教育培训并行、推广学徒制、服务国际贸易为主要特征。目前，柬埔寨的职业技术教育主要由劳工与职业培训部（Ministry of Labour and Vocational Training, MoLaVT）负责，国家培训理事会、国家就业局等部门积极配合，形成了较为完善的职业技术教育管理体系及国家资格框架。柬埔寨职业技术教育面临着供需不平衡、社会认可度低等问题，要求柬埔寨政府继续增加教育经费投入和获得国外教育援助，将职业技术教育与产业发展和市场需求挂钩，加强公私伙伴关系和校企合作关系，强化职业技术教育国际交流与合作，不断提升职业技术教育和职业教育培训的效率与质量。

---

① 中华人民共和国外交部．柬埔寨国家概况［EB/OL］．https://www.mfa.gov.cn/web/gjhdq_676201/gj_676203/yz_676205/1206_676572/sbgx_676576/. (2021 – 12 – 02)．[2022 – 03 – 05]．

一、柬埔寨职业技术教育与培训的基础体系

柬埔寨职业技术教育是其国民教育体系的重要组成部分，柬埔寨国民教育体系包括四个层次：学前教育、小学教育、中等教育（包括初中、高中）和高等教育，职业技术教育主要集中在高级中等教育阶段和高等教育阶段。完成初中教育后，学生可以选择继续接受高中教育，也可以选择参加中等职业技术培训课程。完成普通高中教育后，学生可以参加职业技术培训或进入大学（职业技术学院、理工学院、综合大学等）学习。柬埔寨职业技术培训课程为期 1~3 年不等，高等教育阶段则提供两年制副学士学位、四年制学士学位和七年制医学学位课程。柬埔寨正规的职业技术教育培训主要由劳工与职业培训部负责。除了正规教育外，柬埔寨教育、青年与体育部下设非正规教育部门，面向辍学者和成人提供识字和生活技能等课程以及短期的职业技术培训课程。截至 2018 年，柬埔寨共有 39 个公立职业教育培训机构、73 个私立职业教育培训机构与非政府组织，[1] 公立机构由柬埔寨政府资助，其共同的目标是为职业教育学生在工作场所提供知识与职业技能。[2] 2016—2017 年，柬埔寨职业技术学校的毕业生约有 37 058 人，其中女性占比 43%，相对于 2013—2014 年 85 490 名毕业生的数量有了明显的减少。2017 年，柬埔寨职业技术学校的管理者共有 264 人，教师 2 497 人，合同制员工 2 304 人，助理 232 人，其中女性员工的总体比例不超过 30%。在办学资金方面，柬埔寨职业技术教育对国际组织和外国的援助依赖较大，2013 年以后，柬埔寨政府在教育上的投入仅占国家 GDP 的约 1.9%。此外，柬埔寨劳工与职业培训部下设国家培训基金（National Training Fund，NTF），资金由国家经济和财政部提供，所有的省级培训中心、部分非政府组织和高等学院都接受国家培训基金的资助，主要用于资助短期的职业技术培训项目和产业、行业、企业员工培训项目等。

柬埔寨职业技术教育和职业教育培训包括正规及非正规两种类型。正规职业技术教育和培训是指在结构及层次上是系统的、适当的教育过程。根据柬埔寨

---

[1] Ministry of Labour and Vocational Training. 2013—2017 Results Report of Labour and Vocational Training Strategic Plan and 2014—2018 Future Action Plan [Z]. MoLaVT, 2018.
[2] 吕欣姗，白滨. 柬埔寨职业教育的特征、管理与趋势 [J]. 中国职业技术教育，2019（30）：59-65.

《教育法》规定的法律标准和执法程序，由教育机构提供正规职业教育，并获得适当的教育许可或教育认证。义务教育阶段之后，学生既可以选择参加正规职业技术教育和职业教育培训课程，也可以选择继续参加为期 3 年的普通高中教育。高中阶段的职业技术教育和职业教育培训项目在各个领域提供 3 种不同层级水平的教育，每个层级水平的学习时间均为 1 年，其职业技术教育和职业教育培训项目包括汽车修理、通用机械、计算机技术、农业机械、电力、工程机械、电子、冷却机械修理和土木工程等。正规的高等职业教育机构招收高中毕业生，培训的持续时间因课程而异，但最短为 1 年。例如，技术和专业培训机构提供为期 2~3 年的课程，学习期满合格可获得证书或高级文凭（技术员文凭）。在柬埔寨，正规高等职业教育机构包括理工学院、科技专科学校和少数职业培训中心或职业培训学校。截至 2016 年，柬埔寨共有 13 所理工学院和科技专科学校提供正规职业技术教育和培训课程及相关证书、文凭。

非正规职业技术教育和培训课程由各种类型的社会组织提供，如省级培训中心、社区学习中心、非政府组织、妇女事务部、私营机构以及提供非正规学徒培训的小企业。省级培训中心是非正规职业技术教育和培训的主体，主要提供为期 1~4 个月的短期课程，集中在基础农业、建筑、汽车修理、工程机械、工艺和食品加工领域，培训目的是减轻社会尤其是一些农村地区的混乱和贫困。截至 2016 年，柬埔寨有 26 个省级培训中心，到 2021 年，省级培训中心约 50 个，提供农业、工艺和基本职业技能培训。不同的省级培训中心在注册形式、培训时间方面均有差异。社区学习中心则是一种继续教育机构，在柬埔寨教育、青年和体育部的领导下，社区学习中心可以为辍学和失学儿童、青少年、毕业生以及工薪阶层提供读写能力、基本的技能培训等。其中，基本技能培训包括裁剪、传统音乐、美发、美容、石雕、编织、木工、电脑、英语、小型农业和动物健康等。截至 2016 年，柬埔寨共有 347 个社区学习中心，经过 5 年的建设，截至 2021 年，约建成了 500 个社区学习中心。

柬埔寨职业技术教育和职业教育培训由劳工与职业培训部负责，学生在学习生涯中有两次选择分流的机会：第一次是初中后分流，接受基础教育的毕业生将根据自身的能力与水平选择普通中等教育或职业技术教育和培训。完成高中教育之后，学生面临第二次分流，既可以选择参加职业技术培训（根据课程，培训时间一般持续 1~3 年），也可以选择回归普通教育体系，进入普通大学（可以选择两年制副学士学位课程、4 年制学士学位课程和 7 年制医学课程）。为了满足学习者终身学习以及转岗的需求，职业教育学生在进入劳动力市场后同样可以选择"回炉"深造。柬埔寨职业技术教育和职业教育培训体系确保了学习者学习成果之间的等价性，这是保证职业教育和普通教育分流畅通的重要因素。一方面，普通教育与职业教育的等价性有助于提高职业教育和职业教育培训的社会地位，提升其社会吸引力；另一方面，柬埔寨政府为不同的职业教育和职业教育培训等级水平及项目设计了明确的入口和出口，所有学生既可以选择进一步学习，又可以选择就业，体现出体系的灵活性。柬埔寨职业技术教育和培训机构最新数据显示，柬埔寨现有约 325 个已注册的职业技术教育和职业教育培训机构，其中，公共部门占 17%，非政府组织占 18%，私营部门占 65%。由此可见，在职业技术教育和培训方面，非政府组织和私营部门提供者比公共部门提供者所占的比例要高。

非政府组织在社会中信誉良好，持续培养了大批技能熟练的高素质职业教育毕业生，行业产业企业也与规模较大的非政府组织保持着紧密的联系。比如，工程机械行业产业企业会主动帮助一些非政府组织主办的学校安置实习学生，积极帮助职业教育毕业生寻找工作。学校内部设有由专业人士组成的顾问委员会，他们会花费大量的时间和精力，并以会议协商的形式，协调行业产业企业与学校的关系，为学校教育的各个方面提供支持。除了有名的非政府组织以外，柬埔寨多数非公共机构不论规模大小，都只提供 1 级培训课程，只有少数提供 2~5 级的培训课程。其中，个别大型的非公共机构与产业联盟、行业协会、企业等有联系，而规模较小的非公共机构通常被视为服务公司，而不被视为传统的职业技术教育机构或职业教育培训机构。柬埔寨现有 211 个私营职业技术教育和职业教育培训服务机构，几乎所有私营职业技术教育和职业教育培训机构的教师都是合同制教师，学校生源也由教师负责。[1] 私营职业技术教育和职业教育培训机构办学条件较差，培训场所相对比较简陋，没有成熟的职业技能培训体系和质量管理体

---

[1] 曹丽萍，徐涵. 柬埔寨职业教育现状及发展机遇 [J]. 教育与职业，2018（7）：85–88.

系，大多数已很难维持运作。目前，柬埔寨只有少数几家私营职业技术教育和职业教育培训机构运行良好，他们也在不断扩大职业技术教育培训场地，拓展职业技术学校或职业教育培训机构规模。

二、柬埔寨职业技术教育与培训的主要特征

（一）正规与非正规职业教育人才教育并行

在完成小学和初中课程后，柬埔寨学生可以选择继续进行高中教育或接受职业技术教育与职业教育培训。高中阶段的职业技术教育包括汽车修理、计算机、工程机械等多个领域。辍学的学生可以参加社会组织的扫盲及生活技能课程，以便未来参与职业技术的训练课程。高中结束后，不论何种类型的学生，均可以选择进入高校学习或参加职业技术教育与培训，职业技术教育的时间持续1～3年不等。在完成2～3年的技能学习后，学生可以获得技术类或商业类的高级文凭。目前提供高等职业技术教育培训的机构包括理工院校、科技专科学校、职业培训中心或职业培训学校。截至2013年，柬埔寨共有14所理工学院及科技专科学校提供证书、文凭及学位类型的职业技术教育与培训课程。

柬埔寨国家技术培训学院（NTTI）成立于2001年，是柬埔寨领先的高质量技术和职业培训教育学院之一，在劳工与职业培训部的监督下运营。二十多年来，国家技术培训学院一直致力于培养技术、职业和工程方面的人才。国家技术培训学院的目标是：①为青少年提供专业的职业技术教育，使他们自信自豪地为国家经济建设、社会发展和工业化战略服务；②教授青年人土木工程、电气工程、电子、工程机械、建筑和信息技术领域的知识和技能；③为开展有利于国家和个人的应用型、技术型、技能型研究提供平等机会；④为毕业生提供所需的适当和相关的职业知识与职业技能、开设职业技术课程，以满足国家政府机构、私营企业和公共部门等的需要；⑤为教育、青年与体育部，教育学院和培训中心培养合格的技术与职业教育教师。柬埔寨国家技术培训学院单独或与产业行业企业等合作开设的专业包括汽车机械、通用机器、农艺学、空调、工程机械、电力、兽医学、数码产品、英语、土木工程、水产养殖、信息技术、电气工程、管理、旅游、法学、建筑、法语、金融与银行、经济、农业机械、会计、营销共23个。

教学主要采用讲授、小组讨论、研究、问答和学生展示等方法，采用任务（学期考试＋教学实践）和最终检查方式对学生进行评价。柬埔寨非正规的职业技术教育与职业教育培训主要依托国家培训委员会（NTB）下设的省级培训中心（PTC）、社区学习中心、非政府组织、妇女发展中心、私人提供者和小型企业。提供此类课程的私立机构和非政府组织，都致力于在工作场所提供技能、知识和专业培训，课程多为农业、手艺、服装和纺织等内容。省级培训中心主要提供农业、手工业、机械和基本的职业技能，不同省份的中心在招生数量、培训时间和授课方式上有一定的自主权。2013年，柬埔寨约有750家私营企业提供付费的职业技术培训，其中规模最大的是计算机和英语培训，除此之外还有驾校、舞蹈学院和小型汽车或电力车间。社区学习中心受教育、青年与体育部管理，提供识字和一些基本的职业培训，以满足社区公民的学习需要。相关统计表明，2013年柬埔寨全国共有157个社区学习中心。

（二）推广学徒制

学徒制是柬埔寨职业技术教育培训的重要组成部分。在工作中学习，学生可以更快速地掌握工作内容，提高学习的质量和效率，掌握关键技能，挖掘自身潜力。对政府、产业、行业、企业等用人单位而言，由于员工已经在学徒阶段掌握了职业需要的技能，在入职后培养员工的成本也将降低。《柬埔寨劳工法》第八条将"学徒"定义为：与雇主或技工签订学徒合同，由其教授职业需要的技能，同时根据合同的条件和期限为雇主工作的人。《柬埔寨劳工法》第五十七条规定，雇用60人以上员工的企业，必须有相当于企业1/10的学徒人数。学徒制的执行由职业教育总局监管。虽然法律有明确的规定，但企业落实的效果相对欠佳。根据劳工市场信息部（Department of Labour Market Information，DLMI）提供的数据，2010年柬埔寨只有92家企业有学徒，总数为5 569人，学徒约占员工总数的1.5%，以服装行业为主，女性比例达到了92%，而工程机械企业少有达标，符合法律规定的企业只有1/10左右。2013年，柬埔寨有448家企业通过劳工与职业培训部的战略规划，进一步推广学徒制。到2021年，符合法律规定采用学徒制的企业不到1/3，仅有少量工程机械企业依法推广学徒制。

(三) 服务国际贸易

国际劳工组织 (International Labour Organization, ILO) 发起了"促进贸易和经济多样化的技能"倡议 (Skills for Trade and Economic Diversification, STED), 旨在培养国际贸易中需要的国际化技能, 由各国政府向学生提供教育与技术支持。此举的目的是增加出口, 促进经济增长与多样化, 创造更多体面的就业岗位。目前柬埔寨出口行业存在的问题主要是工人技能短缺和商业能力薄弱, 一方面现有工人技能与招聘需求之间仍存在差距; 另一方面国际贸易的效率低、质量监管不足, 国内市场也没有完全打开, 需要进一步发展本地供应商。柬埔寨将 STED 的重心放在轻工制造业和食品加工业, 这两个行业属于《柬埔寨贸易一体化战略 (2014—2018)》的十个重点出口行业。根据行业调查的结果, 柬埔寨进一步确定了 22 个轻工业职业和 15 个食品加工职业进行国际化产教融合试点。柬埔寨 STED 方案的制定由国家就业局指导, 国家统计研究所和国际劳工组织的顾问提供支持。针对具体的职业和水平, 柬埔寨制定了职业技能概要、标准和基于能力的课程, 并交由国家培训委员会下属的行业委员会审核。其中重点为 4 个行业设置了不同等级, 分别是焊接 1~4 级、机械加工 1~2 级、果蔬加工 1~2 级和烘焙 1~2 级。[①] 为了发展 STED, 柬埔寨积极为试点专业培训"双师型"教师, 工业技术学院等机构也独立或与产业联盟、行业协会、企业等联合开设了许多以能力为导向的试点课程, 并将校企合作的公司实习纳入课程的重要组成部分。2017 年, 已经有 60 人参加了机械加工、果蔬加工、烘焙二级培训课程, 40 人参加了 1 级和 2 级电弧焊接培训课程。

三、柬埔寨职业技术教育与培训的治理架构

(一) 职业技术教育与职业教育培训的管理机构

1. 劳工与职业培训部

21 世纪以来, 柬埔寨对职业技术教育管理体系进行了改革, 主要表现在四

---

① 吕欣姗, 白滨. 柬埔寨职业教育的特征、管理与趋势 [J]. 中国职业技术教育, 2019 (30): 59–65.

个方面：一是建立一个实体机构，具体负责制定职业技术教育的标准、认证和评估；二是向地方政府下放权力；三是学校赋权和自治；四是鼓励公民和社会伙伴参与决策。自2005年起，职业技术教育与职业教育培训工作由教育、青年与体育部（MoEYS）下设的技术和职业培训办公室转移到劳工与职业培训部（Ministry of Labour and Vocational Training，MLVT）管理，非正规的职业培训与短期课程也由原本的社会福利部转移到劳工与职业培训部进行管理。劳工与职业培训部包括两个核心业务部门，分别负责就业与职业技术教育，包括一个行政财务机构和一个督察机构，分别由一位国务秘书和一位副国务秘书领导。劳工与职业培训部下设24个省、市级办事处。除了劳工与职业培训部负责管理正规和非正规的职业技术教育培训之外，教育、青年与体育部，妇女事务部，卫生部，农林渔业部等部门也都参与其中，分别制定这些部门下属学校和教师的管理办法，共同管理职业技术教育的国家预算。部分私立机构和非政府组织也会参与到职业技术教育与职业教育培训的项目中，但需要向教育、青年与体育部或劳工与职业培训部提出申请，申请一般不受限制，通过率较高。

2. 国家就业局

2009年，柬埔寨成立国家就业局（National Employment Affair，NEA），为就业和职业指导服务提供更加安全的保障。国家就业局与职业教育总局（Department General of Vocation Education and Training，DGVET）共同服务于国家培训理事会（National Training Board，NTB）的执行委员会，主要负责提供方针和政策。除此之外，国家就业局建立了网络就业信息库。雇主可以在该平台发布招聘需求，并向应届毕业生、校外青年和失业者提供职位信息。国家就业局还为公民提供就业安置、职业健康、工作安全、技能再培训和海外就业等方面的信息与服务。目前国家就业局的主要职能包括：①做好协调组织工作，以便传播就业和劳动力市场信息以及增加职业技术培训服务；②以开放的方式，为求职人士、雇员、雇主、培训机构以及社会公民提供有效的信息服务，并通过职业介绍所的出版物和相关项目，把所有利益相关者聚集在一起；③研究和开发符合当前和未来经济增长的劳动力市场信息系统；④通过国家就业局的网站和其他可靠的方法，推广有关就业和劳动力市场的信息、专业技术、能力要求以及有关职业介绍的出版物；⑤与有劳动力、技术和职业技能需求的部门、机构、合作伙伴及社会组织进行合作和协调，以便提出可行的促进就业创业建议；⑥提供准确的劳动力市场数据，协助政府管理人力资源开发和劳动力市场，通过教育、职业技术培训为公民创造就业机会，实现减贫战略目标。

3. 国家培训理事会

柬埔寨王国国家培训理事会（NTB）全面负责职业技术教育与职业教育培训工作，包括职业技术教育培训的决策、咨询和质量监测等方面。国家培训理事会更加强调劳动力市场对技能的需求，而不仅仅是职业教育培训供应方的需求。劳动和职业培训部下属的职业教育总局（DGVET）作为国家培训理事会的秘书处，为国家培训理事会提供政策和指导方针，包括制定技术与职业教育培训法规；制定贷款政策；制定国家技能发展基金政策；管理公共、私人、国际组织、非政府组织负责的职业技术教育培训机构等工作。国家培训理事会的成员由副首相领导，其中包括16名高级政府官员。此外，委员会有5个职位由私立部门或雇主协会的代表担任，2个职位由工会代表担任，3个职位由非政府组织代表担任，4个职位由政府培训机构代表担任。国家培训理事会包括1个执行委员会，3个技术次级委员会，分别是技能标准和测试委员会，认证课程、项目和职业技术教育机构委员会，以及劳动力市场信息委员会。不同的次级委员会还下设了独立的技能评估团队、质量检验与技术支援团队、行业咨询小组等分支机构。国家培训理事会在各省成立省级培训理事会（Provincial Training Boards，PTB），各省级委员会均设置秘书处（省级培训中心），定期向执行委员会报告。目前，通过国家培训理事会和劳工与职业培训部的合作，各部门、机构和利益攸关方已经形成了良好的内部协调机制，能及时对市场需求变化做出更迅速的反应，为国家战略提供更多支持。

（二）职业技术教育与职业教育培训的治理

柬埔寨职业技术教育与职业教育培训体系的治理在过去10年中经历了4个主要阶段：在第一阶段，建立了负责职业技术教育与职业教育培训标准制定、认证和评估的专门机构；在第二阶段，职业技术教育与职业教育培训的决策趋于分散化；在第三阶段，强调向学校授权和给予更多自治权；在第四阶段，强调民间团体和社会机构参与职业技术教育与培训的决策。在 2004 年之前，正规的职业技术教育与职业教育培训归教育、青年与体育部下设的职业技术培训办公室（Office of Technical and Vocational Training，OTVT）负责。该办公室直接负责职业技术教育与职业教育培训的管理与发展，负责职业技术教育与职业教育培训机构及开设专业的管理。2005 年以来，职业技术教育与培训的管理职能由教育、青年与体育部转移到新建的劳工与职业培训部下设的职业教育与职业教育培训司负责。对非正规和非正式（短期）职业培训业务的管理也由社会福利部转移到新建的劳工与职业培训部。劳工与职业培训部是官方指定的职业技术教育与职业教育培训的规制机构。[1]

总之，柬埔寨职业技术教育与职业教育培训的治理呈现自上而下纵向二层治理架构，其中的三个治理层次分别是决策层、监管层和执行层。国家职业培训理事会在劳工与职业培训部和教育、青年与体育部的支持下决定国家宏观层面的职业技术教育与培训的政策与规划；在监管层面，劳工与职业培训部直接并通过国家职业培训研究所、国家培训基金会及劳工与职业培训部下设的省级机构对省级培训中心和私营与非政府机构的业务进行监督和管理；教育、青年与体育部直接并通过其下设的省级机构对职业学校、社区学习中心、私营和非政府机构进行监督与管理；在执行层面，省级培训中心、私营和非政府机构、职业技术学校、社区学习中心执行国家职业技术教育与培训的政策和法规，开展面向初中毕业生和社会大众的职业技术教育以及职业培训。

四、柬埔寨职业技术教育与培训的师资情况

柬埔寨大力发展职业技术教育和职业教育培训体系，重视推进职业技术院校和国内外产业联盟、行业协会、企业主体间校企合作和产教融合。柬埔寨的职业技术教育和职业教育培训体系包括正规教育（体系）和非正规教育（体系）两种类型，具有较大的灵活性，但也面临职业技术教育社会认知水平较低、产业行业企业参与程度较低范围较窄、正规职业技术教育和职业教育培训体系不够健

---

[1] UNESCO. TVET Policy Reviews of TVET in Cambodia [R]. Paris: UNESCO, 2013: 35.

全、国际化产教融合较弱、职业教育人才综合收入和社会地位不够高等挑战。针对这些问题，近年来柬埔寨各方在努力提高全社会对职业教育和职业教育毕业生的认知水平的基础上，大力推进产业行业企业参与职业教育人才全过程培养，从法律法规和政策层面努力完善正规职业技术教育和职业教育培训体系，让职业技术教育和职业教育培训体系为产业行业企业发展和国家现代化带来应用型、技能型人才和应用型技术"红利"。

"双师型"教师是促进职业教育国际化产教融合的人才保障。柬埔寨《教育法》第二十条中明确要求所有的从教人员上岗前均需参加国家组织的专业培训，从事职业技术教育和职业教育培训的人员也不能例外。国家应该在教育从业人员入职之前和在职期间开展培训。除了高校的教授和行政工作人员之外，所有的教师都需参加负责教育的部委认可的教学法培训。负责教育的部委应该制定教师培训的基本课程以及公立与私立学校教师招聘的身体标准、专业标准和能力标准。国家技术培训研究所作为公立的职业技术教育与职业教育培训领域的权威培训机构，负责职业技术教育与职业教育培训教师和培训师的培训。初级技术学校教师首先需要获得相应专业的副学士以上学位，高级技术学校教师首先要获得相应专业的学士以上学位，还要参加1年的专业培训课程和产业行业企业见习等方能具备入职资格。截至2013年，柬埔寨全国共有2 449名职业技术教育与职业教育培训教师或培训师，其中女性1 374人，都参加过1年的正规职业技术教学培训，[①] 截至2021年，柬埔寨全国各级各类职业技术教育已培训教师或培训师超过5 000人，负责为全国各行各业培养培训合格的应用技术型人才、职业技能人才和产教融合人才等。

五、柬埔寨职业技术教育与培训的产业诉求

21世纪以来，柬埔寨经济与产业结构调整、青年就业与发展、人才结构升级和劳动力技能错位现象等对职业技术教育产教融合的进一步发展提出了诸多诉求。

[①] MOLVT. Technical Vocational Education Training Statistics 2012 – 2013［R］. Phnom Penh：MOLVT，2014.

(一) 柬埔寨的经济与产业结构调整需要职业技术教育和培训的响应与支持

近年来柬埔寨政治稳定,经济发展持续增长。随着2015年东盟经济一体化的实现,柬埔寨需要更多技术技能人才,以促进经济社会发展,提高国家在区域和国际的竞争力。柬埔寨在过去二十年中经济快速发展,但主要是低技术含量和低附加值的行业驱动发展的。调查发现2011到2014年年均就业增长达到7.4%。按绝对值计算,就业数量从2011年的367 827人增长到2014年的454 447人。就业需求增长最大的行业分别是服装和制鞋业(78.9%)、金融和保险业(7.6%)、食品饮料(3.9%)。2016年服装业就业人口达到65万,从就业和出口角度看仍然是国家的支柱产业。由于柬埔寨人口较少,市场较小,从长远来说,劳动密集型的行业难以维持经济的持续增长。农业、建筑业、制造业、汽车工业和电气设备作为柬埔寨的经济支柱,从中期发展目标看会成为职业技术教育与培训发展的主要领域。2015年柬埔寨启动新的工业发展政策,吸引不同的行业和投资,减少低技能的就业群体。多元化行业发展和高技能的就业岗位要求职业技术教育与培训适应经济变化,培养适应时代和经济发展需要的技术技能人才。

(二) 柬埔寨青年就业与发展需要职业技术教育和培训的参与

柬埔寨是一个"年轻的"国家,2016年青年人(联合国的定义为"15~24岁")[①]在全国1 580万人口中占比达到20.6%。柬埔寨大约80%的人口居住在农村,50.4%的就业人口从事农业。从受教育水平而言,38.2%的青年人接受过中等教育,15.8%的青年人接受过高等教育。柬埔寨72.4%的青年人由于家境贫困难以承担学费辍学,平均辍学年龄为16岁。与东盟同区域的其他国家相比,青年失业率较低,2014年的青年失业率为2.4%。2014年,柬埔寨人口的总失业率为0.4%。柬埔寨青年人面临的主要问题是就业质量问题。许多青年人在非正规企业工作,工资收入低,没有劳动合同,也没有福利。大约50%的青年人从事农业,其中46.8%的青年人在自家干农活。2012年,柬埔寨"不就业、不升学、不进修"的青年人达到8.7%,年轻女性比男性占比更高,分别达到了

---

① 冯用军,韦骅峰. 青少年劳动教育的百年回眸与2050展望[J]. 南宁师范大学学报(哲学社会科学版),2021(6):69-84.

11.9%和4.8%。

青年是国家的未来和民族的希望。没有高素质的青年，柬埔寨的国家发展愿景难以实现。从柬埔寨的青年受教育水平和就业数据分析，柬埔寨首先要加强对青年人的职业技能培训，使他们能有一技之长，找到谋生与发展的手段。柬埔寨的职业技能培训市场广阔，前景无限。其次需要建设更多的职业技术院校，增加非农业的专业设置，吸引青年人参加正规的职业技术教育，打通青年人走出农家和农业到不同行业就业与发展的通道。

(三) 柬埔寨的人才结构升级需要职业技术教育与培训支持

根据柬埔寨2013年的人口普查，在拥有副学士学位或者技术证书的44万人当中，大约54%修读的专业是社会学、商务、法律，10.2%修读的专业为人文和艺术，仅有少数人修读过理科（8.7%）、工程与制造（6%）和农业（4.2%）。这些数据表明，柬埔寨现有受教育人口中文科和商科毕业生占有主导地位，缺少职业技术教育重点培养的技术技能型人才。从受教育人口的专业结构的视角分析，柬埔寨的职业技术教育与培训具有广阔的发展潜力。

(四) 柬埔寨劳动力技能错位需要职业技术教育与培训的干预

近来的研究发现柬埔寨劳动力技能不足和错位现象非常明显。大部分青年人不具备就业市场所需要的适当技能，特别是实用的、技术操作技能。此外，工作态度、沟通能力、团队协作和解决问题的能力也是当今劳动力市场面临的主要问题。2007年世界银行开展的投资环境调查发现，认为员工技能是主要制约的公司比例从2003年的6.5%增加到15.5%。调查还发现在柬埔寨有22%的外国公司认为员工技能不足对其运营影响"严重"或者"非常严重"。亚洲开发银行（2012年）认为柬埔寨的员工技能不足影响了国家的发展。柬埔寨的人员技能不足和技能错位已经对柬埔寨多元化产业发展构成挑战。这些问题必须解决以避免失去长远发展的重要机会。为此，柬埔寨的劳动力必须获得经济转型和促进经济增长所需要的相应技能。职业技术院校等办学机构应该提供产业发展，特别是制造业、旅游餐饮业、建筑业和农业等产业发展所需要的相关职业课程教学和更加实用的技能培训。此外，还要提升软技能的培养。为了弥补技能不足和纠正技能错位的现象，为了适应国家产业调整与经济转型，柬埔寨的职业技术教育与培训机构需要完善，需要开展与国家发展紧密相关行业所需要的专业教学，通过产教融合培养国家支柱产业发展所需的职业技能与通用的、可迁移的软技能，以促进就业、带动创业，改善民生，保障国家可持续的经济发展。

六、柬埔寨职业技术教育与培训的挑战和应对措施

（一）职业技术教育国际化产教融合发展教育社会认知水平较低，必须提高认知水平

职业技术教育学生注册率低以及潜在的社会偏见，是柬埔寨职业技术教育国际化产教融合社会认知水平低的主要原因。一方面，大多数学生家长不重视职业技术教育和职业教育培训。与中国类似，由于缺乏对技术、职业教育和职业教育培训价值等的正确认识和科学认知，柬埔寨的学生家长更倾向于鼓励孩子在普通教育系统完成学业。有调查数据显示，2013年，柬埔寨低、中等教育机构学生注册比例占61%，职业高中和高等职业教育机构分别只占12%和6%，其中接受国际化产教融合发展教育的学生比例更低。另一方面，柬埔寨仍然存在潜在的社会教育偏见，很多学生和家长低估了职业技术教育和职业教育培训带来的回报。职业技术教育和职业教育培训通常被视为培训产业技术工人而不是专家，大多数年轻人为追求更高的学历而选择大学，或者更愿意去工作场所谋生，而不是谋求更高级别的职业技术教育和职业教育培训。然而，柬埔寨近年的私营部门员工收益显示，受过高等职业教育的员工收益几乎等于高等教育文凭拥有者的收益，特别是接受国际化产教融合教育的技术人员和专业人员的薪酬更是普通教育毕业生薪酬的3倍还多，进入国际企业的职业教育毕业生的年度综合薪酬更高。但是即便如此，也只有17%的学生表达了想进入职业技术教育体系学习的愿望。相比之下，30%的学生更希望在高中毕业后得到一份工作，50%的学生则希望在高中毕业后接受大学教育。

因此，柬埔寨政府、企业和家庭要提高对职业教育国际化产教融合发展教育的社会认知水平。柬埔寨职业技术教育和职业教育培训吸引力低的重要原因之一是学生及家长对职业技术教育潜在的社会偏见。为提高职业技术教育吸引力，柬埔寨必须制定全面的政策体系和保障措施：一是发展更加完善的经费投入和激励

机制，逐步建立并落实等于或高于普通高中的职业教育生均投入标准；二是通过政府层面的政策引导来提高社会各界对职业技术教育的重视水平等。同时，柬埔寨政府要积极借鉴中国、德国、澳大利亚等国提高职业技术教育吸引力和推进职业技术教育国际化产教融合发展的成功经验与范例，通过财政拨款、社会捐赠或产业行业企业支持建立职业技术院校学生生均补贴制度，以外部激励提高社会认知水平和职业技术教育吸引力，培养更多熟悉国际规则和企业规范的产教融合人才。

（二）产业行业企业参与职业教育国际化产教融合发展教育水平低，必须提高产业行业企业参与度

在柬埔寨，少数大型公共职业技术教育和职业教育培训机构会直接参与产业联盟和企业培训，为职业教育师生提供工作场所和生产流水线的真实体验。而在非公共职业技术教育和职业教育培训机构中，也只有大型的非政府组织拥有多种形式的产业行业企业联系部门或顾问委员会。总体来看，柬埔寨的职业技术教育和职业教育培训机构并未与产业行业企业进行有效的沟通、真诚的合作，职业技术院校对产业行业企业缺乏足够了解，即便产业行业企业代表愿意参与，但由于学校缺乏对职业技术教育和职业教育培训工作的明显改进，导致产业行业企业几乎没有动力投入与职业技术教育和职业教育培训研究、实践相关的时间及精力，包括实力较弱的工程机械产业、行业和企业也对国际化校企合作、产教融合等积极性不足。

柬埔寨职业技术教育和职业教育培训机构，特别是非公共职业技术教育和职业教育培训机构与产业行业企业的接触非常有限。虽然柬埔寨一些产业行业企业（如工程机械产业行业企业）愿意参与并支持职业技术教育和培训课程开发，愿意提供访问场地和客座讲师等，但他们更关注职业技术教育和职业教育培训机构能够为产业行业企业带来什么实际收益。因此，要调动产业行业企业参与职业教育国际化产教融合发展教育的积极性和主动性，柬埔寨职业技术教育和职业教育培训机构需变被动为主动、变等待为出击，积极寻求与产业行业企业的合作，同时也要提高职业技术教育办学质量，吸引产业行业企业的关注，特别是开办工程机械专业的院校要主动与工程机械产业行业企业联系沟通，争取相互合作互利共赢。一方面，在校政企合作基础上，可以通过建立产业行业企业联络部门或顾问委员会了解产业行业企业需求。产业行业企业联络部门的能力建设能够使学生更好地与产业行业企业接触，这里也包括与政府机构建立联系，了解产业行业企业的新项目新动态，同时了解产业行业企业的人才需求，从人际关系、面试技巧、与产业行业企业联系、建立良好人际关系、培养有才华的毕业生等方面，加强职业技术教育和职业教育培训机构学生的基本能力建设。另一方面，建立健全校企合作产教融合信息共享机制。职业技术教育和职业教育培训机构要搭建信息交互共建共享平台，不管哪种类型的职业技术教育和职业教育培训机构，都要为产业行业企业提供必要的人才和科技信息，了解产业行业企业人员培训计划，积极主动地与产业行业企业分享毕业生情况，实现毕业生的供给与企业员工的需求的动态供需平衡，从而使学生在完成学业后能够直接进入工作场所。同时，应鼓励学生与教师走进合作的产业行业企业，去见习、实习、实训（含顶岗），亲身体验企业实际生产状况，通过国际化校企合作产教融合模式来大力提高职业技术教育和职业教育培训的人才质量。

（三）正规职业技术教育和职业教育培训体系尚未健全，必须完善职业教育国际化产教融合发展体系

柬埔寨劳工与职业培训部下面的正规职业技术教育和职业教育培训体系仍处于初级阶段。目前，柬埔寨学生进入职业技术教育和职业教育培训的大通道仍然存在缺口，正规职业技术教育和职业教育培训机构的办学质量制约了柬埔寨的劳动力发展与人力资源开发的广度、深度、高度、长度、宽度、厚度。进入正规职业技术教育和职业教育培训机构需要完成九年义务教育，因此职业高中入学率少于1%。此外，正规职业技术教育和职业教育培训主要在城市地区提供，诸如课程费用之类的财务障碍也限制了其发展。由于缺乏校舍和有限的在职教育课程，柬埔寨女学生和偏远地区学生接受职业技术教育和职业培训的道路遭遇阻滞。虽然一些公共职业技术教育和职业教育培训机构提供各类证书和文凭，但仅限于有限的专业领域，而且这些机构又往往缺乏适当的、与行业相关的设备和培训设施。目前，柬埔寨很少有非公共部门的职业技术教育机构和培训机构提供与证书和文凭相关的专业课程、技能训练课程。

柬埔寨注重完善正规职业技术教育和培训体系。完善正规职业技术教育和培训体系，既需要国家层面的制度保障，也需要积极谋求与行业、企业、产业等合作伙伴关系的建立。一方面，政府要加强顶层设计。在柬埔寨，进入正规职业技术教育和培训体系需要完成九年义务教育的学习，而目前柬埔寨的中学辍学率很高。政府为推动义务教育普及，特别制定了类似"义务教育法"以及"未成年人保护法"等法律法规。柬埔寨政府可以通过建立健全法律法规来保证义务教育的普及率和完成率，使学生可以具备进入正规职业技术教育和培训体系学习的资格。此外，柬埔寨政府需要完善职业技术教育和培训课程的开发。据了解，柬埔寨劳工与职业培训部在全国五个省份建立了区域培训中心，通过联合有关行业、企业、产业来扩大省级培训中心的规模，为更多学生提供更多职业技术教育和培训证书课程。另一方面，正规职业技术教育和培训体系的完善还需要不断建立与行业、产业、企业的合作伙伴关系。在发展职业技术教育、推进产教融合方面，政府和学校、企业等的政校企合作显得日益重要。

第三节 柬埔寨职业技术教育与培训的战略和法规

柬埔寨国内生产总值从 1994—2004 年 10 年间增长 1 倍，到 2009 年的 15 年间增长了 3 倍。2012 年的经济增长率达到 7.3%，2016 年人均国民生产总值增加到 1 300 美元。[①] 2020 年人均国民生产总值增加到 1 500 美元左右。根据经济数据判断，柬埔寨已经从低收入国家转变为中等偏下收入国家。柬埔寨王国政府将社会经济发展目标确定为 2030 年成为高收入国家，2050 年成为发达国家。[②] 2015 年东盟经济实现一体化，柬埔寨的人力资源及职业技术教育与培训已经进入东盟的就业市场竞争之中。无论从支持国家发展的角度，还是从参与区域和国际人力资源竞争的角度，职业技术教育与培训在柬埔寨国家发展中将发挥越来越

---

① Ministry of Economic and Finance. Cambodia's Macroeconomic Progress: A Journey of 25 Years [R]. Ministry of Economic and Finance, 2016: 10.

② The Royal Government of Cambodia. National Technical Vocational Education and Training Policy 2017—2025 [R]. The Royal Government of Cambodia, 2017: 2.

重要的作用。有关职业技术教育与培训的战略主要体现在21世纪以来由教育、青年与体育部和劳工与职业培训部分别牵头制定的一系列国家战略规划与政策文件中。

一、柬埔寨职业技术教育与培训的发展战略

1.《国家职业技术教育与培训发展规划（2006—2010）》（*Nationa TVET Development Plan*（2006—2010））（劳工与职业培训部制定）

规划提出了职业技术教育与培训的两项目标：第一，呼应社会平等问题，协助经济困难人士掌握必要的职业技能，通过提高农业生产率或者提升自主就业能力，逐步提高家庭年均人收入；第二，提供适用的技术人员，满足企业需求。

2.《国家职业技术教育与培训规划（2008）》（*Nationa TVET Development Plan*（2008））（劳工与职业培训部制定）

规划描绘了1996—2020年的职业技术教育与职业教育培训发展的四个步骤，即1995—2004、2005—2008、2009—2014、2015—2020四步走战略。

3.《教育战略规划（2009—2013）》（*Education Strategic Plan*（2009—2013））和《教育战略规划（2014—2018）》（*Education Strategic Plan*（2014—2018）（教育、青年与体育部制定）

两份国家教育战略规划先后提出了"职业技术教育与培训战略计划"，确定职业技术教育与培训的三个发展方向：确保获得职业技术教育与职业教育培训的平等权力；提升职业技术教育与职业教育培训的质量和效率；建设职业技术教育与职业教育培训制度结构并提升职业技术教育与培训工作人员的能力。

4.《技术教育政策（2013）》（*Policy on Technical Education*（2013））（教育、青年与体育部制定）

该政策的制定意在加强和扩大面向更多学生的技术教育服务，以保障国家的可持续发展和减少贫困，政策目标包括：建立和完善职业技术教育机构，提升职业教师技术能力，为高中学生提供职业教育学习机会，培养高中学生技术能力，调动社会资源和私营机构开展技术教育。

5.《职业技术教育与培训发展战略规划（2014—2018）》(Strategic Planning for TVET Development (2014—2018))（劳工与职业培训部制定）

规划对职业技术教育与职业教育培训提出了三项要求：提高职业技术教育与职业教育培训体系的质量以及与社会需求的相关性，提供职业技术培训项目的平等学习机会，提升职业技术教育与职业教育培训的善治与管理水平。

6.《高中阶段技术教育总体规划（2015—2019）》(Master Plan for Technical Education at Upper Secondary Level (2015—2019))（教育、青年与体育部制定）

规划提出高中阶段技术教育发展的8个大策略，其中包括24个小策略。8个大策略包括：建立法律架构，支持普通和技术教育体系、建立普通和技术教育体系、开发与修订技术教育课程和教材、配置技术教育设施与设备、培训技术教育教师，提升教师职业能力、开展技术教育的认证与质量保障、制订技术教育可持续发展计划、制订性别主流化发展计划。

7.《国家职业技术教育与培训政策（2017—2025）》(National Technical Vocational Education and Training Policy (2017—2025))（劳工与职业培训部制定）

该政策是2017年6月6日由时任总理洪森主持的内阁会议通过的职业技术教育与职业教育培训的战略规划。该政策意在加强政府对职业技术教育与职业教育训练制度的治理，政府将统合所有可用资源以实现目标。通过此项政策，未来可创造更多职业技术教育与职业教育训练机会，培养更多技术技能人才。该政策提出未来职业技术教育与职业教育培训发展的四大发展战略：提升职业技术教育与职业教育培训质量，满足国家和国际市场发展需求、提高职业技术教育与职业教育培训的平等入学机会，创造更多就业机会、促进公私合营（Public – Private Partnerships，PPP），[①] 集聚社会资源促进职业技术教育与职业教育培训的可持续发展、改善职业技术教育与职业教育培训的系统治理。

二、柬埔寨职业技术教育与培训的法规

柬埔寨职业技术教育与职业教育培训体系的发展历史虽然不长，发展基础较

---

① 杨文明. 柬埔寨职业教育现状与发展趋势 [J]. 深圳职业技术学院学报，2018（1）：54–62.

为薄弱，但是在联合国教科文组织等国际组织和中国等国际社会的援助与支持下，职业技术教育与职业教育培训体系的政策制定却取得较大的成绩。2007 年，柬埔寨修订了《柬埔寨王国教育法》，对职业技术教育与职业教育培训体系的性质、内涵、特征等进行了法律规定。与中国不同，柬埔寨没有出台专门的柬埔寨王国职业教育法，有关职业技术教育与职业教育培训体系的法规分散在国家不同的法规、政策与规划之中。主要包括：①《教育法》（2007）：《教育法》第三章第八条明确规定"有两种教育类型：普通教育和职业技术教育"，对职业技术教育的属性进行了界定。第四章第十九条将职业技术教育与培训的内涵界定为"职业技术教育与培训涵盖公立或私立的职业技术教育与培训的机构、产业、行业、企业、社区或联合体所开展的各类职业教育与技能培训"。②《劳动法》（1997）：劳动法对学徒制、见习期、反种族歧视和职业健康与安全方面做出规定。该法明确了学徒制合同的性质，对教师资格、每家企业学徒数量、学徒证书发放和合同终止做出明确规定。该法规定见习期根据工种限定在 1~3 个月。③《国家非正规教育政策》（2002）（*National Policy on Non-Formal Education* 2002）和《国家青年发展政策》（2011）（*National Policy on Youth Development* 2011）：两项国家政策都强调开展短期增收培训计划，支持年轻企业家和大学毕业生创业型企业家等发展企业，开展软技能与企业管理培训，帮助产业联盟成员、行业协会成员、企业家等改进企业运营管理和洞察市场。④柬埔寨《四角战略（第三期）》（2013）（*Rectangular Strategy Phase* Ⅲ 2013）：该战略强调职业技术教育与职业教育培训的重要性，提出加强职业技术教育与职业教育培训，建立劳动力统计体系，改革职业资格框架。该策略还提出努力改进产业行业和工业领域（包括工程机械领域）的技能培训，尤其要加强工程师与技术人员的培训，为学生提供从职业技术教育向高等教育转学和行业产业转移的机制。⑤《工业发展政策（2015—2025）》（*Industrial Development Policy* 2015—2025）：政策强调改革职业技术教育与职业教育培训，允许私营企业在发现市场需求和开展针对性的技能培训方面发挥更大的作用，包括允许工程机械产业、行业和企业独立或与院校等合作开展人员技能培训。

第四节 柬埔寨职业技术教育与培训的质量保障和发展趋势

一、柬埔寨职业技术教育与培训的质量保障

为保障职业技术教育与培训的质量,建立职业技术教育与培训和学术教育、普通教育的比较机制,便于各种类型层次办学及培训机构的自评、外部评估,便于国内和区域之间开展横向评估,2012 年,柬埔寨职业培训理事会出台了《柬埔寨职业资格框架》(Cambodia Qualifications Framework,CQM)。柬埔寨职业资格框架是全国统一的,在教育与职业培训之间架起了灵活对接的十字通道。该资格框架共有 8 级,第一级是职业证书(Vocational Certificate),最高级是博士学位。学生完成 9 年级的学习,即初中毕业后可参加职业技术教育与职业教育培训 1 级证书的学习。职业资格框架内职业技术教育与职业教育培训体系的设计旨在让青少年学生在早期即可选择实用的教育,培养他们获得适当的技能和职场所需要的职业能力、职业道德等核心素养。柬埔寨国家职业资格框架规定了各个职业级别以及各个级别与基础教育体系、职业技术教育与培训体系和高等教育体系的对应关系。柬埔寨国家职业资格框架包含四项主要构成要素:级别(Level)、学分(Score)、学习成果(Learning Achievement)和学习路径(Learning Route)。级别用数字形式表示,与资格名称相对应,用于描述职业教育学生或普通教育学生所取得的职业技术或学术成就;学分用于描述学生取得学术或者职业技术资格应该完成的学习时数或工作量;学习成果指的是经过专业或项目学习所取得的成果;学习路径指的是对学生前期学习成果的认证和学分转换,使学生在职业技术教育与职业教育培训和高等教育之间,以及教育与培训和职场之间可以灵活转移。[①]

柬埔寨国家资格框架中资格等级的划分主要依据五个方面,分别是知识水平(回忆、理解和表达信息的能力),认知技能(批判性思维和创造性地解决问

---

① NTB. CAMBODIA QUALIFICATIONS FRAMEWORK [R]. NTB, 2012:1-2.

题),心智技能(根据指示,准确和谐完成任务),人际关系技巧及责任(对自己和团队负责,具备高道德标准)、沟通、信息技术、数学和统计技能。例如,1级和2级的学生只需学习基本的操作程序和规则,很少学习相关概念,学生们也只对自己的工作负责。而在5级和6级,学生需要对规则、基础理论及其与新技术的相关性有全面的了解,并同时对自己和团队中其他人的表现负责。柬埔寨国家资格框架中的职业证书课程通常特指不超过1年的短期课程,包括家禽/家畜养殖、蔬菜种植、计算机设计等领域,参与学习之前没有任何教育经历或证书的要求,任何公民均可参与该课程,一般由省级职业培训中心或社区提供证书。要获得职业技术教育与培训1级证书,必须要完成9年义务教育或获得职业证书,之后每个证书/文凭的获得,都必须首先完成前一阶段的课程学习。要获得高级文凭,必须完成12年基础教育,并完成两年理工学院或科技专科学校的高级文凭课程。要获得工程/技术或工商管理的学士学位,有两个途径:一是完成12年教育后继续学习4年(工程类需要4.5年);二是在获得高级文凭后继续学习两年(工程类需要2.5年)。目前,参与短期课程培训的学生最多,而获得高级文凭的学生则多于获得资格证书的学生,这说明在普通高中毕业后选择职业教育的学生要远多于初中毕业后分流进入职业学校的学生。柬埔寨职业教育培训总局对取得各类资格证书的毕业生数量进行统计。① 虽然柬埔寨已经形成了比较成熟的国家资格体系,但三大教育系统之间的连接交叉仍然存在着许多限制因素,比如普通教育和职业技术教育之间的联系很少,缺乏对职业技术教育教师的联合培训,相关部门和机构之间缺乏资料和信息共享,跨部门的技能培训和资格认证没有广泛实施,等等。②

二、柬埔寨职业技术教育与培训的发展趋势

根据柬埔寨《国家职业技术教育与培训政策(2017—2025)》,通过分析未

---

① Tep Oeun. Current Status & Future TVET Policy Direction [R]. Cambodia:Ministry of Labour and Vocational Training,2011:1-5.
② The Royal Government of Cambodia. National Technical Vocational Education and Training Policy 2017—2025 [R]. Cambodia:the Plenary Meeting,2017.

来十年职业技术教育与培训发展目标,可以窥见柬埔寨职业技术教育与培训的未来发展趋势。

(一) 提升职业技术教育与培训质量,满足国内外市场需求

根据柬埔寨职业资格框架,职业院校和产业通过产教融合继续完善和实施质量保障体系。提高培训教师的教学水平和教学质量,增配培训资源,适应技术革新,满足劳动力市场需求。在工业或经济区域建立职业技术园,以便最有效地使用设备和充分利用培训教师的资源。

(二) 增加职业技术教育与培训平等入学机会,促进就业

关注女性、贫困青少年、缀学学生、原住民等社会弱势群体,扩大机会使他们获得生存技能。加强体制和机制建设扩大柬埔寨职业资格框架的推广和影响。通过广泛的宣传和引导,提升社会对职业技术教育与培训的认识。建立一站式服务,向社会大众提供便捷的职业技术教育与培训服务。

(三) 通过公私合营整合社会资源,促进职业技术教育与培训可持续发展

目前柬埔寨的职业技术教育仍然以供应驱动为主,这就导致职业技术教育学校和职业教育培训机构等培养出的学生往往类别单一,无法满足企业、行业、产业和劳动力市场等的要求。因此,未来柬埔寨职业教育需要从供应驱动向需求驱动转型、从供给侧改革向需求侧改革转变。这就意味着柬埔寨未来的职业技术培训需要更关注市场对毕业生的反馈,对毕业生进行跟踪调查研究,对职业教育教学与课程计划进行调整,为职业教育学生增加工作实习机会,强调雇主在职业教育管理结构中的作用,等等。加强职业技术教育与培训体系的公私合营以及与各产业、行业、企业等利益相关人的合作,根据市场与时代需求开发培训课程。[①]各行业、产业、企业等的联合利益相关人建立国家技能开发基金会。制定职业技术教育与培训收费政策,建立贫困学生、女性学生和原住民助学金制度。

(四) 加强体制机制建设,从法制上提升职业技术教育与培训的治理体系与治理能力现代化

加强职业技术教育与培训规制框架建设,促进职业技能培训与劳动力市场需

---

① 杨文明.柬埔寨职业教育现状与发展趋势[J].深圳职业技术学院学报,2018(1):54-62.

求的联动。建立基于绩效和结果的职业技术教育与培训机构的拨款机制，提升职业技术教育与培训的治理体系与治理能力的现代化。提升职业技术教育与培训管理信息系统和劳动力市场信息系统，加强劳动力市场的预测分析和技能需求的评估，利用大数据、云计算、互联网＋等高科技手段加快其现代化进程。

总的来看，由于东南亚国家整体职业教育质量的不足，职业教育老师和职业教育学生之间的交流相对偏少，要求柬埔寨等东南亚国家积极向发达国家学习先进的职业教育体制机制，通过产教融合道路等提升自身作为独立教育类型的职业技术教育水平，① 同时持续增加东盟国家间的交流合作，吸取经验，找到职业教育的发展共识，共同推动职业教育质量的提升。

第五节 柬埔寨职业技术教育与培训国际化产教融合发展的实践探索

柬埔寨不仅注重本国职业技术教育与培训的国际化产教融合发展，还注意加强与新加坡、中国等在职业技术教育领域的国际交流与合作，学习新加坡、中国等比较成功的国际化产教融合经验。

一、柬埔寨职业技术教育与培训国际化产教融合发展的本土探索

2021年9月8日，柬埔寨最大的企业集团之一——太子集团控股有限公司（以下简称"太子集团"）与柬埔寨教育、青年和体育部签订谅解备忘录（Memorandum of Understanding，MOU），正式启动奖学金项目。太子集团为来自金边皇家大学、国立管理大学、柬埔寨理工学院等的400名优秀学生提供全额学费和助学金，从2021年到2028年，太子集团为该项目提供超过200万美元的资金赞助。太子集团携手柬埔寨教育、青年和体育部，给予学生经济支持，提供培训指导及就业机会，助推实现《国家教育战略计划（2019—2023年）》提出的目标。

---

① 吕欣姗，白滨. 柬埔寨职业教育的特征、管理与趋势［J］. 中国职业技术教育，2019（30）：59–65.

通过设立"陈志奖学金"项目,学生将有机会在重点学科领域深度学习,涉及地产行业、普惠金融、数字经济、服务业等行业,从而满足柬埔寨未来的人力资源需求。为实质性推进职业技术教育与培训校企合作、产教融合,太子集团设立了柬埔寨第一所独立的钟表职业技术学校——柬埔寨太子钟表制造专业培训中心,将"世界制表业的天花板"——瑞士制表工艺带到柬埔寨,为柬埔寨青年传授新的制表技术和袖标技能,帮助他们在柬埔寨乃至全球的就业市场中具备更强竞争力。这所学校在柬埔寨是独一无二的,它拥有世界级的设施、一流的设备和国际专家,可以与瑞士的制表工作室或车间相媲美,在培训中心学习的中职生们能继承钟表制造业先驱者的热情,激发自身的灵感与热忱,进一步提升柬埔寨的工匠和工艺文化,为柬埔寨各地的高端表业工艺发展做出贡献。瑞士制表标准被视为世界奢侈腕表界的基准,太子钟表制造专业培训中心正是以此标准培养学生。2022年4月,在太子钟表制造专业培训中心接受瑞士制表工艺培训的6名柬埔寨学生毕业,他们曾获得全额奖学金和生活补贴,成为柬埔寨第一批能按照瑞士标准修理和组装手表的钟表匠人。2021年8月,太子集团赞助了由公益组织"关爱柬埔寨"主办的"职业预备项目",为广大高中毕业生提供改变自身发展的机会。未来,太子集团将继续拓展各种形式,为柬埔寨的职业技术教育与培训发展和产教融合贡献企业的力量。

二、柬埔寨与东盟各国院校职业技术教育国际化融合发展的进展

2017年1月9日,柬埔寨与新加坡签署谅解备忘录,促进两国在职业教育领域的合作。柬埔寨劳动与职业培训部和新加坡工艺教育学院(Institute of Technical education,ITE)的教育服务公司(ITE Education Services,ITEES)签署了一项合作培训协议,帮助柬埔寨的职业培训教师在信息通信技术(Information and Communication Technology,ICT)、电子技术(Electronic Technology,ET)和自动化技术(Automation Technology,AT)三大领域提升技术能力。该培训计划总投入超过80万新加坡元,其中约45万新加坡元由淡马锡基金会(Temasek Foundation)提供,剩余部分经费由柬埔寨政府承担。隶属于新加坡工艺教育学院的教育服务公司主要提供与职业培训和教育相关的咨询服务,这三大领域恰恰是柬埔

寨人力技能需求和职业发展所亟须的。根据合作计划，柬埔寨 80 名职业培训教师在金边完成为期一周的课程，然后赴新加坡完成为期两周的培训课程。新加坡工艺教育学院根据三个项目所涉及的专业领域，安排实操经验丰富的企业技术专家和理论功底扎实的院校学术专家担任课程讲师，"双师型"教师还指导产教融合实践。柬埔寨大多数职业培训教师在完成大学教育后会选择马上就业，缺乏足够的职后培训和终身学习，因此在产业知识、产业工作经验以及对产业最新技术的掌握方面存在不足。新加坡工艺教育学院还会安排泰国受训教师深入新加坡优秀企业，了解和感受最新的产业技术发展，特别是观察新加坡职业技术教师是如何将这些产业、行业和企业前沿技术传授给职业技术类学生的。[1]

另外，2015—2016 年，柬埔寨分别与越南的 3 所职业学校、老挝的 1 所职业院校、印度尼西亚的 2 所职业院校进行了职业技术教育培训机构的合作办学；2016—2017 年，柬埔寨与印度尼西亚的 16 所职业院校、菲律宾的 1 所职业院校开展了合作（表 12 - 1）。除此之外，柬埔寨的教师和学生也经常与其他东南亚国家职业技术教育培训机构、相关行业企业产业组织等进行合作交流。

表 12 - 1　柬埔寨与其他东南亚国家职业教育交流状况

序号	合作内容	2015 年	2016 年	2017 年
1	与其他东南亚国家签订的院校间协议数目	—	18	20
2	与其他东南亚国家的管理层访问和教师能力发展项目的数量	90	108	89
3	到其他东南亚国家的教师流动数量	5	5	1
4	到其他东南亚国家的学生流动数量	0	13	0

三、中国院校与柬埔寨职业技术教育国际化产教融合发展的情况

中国是柬埔寨重要的职业技术教育合作伙伴国。2011 年，共有 204 名柬埔寨

---

[1] 王俊. 新加坡与柬埔寨签署协议 促进职业教育领域合作 [J]. 世界教育信息，2017（3）：78.

学生来中国参与多边或双边援外培训项目，涉及农业、制造业、加工业等多个领域。自 2013 年"一带一路"倡议提出后，中国对柬埔寨进行了大规模的教育援助，包括教育新基础设施建设、师资培训、留学生招生与短期技术培训等多项内容。截至 2017 年 8 月，已有 30 名柬埔寨职业教育学生分别在贵州交通职业技术学院和浙江交通职业技术学院进修，柬埔寨还派出多名职业学校教师到中国攻读硕士学位。同时，中国也派出了一些行业专家与专业团队赴柬埔寨开展职业技术教育项目研究和技术技能交流，并签订校企合作、产教融合协议。2022 年是中柬两国建交 64 周年，近年来，中国为柬埔寨职业技术教育提供了优质的职业教育资源，培养了许多适合劳动力市场需求的职业教育专业人才。中国部分科技公司已经向柬埔寨提供了数字教育和智慧校园的支持，同时，也提供了编程等课外内容供学生选择。中国与柬埔寨在职业技术教育领域的全方位合作正逐渐从官方走向民间，从政府走向企业，从社会走向院校。

柬埔寨有关职业院校和产业行业企业等与中国院校开展合作，如唐山工业职业技术学院与柬埔寨王国农业公司等合作培养培训多样化职业技术人才，包括合作培养培训农业大型工程机械购买、销售、驾驶、维修等专业人才等，如为约翰·迪尔集团培养培训农机人才。唐山工业职业技术学院在前期已经与柬埔寨相关机构进行过交流、达成初步合作意向的基础上，2017 年受柬埔寨有关高校企业等邀请组织参访团考察落实具体项目。具体地说，为促进唐山高等职业教育发展和京津冀高等职业教育高地建设，加强与柬埔寨等国职业技术教育机构和产业行业企业等的交流与合作，应柬埔寨王国农业公司等的邀请，经河北省政府批准，唐山市教育局、唐山工业职业技术学院及学院大数据中心、学院国际交流处等有关人员组成参访团，于 2017 年 8 月 7—10 日访问了柬埔寨的相关机构，并与柬埔寨王国金利华投资有限公司签署共建鲁班教育培训中心合作协议。随后，唐山工业职业技术学院和柬埔寨方面就柬埔寨人员来学院培训等合作协议具体实施又进行了深度洽谈。参访团赴柬埔寨王国金利华投资有限公司进行实地参观调研期间，商定依托该公司新建 5 000 平方米建筑，唐山工业职业技术学院与该企业在柬共建"鲁班教育培训中心"。柬方负责投资，提供场所、设备等基础条件，学院提供课程和师资，为当地培养产业、行业、企业岗位急需职业技术人才，同时柬方选送柬埔寨职业教育学生到唐山工业职业技术学院留学，学院为全部留学生提供利用校企合作、产教融合平台参加实习、实训的条件和机会，包括参观徐工集团农业机械公司等。

2017年9月，"桂电—东盟职业教育中心（北海）""桂电—柬埔寨职业教育培训基地""柬埔寨劳工与职业培训部—桂电职业技术培训中心（金边）"等正式成立，为柬埔寨职业教育学生、技术人员等提供相应的专业技能培训，学员通过考核后，由柬埔寨劳工与职业培训部和桂林电子科技大学为其联合颁发相应等级的职业资格证书资格互认，在一定程度上完善了正规职业技术教育和培训体系。此外，由于课程费用之类的财务障碍限制了柬埔寨正规职业技术教育和培训机构的发展，上述职业教育培训基地还招收柬埔寨职业教育教师、学生以及青年技术人员等到广西壮族自治区北海市、柳州市等相关企业实习培训，校企合作、产教融合模式等分担了柬埔寨职业教育的成本，为柬埔寨职业教育发展带来了"红利"。

柬埔寨与中国、新加坡院校、企业等合作培养培训的教师培训合格、学生培养毕业后，作为"职教母机"回到柬埔寨有关职业技术院校、职业技术培训机构、产教融合平台、企业培训学院等担任中高级培训讲师，从事柬埔寨亟须的职业技术技能人才、创新创业人才、国际合作交流人才、校企合作产教融合人才等培养培训工作，或者直接进入相关产业、行业、企业工作，一起为推动柬埔寨职业技术教育发展、职业技术教育国际化、校企合作产教融合等持续做出贡献。同时，受训教师作为职业教育学校、职业教育培训机构和相关行业、产业、企业的"桥梁"与"纽带"，与他们培养和培训出的职业教育毕业生一起，成为推进职业技术院校与行业产业企业，包括工程机械产业行业企业校企合作、产教融合的"中坚力量"。

后　　记

　　工程机械产业是现代工业化国家的支柱性产业，工程机械产品也是"国之重器"；职业教育国际化融合发展也是21世纪职业技术教育发展的新潮流，通过职教产教融合培育工程机械人才是推动工程机械产业可持续发展的根本保障。中国与东盟各国历史渊源深厚、关系密切、交往频繁，31年前，中国和东盟建立对话关系，走在了地区合作的前列，31年后，中国和东盟又建立全面战略伙伴关系，树立了睦邻友好的典范。31年来，中国和东盟顺天时、应地利、聚人和，走出了一条邻里相亲、合作共赢的光明大道，打造了最具活力和潜力的区域合作样板。2020年11月15日，中国、日本、韩国、澳大利亚、新西兰及东盟十国正式签署《区域全面经济伙伴关系协定》（RCEP）。2022年1月1日，RCEP对文莱、柬埔寨、老挝、新加坡、泰国、越南、中国、日本、新西兰和澳大利亚10个国家正式生效。随着RCEP的生效，全球最大自由贸易区正式启航，给包括中国在内的区域内企业和消费者带来了实实在在的好处，中国携手东盟各国共同应对世界挑战推动全球经济复苏，这些利好因素为共同推动中国与东盟国家深化产教融合、助力工程机械产业和职业技术教育高质量发展等进行了制度安排并奠定了坚实基础。

　　改革开放是国家繁荣发展的必由之路，也是行业产业、职业技术教育高质量发展的必由之路。面对世界百年未有之大变局，我国当前和今后一个时期仍然处于战略机遇期。新时代展现新作为，新格局开启了新篇章，在实现"第二个百年奋斗目标"新征程的关键期，系统研究中国与东盟工程机械产业与职业教育国际化融合发展的新情况、新模式、新理念、新主张、新措施，正当其时，正和其宜。展望"第二个一百年奋斗目标"伟大征程中 2035 年、2050 年的未来发展愿景，中国—东盟关系没有最好，只有更好。中国工程机械企业、行业和产业界，职业技术教育与培训界等要抓住千载难逢的历史机遇，踔厉奋发，笃行不怠，赓续前行，奋楫争先，努力同东盟国家的产业界、教育界一道，不忘教育国际交流与合作的初心，秉持实现产业与职业技术教育国际化融合发展的使命，从而推动中国—东盟工程机械产业界、职业技术教育界的双边关系像奔驰在中老铁路上的高铁列车一样快速前行，在构建更为紧密的中国—东盟产教融合命运共同体方面不断取得新成果，更好地造福两国人民。换句话说，中国—东盟产教融合命运共同体的发展目标是成为世界产业界—职业教育界产教融合发展新理念的倡导者、区域产教融合发展新范式的引领者、区域产教融合发展新标杆的守护者，为中国、东盟、亚洲、世界的和平、稳定、繁荣贡献职业教育产教融合发展新力量。

本书由刘子林、冯用军、韦林、韦林华联合设计内容框架，刘子林、冯用军、韦林华、吴星、邓益民、赵雪等分工撰写，由冯用军统稿，刘子林定稿。另外，陈立创、吴兆辉、冯美英、李贝、李光辉、冯春林、王新志、张金烨子、陈栋、葛重增等也参与了部分资料的搜集和整理工作。

特别感谢中国著名职业技术教育专家姜大源先生在百忙之中为本书作序推荐，并应邀担任本书的学术顾问。

最后，感谢北京理工大学出版社的诸位编辑老师，你们的辛勤劳动让本书得以顺利出版并能与读者见面。

刘子林　冯用军
2022 年 10 月 10 日